ESPRIT
DE LA
JURISPRUDENCE
SUR LES PRINCIPALES DISPOSITIONS
DU CODE CIVIL

PAR

M. FOÜET DE CONFLANS,

AVOCAT A LA COUR ROYALE DE PARIS.

LIVRE III, TITRE I.
Des Successions.

IIe PARTIE.

PARIS

CHEZ L'AUTEUR,

RUE DE LA MICHODIÈRE, No 18.

ET CHEZ LES PRINCIPAUX LIBRAIRES.

M DCCC XXXIX.

femme; qu'ils habitaient ensemble les biens légués; que l'intention du testateur se manifeste encore par l'obligation qu'il impose au légataire de payer 5000 francs à chacune de ses deux nièces, femmes des sieurs Labruère et Pelletier; qu'enfin tous les doutes cessent en considérant que les deux nièces et le légataire sont frère et sœurs, et les seuls héritiers du testateur; qu'après le legs fait à Jean Hyvernaud, son neveu, il fait aussi des legs à chacune de ses deux nièces; qu'ensuite il laisse le surplus de sa fortune à ceux qui sont appelés dans l'ordre de la nature et de la loi, c'est-à-dire aux trois légataires eux-mêmes, d'où il suit que, si les legs étaient sujets à rapport, si le partage pouvait être égal, il n'y aurait plus de testament, contre le vœu du testateur qui a voulu en faire un; que l'intention du testateur paraît ici bien manifestée; qu'elle résulte du partage inégal qu'il a fait d'une partie de sa fortune entre ses héritiers naturels, des charges qu'il impose à l'un d'eux, du silence qu'il garde sur ses autres biens; que toutes ses vues, ses dispositions cesseraient si chacun d'eux était tenu de rapporter; en sorte que l'ensemble des dispositions du testament établissent évidemment que l'intention du testateur a été de léguer par préciput, et que la loi, bien entendue, n'exige rien de plus pour dispenser du rapport. »

La Cour de cassation a rejeté, le 20 février 1817 [1], le pourvoi exercé contre cet arrêt.

« Attendu que le législateur n'ayant pas exigé l'emploi d'expressions spéciales pour établir cette dispense de rapport, l'arrêt attaqué a pu induire du contexte des différentes dispositions particulières et legs portés audit testament que le testateur avait, par la teneur de l'ensemble de ses volontés, dispensé l'héritier du rapport de sa libéralité aussi expressément que si la dispense avait été littéralement écrite. »

Arrêt conforme de la Cour royale de Riom, du 20 janvier 1824 [2].

« Considérant que, si l'intention du testateur est à rechercher, en général, et est reçue comme loi suprême et domestique, lorsqu'il y a d'ailleurs capacité en lui et que les formes constitutives du testament ont été observées, le testament d'un père, qui est toujours censé prendre le meilleur parti pour ses enfants et combiner ce qu'il est plus équitable de faire dans les circonstances et la position où se trouve sa famille, mérite surtout une interprétation favorable à l'exécution du testament et au but que le testateur s'est proposé en le faisant;

« Considérant que le Code civil, sous l'empire duquel le testament dont il s'agit a eu lieu, posant le principe que tout don ou legs fait à un successible est sujet à rapport, si le donataire ou légataire n'en est expressément dispensé, n'est pas tellement impératif dans sa disposition qu'il soit indispensable d'employer pour la dispense une formule sacramentelle, telle que celle résultant des mots en préciput ou hors part. »

Le pourvoi contre cet arrêt a été rejeté par la Cour de cassation, le 17 mars 1825 [3].

(1) Sirey, 18. 1. 61. — Denevers, 15. 1. 384. (2) Sirey, 24. 2. 277. — Dalloz, *Rec. alph.*, 5. 613.
(3) Sirey, 26. 1. 70. — Dalloz, 25. 1. 219.

« Attendu que les art. 843 et 919 du Code civil exigent bien que la dispense du rapport soit expresse pour que le légataire puisse participer à la succession, mais qu'ils ne déterminent aucunes expressions sacramentelles; d'où il résulte que les questions de ce genre sont des questions de volonté qui peuvent être décidées d'après la contexte des dispositions générales et particulières au testament;

« Attendu que, dans l'espèce, la Cour royale de Riom a interprété, ainsi qu'elle en avait le droit, le testament litigieux, et s'est conformée aux articles invoqués. »

Autre arrêt de la même Cour, du 23 février 1831 [1].

Dernier arrêt de la même Cour, du 22 janvier 1835 [2].

Il n'y a donc point de termes sacramentels dont on soit obligé de se servir pour dispenser l'héritier avantagé du rapport des biens qui lui ont été donnés ou légués, mais il faut que la volonté du disposant paraisse tellement certaine par les termes équipollents qu'il a employés, par la nature ou l'objet de sa disposition, par les charges dont il a grevé le donataire ou le légataire, par les différentes parties, enfin, ou par l'ensemble de l'acte qu'il a souscrit, que l'on ne puisse douter qu'il a entendu dispenser cet héritier de rapporter à la succession les choses dont il l'a gratifié.

4° La donation de tous les avantages permis par la loi comprend celle de la quotité disponible par préciput.

C'est un exemple de l'application du principe que nous venons de rapporter; il a été donné par l'arrêt que la Cour royale de Paris a rendu, le 28 juillet 1825 [3], et qui est ainsi conçu :

« Considérant que, bien que l'art. 842 du Code civil exige que la libéralité soit faite expressément par préciput et hors part, ou avec dispense de rapport, il ne s'ensuit pas que les mots cités dans cet article doivent se trouver textuellement dans l'acte, et qu'il suffit que l'intention du donateur s'y trouve clairement exprimée par des termes équivalents;

« Considérant que ceux qui sont employés dans le contrat de mariage du comte de Lubersac ne peuvent laisser aucun doute, puisqu'il y est dit que ses père et mère lui assurent tous les avantages permis par la loi. »

La donation qui assure tous les avantages permis par la loi comprend nécessairement tous ceux que le disposant aurait pu exprimer. Il aurait pu donner la quotité disponible par préciput; on ne peut accorder moins au donataire sans lui refuser une partie *des avantages permis par la loi*, et sans méconnaître ainsi la volonté du disposant, qui a voulu qu'il les obtînt tous.

5° Le don ou legs fait à un héritier à réserve est-il de plein droit réputé

(1) SIREY, 31. 1. 424. (2) *Id.*, 35. 1. 911. (3) *Id.*, 26. 2. 23.

fait par préciput, lorsque cet héritier ne concourt au partage qu'avec d'autres ayants droit que des héritiers légitimes?

« Attendu, a dit la Cour royale d'Agen, par arrêt du 28 décembre 1808[1], que les art. 843 et 857 du Code civil n'assujettissent les héritiers venant à la succession à rapporter les donations entre-vifs qu'ils ont reçues du défunt, et ne leur interdisent de réclamer les dons à cause de mort, ou le legs qu'il leur a fait, qu'à l'égard de leurs cohéritiers; d'où il suit que l'incompatibilité des qualités d'héritier et de légataire en la même personne n'est point absolue, mais seulement relative à l'intérêt des cohéritiers;

« Attendu que l'expression cohéritier, employée dans les articles précités, ne signifie que les héritiers légitimes et non les héritiers institués: 1° parce que l'acception du terme se détermine suivant la matière dont il s'agit; or la section *des Rapports*, dont ces articles font partie, ayant été placée dans le Code civil sous le titre de *Succession légitime*, l'expression cohéritier doit naturellement désigner des héritiers légitimes, et non des héritiers institués; 2° parce que, dans les divers articles du Code civil, l'héritier institué est, par rapport à l'héritier légitime, toujours qualifié de légataire, soit universel, soit à titre universel;

« Attendu que, l'objet des rapports étant de maintenir l'égalité entre les cohéritiers, l'héritier institué non-successible est non-recevable, aux yeux de l'héritier de la loi, à demander, soit le rapport des donations, soit la compensation des dons ou legs avec la réserve, parce que son titre établit l'inégalité, et qu'il impliquerait qu'il pût s'aider, pour maintenir ou pour augmenter cette inégalité, des mesures que le législateur n'a admises que pour la faire cesser; car ce serait replier la loi contre elle-même et lui faire produire un effet diamétralement contraire à son esprit et à son but;

« Attendu que l'héritier institué non-successible, tenant tout son droit du testament, doit prendre ce titre tel qu'il est dans son entier; qu'il peut d'autant moins inquiéter l'héritier au sujet des legs qui lui ont été faits, qu'ils dérivent du même titre que l'institution dont ils sont en quelque sorte une condition, et que le testateur eût pu transmettre à cet héritier sa succession entière sans blesser en aucune manière les droits de celui qui se trouve institué; par où il est évident que l'appelant n'est pas fondé en droit à forcer l'héritier à opter entre la réserve et le legs. »

La même Cour a rendu un arrêt semblable le 12 janvier 1821[2].

« Attendu qu'il résulte du testament de Marie Cieutat, du 28 février 1820, que cette femme lègue à la dame Gauté, sa mère, un quart de ses biens meubles et immeubles en propriété, et un quart en jouissance sa vie durant; et qu'elle institue dans tous ses biens le sieur Moraud, son mari, pour son héritier général et universel;

(1) SIREY, 10. 2. 7. — DENEVERS [illegible] 2. 49. (2) SIREY, 21. 2. 81. — DALLOZ, 21. 2. 77.

« Attendu qu'aux termes de l'art. 915 du Code civil, la dame Gauté avait une réserve d'un quart sur la succession de sa fille; qu'elle tenait ce droit de la loi, et que ce quart n'était pas dans la disposition de la testatrice; d'où il suit que le legs ne peut pas être confondu avec la réserve légale, et qu'indépendamment de ce legs, la femme Gauté doit encore prendre dans la succession de sa fille un quart, de telle manière qu'elle ait un quart en propriété en vertu de la réserve légale, et en vertu de la disposition, un autre quart en propriété et un quart en jouissance seulement, et que le surplus de la succession est ce qui constitue l'émolument de l'institution générale et universelle faite au profit dudit Morand. »

Autre arrêt de la Cour royale de Limoges, du 11 juillet 1818[1].

« Attendu, en droit, qu'aux termes de l'art. 843 du Code civil, le rapport est dû en toute succession, à la différence de ce qui avait lieu sous l'empire du droit romain, où le rapport n'était dû que dans la ligne directe descendante; que cette règle est générale et absolue, à moins que le donateur ou le testateur n'ait formellement dispensé du rapport; que l'objet des rapports, dans tous les systèmes, a été de maintenir l'égalité entre les copartageants (Cod. lib. VI, *de collat.*, art. 843 et suivants du Code civil, et que c'est par cette raison que, même en étendant aux successions collatérales les règles des rapports, par innovation à l'ancien droit, les rédacteurs du Code y ont apporté la restriction écrite dans l'art. 857, que le rapport n'est dû qu'au cohéritier, et qu'il n'est pas dû au légataire;

« Attendu qu'il faut entendre dans l'application et conférer ensemble les art. 843 et 857, qui, isolés l'un de l'autre, pourraient conduire à des résultats différents; qu'ainsi le système total de la législation sur la matière est que le rapport est dû, en toute succession, pour dons entre-vifs comme pour legs testamentaires, mais qu'il n'est dû que de cohéritier à cohéritier, et pour maintenir entre eux l'égalité seulement, lorsque la volonté de l'homme n'est point venue modifier la disposition de la loi; qu'il faut déduire de ces principes que le légataire, quel qu'il soit, qu'il appartienne ou non à la ligne des successibles, s'il ne se présente qu'en sa qualité de légataire, en vertu de la disposition de l'homme, doit être non-recevable dans toute demande en rapport, puisque, par son propre fait, en abandonnant dans son intérêt la qualité de successible pour s'en tenir à celle de légataire, il tend, autant qu'il est en lui, à rompre l'égalité que la loi avait cherché à établir, et que, par conséquent, il ne peut se plaindre d'un ordre de choses que lui-même a provoqué. »

La Cour royale de Bordeaux a appliqué ce principe, par arrêt du 24 avril 1834[2] à l'égard d'une mère naturelle, légataire de l'usufruit des biens délaissés par sa fille, et qui venait en outre réclamer sa réserve légale contre un légataire universel.

« Attendu qu'aucune condition n'étant apposée au legs d'usufruit de Marthe Billaud, elle pouvait cumuler cet usufruit testamentaire avec ses droits légaux

(1) Sirey, 19. 2. 144. — Denevers, 17. 2. 7. (2) Sirey, 34. 2. 461.

dans la succession, puisque aucune option ne lui était prescrite, et qu'on ne peut prêter à la testatrice, par voie d'argumentation, une volonté qu'elle n'a pas exprimée. »

Il est, sans doute, incontestable que l'héritier à réserve, venant à la succession avec un légataire universel ou à titre universel, ne peut être tenu de faire le rapport des choses qui lui ont été données ou léguées par le défunt. L'art. 843 ne l'astreint à cette obligation qu'à l'égard de ses cohéritiers, c'est-à-dire des héritiers légitimes, et l'art. 857 l'en exempte formellement quant à tout légataire. Si donc ceux-ci voulaient faire retrancher quelque chose de la disposition faite au profit d'un héritier, ils seraient évidemment non-recevables.

Mais si ces légataires ne demandent à l'héritier ni réduction ni rapport ; s'ils consentent, au contraire, à ce que cet héritier conserve la totalité de l'avantage qui lui a été fait ; que ce soit lui qui, ne s'en contentant point, vienne en outre réclamer contre eux sa réserve légale, les légataires ne pourront-ils faire imputer sur cette réserve ce que l'héritier a reçu du défunt par une disposition purement gratuite ?

La loi, en accordant une réserve légale à certains héritiers, a voulu empêcher que le défunt n'ait méconnu son sang en attribuant une trop grande part de sa fortune à d'autres qu'à ces héritiers. Elle ne s'oppose à ce qu'il a voulu que pour lui donner la volonté qu'il aurait dû avoir. Elle donne, parce qu'il n'a pas assez donné ou laissé à ses enfants ou aux auteurs de ses jours. Elle n'entend pas que ceux-ci aient le droit de demander davantage ; elle veut seulement qu'ils ne puissent pas moins avoir. Si donc ces héritiers ont reçu ou trouvent dans la succession ce que la loi leur attribue, le but a été atteint ; le défunt a fait son devoir ; il a été libre dans la dispensation du surplus de sa fortune. Si ces héritiers n'obtiennent qu'une partie de leur réserve, ils ne peuvent en demander aux légataires que le reste, car il ne leur est rien dû de plus. La disposition du défunt est ainsi exécutée, puisque les héritiers conservent tout ce qu'il leur a donné ; celle de la loi a obtenu tout son effet, puisqu'ils ont aussi en entier le montant de leur réserve ; aller au-delà serait accorder aux héritiers un droit qui ne résulterait ni de la loi ni de la volonté de leur auteur.

Tel est l'avis de M. Grenier, qui cite les autorités les plus graves, les auteurs les plus respectés, pour démontrer que, sous l'ancien droit, les légitimaires ont toujours été obligés d'imputer ce qu'ils avaient reçu du défunt sur leur légitime, dont ils ne pouvaient demander que le complément aux légataires. Or, que sont aujourd'hui, les héritiers à réserve, si ce n'est ce qu'autrefois étaient les légitimaires ?

Il n'y a lieu à rapport, a dit la Cour d'Agen, qu'à l'égard des héritiers. Nous l'avouons aussi ; mais il ne s'agit pas de rapport, on n'en demande aucun à l'héritier à réserve, quand on se borne à lui faire imputer sur ses droits ce qu'il a reçu du défunt. On n'agit pas contre lui ; on ne fait que défendre à son action ; on ne lui réclame rien, on borne seulement ce qu'il demande à ce qui peut lui rester dû, comme y sont autorisés tous ceux de qui [illegible] ayant droit exige quelque chose.

Les dispositions contenues aux art. 843 et 857 du Code civil, ne concernant que les rapports et non les imputations que les héritiers sont dans le cas de faire sur leur réserve, ne sont point applicables à la question; ces imputations n'ont point pour objet, comme les rapports, de maintenir l'égalité entre cohéritiers, car il n'y a point de partage à faire entre un héritier à réserve et un simple légataire, mais un règlement de leurs droits respectifs; l'héritier à réserve, qui peut seul demander la réduction des legs, doit imputer sur la part que la loi lui accorde, ce qu'il a déjà reçu du défunt, si on ne veut le lui donner une seconde fois. Leurs parts seront, après cela, ce que la loi et le défunt ont voulu qu'elles fussent, quelque inégalité qui puisse en résulter.

L'héritier institué tient son droit du testament, et il doit ainsi avoir tout ce que le testament lui donne, moins ce que l'héritier à réserve a le droit de réclamer. Ce légataire ne peut inquiéter l'héritier à raison des avantages, quels qu'ils soient, que le défunt lui a faits. Il ne peut exciper contre lui d'aucune incompatibilité entre les qualités d'héritier et de légataire, car cette incompatibilité n'existe qu'entre cohéritiers. Il ne refusera pas d'exécuter les volontés du défunt, puisqu'il consentira à laisser à l'héritier à réserve les dons ou les legs qu'il aura obtenus; mais si cet héritier demande en outre sa réserve légale, ce légataire ne fera que défendre à une action étrangère au testament, en opposant l'exception qui découle de la nature de cette action elle-même.

Ce n'est pas non plus, comme l'a dit la Cour royale de Limoges, à titre de réduction du legs fait à l'héritier à réserve que le légataire universel ne voudra donner à cet héritier que le complément de ce qui lui était dû. Cette réduction ne peut être demandée que par ceux qui sont eux-mêmes héritiers à réserve, et jamais par un légataire; mais il n'y a rien, en pareil cas, à réduire. Le legs fait à l'héritier, nous ne pouvons trop le répéter, doit être délivré à quelque somme qu'il puisse monter. C'est à d'autres principes, à ceux relatifs aux imputations à faire sur une dette en général, qu'il faut recourir à l'égard de la réserve que demande aussi cet héritier.

Autrement il arriverait, comme le dit Ricard[1], « qu'un fils, comblé des bienfaits de son père, ne laisserait pas de pouvoir contester les moindres et les plus légères donations qu'il aurait faites, et d'en demander le retranchement; si bien, ajoute ce jurisconsulte profond, que cette obligation d'imputer les avantages reçus à la légitime est de la substance, à l'égard de qui que ce soit. Lorsque le père a employé une partie de ses libéralités envers ses enfants, il est bien raisonnable que l'action que la loi leur a mise en main, diminue à proportion de ce dont ils ont été reconnus par leur père. » Lebrun, Espiard de Saulx, Furgole, Dumoulin, consacrent le même avis; il était, avant le Code, de jurisprudence certaine. Les mêmes principes ne doivent-ils pas encore nous régir aujourd'hui?

6° Le don manuel d'un effet mobilier doit être réputé avoir été fait avec dispense de rapport.

(1) *Traité des Donations et des Testaments*, n° 1155

La Cour royale de Bordeaux l'a décidé ainsi par arrêt du 2 mai 1831 [1].

« Attendu que le don manuel d'un objet mobilier est censé fait par préciput, lorsqu'il n'existe aucun acte qui le constate, parce que l'on doit supposer que, si le donateur ne l'avait fait qu'à la charge de rapport, il aurait pris soin de le constater de manière à assurer l'effet de sa volonté; que, dans l'espèce, Isaac-Lopès-Dias affirme que la somme de 50,000 fr. lui a été donnée avec dispense de rapport, et que foi doit être ajoutée à sa déclaration jusqu'à preuve contraire;

« Attendu qu'il ne reste alors d'autre preuve de la libéralité et de sa nature que l'aveu d'Isaac-Lopès-Dias, qui, en avouant le don de 50,000 fr., déclare que son père l'a dispensé d'en faire le rapport, et que cet aveu ne peut être scindé. »

Il faut pour que le don manuel soit dans le cas d'être réputé constant, que les héritiers ne puissent prouver d'aucune manière que la somme ou l'objet mobilier sur lequel ce don aurait porté, ne se trouve entre les mains de leur cohéritier que par suite d'un prêt, d'un mandat, d'un dépôt, d'une spoliation même, ou de toute autre manière qui ne lui en a pas transmis la propriété; qu'ils n'aient que la déclaration de celui qui se prétend donataire. Alors le don est réputé avoir été fait par préciput, parce qu'il n'a pas été de sa nature d'en contenir la dispense; que le donateur ne l'aurait pas fait sous une forme qui ne laissait aucune trace, s'il avait voulu que le donataire fût assujetti à en faire le rapport; les autres héritiers n'ont de titre que la déclaration du donataire, et cette déclaration, comme l'a dit la Cour de Bordeaux, est indivisible.

Remarquons, cependant, qu'à l'égard des titres de créance ou autres droits incorporels, ils ne peuvent être l'objet d'un don purement manuel, et qu'il est nécessaire que leur propriété ait été transmise au donataire par un acte quelconque, au moins sous l'apparence d'un contrat à titre onéreux.

La Cour royale d'Agen l'a ainsi jugé, par arrêt du 15 mai 1833 [2].

« Attendu que, s'il est vrai que le don manuel de meubles corporels soit valable lorsqu'il y a une tradition réelle et effective, parce que la possession, en ce cas, vaut titre, il n'en peut être de même des meubles incorporels, tels que des titres de créance, qui ne peuvent être valablement transférés à des tiers qu'au moyen de dons ou legs faits dans les formes voulues par la loi, ou par un transport ou cession, par suite d'un prix réel ou énoncé; que les mots *bon pour Malartic* ne peuvent être considérés comme une cession, parce qu'il ne peut y avoir de cession sans prix; qu'ils ne peuvent valoir comme donation déguisée sous forme de contrat onéreux, parce que tout contrat onéreux doit également indiquer un prix, alors même qu'il ne serait pas réel, sans quoi le titre, manquant dans sa forme substantielle, ne peut produire aucun effet; d'où suit que c'est sans titre et sans droit que Malartic détient le billet dont il s'agit. »

Un arrêt de la Cour de Grenoble, du 21 janvier 1831 [3], maintenu par un arrêt de la Cour de cassation, du 9 mars 1837, a jugé qu'en cas de commencement de preuve par écrit, un don manuel pouvait être établi par témoins.

(1) Sirey, 31. 2. 32. — Dalloz, 32. 2. 321. (2) Sirey, 33. 2. 561. — Dalloz, 33. 2. 218. (3) Sirey, 37. 1. 714. — Dalloz, 37. 1. 263.

7° Le don manuel fait à un étranger ne doit point être imputé sur la quotité disponible.

« Attendu que l'on ne peut considérer comme don, et que les lois ne l'entendent pas ainsi, les transmissions manuelles faites par un défunt, pendant tout le cours de sa vie, à des personnes surtout non-successibles, de sommes d'argent, meubles et effets mobiliers, en ce que ces transmissions (pouvant avoir pour objet le paiement ou l'acquittement d'une dette quelconque ou enfin la récompense d'un service) ne sont susceptibles d'aucun recours, n'ayant aucuns caractères de donations, soit entre-vifs, soit à cause de mort. » (Arrêt de la Cour de Poitiers, du 3 messidor an XII[1].)

La Cour de cassation a maintenu cet arrêt, le 3 janvier 1807.

« Considérant que l'arrêt attaqué décide, d'une part, qu'il n'était pas prouvé que Marie-Eléonore Mittaut eût séquestré et enlevé de sa propre autorité les effets de la succession de sa grand'tante, soit avant, soit après le décès de celle-ci, et, d'autre part, que les effets réclamés lui eussent été donnés à titre gratuit, ce qui exclut toute action en rapport. »

8° Le legs universel, fait au profit d'un des enfants du testateur, comporte de plein droit la disposition par préciput en sa faveur, de la quotité disponible.

« Attendu qu'une institution générale et universelle d'héritier embrasse tous les biens délaissés par le testateur, sauf ceux dont il fait des dispositions particulières, et ceux compris dans les réserves faites par la loi;

« Que, par une telle disposition, le testateur manifeste évidemment la volonté, qu'à l'exception des biens légalement réservés et des biens dont il a déjà disposé, tout le surplus de sa succession appartienne exclusivement à son héritier général;

« Qu'il est, dès lors, inutile qu'il ajoute que sa disposition est faite par préciput et hors part, car ces expressions ne sont exigées par la loi que pour qu'il ne puisse s'élever aucun doute sur la volonté du testateur; et nul doute n'est possible lorsqu'après avoir fait la part de chacun, le testateur déclare donner tout le reste à celui qu'il préfère et qu'il dénomme;

« Attendu que ce principe est d'autant plus applicable à la cause, que, d'une part, le testateur, après avoir confirmé la donation qu'il avait faite à sa fille, borne à la somme donnée l'institution d'héritier qu'il y attache, tandis qu'il revêt du caractère d'institution générale et universelle celle qu'il avait faite en faveur de son fils; et que, d'autre part, il charge celui-ci d'acquitter lui seul les divers legs particuliers contenus dans son testament;

(1) Sirey, 7. 1. 121. — Denevers, 5. 1. 121.

« Que c'est donc à bon droit que le tribunal de première instance a déclaré que, dans la succession du père commun, la quotité disponible devait appartenir au sieur Teulier fils. » (Arrêt de la Cour royale de Montpellier, du 9 juillet 1833[1].)

La Cour royale de Limoges avait déjà rendu un arrêt semblable, le 26 juin 1822[2]

« Attendu que, bien qu'il soit établi par l'art. 919 du Code civil que le legs d'une quotité disponible est sujet à rapport lorsqu'il n'a pas été fait à titre de préciput et hors part, les termes de la loi ne sont point sacramentels, et que le légataire, en l'absence de ces termes, n'en doit pas moins être dispensé du rapport, toutes les fois qu'il résulte nécessairement, soit du contexte du testament, soit de la nature de la disposition, que le testateur a eu la volonté formelle de faire au légataire une libéralité non sujette à rapport; que, dans l'espèce, il s'agit d'une institution testamentaire à titre universel, qui embrasse dans sa généralité tous les biens de l'instituant, et que l'énergie d'une pareille disposition renferme une dispense de rapport aussi expresse que si le testateur se fût servi littéralement des termes de la loi.

Ce principe est une conséquence de celui que nous avons mentionné au n° 2 ci-dessus, qu'en fait de préciput ou de dispense de rapport il n'y a point de termes sacramentels. En donnant plus qu'il ne lui était permis de donner, le défunt a au moins voulu atteindre les limites les plus étendues que lui avait assignées la loi, et ainsi la quotité disponible par préciput.

9° Le don fait par un père à un de ses enfants, à la charge de rendre à ses petits-enfants, est réputé, de droit, fait avec dispense de rapport.

« Considérant, a dit la Cour royale de Douai, par arrêt du 17 janvier 1819[3], que cette matière (celle des dispositions permises en faveur des petits-enfants du donateur ou testateur) est tellement séparée dans les principes du Code qu'elle y est traitée tout entière dans le seul chapitre VI; qu'on n'y dit pas, comme dans les autres parties du Code, que ces dons ou legs doivent être faits expressément par préciput ou hors part; le dire, ou y laisser appliquer les art. 843 et 844, aurait été une inconséquence; car ordonner le rapport de ces dons à la masse de la succession du donateur, et vouloir que le donataire le remette en même temps à ses enfants, implique contradiction;

« L'exemption du rapport existe donc par la nature et la force de la disposition particulière; elle existe encore par argument *à simili* de l'art. 847; elle existe enfin par équipollence. Le Code n'a consacré aucune expression particulière pour considérer l'exemption de rapport comme expressément voulue; expressément

(1) SIREY, 34. 2. 30. — DALLOZ, 33. 2. 218. (2) SIREY, 22. 2. 276. (3) SIREY, 20. 2. 197. — DALLOZ, *Rec. alph.*, 12. 229.

n'est pas le synonyme de littéralement, et la jurisprudence admet l'équipollence comme moyen de présenter suffisamment cette exception. »

La Cour royale de Bastia a jugé de même, par arrêt du 16 juillet 1828[1], incidemment à une question de fixation des droits d'une seconde femme, donataire postérieure d'une part d'enfant le moins prenant.

« Considérant, a-t-elle dit, que la donation faite par feu Cannelli à sa fille a incontestablement ce caractère de préciput ;

» Qu'en effet le donateur a grevé les biens cédés d'une restitution en faveur des enfants à naître de la donataire, et n'a permis à celle-ci d'autre disposition que celle de l'usufruit en faveur de son mari ;

» Que par là feu Cannelli a évidemment usé du droit que confère aux ascendants l'art. 1048 du Code civil, et qui ne peut s'appliquer qu'aux biens dont ils ont la libre disposition à titre gratuit ;

» Considérant qu'on ne pourrait décider que la donation dont il s'agit a été faite par pure délibation et présuccession (sur la légitime ou réserve par conséquent) qu'en déclarant non écrite la charge de conserver et de rendre aux enfants à naître, ce qui serait détruire un pacte de famille et léser les droits des enfants qui peuvent recevoir le jour de l'union des époux Mattei. »

La Cour de cassation a rejeté, le 16 juin 1830[2], le pourvoi exercé contre cet arrêt.

« Attendu qu'en jugeant que la donation faite par Cannelli à sa fille l'avait été par préciput et hors part, dans l'intention qu'elle ne fût pas sujette à rapport, l'arrêt attaqué a jugé par interprétation la clause de l'intention qui l'avait dictée ; que cette appréciation était dans le domaine des premiers juges ; que d'ailleurs elle est conforme aux principes, puisque la substitution faite des biens donnés au profit des enfants à naître de la donataire avait mis irrévocablement ces biens hors la main du donateur, ce qui rendait le rapport à la succession du donateur impossible. »

Le donateur n'a pas voulu astreindre l'enfant au rapport des biens qu'il lui attribuait, puisqu'il l'a chargé de les restituer à d'autres qui, dans l'ordre de la nature, ne devaient pas être ses héritiers et ne pouvaient ainsi être tenus à aucun rapport. Cette intention résultant forcément de la disposition, si elle n'a été soumise à aucune condition, doit être exécutée, lors même que, l'institué étant décédé, ses enfants viendraient par représentation de leur père à la succession du donateur ; car ils ne sont tenus, en ce cas, que d'accomplir les obligations de leur auteur. Il en serait autrement si les petits-enfants venaient de leur chef à la succession de leur aïeul ; ils devraient alors, comme héritiers directs, rapporter l'avantage que celui-ci leur a fait.

10° La promesse d'égalité, faite par contrat de mariage à un enfant, ne constitue pas une donation par préciput d'une portion quelconque de la quotité disponible.

(1) Sirey, 28. 2. 247. (2) Sirey, 30. 1. 262. — Dalloz, 30. 1. 345.

Une femme avait constitué un majorat en faveur de son mari et de ses descendants; plus tard, mariant leur fille commune, les père et mère lui avaient assuré dans leur succession l'intégralité de sa part héréditaire, même dans la portion disponible. Après leur mort, leur fils réclamait le majorat par préciput, et la fille la portion de la quotité disponible qui n'avait pas été absorbée par cette disposition au profit de son frère; elle y a été déclarée mal fondée

« Considérant, a dit la Cour royale de Paris, par arrêt du 26 mars 1832[1], que le majorat créé par la dame de Boquestant en faveur de son mari le 26 décembre 1810, constitue au profit de son fils un avantage qui, suivant l'esprit de la loi sur les majorats, la jurisprudence et l'aveu des parties, est fait par préciput et hors part, et ne serait soumis au rapport que pour parfaire la légitime;

« Considérant que, par l'art. 8 du contrat de mariage de la dame de Jouy, les sieur et dame de Boquestant ont déclaré assurer à leur fille l'intégralité de sa portion héréditaire dans leurs successions futures, même dans la portion disponible et dans les biens formant le majorat;

« Considérant que cette clause renferme, à la vérité, une promesse d'égalité entre les enfants, mais ne constitue, ni en termes exprès ni en termes équipollents, une donation par préciput et hors part au profit de la future épouse d'une portion quelconque de la quotité disponible;

« Considérant que le partage réclamé par les appelants, et qui aurait pour résultat, soit d'attribuer dès à présent à la dame de Jouy dans la portion disponible un immeuble d'une valeur égale aux biens du majorat, soit de laisser indivise entre les parties une portion de biens équivalente, n'aurait pour base qu'une énonciation vague du contrat de mariage et non une disposition attributive de droits certains. »

Le pourvoi contre cet arrêt a été rejeté par la Cour de cassation, le 22 mai 1833.

« Attendu que la Cour royale de Paris, en décidant que l'art. 8 du contrat de mariage de la demanderesse ne renfermait ni expressément, ni par équipollents, une donation par préciput et hors part d'une portion dans la quotité disponible, s'est bornée à une interprétation du contrat qui était dans ses attributions, et n'a violé en cela aucune loi. »

Le majorat avait formé un préciput en faveur du fils, antérieurement au contrat de mariage de sa fille; il n'avait pu ainsi être atténué par les dispositions de ce contrat. La promesse d'égalité faite à celle-ci ne lui avait conféré aucun préciput, puisqu'elle ne devait pas avoir plus que son frère, et cette égalité était devenue impossible, à raison de l'avantage que le fils avait déjà irrévocablement acquis. Les père et mère n'auraient pu rendre la part de leur fille égale à celle de son frère qu'en lui assurant par préciput sur leurs autres biens des valeurs correspondantes à celles du majorat. Ils n'avaient donc pas fait ce qu'ils pouvaient faire, et ils avaient fait ce qu'ils ne pouvaient pas.

(1) SIREY, 33. 1. 550. — DALLOZ, 33. 1. 214.

11° Les héritiers collatéraux peuvent demander, comme les héritiers à réserve, le rapport de toutes les donations qui y sont sujettes.

C'est ce que la Cour de cassation a jugé par l'arrêt que nous avons cité au n° 1er sur cet article [1].

« Considérant que l'art. 843 du Code ordonne à tout héritier, sans distinction, le rapport des donations; que l'art. 918 du même Code ne parle que des aliénations, soit à rentes viagères, soit à fonds perdus, ou avec réserve d'usufruit; qu'ainsi cet article est absolument étranger à l'espèce;

« D'où il suit que la Cour de Metz, en confirmant le jugement du tribunal de première instance qui avait ordonné le rapport de la donation dont il s'agit, si mieux n'aimaient les donataires renoncer à la succession du défunt, a fait une juste application de l'art. 843 du Code civil et n'a violé aucune loi.

La Cour de Bruxelles a rendu un arrêt semblable, le 30 mai 1812 [2].

« Considérant qu'il est évident que c'est la loi en vigueur à l'époque où s'ouvre une succession qui doit régir et déterminer les rapports à y faire, d'autant que, le droit de succéder étant sans contredit subordonné à la loi qui règle la succession lors de son ouverture, on est obligé, en exerçant ce droit, de se soumettre aux conditions qu'elle y impose;

« Considérant que l'art. 918 dudit Code n'est pas applicable à l'espèce de la cause, d'autant qu'il traite spécialement de la portion des biens disponibles, et qu'il n'en est nullement question au cas actuel. »

Les termes de l'art. 843 sont si formels, et les principes tellement certains à cet égard, qu'on ne conçoit pas que la prétention contraire ait pu être élevée.

12° Ce qui a été payé par un père pour racheter son fils du service militaire est sujet à rapport, même quand le fils n'aurait pas été partie au contrat.

« Vu, a dit la Cour royale de Caen, par arrêt du 5 janvier 1811 [3], l'art. 1er de la loi du 19 fructidor an VI, qui porte : *Tout Français est soldat et se doit à la défense de la patrie*;

« Et considérant que l'obligation que Dasseville, père commun, a contractée envers Rosnay, pour substituer celui-ci au service dû par Jean-Mathieu Dasseville son fils, a pour objet l'acquittement d'une dette que la loi imposait à son fils; que, quoique le père ait contracté en son nom personnel, il n'en stipulait pas moins pour les intérêts de son fils, et son obligation avait pour objet de libérer son fils d'une obligation légale et personnelle audit Jean-Mathieu Dasseville; que le fils, réputé par la loi majeur pour le service militaire, en profi-

(1) SIREY, 13. 1. 17. — DENEVERS, 10. 1. 49. (2) SIREY, 13. 2. 40. (3) *Id.*, 13. 2. 337

tant du remplacement, a ratifié et approuvé l'obligation contractée pour lui par son père;

« Vu l'art. 851 du Code civil qui porte : *Le rapport est dû de ce qui a été employé pour l'établissement d'un des cohéritiers ou pour le paiement de ses dettes;*

« Attendu que le fils doit à la succession tout ce qui a été payé à l'acquit de sa dette; que, si l'obligation était acquittée, Jean-Mathieu Dasseville en devrait le rapport; mais que, l'obligation existant encore, c'est à Mathieu Dasseville à l'acquitter; que, dans le fait particulier, l'appelant ne peut dire qu'il ait conféré ses soins à l'administration domestique et en ait accru les produits; qu'il est constant que, peu après le décès du père Dasseville, il a demandé partage, et a eu seul le bénéfice de la ferme dont son père jouissait; que le jeune fils doit acquitter dans son temps la même obligation, et qu'il serait contre tout principe de justice de le faire encore contribuer à payer celle imposée à son frère; qu'on ne peut dire que le père ait voulu gratifier son fils aîné; que, si telle eût été sa volonté, il l'aurait exprimée par un acte légal, conformément au Code civil; que le père doit une égale justice à ses enfants, qui tous ont droit à son affection, et que, n'ayant reçu aucun produit de l'industrie de son fils aîné, le père n'a pas voulu lui faire un avantage qui aurait été injuste dans la circonstance. »

Un des motifs de cet arrêt est que le fils remplacé n'avait pas conféré ses soins à l'administration des affaires de la famille; en effet, si les circonstances démontrent que le père s'est procuré un avantage en faisant remplacer son fils, on verra plusieurs arrêts décider qu'il n'y a pas lieu alors au rapport de la somme qui a été donnée.

D'autres arrêts conformes ont été rendus par la Cour royale de Grenoble, notamment un, le 12 février 1816 [1], où se trouve le motif suivant :

« Considérant que le prix d'un remplacement en matière de conscription est, de sa nature, sujet à rapport; qu'on doit le considérer comme une dette de l'héritier, qui, d'après l'art. 851 du Code civil, est rapportable; que l'art. 852, invoqué par Augustin Charignon, n'est pas applicable à la cause, parce que le prix dont il s'agit ne peut être assimilé aux frais d'éducation, d'apprentissage ou d'équipement militaire, qui sont le sujet de cet article, d'où il suit qu'Augustin Charignon, venant à partage de la succession de son père, doit rapporter la somme de 3,000 fr., qui doit être payée à Ferlin. »

Arrêt semblable de la Cour royale de Bourges, du 21 février 1823 [2].

Autre arrêt de la Cour royale de Riom, du 19 août 1829 [3].

La Cour royale de Bourges en persistant dans sa jurisprudence à cet égard, par arrêt du 3 juin 1829 [4], a rejeté le moyen que l'on tirait de ce que le fils n'avait pas été présent au traité de remplacement, parce que, a dit la Cour, il en avait profité, et que son père, comme tuteur, avait pu faire tout ce qui était utile à son pupille. »

(1) SIREY, 22. 2. 205. (2) *Id.*, 23. 2. 316. (3) *Id.*, 30. 2. 214. (4) SIREY, 29. 2. 305. — DALLOZ 29. 2. 178.

Il n'existe point d'arrêts qui soient véritablement contraires à cette doctrine; deux seulement y ont apporté quelques modifications, dont l'une s'accorde même avec le motif de l'arrêt de la Cour de Caen, du 5 janvier 1811, que nous avons signalé.

Le premier de ces arrêts a été rendu par la Cour royale de Dijon, le 23 janvier 1817 [1], sur la question de savoir si le fils pouvait, du vivant de son père, être obligé de remplir l'engagement que celui-ci avait contracté envers le remplaçant. La Cour de Dijon ne l'a pas pensé.

« Considérant, a-t-elle dit, que l'obligation dont il s'agit a été contractée par Plaige père personnellement pour son fils, qui était encore mineur et n'avait aucuns biens acquis; que ce n'est point là un contrat intéressé, mais un contrat de bienfaisance et un acte d'administration paternelle, par lequel le père emploie à l'avantage de son fils une partie d'un patrimoine dont il n'est, pour ainsi dire, que le dépositaire, et dont les lois réputent ses enfants copropriétaires, même pendant sa vie; que, soit que, dans les circonstances où le père Plaige a contracté l'engagement dont il s'agit, il ait uniquement obéi à cette loi de la nature qui appelle les parents à la conservation de leurs enfants, soit qu'il ait voulu seulement, en libérant son fils de la conscription, se ménager les secours qu'il devait en attendre dans son commerce, soit enfin qu'il ait été déterminé à la fois par ces deux motifs réunis, on ne peut supposer, dans tous ces cas, qu'il ait l'intention de répéter contre lui, de son vivant, le prix du remplacement qu'il lui avait procuré. »

Il semble impossible, d'après l'objet du remplacement, de considérer le prix qu'il a coûté comme une dépense extraordinaire de l'éducation de l'enfant. Si le remplacement a été un acte utile de l'administration paternelle, le fils qui en a profité est tenu d'en exécuter les clauses. Ce n'a point été un contrat de bienfaisance, si le père ne lui en a donné expressément le caractère, parce qu'un pareil acte a d'autres causes que celle d'exercer une pure libéralité; s'il a eu pour objet de conserver au père la collaboration du fils, il aura été, de la part du père, un contrat intéressé, mais s'il n'a eu d'autre motif que de rendre le fils libre de se procurer un état ou de se marier, l'avantage tout entier aura été pour lui, et le père n'aura fait que l'acte d'un bon administrateur.

Ainsi, en principe général, le prix du remplacement est à la charge du fils, et il doit être réputé n'avoir été promis que dans son seul intérêt. La Cour royale de Dijon a, au moins, considéré l'engagement du père comme un avancement d'hoirie, en quoi elle s'est accordée avec les autres arrêts qui ont obligé le fils à en faire le rapport. Quant au motif qu'elle aurait puisé dans l'état plus ou moins grand de la fortune du père ou du fils pour faire supporter à l'un ou à l'autre le prix du remplacement, on aurait pu l'admettre sous l'empire des lois romaines, mais non parmi nous qui ne faisons point dépendre l'exécution des obligations de semblables circonstances.

Le second arrêt a été rendu par la Cour royale de Toulouse, le 9 janvier 1835 [2];

(1) SIREY, 17. 2. 374. — DALLOZ, *Rec. alph.*, 12. 437. (2) SIREY, 35. 2. 415. — DALLOZ, 35. 2. 137.

tout en admettant le principe consacré par la jurisprudence, il y a apporté l'exception mentionnée dans l'arrêt de la Cour de Caen, et qui résulte du cas où le père n'a agi que dans son intérêt propre en faisant remplacer son fils.

« Attendu, porte l'arrêt, que si, aux termes des art. 843 et 851 du Code civil, le prix du remplacement militaire de l'enfant est sujet au rapport, les auteurs de la jurisprudence admettent une exception à cette règle générale lorsque les faits et les circonstances de la cause établissent que c'est dans l'intérêt du père que le remplacement a eu lieu;

« Que, dans l'espèce, Baptiste Groc père, vieux et infirme, son fils aîné atteint d'une maladie grave et permanente, le départ du second pour l'armée, éprouvait l'indispensable besoin de l'un de ses enfants, dans l'intérêt de sa personne et de l'administration de ses biens; que telles sont les causes de l'obligation qu'il a voulu contracter dans l'acte de remplacement par lequel il a mis à couvert ses intérêts en se donnant un soutien, et ceux des autres enfants, en obligeant Georget à rapporter, sur le prix du remplacement, la somme de 1000 francs. »

On sent que, pour qu'il en soit ainsi, il faut des circonstances aussi graves que celles mentionnées dans cet arrêt; ce n'est pas légèrement que l'on doit faire supporter aux autres enfants la dette personnelle de leur frère.

13° Les donations déguisées, faites à des personnes capables de recevoir, sont valables, et le rapport des biens ainsi donnés n'est dû qu'en ce qui excéderait la quotité disponible.

La validité des donations déguisées sous la forme d'un contrat à titre onéreux, et qui n'ont pas été revêtues des formes prescrites pour les donations entre-vifs, a été établie par un premier arrêt de la Cour de cassation, du 13 vendémiaire an II [1], mais, principalement, par un second arrêt de la même Cour, du 6 pluviôse suivant [2], et qui n'a été rendu qu'après une assez vive contradiction dans le sein même de la Cour. Cet arrêt est, à la vérité, antérieur à la promulgation du Code, mais les dispositions de l'ordonnance de 1731 étaient semblables à celles actuellement existantes, en sorte que tous les principes portés en cet arrêt sont dans le cas d'être appliqués aujourd'hui.

« Considérant que, selon la pureté des principes puisés dans la sagesse des dispositions des lois romaines, toutes les simulations en général ne sont pas indistinctement frappées de l'anathème de la loi, parce qu'elle permet tout ce qu'elle ne défend pas, et qu'en matière de simulation de contrat, pour qu'elle soit jugée frauduleuse, il faut que celui qui en fait usage ait eu principalement pour objet d'éluder, par voie indirecte, la prohibition légale qui ne peut tomber que sur la chose ou sur la personne;

(1) SIREY, 3. 1. 50. (2) SIREY, 3. 1. 201. — DENEVERS, 1. 683.

« Que si, par exemple, la loi défend de disposer, à titre gratuit, d'un immeuble de telle ou telle espèce ou qualité, si elle prohibe également de pareilles dispositions entre telles ou telles personnes, il est certain que l'on ne pourra, dans ces deux cas, éluder par une voie indirecte ce qu'elle prohibe directement de la manière la plus expresse; qu'il ne sera pas permis d'emprunter le nom simulé d'une vente, ou de tel autre contrat à titre onéreux, pour légitimer, par cette apparence spécieuse, une disposition à titre gratuit qu'elle réprouve;

« Que c'est dans cet unique sens que la simulation est considérée comme frauduleuse, parce qu'elle tend à soustraire la chose ou la personne à la prohibition de la loi;

« Considérant que cette distinction est puisée dans le texte même de la loi 38, ff. *de contract. empt.*, qui distingue le cas de la simulation permise de celui où elle est défendue;

« Que telle est aussi la doctrine des auteurs les plus accrédités, et entre autres celle de Faber, qui, dans la troisième définition sur la rubrique du Code *plus valere quod agitur quàm quod simulatè concipitur*, établit comme maxime certaine que *contractus simulatus valet secundum id quod actum, si eo modo valere possit.*

« Dumoulin, tome I, page 143, nombre 29, professe également que *non præsumitur fraus nec simulatio in eo quod alid vid obtineri potest;*

« Considérant que les donations tacites, c'est-à-dire celles qui sont déguisées sous les apparences et les formes de contrats commutatifs à titre onéreux, sont permises et autorisées par les lois précitées qui forment le droit commun du pays où les parties sont domiciliées et où les biens sont situés; qu'en conséquence Jean-Baptiste-François Henry, leur oncle commun, a pu disposer dans la forme d'une vente à fonds perdu, de la généralité de ses biens en faveur des demandeurs en cassation, quoiqu'ils ne fussent pas ses seuls successibles et que les défendeurs eussent un droit égal à son hérédité, parce qu'à l'époque de ladite vente, qui remonte au 4 mars 1793, nulle loi prohibitive ne gênait ni n'entravait sa liberté à cet égard, et qu'il pouvait alors en disposer au préjudice de certains de ses héritiers présomptifs sans que sa disposition pût être impugnée de fraude, suivant cette maxime si connue : *Multa dicuntur fieri in præjudicium quæ non fiunt in fraudem ;*

« D'où il suit, de deux choses l'une, ou que la disposition devait être soutenue comme vente puisqu'elle en avait la forme, ou comme donation tacite puisque toutes les présomptions et les conjectures tirées *ex personâ*, *ex causâ* et *ex facto* se réunissaient pour lui en imprimer les caractères et lui en assurer les effets;

« Considérant que les donations tacites et conjecturales autorisées par les lois romaines n'ont point été supprimées ni abrogées par l'art. 1er de l'ordonnance de 1731, qui exige, pour la validité des donations entre-vifs, qu'elles soient reçues de notaire, parce que, suivant la judicieuse observation de Furgole, dans son commentaire sur cet article, cette ordonnance n'a voulu seulement que régler la forme des donations expresses et qui sont pratiquées le plus communément; parce que d'ailleurs ces donations sont moins l'effet de l'homme que celui de la loi qui les induit dans certaines circonstances, et parce qu'enfin elles n'ont besoin d'aucune autre formalité que des circonstances que la loi exige. »

Il a cependant existé, dans les premiers temps, une certaine dissidence entre la Chambre des requêtes et la Chambre civile de la Cour de cassation. Celle des requêtes rejetait les pourvois formés contre des arrêts qui avaient annulé des actes contenant une donation déguisée, lorsque ces actes n'avaient point été revêtus des formalités prescrites pour les donations entre-vifs.

« Attendu, porte un arrêt de la Chambre des requêtes, du 8 frimaire an XII[1], que, d'après la disposition de ces lois, et notamment l'ordonnance de 1731, il n'existait que deux manières de disposer à titre gratuit; savoir, par donation entre-vifs ou par testament, chacune desquelles était assujettie à des formes particulières dont l'inobservation entraînait la peine de nullité;

« D'où il suit que, lorsqu'un acte ne contient pas la mention expresse de la part de l'une des parties de disposer en faveur de l'autre à titre gratuit, et que, sans être revêtu des formes particulières à ce genre de dispositions, il ne contient que la simple énonciation d'un contrat commutatif à titre onéreux, il ne peut être regardé comme donation par cela seul qu'il ne peut valoir comme contrat commutatif. Car autrement ce serait tromper la sage prévoyance du législateur qui, en exigeant l'énonciation expresse de l'intention de disposer à titre gratuit, et le soumettant à l'accomplissement de certaines formalités, n'a évidemment eu d'autre objet que de garantir les donateurs des surprises qu'on pourrait leur faire en déguisant sous l'apparence d'un contrat à titre onéreux une véritable libéralité qui n'était point dans leur intention, et de dispenser par ce moyen le donataire des obligations résultant d'une donation expresse, telles que la nécessité de l'insinuation, la révocation pour cause d'ingratitude, de survenance d'enfants et autres cas semblables. »

Il semble que l'on peut répondre que, si le donateur, en employant une voie détournée, a véritablement voulu donner, il n'y a pas eu de surprise; que, si le contraire a eu lieu, il a pu se plaindre, et, après lui, ses héritiers, comme tous les contractants ou leurs représentants sont autorisés à le faire, si le consentement donné ne l'a été que par suite d'erreur, de violence ou de dol. Les tribunaux se montreront plus disposés encore, en pareille matière, à punir les auteurs de ces coupables manœuvres, que dans le cas d'un contrat réellement commutatif, puisque l'acte qui a été passé a dépouillé sans compensation le prétendu disposant. Si l'on prouve, au surplus, malgré l'apparence contraire, qu'il y a eu donation, le contrat prendra sa véritable nature, et alors il sera révocable pour cause d'ingratitude, ou révoqué de plein droit en cas de survenance d'enfant. Il y aura de même lieu d'imputer les biens ainsi donnés sur la quotité disponible, et de forcer le donataire au rapport de l'excédant à la succession du donateur; mais on n'aura pas gêné la liberté du disposant qui, en ne contrevenant pas à la loi, a dû pouvoir attribuer ses biens à qui il lui a plu et en employant la forme qui

(1) SIREY, 5. 1. 253. — DENEVERS, 3. 1. 241.

lui a paru la plus convenable, ne fût-ce que pour se soustraire aux obsessions d'avides héritiers.

Le principe par suite duquel il y a lieu à la révocation des donations déguisées, pour cause de survenance d'enfant, a été reconnu par plusieurs arrêts, et d'abord par celui que la Cour royale de Toulouse a rendu le 9 janvier 1821[1], avec cette circonstance que c'était l'auteur lui-même de la disposition qui avait formé la demande. La Cour, après avoir reconnu le fait de la simulation, a ajouté :

« Attendu que, s'il est de règle que la simulation d'un contrat ne peut être attaquée et prouvée par les parties qui y ont figuré, c'est par une suite du principe que nul ne doit être admis à alléguer sa propre turpitude ; que dès lors la règle cesse lorsque la simulation n'a été accompagnée d'aucune fraude de la part de celui qui allègue la simulation ; que les auteurs et les tribunaux l'ont constamment décidé ainsi, et que cette exception est applicable, avec d'autant plus de raison, au donateur qui agit plutôt pour son fils que pour lui ; qu'il importe à l'ordre public d'empêcher qu'on n'élude les dispositions législatives sur la révocabilité des donations entre-vifs pour cause de survenance d'enfant ;

« Attendu que l'affectation de déguiser, sous les apparences d'un contrat onéreux, un acte de simple libéralité, place ledit acte sous l'influence des dispositions portées par l'art. 965 du Code civil. »

La Cour royale de Nîmes a rendu un arrêt semblable, le 26 novembre 1828[2], et la Cour royale de Montpellier, le 12 juin 1831[3].

« Attendu que, d'après l'art. 960 du Code civil, toutes donations entre-vifs faites par des personnes qui n'avaient point d'enfants ou de descendants légitimes au moment où elles ont été consenties, de quelque valeur qu'elles soient et à quelque titre qu'elles aient été faites, demeurent révoquées par la survenance d'un enfant légitime du donateur. »

La Cour reconnaît ensuite, en fait, que la vente dont il s'agissait n'avait été qu'une donation déguisée, et son arrêt porte « que le mariage postérieur du sieur de Meaux et la survenance d'un enfant légitime, en changeant les affections et les devoirs du donateur, n'ont plus permis au donataire ou à ses héritiers de retenir le don. » En conséquence elle a proclamé la révocation de la donation déguisée.

On peut voir au Recueil de Sirey, tome IX, Ire partie, page 99, jusqu'où est allée la différence d'opinion qui existait, sur la validité des donations déguisées, entre les deux Chambres de la Cour de Cassation. Celle des requêtes, par arrêt du 14 juillet 1808, a rejeté le pourvoi exercé contre un arrêt de la Cour royale de Rouen, qui avait annulé une de ces donations non-seulement quant à la portion indisponible, mais même pour le tout.

« Considérant, porte l'arrêt, que la Cour royale de Rouen n'a violé aucune loi, soit en jugeant d'après les faits et circonstances de la cause que le pré-

(1) Sirey, 21. 2. 242. — Denevers, 19. 2. 88. (2) Sirey, 29. 2. 142. (3) Sirey, 33. 2. 24. — Dalloz, 33. 2. 19.

tendu contrat de vente, du 21 frimaire an X, était frauduleux et simulé, soit en déclarant, par suite, cet acte nul et de nul effet pour le tout, et qu'en prononçant ainsi, malgré que la prétendu venderesse eût pu donner, selon les formes légales, la portion dont la loi du 4 germinal an VIII lui accordait la faculté de disposer à titre gratuit, ladite Cour n'est pas contrevenue ni à cette loi ni à aucune autre, puisque l'acte contentieux n'était pas revêtu des formes exigées par les lois pour la validité des donations entre-vifs ou à cause de mort. »

La Chambre civile n'en a pas moins maintenu sa jurisprudence.

« Attendu, disait-elle par arrêt du 31 octobre 1809 [1], qu'en préjugeant, sous le rapport de la simulation, que, si les héritiers sont remplis de leur réserve légale, ils sont sans action pour quereller les actes qu'ils supposent entachés de cette simulation, la Cour royale d'Agen n'a violé aucune loi, parce que la simulation simple, lorsqu'elle n'est pratiquée ni pour éluder une incapacité établie par la loi, ni pour donner une couleur légale à un acte prohibé, lorsqu'enfin elle n'est accompagnée d'aucune fraude faite aux lois, aux bonnes mœurs ou aux droits des tiers, n'est pas un moyen de nullité des actes que les parties ont voulu consentir, et qu'elles ont pu consentir sous la forme qu'elles lui ont donnée. »

Par un autre arrêt du 19 novembre 1810 [2], le Chambre civile a aussi déclaré :

« Que, d'une part, la défenderesse n'ayant pas été jugée, par l'arrêt attaqué, personne incapable de recevoir des libéralités directes ou indirectes de la part du sieur Schamp, dénommé vendeur dans l'acte du 30 décembre 1791 ; celui-ci, d'autre part, ayant eu, soit à cette date, soit à l'époque de son décès, la libre disposition des biens y compris, parce qu'ils n'étaient frappés d'aucune prohibition, soit conventionnelle, soit légale, il est d'une conséquence nécessaire que ledit acte doive subsister dans la forme qu'il a plu aux parties contractantes de lui donner, soit qu'on le considère comme une vente véritable, soit comme une donation déguisée sous le nom de vente. »

La Chambre des requêtes parut enfin vouloir admettre les principes si formellement et si souvent consacrés ; elle admit un pourvoi contre un arrêt de la Cour de Besançon, qui avait annulé une vente comme contenant une donation déguisée, et la Chambre civile a pu casser cet arrêt, le 20 octobre 1812 [3].

« Attendu qu'en ce qui touche la disponibilité des biens dont l'aliénation a été attaquée, les défendeurs et défaillants n'étant pas, à l'époque du décès de la demoiselle Bereur, dans la classe des héritiers auxquels la loi attribue une réserve, étaient, par cela seul, sans droit ni qualité pour quereller les dispositions que la défunte avait pu valablement faire de l'intégralité de ses biens ;

« Attendu qu'en considérant les défendeurs et défaillants dans la simple qualité d'héritiers légitimes et collatéraux de la demoiselle Bereur, ils ne pouvaient critiquer les actes dont il s'agit, comme infectés du vice de simula-

(1) SIREY, 9. 1. 452. — DENEVERS, 7. 1. 437. (2) SIREY, 11. 1. 76. — DENEVERS, 9. 1. 58.
(3) SIREY, 13. 1. 111.

tion, qu'autant que la simulation aurait été employée pour couvrir une disposition prohibée par quelque loi;

« Mais qu'il n'a pas été allégué, dans l'espèce, que les libéralités, supposées faites par la demoiselle Bereur sous le titre de ventes, fussent interdites par aucune prohibition légale relative, soit à sa personne, soit à celle des demandeurs;

« Qu'il suit de là qu'en annulant, au profit des défendeurs et défaillants, lesdites ventes comme simulées et contenant des donations déguisées, l'arrêt attaqué a violé les art. 916 et 921 du Code civil, en même temps qu'il a fait une fausse application de l'art. 57 de la loi du 17 nivôse an II. »

Ce concours a continué d'exister depuis, et a eu pour résultat un arrêt de la Chambre civile, du 31 mai 1813[1].

« Vu les lois 36 et 38, ff. *de contrahendâ emptione*; la loi 6, ff. *pro donato*, et les 3 et 9 Cod. *de contr. empt.*;

« Vu pareillement l'art. 911 du Code civil;

« Et attendu qu'il résulte du texte de lois citées qu'un contrat de vente ne peut être déclaré nul pour fait de simulation qu'autant qu'elle aurait eu pour objet de déguiser une libéralité au profit d'une personne incapable, ce qui n'a été ni reconnu par les arrêts attaqués ni même allégué par les défendeurs;

« D'où il résulte que, soit l'arrêt interlocutoire en admettant la preuve testimoniale des faits de simulation articulés par les défendeurs, soit l'arrêt définitif en déclarant nul le contrat de vente, du 30 prairial de l'an XII, comme simulé, ont commis un excès de pouvoir, en créant une nullité qui n'est établie par aucune loi. »

La Cour, par ces motifs, a cassé et annulé les arrêts que la Cour de Gênes avait rendus les 10 avril et 11 septembre 1809.

La jurisprudence des deux Chambres, devenue uniforme, n'a fait que se fortifier de plus en plus, et, par suite d'admission des pourvois, la Chambre civile a cassé plusieurs autres arrêts, qui avaient annulé des donations déguisées, comme n'ayant pas été revêtues des formalités prescrites pour les donations formelles ou les testaments, et a déclaré ces dispositions valables jusqu'à concurrence de la quotité disponible.

« Attendu, porte un arrêt de la Cour de cassation, du 6 juin 1814[2], que la simulation d'un acte n'en autorise l'annulation que lorsque cette simulation a pour but une infraction quelconque de la loi;

« Attendu que, dans l'espèce, la dame veuve Villard pouvant, d'après le nombre de ses enfants, disposer au profit de Rose, sa fille, du quart de ses biens, la disposition que l'arrêt attaqué suppose qu'elle a faite de ce même quart au profit de sadite fille, par l'interposition du sieur Belle, mari de cette dernière, n'était prohibée par aucune loi, et que dès lors l'acte de vente renfermant cette donation déguisée devait être maintenu jusqu'à concurrence de la portion disponible, aux termes de l'article précité du Code civil; d'où il suit que l'arrêt attaqué, en an-

(1) Sirey, 13. 1. 330. (2) Sirey, 14. 1. 215. — Denevers, 12. 1. 215

nulant ledit acte pour le tout, comme simulé, a formellement violé cet article.

Arrêt semblable de la même Cour, du 31 juillet 1816[1], au rapport de M. Chabot de l'Allier.

Nous devons rapporter un autre arrêt de la Cour de cassation, du 13 août 1817[2], parce qu'il répond à toutes les objections des partisans de l'opinion contraire.

« Attendu que l'acte du 12 fructidor an VIII, considéré par la Cour royale comme acte de donation simulée, est valable dans sa forme et sa substance;

« Qu'il est valable dans la forme, parce que, quels qu'en soient les effets, c'est un contrat à titre onéreux, un acte équipollent à vente, qui réunit les trois conditions requises pour sa validité : *res, pretium et consensus;*

« Qu'il est également valable dans sa substance :

« 1° Parce que la loi permet la vente par le père à son fils, et par conséquent autorise tous les effets que cette vente peut produire en faveur du successible;

« 2° Parce que l'infériorité du prix stipulé dans le contrat, comparé avec la valeur réelle de l'immeuble, ne constituerait, si l'on croyait devoir la prendre en considération, qu'un avantage indirect, et que les avantages indirects sont licites, toutes les fois qu'on ne les a pas déguisés sous la forme d'un contrat à titre onéreux pour échapper à la disposition prohibitive de quelques lois existantes au jour du contrat, ou pour se soustraire à l'exercice de quelque droit acquis à des tiers à la même époque; toutes les fois, en un mot, qu'ils sont faits entre personnes capables et sans fraude;

« Qu'ils étaient expressément autorisés dans le droit romain, loi 38, ff. *de contr. empt.*, loi 163 *de regulis juris;*

« Qu'ils le sont même par une foule de dispositions du Code civil, et notamment par l'art. 911, qui, comme la loi romaine, ne déclare nulle la donation déguisée sous la forme d'un contrat à titre onéreux, ou faite sous le nom de personnes interposées, que lorsqu'elle est faite au profit d'un incapable;

« Par les art. 843, 853, 918, 920 et 1970, qui, ne faisant aucune distinction entre les libéralités directes à titre purement gratuit et les libéralités ou avantages indirects faits dans un contrat à titre onéreux, ordonnent que rapport sera fait des unes et des autres à la masse de la succession, et supposent par conséquent la validité des unes et des autres;

« Enfin plus spécialement encore par l'art. 918, qui non-seulement ordonne l'exécution d'un contrat de vente dont le prix aléatoire qui y est stipulé contient un avantage indirect pour le successible; mais dispose de plus que cet avantage indirect est censé fait hors part et par préciput, et qu'il n'y a lieu au rapport que de ce qui excéderait la portion disponible;

« Qu'il suit de là que Lecesne père et fils ont usé de leur droit en passant ensemble l'acte du 12 fructidor an VIII; que ni la qualité des parties, ni l'infériorité du prix, ni l'avantage indirect qui en résulterait pour le successible, ni la circonstance que cette espèce de libéralité a été faite dans un contrat a titre

(1) SIREY, 16. 1. 353. — DALLOZ, *Rec. alph.*, 5. 650. (2) SIREY, 17. 1. 383. — DENEVERS, 16. 1. 98.

onéreux, ne présentent aux yeux de la loi le caractère du dol et de la fraude; qu'ainsi la Cour royale de Caen, en annulant cet acte pour prétendu vice de forme ou comme entaché de dol et de fraude, a faussement appliqué les dispositions de l'ordonnance de 1731 et de l'art. 893 du Code civil, qui ne concernent que les donations à titre purement gratuit; violé les lois qui autorisent les avantages indirects résultant de contrats à titre onéreux faits entre personnes capables et sans fraude, et contrevenu tant à l'art. 918 du Code civil, qui, en déclarant valable l'acte de vente qui contient avantage indirect, n'ordonne le rapport à la masse que de ce qui excède la portion disponible, qu'à l'art. 920 du même Code, qui porte que les dispositions qui excéderont la portion disponible seront réductibles à cette quotité lors de l'ouverture de la succession. »

Deux arrêts conformes de la Cour de cassation sont encore intervenus les 20 novembre 1826 et 23 avril 1827[1], ainsi qu'un arrêt que la Cour royale d'Orléans a rendu en audience solennelle, le 7 août 1835[2].

14° Les donations déguisées reconnues valables, doivent, de plein droit, être réputées avoir été faites par préciput, et le successible avantagé doit conserver les biens donnés, jusqu'à concurrence de la quotité disponible et de la portion qu'il a le droit de prendre, comme héritier, dans la succession du donateur.

Ce principe n'est qu'indiqué, mais a été appliqué par un arrêt que la Cour royale de Colmar a rendu le 10 décembre 1813[3], et dont les motifs sont importants sous d'autres rapports.

« Attendu que les premiers juges ont évidemment mal jugé en décidant qu'un enfant est tenu de rapporter le bénéfice quelconque d'une vente à lui passée, lors même que ce bénéfice n'excéderait ni la portion disponible, ni les sept douzièmes de la valeur du bien, puisqu'il en résulterait qu'un père ne pourrait pas vendre à un de ses enfants au même prix qu'à un étranger, et qu'une lésion quelconque suffirait pour porter atteinte au contrat, tandis que la vente, considérée comme telle, ne peut, suivant l'art. 1674 du Code civil, être rescindée que pour lésion de plus de sept douzièmes, et que, considérée comme donation déguisée, elle ne peut être attaquée qu'en cas de lésion de la légitime des autres héritiers, suivant l'art. 918 du Code précité, le seul excédant de la quotité disponible étant alors rapportable; que le système contraire peut d'autant moins se soutenir que, tout achat mettant le risque de la chose vendue au compte de l'acheteur, il n'y aurait aucune réciprocité, puisque en cas de perte de la chose vendue, ou de diminution de valeur, les autres héritiers du vendeur seraient certainement dispensés de rapporter le prix que leur auteur en a perçu; qu'il n'y aurait donc de possible, pour l'acheteur, que le cas de perte et jamais le cas

(1) SIREY, 27. 1. 203 et 267. — DALLOZ, 27. 1. 60 et 210. (2) SIREY, 35. 2. 149. — DALLOZ, 35. 2. 176. (3) SIREY, 14. 2. 289.

de gain, c'est-à-dire le rapport certain en cas de bénéfice, et jamais aucune indemnité de perte;

« Attendu dès lors que le tribunal *à quo* a mal appliqué l'art. 843 du Code, qui ne concerne que les dons proprement dits, et l'art. 853, qui n'est relatif qu'aux conventions autres que la vente, puisque, si on ne l'entendait ainsi, cet article serait inconciliable avec les dispositions de ceux déjà cités, spécialement faits pour les ventes passées à vil prix ou avec intention d'avantager;

« Attendu que le législateur a dû avoir en vue, dans toute disposition à titre de vente, la dispense virtuelle et inhérente de tout rapport, et c'est ainsi que la jurisprudence l'a toujours entendu;

« Attendu que les intimés n'allèguent ni lésion des sept douzièmes, à quoi même ils n'auraient plus été recevables par le laps de temps, ni lésion de leur légitime;

« Attendu enfin qu'il est libre aux intimés de se pourvoir, si bon leur semble, mais par une action différente de celle qui a donné lieu au litige actuel, pour demander la réduction de l'excédant de la portion disponible, d'après la disposition de l'art. 920 et suivants du Code. »

La Cour de cassation a aussi consacré le principe que nous venons de poser, par les arrêts qu'elle a rendus les 13 août 1817 et 6 juin 1814, et que nous avons rapportés au numéro précédent. Elle y déclare que les actes de vente qui renferment une donation déguisée doivent être maintenus jusqu'à concurrence de la portion disponible, et elle a cassé les arrêts qui avaient jugé autrement. Il s'agissait de successions en ligne directe, et la Cour de cassation n'aurait pas ordonné l'exécution des donations déguisées jusqu'à concurrence de la portion disponible, si les donataires n'avaient pas dû conserver cette portion par préciput.

C'est ce qu'a reconnu la Cour royale de Lyon, par arrêt du 22 juin 1825 [1].

« Attendu, a-t-elle dit, qu'on doit d'abord tenir pour incontestable qu'en général une donation, lorsqu'elle se trouve déguisée sous la forme d'une vente, d'une obligation ou de tout autre contrat à titre onéreux, et quoique non revêtue, par conséquent, des formes prescrites pour la validité des donations entre-vifs, doit être réputée valable si elle a eu pour objet des choses qu'on pouvait donner directement, et si elle a été faite à une personne non-incapable de les recevoir; qu'aujourd'hui c'est là un point de doctrine fixé invariablement par la jurisprudence de la Cour de cassation, laquelle s'est fondée tant sur divers textes du droit romain que sur les dispositions du Code civil, et notamment sur l'art. 911;

« Attendu qu'une telle donation, dès lors qu'elle est valable en elle-même, doit nécessairement, si c'est par un père qu'elle a été faite à l'un de ses enfants, profiter à l'enfant donataire jusqu'à concurrence de la portion dont le père était libre de l'avantager directement, puisqu'autrement elle serait réellement sans effet;

(1) SIREY, 25. 2. 306. — DALLOZ, 26. 2. 128.

« Attendu que, pour soutenir le contraire, on n'est nullement fondé à se prévaloir des dispositions de l'art 843 du Code civil ; car si cet article dispose « qu'un héritier ne peut retenir les dons ni réclamer les legs à lui faits par le « défunt, à moins que les dons et les legs ne lui aient été faits expressément « par préciput ou hors part, ou avec dispense de rapport, » on doit reconnaître qu'il ne prescrit l'usage d'aucunes formes ou termes sacramentels dont il faut se servir pour que la dispense du rapport dont le donateur a voulu affranchir son donataire soit réputée valable, et ait tout l'effet dont elle peut être susceptible ;

« Attendu qu'il est tout simple que, dans une donation qui a été simulée dans les formes d'un contrat à titre onéreux, le donateur n'ait pas stipulé qu'il la faisait par préciput ou hors part, puisqu'il était, au contraire, dans son intention de déguiser sa libéralité ; mais qu'il est manifeste en même temps que le déguisement même dont il a usé montre et exprime ouvertement la volonté qu'il a eue de dispenser son donataire du rapport de la chose donnée, c'est-à-dire de l'autoriser à la retenir comme un avantage particulier et préciputaire ; avantage par conséquent qui, lorsqu'il a été fait ainsi par un père à l'un de ses enfants, doit valoir au profit de l'enfant jusqu'à concurrence de la portion disponible comme il a été dit ci-dessus ;

« Attendu que cette dispense du rapport des dons simulés ou indirects est encore déclarée expressément par les art. 847, 848 et 849 du Code civil, lesquels se réfèrent à des dons qui auraient été faits, non à un successible directement, mais pour lui à des personnes interposées, et veulent que de tels dons soient toujours réputés faits avec dispense du rapport ;

« Attendu encore que l'art. 918 statue, quant aux ventes à fonds perdu ou à rente viagère, ou avec réserve d'usufruit, qui auraient été faites à l'un des successibles en ligne directe, que la valeur des biens aliénés sera imputée sur la portion disponible, et que l'excédant seulement, s'il y en a, sera rapporté à la masse ; d'où il suit bien que de telles ventes, quoique la loi les répute n'avoir été que des dons simulés, doivent néanmoins profiter au successible, acquéreur apparent, pour toute la valeur des biens ainsi donnés qui n'excède pas la portion héréditaire dont le défunt avait pu disposer ;

« Attendu enfin que, telle est bien, sur l'effet des dons simulés ou indirects, la doctrine consacrée par la jurisprudence de la Cour de cassation ; qu'ainsi, en dernière analyse, tous les dons de cette nature, qui sont ici ou seront reconnus avoir été faits à Jean-Baptiste Sollichon par le père commun, doivent lui appartenir et être par lui retenus à titre de préciput jusqu'à concurrence de la portion disponible, en sorte que, si elle se trouve épuisée par iceux, Benoît Sollichon, son frère, ne peut rien avoir à réclamer à titre de préciput, en vertu du legs préciputaire porté ultérieurement en sa faveur par le testament du défunt. »

La Cour royale de Toulouse a rendu un arrêt conforme, le 7 juillet 1829[1].

(1) Sirey, 30. 2. 114. — Dalloz, 30. 2. 143.

« Attendu, sur la question de savoir si les donations déguisées sont sujettes à rapport, que l'héritier venant à succession n'est pas tenu de rapporter les dons qui lui ont été faits expressément avec dispense de rapport ;

« Attendu qu'il est généralement reconnu qu'il n'est pas nécessaire que la dispense de rapport soit sacramentellement écrite, et qu'il suffit des équipollents ;

« Attendu qu'une donation reconnue déguisée sous l'apparence d'un contrat onéreux témoigne, aussi énergiquement qu'il soit possible, que le donateur a voulu dispenser du rapport l'objet donné, puisque, par cet acte, il veut évidemment le distraire à jamais de la succession ;

« Attendu que l'objection prise de ce que ces équipollents ne peuvent pas suffire dans les donations déguisées, puisque toutes les donations indirectes offrent ces équipollents, et que néanmoins l'art. 843 du Code civil exige le rapport des donations indirectes où l'on n'a pas exprimé la clause de préciput ;

« Attendu, disons-nous, que cette objection n'est pas fondée en fait, car toutes les donations indirectes n'offrent point des équipollents de la clause de dispense de rapport ; par exemple, la substitution, en faveur du petit-fils, d'un bien donné au fils, est une donation indirecte qui ne dispense nullement le petit-fils du rapport s'il se trouve successible du donateur au décès de celui-ci ; la donation d'un immeuble à une personne, sous la charge de donner 10,000 fr. à un tiers, contient une donation indirecte en faveur de ce tiers, qui ne sera pas dispensé du rapport des 10,000 fr., s'il se trouve successible du donateur au décès de celui-ci ; d'où il suit que l'art. 843 du Code civil a dû exiger, pour les donations indirectes comme pour les donations directes, qu'elles fussent rapportées si elles ne contenaient pas dispense de rapport, soit écrite sacramentellement, soit manifestée par des équipollents ; d'où il suit encore qu'une donation déguisée sous l'apparence d'un contrat de vente n'est point, quoique indirecte, sujette à rapport, puisque par cet acte le donateur veut distraire irrévocablement et à jamais de sa succession l'objet donné ;

« Attendu que le législateur, toutes les fois qu'il a eu occasion d'appliquer à des donations déguisées les règles du rapport, par exemple, dans les art. 847, 849, 911 et 918, a formellement déclaré que ces donations déguisées n'étaient sujettes à rapport que pour l'excédant de la quote disponible ; que vainement on prétendrait que c'est par exception qu'il l'a décidé ainsi dans ces articles ; il serait en effet impossible de trouver un motif raisonnable à cette prétendue exception ; il résulte au contraire de la jurisprudence, et notamment d'un arrêt de la Cour de cassation, du 13 août 1817, que l'art. 918 du Code civil, loin d'être une exception, n'est qu'une conséquence du droit commun, tant ancien que moderne ; ce qui est confirmé par les arrêts de la Cour de cassation des 22 août 1819 et 6 juin 1814. »

La même Cour a appliqué ce principe, par arrêt du 9 juin 1830[1].

La Cour de cassation a rejeté, par arrêt du 9 mars 1837[2], le pourvoi exercé

(1) Sirey, 31. 2. 81. (2) Sirey, 37. 1. 711 — Dalloz, 37. 1. 2-3.

contre un arrêt de la Cour royale de Grenoble, du 24 juin 1834, qui, en adoptant les motifs des premiers juges, avait déclaré « que la forme même des donations déguisées fait présumer qu'elles sont dispensées de rapport. » Ceux de la Cour de cassation ont été que « le sieur Verdat père, par son testament du 25 septembre 1828, ne s'était pas interdit la faculté de disposer en faveur de sa fille; que, ce qu'il pouvait faire directement, il a pu le faire par une donation déguisée; que l'arrêt attaqué appréciant le caractère des billets transmis par Verdat père à la dame Veyre, sa fille, par l'entremise du sieur Bourdin, endosseur, a décidé qu'ils constituaient une donation simulée en faveur de ladite dame Veyre, et que, par cette décision, l'arrêt attaqué n'a point violé les différents articles, soit du Code civil, soit du Code de commerce, invoqués par le demandeur. »

Arrêt conforme de la Cour royale de Caen, du 23 mai 1836 [1].

« Attendu qu'il n'est plus douteux que les donations déguisées sont valables lorsque, comme dans le cas dont il s'agit, elles sont faites par une personne capable à des personnes capables, et sous la forme d'une convention valable;

« Considérant que la donation déguisée doit être réputée faite avec dispense de rapport, et doit recevoir son exécution jusqu'à concurrence de la quotité disponible, puisqu'en mettant hors de sa succession la somme de 3,000 fr., comme en ayant perdu la propriété à titre onéreux, la veuve Foulon n'a pas voulu assujettir à rapporter ce qu'elle ne voulait pas même qu'on sût qu'elle avait donné;

« Considérant que c'est dans ce sens que la jurisprudence a interprété l'ensemble des dispositions du Code civil relatives aux donations;

« Déclare valable la donation déguisée de la somme de 3,000 fr., jusqu'à concurrence de la quotité disponible, etc. »

La même Cour a rendu plusieurs arrêts semblables.

Arrêt, enfin, de la Cour royale de Paris, du 8 février 1837 [2].

« Attendu, en droit, qu'aux termes des art. 843 et 919 du Code civil, il suffit, pour qu'un héritier soit dispensé du rapport, que l'intention du défunt à cet égard soit évidente, et que cette intention peut s'induire des circonstances qui sont laissées à l'appréciation des tribunaux, sans qu'il soit nécessaire qu'elle ait été manifestée dans des termes exprès et formels;

« Attendu, en fait, qu'il est constant qu'à la date du 28 octobre 1828, le sieur Tezenas aîné était débiteur de sa mère d'une somme de 48,129 fr.; que cette somme n'a jamais été en réalité payée par ledit sieur Tezenas, mais que néanmoins sa mère lui en a donné une quittance dans laquelle elle déclare avoir reçu de lui ladite somme, et le reconnaît libéré de tout ce qu'il lui doit;

« Attendu qu'en donnant quittance à son fils des sommes qu'il n'avait point payées, il est certain que l'intention de madame Tezenas a été de le placer dans la même position que si ce paiement avait eu lieu en effet, d'établir sa libéra-

(1) SIREY, 37. 2. 360. (2) SIREY, 37. 2. 213. — DALLOZ, 37. 2. 175.

tion complète, et de lui fournir un titre pour repousser toute espèce de réclamation possible de la part de qui que ce fût ;

« Attendu que cette intention renferme évidemment la dispense du rapport, et que d'ailleurs cette libéralité est loin d'atteindre la portion disponible. »

Il existe cependant plusieurs arrêts contraires qui ont déclaré que, faute de mention expresse de préciput dans une donation déguisée, les donataires devaient être tenus au rapport.

Le premier, du 30 mai 1812 [1], est de la Cour de Bruxelles ; il est fondé sur les dispositions des art. 843 et 848 du Code civil, et la Cour a ajouté :

« Considérant que l'art. 918 du Code civil n'est pas applicable à l'espèce de la cause, d'autant qu'il traite spécialement de la portion des biens disponibles, et qu'il n'en est nullement question au cas actuel ;

« Considérant qu'il est sensible que la volonté de faire une donation déguisée sous les formes extérieures d'une vente n'emporte pas la dispense du rapport qui doit être expresse, aux termes de l'art. 843 sus-mentionné. »

Le second arrêt a été rendu par la Cour royale de Grenoble, le 10 juillet 1819 [2].

« Considérant qu'aux termes de l'art. 843 du Code civil, tout héritier venant à succession doit rapporter ce qu'il a reçu du défunt directement ou indirectement, à moins que les dons et legs ne lui aient été faits par préciput et hors de part, ou qu'il ne renonce à la succession, auquel cas il peut les retenir jusqu'à concurrence de la portion disponible ;...

« Considérant que Jean-Baptiste Roulot ne peut nullement s'étayer de l'article 918 du Code civil, qui est fait pour un cas particulier qui ne s'applique point à l'espèce ; qu'il ne peut point non plus s'étayer de la circonstance que la libéralité déguisée à lui faite par sa mère prend son fondement dans une vente simulée, parce qu'il serait contraire à la saine raison et que ce serait ajouter à la loi que de faire produire à un acte imaginé pour nuire à la majeure partie des héritiers légitimes, tout à la fois l'effet d'une donation solennelle et celui de la dispense du rapport, lorsque la loi exige que cette dispense soit formellement exprimée, et qu'une donation non déguisée, accompagnée de toutes les formalités voulues par la loi, mais qui ne renfermerait pas cette clause, ne produirait pas un aussi important effet. »

La même Cour a cependant rendu un arrêt contraire, le 6 juillet 1821 [3].

« Considérant, a-t-elle dit, qu'il résulte des différentes présomptions au procès que les actes de 1793 et 1811, qualifiés ventes, ne sont que des libéralités déguisées faites par Barbier père en faveur de Jean Barbier, son fils, et de la femme Brochier, sa fille ;

« Considérant néanmoins que, sans avoir aucun égard aux différentes époques où ces actes ont été passés, dès lors que le vendeur, ou plutôt le donateur, est décédé sous l'empire du Code civil, la valeur des immeubles compris dans ces

(1) Sirey, 13. 2. 46. (2) *Id.*, 30. 2. 78. (3) *Id.*

actes doit être imputée sur la quotité disponible, et le surplus rapporté à la masse;... mais toujours de préférence à aucune disposition testamentaire postérieure. »

Le troisième arrêt, du 10 juin 1829[1], qui assujettit au rapport les choses ayant formé l'objet d'une donation déguisée, est de la Cour royale de Toulouse.

« Attendu que l'art. 843 du Code civil assujettit tout héritier venant à succession au rapport de tout ce qu'il a reçu du défunt directement ou indirectement, à moins que la libéralité ne lui ait été faite expressément par préciput et hors part; que, lorsque les termes de la loi sont si clairs, toute interprétation est inutile et pourrait être dangereuse; qu'il ne faut donc pas rechercher quelle a été l'intention de l'auteur de la libéralité, mais vérifier seulement s'il a exprimé un préciput; que le mot *indirectement* qui se trouve dans l'art. 843 s'applique à tous les avantages faits à un successible d'une manière quelconque, soit par actes déguisés en faveur du successible lui-même, soit au moyen de l'interposition de tierces personnes; que le système d'interprétation, soutenu par l'intimé, ôterait tout sens raisonnable au mot indirectement et pourrait le rendre sans application; que la jurisprudence de la Cour est déjà fixée sur ce point, notamment par son arrêt du 2 février 1824; qu'il faut donc reconnaître que, toutes les fois qu'un avantage aura été fait indirectement à un successible venant à la succession, et qu'il a été déguisé sous la forme d'un contrat à titre onéreux, soit au successible, soit à un tiers, cet avantage devra être rapporté. »

Le quatrième arrêt, du 19 juillet 1833[2], est émané de la Cour royale de Paris, qui, en adoptant les motifs des premiers juges, a aussi jugé, en appliquant les dispositions de l'art. 843 du Code, « que, si la loi a apporté quelques exceptions à cette règle, elle les a positivement établies, et que l'art. 918 du Code civil n'est pas applicable à la cause; car on ne peut considérer comme une aliénation, dans le sens de cet article, le fait de l'acquisition, par Guilbeau père, des trois rentes sur l'Etat, au nom de ses enfants mineurs, encore bien qu'il s'en soit réservé l'usufruit, puisque la nue-propriété n'en a jamais été possédée par lui et qu'elle a passé directement du titulaire précédent auxdits deux mineurs Guilbeau. » Mais on a vu que la Cour royale de Paris n'a pas persisté dans sa jurisprudence, puisque, par arrêt du 8 février 1837 rapporté ci-dessus, elle a consacré le principe contraire.

La Cour royale de Nancy a rendu un arrêt le 26 novembre 1834[3], en faveur du système du rapport, dans lequel elle est entrée dans de bien plus grands détails.

« Considérant, a-t-elle dit, que l'égalité est le principe de droit naturel et de droit civil qui doit présider au partage entre enfants de la succession de leur auteur commun; que, sans doute, la loi a bien pu, par des considérations d'ordre public, armer l'autorité paternelle du droit d'avantager un ou plusieurs enfants au préjudice des autres, mais que cette préférence ne se présume jamais, et doit être exprimée par le père de famille de manière à rendre impossible toute

(1) SIREY, 30. 2. 78. (2) SIREY, 33. 2. 397. — DALLOZ, 33. 2. 227. (3) SIREY, 35. 2. 65. — DALLOZ, 35. 2. 105.

espèce de doute sur sa volonté; que, pour peu que l'intention de favoriser un ou plusieurs enfants par un partage inégal présente d'incertitude, la loi, toujours amie d'une égalité juste et humaine, suppose de plein droit que les donations faites de son vivant par le défunt n'ont été qu'un simple avancement d'hoirie, soumis à l'obligation du rapport; que ces règles sont consacrées par les art. 843, 853 et 919 du Code civil;

« Considérant que rien n'indique dans la cause, d'une manière irrévocable, que Scallier ait voulu que les donations contestées fussent retenues à titre de préciput et hors part; que le déguisement qui lui a servi à masquer sa libéralité est loin d'équivaloir à la déclaration expresse de dispense de rapport exigée par l'art. 843 et par l'art. 919 précités; qu'en effet cette simulation, peu digne d'ailleurs de faveur par cela seul qu'elle manque de franchise, peut s'expliquer, soit par la commodité que présente la vente, plus dégagée de formalités que la donation solennelle, soit par le besoin de maintenir pendant la vie du père la paix et l'union dans la famille, en donnant l'apparence de contrats commutatifs à des actes qui, s'ils eussent présenté à découvert le caractère de libéralité pure, eussent excité la jalousie des enfants non appelés à profiter de ces avancements d'hoirie; qu'il est vrai que l'art. 918 du Code civil considère comme virtuellement affranchis du rapport certains avantages déguisés sous la forme de contrats onéreux; mais que la disposition de cet article est limitative pour les aliénations à rente viagère, à fonds perdu, ou avec réserve d'usufruit, et qu'il serait extrêmement hasardé de l'étendre, sous prétexte d'analogie, à des contrats à titre onéreux que cet article n'a pas expressément énumérés; qu'en pénétrant dans les motifs qui ont déterminé l'art. 918, on est amené à reconnaître que la vente faite avec réserve d'usufruit, ne présentant aucun avantage pendant la vie du donateur, ne peut être considérée comme un simple avancement d'hoirie au profit du donataire; car l'avancement d'hoirie suppose un émolument de la succession, conféré par anticipation pour satisfaire des besoins présents; or, la réserve d'usufruit enlevant au donataire toute jouissance et tout profit actuel, l'idée d'avancement d'hoirie disparaît pour faire place à l'idée d'un avantage dispensé de rapport, sans quoi la disposition serait complétement inutile; qu'on ne concevrait pas le but d'une pareille donation en la soumettant à la loi du rapport, tandis que l'efficacité en devient manifeste, si on sous-entend que le donateur a voulu qu'à l'époque qui suivrait son décès le donataire resterait saisi par préciput et hors part; que le même raisonnement s'applique, soit à une vente à fonds perdu, qui, grevant le donataire de charges onéreuses pendant la vie du donateur, recule jusqu'à l'ouverture de la succession le bénéfice qui doit les compenser;

« Mais attendu que ces considérations, suffisantes aux yeux de la raison pour expliquer l'art. 918, n'ont plus la même valeur quand on les applique à des ventes revêtues des caractères ordinaires, et offrant, comme dans l'espèce, aux donataires des avantages actuels, positifs, certains, et de nature à se soutenir à titre d'avancement d'hoirie; que, de tout ce qui précède, il résulte que le tribunal a fait grief aux parties de Volland en déclarant les ventes dont il s'agit dispensées du rapport, et qu'il est de toute justice d'ordonner qu'elles seront réunies à la masse de la succession. »

Nous n'avons plus à rapporter que les dispositions d'un dernier arrêt de la Cour royale de Montpellier, du 21 novembre 1836[1], par lequel, après avoir reconnu que l'acte de vente sur le sort duquel elle avait à statuer ne contenait qu'une donation déguisée, la Cour a ajouté « que les objets compris dans toute donation, directe ou indirecte, sont sujets au rapport, s'il n'y a eu, soit dans la donation elle-même, soit dans un acte séparé et postérieur, clause expresse de préciput ou dispense de rapport; que cela s'induit des dispositions générales des art. 843 et 919 du Code civil, qui n'ont fait que reproduire les principes en vigueur de tous les temps. »

Il existe donc encore à cet égard une grande divergence d'opinions parmi les Cours du royaume; cependant ne doit-on pas tenir pour certain que les dispositions de l'art. 843, sur lesquelles les Cours favorables au rapport des donations déguisées se sont principalement fondées, n'ont eu pour objet que les donations expresses ou au plus indirectes, mais non celles résultant d'un acte fait en apparence à un titre onéreux? que ces dispositions seraient même absolument inexécutables à l'égard des donations qui ont ainsi été déguisées? Supposons, en effet, un acte de vente passé par un père à l'un de ses enfants; le prétendu vendeur aura déclaré avoir reçu le prix de cette vente, et avoir transmis irrévocablement à l'acquéreur apparent la propriété des biens qui y ont été compris; comment serait-il possible que dans un pareil acte, le père, reprenant sa qualité de propriétaire des biens aliénés, fût obligé d'annoncer que celui de ses enfants qui s'est rendu acquéreur ne sera pas obligé de rapporter à sa succession les biens dont il paraît avoir acquitté le prix? Une pareille déclaration serait en contradiction évidente avec la nature du contrat intervenu; elle le détruirait à elle seule; autant aurait valu défendre les donations déguisées, que de les assujettir à une condition qui ne pourrait être remplie sans les annihiler.

L'intention du donateur doit être grandement consultée quand il s'agit de régler le sort des dispositions qu'il a entendu faire; s'il avait voulu que le donataire fût assujetti au rapport, il n'aurait pas eu recours à une voie déguisée, il lui aurait donné directement. S'il a caché sa donation sous l'apparence d'un contrat à titre onéreux, ce n'a été que pour que les biens ainsi donnés parussent étrangers à sa succession, et il a, par cela seul, manifesté l'intention qu'ils ne fussent pas sujets à rapport.

Notre jurisprudence a universellement admis la dispense de rapport par simple équipollence; il suffit qu'elle résulte suffisamment des termes de la disposition. Or, qui a-t-il de plus équivalent à une pareille dispense que de s'être servi d'une forme de contrat qui l'opère par le fait seul de la qualité qu'elle imprime à la disposition? Si le donateur pouvait, par des expressions plus ou moins positives, dispenser du rapport, que doit-ce être lorsqu'il faudrait anéantir la disposition tout entière pour que le rapport dût avoir lieu?

(1) Sirey, 37. 2. 360. — Dalloz, 37. 2. 136.

Disons donc avec la Cour de Colmar que dans une donation déguisée, la dispense de rapport est virtuelle; qu'elle est inhérente au mode de disposition que l'on a employé; avec la Cour de Lyon, que la donation déguisée ne pourrait autrement jamais produire d'effet; que le déguisement prouve l'intention du donateur de dispenser le donataire du rapport des choses données; que la loi l'a tellement entendu ainsi que, toutes les fois qu'elle a eu à s'occuper de donations déguisées, elle les a déclarées, de plein droit, dispensées de rapport; qu'une donation déguisée enfin témoigne aussi énergiquement que possible que le donateur a voulu opérer cette dispense, puisqu'il a voulu distraire à jamais de sa succession les biens dont il a ainsi disposé.

Il nous est impossible de nous rendre au motif donné par la Cour de Toulouse, qu'il ne faut pas chercher l'intention du donateur, mais vérifier seulement s'il a exprimé le préciput, puisque, dans une donation déguisée, cette expression est impossible, et que dès lors l'intention du donateur est le seul guide que l'on puisse avoir. Nous ne devons point confondre les donations indirectes avec celles déguisées, parce que les premières n'ont pas une nature qui soit exclusive du rapport, et que, faute de preuve d'une volonté contraire, elles sont soumises au droit commun. Il ne paraît pas opposé à la saine raison, comme l'a dit la Cour de Grenoble, de faire produire plus d'effet à une donation déguisée qu'à une donation directe, parce que les deux modes de disposition ne peuvent être comparés; que, dans l'un, la dispense de rapport a été si facile à exprimer que, si elle ne s'y trouve pas, on ne peut la suppléer, tandis que, dans l'autre, elle n'a pu être énoncée; enfin, quoique l'égalité, comme l'a dit la Cour de Nancy, soit le principe qui doive présider aux partages, ce n'est qu'autant que le père de famille n'en a pas disposé autrement, et il ne peut y avoir d'incertitude quand il a investi le donataire par un mode qui, de sa nature, est exclusif du rapport.

Quant au droit qui appartient aux héritiers, même en renonçant à la succession, de conserver les biens sur lesquels a porté la donation déguisée jusqu'à concurrence d'abord de leur part dans la réserve légale, puis de la quotité disponible, nous renvoyons à ce qui sera dit au n° 2 sur l'art. 845.

15° Les effets d'une donation déguisée doivent-ils être appréciés, quant à la fixation de la quotité disponible, d'après les lois qui existaient au jour où l'acte a été passé, ou d'après celles en vigueur au décès du donateur?

La Cour royale de Limoges a jugé, par arrêt du 23 février 1826 [1], que ce devait être, d'après les lois existantes, au jour où la donation déguisée avait été faite.

« Attendu qu'il est de principe que les effets d'une disposition à titre gratuit,

(1) SIREY, 26. 2. 280. — DALLOZ, 26. 2. 168.

lorsqu'elle est irrévocable et qu'elle saisit le donataire, doivent être appréciés d'après les lois existantes au moment de la donation ;

« Attendu qu'on ne peut assimiler une donation déguisée sous la forme d'une vente qu'à une donation entre-vifs qui a saisi actuellement le donataire, et qui était irrévocable de la part du donateur, puisqu'il s'interdisait, en transmettant l'objet donné sous la forme d'une vente, la faculté d'en disposer, soit à titre gratuit, soit à titre onéreux ;

« Attendu que, la donation déguisée sous la forme d'une vente ayant eu lieu sous l'empire de la loi du 7 mars 1793, c'est d'après les dispositions de cette loi que les effets de ladite donation doivent être appréciés ;

« Attendu que..., dès lors, la donation déguisée a été frappée dès son origine de nullité, quant à tout ce qui excédait la portion légale du donataire dans les biens du donateur ; que les effets de cette donation, ainsi irrévocablement fixés par la loi du temps où elle a eu lieu, n'ont pu être changés par une loi postérieure... ; qu'il serait inconséquent d'admettre qu'un acte frauduleusement déguisé pût produire plus d'effet que l'acte véritable qu'il dissimule, etc. »

La Cour royale de Rouen avait rendu un arrêt semblable, le 19 février 1814[1].

« Attendu que l'acte de vente qui est l'objet de la contestation..., contenant transmission actuelle de la propriété des héritages y mentionnés, il ne peut être régi, quant à sa validité, que par les lois existantes à l'époque de sa confection ;

« Attendu que ce n'est que par la loi du 4 germinal an VIII, et par le Code civil au titre *des Donations et Testaments*, qu'il a été permis aux pères et mères de disposer d'une partie de leurs biens en faveur de l'un ou de plusieurs enfants à l'exclusion des autres ; qu'avant le 4 germinal an VIII, toute disposition semblable était interdite par la coutume de Normandie, et plus fortement par l'article 9 de la loi du 17 nivôse an II, portant, etc. ; qu'ainsi Lanon (au profit de qui avait été faite la donation simulée) ne peut exciper, dans la cause actuelle, de la partie devenue disponible par les lois postérieures à son titre. »

La Cour de cassation a, au contraire, décidé par plusieurs arrêts que les droits des héritiers qui attaquaient une donation déguisée ne pouvaient résulter que de la loi qui existait au décès de leur auteur.

Le premier de ces arrêts est en date du 15 brumaire an XIV[2].

« Attendu qu'il est reconnu par les demandeurs, qu'à l'époque du décès de Jacques Bruley, leur oncle, la promulgation du titre Ier du livre III du Code civil, intitulé *des Successions*, était faite d'après le mode prescrit par son art. 1er, dans le lieu où s'est ouverte sa succession ;

« Que l'effet de cette promulgation a été de révoquer les dispositions des lois antérieures, et notamment de l'art. 57 de la loi du 17 nivôse an II, sur la faculté de disposer de ses biens en collatérale ;

« Que l'arrêt attaqué, en infirmant le jugement du 22 germinal an XII, qui avait déclaré la vente consentie par ledit Jacques Bruley en faveur de Jean Pel-

(1) SIREY, 15. 2. 52 — DENEVERS, 13. 2. 97. (2) SIREY, 6. 2. 607. — DENEVERS, 4. 1. 39.

letier, mari de sa sœur, fictive et simulée, et, à ce titre, nulle, et en décidant que les héritiers du vendeur étaient non-recevables à attaquer, par voie de nullité, les actes que leur auteur non interdit avait souscrits, pour disposer de ses biens, vu qu'ils ne pouvaient être investis de ce droit qu'au moment de son décès, si ce droit existait à cette époque, et que les demandeurs n'ont pas pu trouver ce droit dans sa succession d'après le changement de législation, n'a pu violer et n'a pas violé l'article énoncé de la loi du 17 nivôse an II, qui avait été abrogé pendant la vie du vendeur;

« Attendu qu'en tirant, de cette fin de non-recevoir contre l'action des héritiers, la conséquence qu'il était inutile de s'occuper de la question de savoir s'il fallait annuler la vente, vu que lesdits héritiers, d'après les motifs rapportés, n'avaient ni droit ni qualité pour attaquer cet acte, les juges d'appel n'ont contrevenu ni à l'art. 3 de l'ordonnance de 1731, ni aux dispositions du Code civil, dans ses art. 750 et 933, puisque leur décision ne prononce que sur le défaut de droit et de qualité, et non sur la validité de l'acte. »

Le second des arrêts de la même Cour est du 22 août 1810[1].

« Attendu que, si l'on considère l'acte du 4 vendémiaire an VII comme une vente, il n'était pas nul, puisqu'aucune loi ne se serait opposée à son exécution;

« Que, si on le considère au contraire comme une donation déguisée par l'interposition de la personne du sieur Labarbe, devenu depuis le mari de la demoiselle Bréant, cette donation n'aurait été que réductible;

« Qu'en effet, la loi du 17 nivôse an II n'établissait pas une incapacité absolue dans la personne d'un cosuccessible, mais annulait seulement, pour le maintien de l'égalité, l'avantage fait à l'un des héritiers au préjudice des autres;

« Que le droit de ceux-ci n'a pu prendre naissance qu'à l'instant du décès de la dame veuve Samson, et tel que le fixait alors la loi du 4 germinal an VIII, qui ne prononçait en leur faveur qu'une réserve de moitié des biens de la donation; que, s'il eût été justifié que cette réserve légale eût été entamée, l'avantage prétendu fait indirectement à la dame Labarbe aurait été réductible d'après cette loi, mais il n'aurait pu être anéanti en entier, la dame Labarbe pouvant retenir, par l'effet d'une donation indirecte, la quotité de biens dont elle aurait pu être avantagée directement. »

La Cour de cassation a rendu un arrêt conforme, le 26 juillet 1814[2], et la Cour royale de Bordeaux un arrêt semblable, le 20 juillet 1829[3].

Il est cependant de principe certain que les droits d'un donataire entre-vifs, d'un héritier institué d'une manière irrévocable, ou de l'enfant qui a reçu un don en avancement d'hoirie, doivent être fixés par la loi qui existait à l'époque de la donation ou du contrat qui a été passé, et que les autres enfants ne peuvent réclamer contre ce donataire que la légitime ou les droits que leur donnait cette loi. C'est ce qui résulte de nombreux arrêts, dont quelques-uns sont

(1) SIREY, 10. 1. 371. — DENEVERS, 8. 1. 439. (2) SIREY, 15. 1. 42. — DALLOZ, *Rec. alph.*, 5. 519. (3) SIREY, 29. 2. 298.

devenus fameux comme ayant fixé ce point de jurisprudence. Tel est celui que la Cour royale de Paris a rendu, le 27 mai 1806[1], dans la cause de M. le marquis de Boissy, contre mesdames d'Etampes et de Choiseul, ses sœurs. Les autres arrêts ont été rendus par la Cour de cassation, les 5 novembre 1806[2] et 11 novembre 1828[3]; mais il ne faut point considérer ces décisions comme contraires à celles que nous venons de rapporter, et une simple distinction est à établir à cet égard.

Un acte contenant disposition à titre gratuit de tout ou partie des biens du donateur doit être envisagé d'abord, quant à sa validité intrinsèque à raison de l'accomplissement des formalités auxquelles il a été assujetti; puis, quant aux droits qu'il a conférés au donataire ou à l'institué; enfin, quant au retranchement que les biens qui en ont été l'objet sont dans le cas de subir pour fournir ou compléter aux autres enfants du donateur la légitime ou la réserve qu'ils sont fondés à réclamer.

Il n'est aucunement douteux que l'acte pour être valable doit avoir été passé conformément aux lois du pays et du temps où sa confection a eu lieu. *Locus regit actum*, et les formalités qui seraient imposées aux actes de cette nature par des lois postérieures ne pourraient leur être appliquées sans un évident effet rétroactif.

Si la donation ou l'institution a été valable, elle a saisi le donataire ou l'institué d'une manière irrévocable, des biens qui y ont été compris, au moins jusqu'à concurrence de tout ce dont le donateur pouvait disposer à l'époque où l'acte a été consenti. Le donateur était autorisé par les lois du temps à exercer une telle libéralité. Il a usé de son droit, il s'est dépouillé des biens dont il a investi le donataire; celui-ci en est à l'instant devenu propriétaire, et il ne peut être privé des droits qu'il a acquis, par une loi postérieure, qui ne doit avoir d'effet qu'à l'égard des actes passés depuis sa promulgation. C'est ce qu'ont reconnu les derniers arrêts que nous venons de citer.

Lors donc que le donataire ou l'institué veulent exciper du droit qui leur est propre, ils sont fondés à réduire les héritiers du donateur à ceux que la disposition n'a pu leur ôter d'après les lois d'alors, et à repousser toute application que l'on voudrait faire au contrat des prescriptions des lois nouvelles; mais si ce sont les enfants du donateur qui viennent réclamer contre le donataire la réduction des avantages qui lui ont été conférés, ces enfants ne peuvent exciper de la donation qui leur est étrangère, et qui, si elle ne leur a enlevé aucun des droits qu'ils pourraient acquérir un jour, ne leur en a point attribués. Ils n'ont pu en avoir sur les biens de leur auteur pendant toute sa vie; ils n'en ont obtenu qu'au jour de son décès. Ce ne sont donc pas les lois abrogées par la législation de cette dernière époque et qui leur auraient donné des droits plus étendus, que ces enfants sont dans le cas d'invoquer; ces lois n'existent plus et ne peuvent produire aucun effet sur les droits qui n'ont pris naissance que depuis qu'elles ont cessé

(1) SIREY, 7. 2. 693. — DALLOZ, *Rec. alph.*, 6. 338. (2) SIREY, 7. 1. 5. — DENEVERS, 5. 1. 1.
(3) SIREY, 29. 1. 63.

d'être. Les enfants ou ascendants du donateur ne peuvent réclamer au plus que ce que la loi leur a accordé au moment où leurs droits se sont ouverts, et ainsi, depuis le Code, la réserve légale qui leur est attribuée. Les héritiers collatéraux sont hors d'état de pouvoir demander la réduction des dispositions faites par leur auteur, si celui-ci n'est décédé que depuis la promulgation du Code, puisque la loi actuelle ne leur accorde aucune réserve sur les biens du défunt. C'est le cas des premiers arrêts rapportés ci-dessus. Ainsi, ces décisions, loin de se contrarier, concourent à établir les bases de la doctrine que nous devons pratiquer.

16° Y a-t-il lieu de prononcer la nullité des baux ou des ventes à fonds perdu faites par le défunt à l'un de ses successibles, si ces actes sont prouvés n'avoir contenu qu'une donation déguisée, et d'ordonner le rapport des fermages ou des fruits perçus par le donataire avant comme après l'ouverture de la succession?

L'arrêt de la Cour royale de Bruxelles, du 30 mai 1812[1], que nous avons rapporté au numéro précédent, a prononcé, dans l'intérêt d'héritiers collatéraux, la nullité de la vente à fonds perdu que le défunt avait faite à l'un d'eux, et qui était reconnue n'avoir contenu qu'une donation déguisée, attendu qu'il n'y avait pas eu dispense expresse de rapport.

Un arrêt de la Cour royale de Paris, du 21 avril 1812[2], a annulé, à compter de la mort du père, un bail qu'il avait passé à vil prix à l'un de ses enfants, en lui appliquant les dispositions de l'article 853 du Code qui assujettit au rapport les profits que l'héritier a pu retirer des conventions qu'il a passées avec le défunt, si ces conventions présentaient un avantage indirect lorsqu'elles ont été faites.

La jurisprudence ayant marché, un arrêt de la Cour royale de Nimes, du 15 mars 1819[3], a rejeté la demande, formée par des enfants, en nullité d'un bail que leur père avait consenti à l'un d'eux d'un usufruit qui lui appartenait, ainsi que celle en rapport des fermages échus avant la mort du père, et dont ils prétendaient que les quittances n'avaient été que simulées. « Attendu, en droit, que la simulation est permise quand elle n'a pas pour objet de déguiser un acte prohibé par la loi;

« Qu'en supposant simulés les baux à ferme consentis par Arnaud le père à son fils Isaac, ils ne déguiseraient autre chose que l'abandon de la jouissance des biens donnés, que le père s'était réservée lors du contrat de mariage de son fils;

« Attendu qu'un tel abandon aurait été licite, et qu'il ne saurait être considéré comme fait en fraude des droits légitimaires des autres enfants, puisque, soit d'après les anciens, soit d'après les nouveaux principes, les fruits des

(1) SIREY, 13. 2. 16. (2) *Id.*, 13. 2. 206. (3) *Id.*, 20. 2. 75.

immeubles donnés ne se rapportent point depuis la donation jusqu'au jour de l'ouverture de la succession. »

Enfin un arrêt de la Cour royale d'Amiens, du 10 janvier 1821[1], a maintenu le bail annoncé fait à vil prix par une mère à deux de ses enfants, et a rejeté la demande du rapport en nature des fruits perçus depuis le décès de la mère commune, attendu « que, lors même qu'il serait démontré que ce bail et celui du 8 juin 1807 contiennent un avantage indirect en faveur des parties de Girardin, ce ne serait pas une raison pour les annuler, comme l'ont fait les premiers juges, et pour ordonner la restitution de tous les fruits perçus depuis le décès de la veuve Galland; qu'aux termes de l'art. 843 du Code civil il y aurait lieu seulement d'obliger lesdites parties de Girardin à rapporter à leurs cohéritiers ce qu'elles auraient ainsi reçu indirectement de la défunte, par l'effet des baux qui renfermeraient des donations déguisées et excédant la quotité disponible déjà épuisée par le testament de ladite veuve; que l'art. 853 dispense même l'héritier de rapporter les profits qu'il a pu retirer des conventions passées avec le défunt, si ces conventions ne présentaient aucun avantage indirect lorsqu'elles ont été faites. »

Il est nécessaire de distinguer les ventes à fonds perdu, des baux passés par le défunt à l'un de ses héritiers, et, parmi ces héritiers, ceux en ligne directe des simples héritiers collatéraux.

Les ventes à fonds perdu, ou faites moyennant une rente viagère, sont valables à l'égard de tous les héritiers. Si elles contiennent un avantage au profit de celui à qui elles ont été consenties, cet avantage est, de plein droit, réputé fait avec dispense de rapport et s'impute sur la quotité disponible; l'excédant seul, s'il y en a, doit être rapporté à la masse; ce rapport ne peut même être demandé par les successibles en ligne directe qui ont donné leur consentement à ces aliénations, ni, dans aucun cas, par les successibles en ligne collatérale. Telles sont les dispositions précises de l'art. 918 du Code.

Les baux passés par le défunt à l'un de ses successibles doivent également être maintenus, quel qu'ait été le prix de leurs fermages, et le rapport des fruits en nature ne peut jamais être exigé; mais si ces baux ont procuré à l'héritier un avantage indirect qui ne lui soit point provenu d'événements postérieurs, mais que lui procurait le bail au moment même où il a été passé, il y a lieu au rapport de cet avantage, aux termes de l'art. 853 du Code civil, en tant qu'il aura dépassé les bornes de la quotité disponible. Cet article ne prononce point en effet la nullité des conventions qui auront contenu des dispositions semblables, mais seulement le rapport de l'avantage indirect qu'elles ont procuré à l'héritier.

Le rapport ne devra point porter sur les bénéfices que l'héritier a pu faire à raison des fruits échus avant le décès de l'auteur, parce que celui-ci a été le maître de disposer de ses revenus pendant toute sa vie, et que, d'après l'art. 856 du Code, il n'y a lieu au rapport des fruits des choses sujettes à rapport qu'à compter du jour de l'ouverture de la succession. Ce qui est vrai pour le rapport

(1) SIREY, 22. 2. 88.

des fruits des choses données l'est aussi, et par la même raison, lorsque les fruits ont formé l'objet principal de la disposition. Ce ne sont donc que les bénéfices faits sur les fruits perçus postérieurement au décès dont l'héritier avantagé peut être dans le cas de faire le rapport.

C'est ce que la Cour royale de Bordeaux a reconnu par arrêt du 10 février 1831 [1], en infirmant la décision contraire qu'avaient rendue les premiers juges; cet arrêt est ainsi conçu :

« Attendu que les dames Coffre ont déclaré, dans leurs conclusions devant les premiers juges, consentir au partage demandé par leur frère, à la charge par lui de rapporter la somme de 7,000 francs, formant la valeur des économies que leur père commun avait dû faire sur ses revenus; que, pour faire ordonner ce rapport, elles ont demandé subsidiairement à prouver certains faits, et notamment que leur frère faisait le partage des récoltes, les vendait sans la participation de son père et en touchait le prix;

« Attendu que le tribunal de Barbezieux établit en principe, dans les motifs de son jugement, que Coffre père, après avoir disposé de la quotité disponible en faveur de son fils, ne pouvait l'avantager directement ni indirectement; qu'il décide que les faits articulés sont pertinents et admissibles, parce qu'il en résulterait un avantage fait en fraude de la loi, et qu'ainsi l'objet de la preuve qu'il a admise serait, en définitive, d'obliger Coffre fils à rapporter les revenus des biens que son père lui a abandonnés, si l'on considère comme simulée la décharge donnée par le père, le 8 décembre 1827;

« Attendu que l'art. 844 du Code civil, en réduisant à la quotité disponible tous les dons et legs préciputaires, et en décidant que l'excédant doit être rapporté, limite l'étendue des libéralités sans déterminer la nature de celles qui sont sujettes à rapport; que les règles à cet égard se trouvent posées dans les articles 851 et suivants;

« Attendu que l'art. 856 dispose que les fruits et les intérêts des choses sujettes à rapport ne sont dus qu'à compter du jour de l'ouverture de la succession; que le sens de cet article est manifeste; qu'il établit une différence absolue entre le fonds et le capital de la chose à rapporter, et les revenus et les fruits qu'elle a pu produire; qu'il statue que le rapport des fruits et revenus n'est dû que depuis l'ouverture de la succession; d'où il suit incontestablement que les fruits ou les revenus donnés ou perçus avant la succession ouverte sont exclus du rapport prescrit par l'art. 844; car, si la succession ne peut réclamer que les fruits perçus depuis son ouverture, il faut bien reconnaître qu'elle n'a aucun droit sur ceux qui étaient échus antérieurement;

« Attendu qu'autrefois cette question était diversement décidée par les auteurs et par la jurisprudence; que l'on distinguait, entre les fruits et les intérêts perçus, et ceux qui étaient arréragés et encore dus au moment de l'ouverture de la succession, pour exempter les premiers du rapport et y soumettre les seconds; que l'on distinguait également le cas où les revenus provenaient de biens appar-

(1) Sirey, 31. 2. 137. — Dalloz, 31. 2. 81

tenant au défunt ou de biens appartenant à des tiers; que l'on exigeait le rapport dans le premier cas et qu'on le refusait dans l'autre; que plusieurs arrêts avaient aussi décidé, en thèse générale, que les fruits et les intérêts n'étaient pas sujets à rapport; que cette jurisprudence n'était ni unanime ni uniforme; que le Code civil est venu poser une règle générale au milieu de cette diversité de doctrine et de jurisprudence; que n'ayant admis aucune distinction il faut en conclure qu'il les a toutes rejetées, et que l'on se conforme à sa règle et à son esprit en décidant que les fruits et revenus perçus et donnés avant l'ouverture de la succession sont exclus du rapport à opérer par le successible auquel ils ont été donnés, et qu'on ne peut pas les considérer comme un excédant de la quotité disponible, aux termes de l'art. 844. »

17° Les condamnations encourues par un héritier, à raison des spoliations par lui commises d'objets dépendants de la succession, ne mettent point obstacle à ce que ses cohéritiers soient admis à faire preuve des avantages indirects qu'il a obtenus du défunt.

La Cour royale de Nîmes avait décidé le contraire, par arrêt du 28 mars 1822, mais, sur le pourvoi, son arrêt a été cassé par la Cour de cassation, le 14 février 1823[1].

« Attendu, en fait, qu'il était articulé par la demanderesse que la dame Dumas, femme Arsac, mère commune, avait prêté au sieur de Mandajors une somme de 4,000 fr. dont il s'était libéré en tenant quitte de pareille somme Pierre-Paul Arsac, sur le prix d'un pré à lui vendu par ledit sieur de Mandajors; que, par ce moyen, Pierre-Paul Arsac avait été avantagé par la défunte de cette somme de 4,000 fr.;

« Que la Cour royale de Nîmes a refusé d'admettre la demanderesse à la preuve des faits articulés, sans que lesdits faits aient été déclarés non pertinents ou inadmissibles, mais par des motifs lesquels ne concernant que la spoliation de la succession de la mère par ledit Pierre-Paul, n'ont aucun rapport à l'avantage indirect que la demanderesse prétend avoir été obtenu par lui et dont elle offrait de faire la preuve;

« Qu'il suit de là que, d'une part, la Cour royale a fait une fausse application de la chose jugée par l'arrêt du 24 mai 1820, qui avait condamné ledit Pierre-Paul à payer la somme de 10,000 fr., et que, d'autre part, cet arrêt a violé l'article 843 du Code civil en dispensant ainsi, sans en donner de motifs suffisants, les héritiers dudit Pierre-Paul Arsac de rapporter les 4,000 fr. dont il était articulé que sa mère l'avait avantagé. »

La preuve par témoins du fait que l'acte prétendu consenti à titre onéreux n'a cependant été qu'une donation déguisée doit être admise, si déjà quelques présomptions tendent à l'établir, lors même que les héritiers n'auraient à présenter aucun commencement de preuve par écrit. Les parties se trouvent régies,

(1) Sirey, 23. 1. 411.

dans ce cas, par l'art. 1348 du Code, qui dispense de cette condition le créancier qui n'a pu se procurer une preuve littérale de l'obligation qui a été contractée envers lui. C'est le propre, d'ailleurs, de tous les actes simulés pour lesquels les principes ordinaires n'ont pas été portés. (*Voyez* Danty sur Boiceau, *Traité de la preuve par témoins*, chap. VII.)

Il faut pourtant, pour que cette preuve puisse être admise, qu'elle soit de nature à produire quelque effet, et qu'ainsi les biens compris dans la donation déguisée doivent s'imputer sur la quotité disponible et leur excédant être sujet à rapport. Le droit de la proposer appartient donc exclusivement aux héritiers à réserve. Quant aux collatéraux, le donateur ayant été libre à leur égard de disposer de toute sa fortune, et la donation déguisée devant être réputée avoir été faite par préciput, la preuve qu'ils feraient de la véritable nature de l'acte ne leur procurerait aucun avantage, et ce n'est pas ainsi le cas de l'ordonner.

Il ne faut pas confondre, au surplus, les donations déguisées avec les avantages indirects conférés par le défunt à l'un de ses héritiers. Ces avantages, d'après l'art. 843, sont sujets à rapport quels que soient les successibles, à moins que le défunt n'en ait suffisamment dispensé. Les héritiers collatéraux peuvent donc l'exiger de tous ceux d'entre eux venant à la succession, et demander en cas de besoin à en faire la preuve; de pareils avantages devant, au surplus, d'après l'art. 853, résulter de la convention passée avec le défunt une simple vérification de ce point de fait pourra suffire pour les établir.

18° Les tiers qui ont traité de bonne foi avec l'héritier investi en apparence de la propriété de biens à lui transmis par une donation déguisée, ne doivent point être évincés malgré la réduction dont cette donation sera reconnue susceptible pour compléter la réserve des autres enfants.

La Cour royale de Caen l'a ainsi jugé par plusieurs arrêts, dont l'un est en date du 29 août 1824[1]. Le pourvoi contre ces décisions a été rejeté par deux arrêts de la Cour de cassation, du 14 décembre 1826, et qui sont ainsi conçus :

« Attendu qu'il ne s'agit pas de décider si une donation déguisée sous la forme d'un contrat de vente est réductible, contre le prétendu acquéreur qui, en fait, est reconnu n'être qu'un donataire, cette question n'étant pas susceptible de doute; mais que la véritable question jugée par la Cour de Caen a été de savoir si les tiers de bonne foi, auxquels cet acquéreur avait hypothéqué les biens objet de la donation déguisée, pouvaient être évincés par l'exercice de l'action en réduction demandée dans l'intérêt des héritiers à réserve ;

« Attendu que l'arrêt dénoncé a constaté, en fait, que le contrat de vente du 18 juillet 1796, avait été exécuté publiquement pendant vingt-sept ans, et notamment depuis la mort du vendeur, arrivée en 1805, sans réclamation; qu'en qualité d'acquéreur et de propriétaire en vertu de cet acte, la veuve Lafaucherie

(1) SIREY, 27. 1. 60. — DALLOZ, 27. 1. 96.

a soutenu, tant en demandant qu'en défendant, des actions relatives aux propriétés comprises dans ce contrat;

« Attendu que, dans cet état de choses, les tiers, qui de bonne foi avaient acquis des hypothèques sur ces biens, ne pouvaient en être privés par l'effet d'une décision postérieure à l'acquisition de ces droits, qui jugeait entre les héritiers du vendeur et de l'acquéreur que la vente était une donation déguisée;

« D'où il suit qu'il n'y avait aucunement lieu d'invoquer les art. 913, 920 et 920 du Code civil, ni même les art. 2121 et 2131 du même Code. »

Les dispositions de cet arrêt sont fondées sur le principe que la bonne foi et la juste confiance des tiers ne doivent jamais être trompées. De même que l'héritier apparent a un titre coloré dans ceux par suite desquels il se trouve en possession de la succession, celui à qui une donation simulée a été faite sous l'apparence d'un contrat à titre onéreux paraît aux yeux du public être propriétaire irrévocable des biens qui lui ont été transmis. Les tiers ne peuvent connaître les secrets de la famille; ils ne peuvent prévoir qu'une portion de ces biens pourra un jour être réclamée par les enfants de l'ancien possesseur. Ils acquièrent sur la foi d'un titre patent; leur ignorance a été invincible, et ils ne sauraient ainsi être frustrés des droits qu'ils ont obtenus sur ces biens. Cependant la portion qui devrait servir à compléter la réserve des enfants n'a jamais, en réalité, appartenu au donataire simulé. C'est encore un exemple que la vente du bien d'autrui n'est pas toujours nulle, et que l'on peut, en certains cas, transférer à autrui plus de droits qu'on n'en a.

19° Les donations déguisées ou faites par personnes interposées à un époux, par son conjoint ayant des enfants d'un premier lit, sont-elles nulles pour le tout, ou seulement réductibles à la quotité de la portion dont le second époux aurait pu être avantagé?

C'est une question fort difficile et qui mérite d'être étudiée; elle paraît tranchée par deux arrêts de la Cour suprême; nous oserons cependant présenter les observations qu'elle nous a suggérées.

Le premier de ces arrêts, du 30 novembre 1831 [1], est ainsi conçu :

« Attendu qu'aux termes de la disposition finale de l'art. 1099 du Code civil, toute donation faite par un époux ayant des enfants d'un premier lit à son nouvel époux, et qui excède la quotité prescrite par l'art. 1098, n'est pas seulement réductible, mais est frappée d'une nullité absolue lorsque cette donation est déguisée ou faite à personnes interposées;

« Attendu qu'il résulte, en fait, des motifs du jugement de première instance, adoptés par l'arrêt attaqué, qu'il s'agissait, dans l'espèce, d'une donation de cette nature, faite par un époux ayant des enfants d'un premier lit, au profit de son nouvel époux, d'où il suit qu'en prononçant la nullité de cette donation

(1) Sirey, 32. 1. 131. — Dalloz, 31. 1. 371.

l'arrêt dénoncé n'a fait qu'une juste application des art. 1098 et 1099 du Code civil, et n'a violé aucun des autres articles invoqués qui ne recevaient aucune application à l'espèce. »

Le second de ces arrêts est du 11 novembre 1831[1]; il a cassé un arrêt contraire qu'avait rendu la Cour royale de Rouen, le 23 février 1831. Cependant ces deux dernières décisions s'éloignent de la question posée, car elles n'ont point été rendues à raison d'une donation faite par un époux ayant des enfants d'un premier mariage, mais d'une donation faite par la seconde épouse, qui n'avait point d'enfants, à la fille du premier lit de son époux. La Cour royale de Rouen avait maintenu cette donation par un arrêt ainsi conçu :

« Attendu que la loi ne reconnaît, dans les dispositions entre-vifs et testamentaires, que deux ordres de présomptions légales d'interposition dont l'effet est de les annuler péremptoirement ; l'un se rapporte à la capacité des personnes, l'autre à la quotité disponible entre époux ;

« Attendu que c'est ce qui résulte des termes de l'art. 911, où l'interposition péremptoire est instituée contre les donations faites à des personnes capables de recevoir, pour les transmettre à des personnes incapables, et des termes des art. 1099 et 1100, où l'on voit qu'elle est encore admise contre les donations entre époux qui excèdent ce dont il leur est permis de disposer l'un envers l'autre ;

« Attendu que les donations des 5 septembre 1820 et 13 novembre 1823 se présentent sous un tout autre aspect ; la capacité de la dame Eudeline de disposer par acte entre-vifs au profit de son mari n'est pas contestée ; la capacité du sieur Eudeline de recevoir à ce titre ne l'est pas davantage et ne peut l'être, cette capacité réciproque étant établie par tous les articles du chap. IX, tit. II, livre III du Code civil ; la dame Eudeline, quant à la quotité disponible, pouvait donner à son mari tout ce que la loi lui permettait de donner à un étranger (Code civil) ; or, n'ayant ni ascendants, ni descendants, elle pouvait, d'après la combinaison de cet article avec l'art. 916, lui donner l'universalité de ses biens ; elle n'avait donc besoin, sous le rapport de la capacité, ni sous celui de la quotité, de l'interposition de personne pour exercer envers son mari tous les actes de libéralité qu'il aurait été dans ses intentions de lui faire ;

« Attendu que ce que la dame Eudeline avait la liberté de faire au profit de son mari, elle l'a fait en faveur de l'enfant du premier lit du sieur Eudeline, la mineure Gabrielle ; aucune exclusion, prohibition, ni incapacité de recevoir n'étant prononcée contre cet enfant, la dame Eudeline pouvait indubitablement disposer à son égard, ainsi qu'elle l'a fait. L'interposition péremptoire est de droit étroit ; elle ne peut être étendue même par analogie d'un cas à l'autre, et dès qu'il demeure constant que les donations des 5 septembre 1820 et 13 novembre 1823 ne renferment ni incapacité légale des personnes, ni disposition excédant la quotité disponible, il est évident que les art. 911, 1099 et 1100 du Code civil ne leur sont pas applicables ;

(1) Sirey, 31. 1. 769. — Dalloz, 33. 1. 10.

« Attendu que, le législateur n'ayant pas mis de bornes aux libéralités entre époux, lorsque l'époux donateur n'a point d'enfants ou descendants, il n'a pas eu besoin de créer une présomption légale d'interposition fondée sur la qualité des personnes ; car il ne peut exister de contravention dans un acte par lequel on fait indirectement ce que la loi permet de faire directement ; la simulation, dans ce cas, ne pouvant porter atteinte aux droits d'autrui, nul n'a droit de s'en plaindre ;

« Attendu néanmoins que le législateur a dû prévoir, et il a prévu, que des donations entre époux pendant le mariage, au lieu d'être l'expression de la volonté libre et constante du donateur, pouvaient être l'effet, soit de la captation de la part de la femme, soit de l'abus de l'autorité de la part du mari ; de là la condition de révocabilité attachée, tant que dure le mariage, à ces sortes de donations, quoique qualifiées entre-vifs (Code civil, 1096) ;

« Attendu qu'il est de la nature de la donation entre-vifs d'être irrévocable ; que la condition de révocabilité des donations entre époux les fait descendre dans la classe des dispositions testamentaires ; qu'elle est une dérogation grave au droit général ; qu'elle est inhérente à la personne des époux ; qu'elle est, par conséquent, incommunicable à des tiers, quel que soit leur degré de parenté, sans un texte formel, et il n'en existe pas ; qu'aussi la dame Eudeline n'agit pas par voie de révocation mais par voie de nullité contre les donations entre-vifs par elle faites à la mineure Gabrielle, il faut alors qu'elle procède et que l'affaire se traite avec elle suivant les règles du droit commun. »

La Cour de cassation a cassé cet arrêt.

« Attendu que l'art. 1096 du Code civil dispose que toutes les donations faites entre époux durant le mariage, quoique qualifiées entre-vifs, seront toujours révocables ;

« Attendu que ces dispositions trouvent naturellement leur sanction dans la deuxième partie de l'art. 1099 et dans l'art. 1100, qui terminent le chap. IX du titre II du livre III du Code civil dans lequel elles se trouvent placées ;

« Attendu qu'il suit de là que, durant le mariage, les enfants nés d'un autre lit de l'un des époux ne peuvent recevoir de libéralité par donation entre-vifs de l'autre époux, parce qu'ils sont réputés personnes interposées à l'égard de leur auteur ;

« Attendu, dans l'espèce, que la donataire était fille du premier lit de l'époux de la donatrice ; que néanmoins la Cour royale de Rouen a maintenu et déclaré valables les deux donations entre-vifs à elle faites par sa belle-mère ; ce qu'elle n'a pu faire sans violer les lois citées. »

La Cour royale de Toulouse a rendu, le 13 mai 1835[1], un arrêt conforme au premier de ceux que nous venons de mentionner, à raison de la reconnaissance faite au profit d'une femme par son futur conjoint veuf avec enfant, d'une dot dont la majeure partie n'avait été que simulée. Après avoir reconnu ce point de fait, l'arrêt ajoute :

(1) SIREY 35. 2. 392. — DALLOZ 35. 2. 126.

« Attendu que la constitution de dot pour les 59,000 fr. évidemment fournis par le sieur d'Hautpoul ne fut donc qu'une donation déguisée, et dès lors frappée de nullité sans aucune modification par le § 2 de l'art. 1099 du Code civil;

« Attendu que, s'il est de principe général que les libéralités excédant la quotité disponible ne sont pas nulles, mais seulement réductibles, c'est parce qu'elles ne sont pas frappées d'une nullité absolue, tandis que, au contraire, on voit dans le § 2 précité, qu'il présente une disposition spéciale contre la donation déguisée de la part de l'époux ayant des enfants du premier lit, en faveur du nouvel époux, et qui, les déclarant nulles sans aucune restriction, ne permet pas de les maintenir jusqu'à la quote disponible;

« Attendu que, s'il en est autrement dans le § 1er de l'art. 1099, où les libéralités indirectes ne sont prohibées qu'au-delà de cette quotité, ce ne peut être un motif pour que la nullité prononcée par le 2e § doive subir la même modification. Ce serait les confondre l'un avec l'autre; le second ne serait qu'une répétition insignifiante du premier, confusion inadmissible, repoussée d'ailleurs par la différence entre les donations indirectes et les donations déguisées;

« La donation indirecte est celle qui n'a pas été faite en termes directs par le donateur, mais qui résulte indirectement des effets d'un acte d'une nature différente, sans fraude et sans déguisement; ainsi un cohéritier renonce à une succession; sa portion accroît à son cohéritier, et s'il en résulte pour celui-ci un avantage indirect excédant la quotité disponible, cet avantage sera conservé jusqu'à cette quotité, parce qu'il est l'effet d'une renonciation licite faite suivant le mode prescrit par les lois, et qui, dans sa substance, ne présente aucun déguisement;

« De même, dans une association, si elle doit présenter à un des intéressés un avantage excédant la quotité disponible, il y aura lieu seulement à réduction, parce que l'association est la véritable convention par laquelle ils ont voulu se lier, et qui, dès lors, n'est point déguisée;

« Par les mêmes motifs les avantages indirects résultant des conventions entre époux sous le régime de la communauté ne seront pas nuls mais sujets seulement à réduction, suivant les art. 1496 et 1527 du Code;

« La donation déguisée, au contraire, est un acte simulé, où, sous les apparences d'une donation à titre onéreux et licite, on a déguisé la véritable intention des parties qui cherchaient, par cette fraude, à maintenir une libéralité prohibée par les lois. C'est ainsi que pour faire valoir la donation déguisée en faveur de la dame veuve d'Hautpoul dans son contrat de mariage, on y a supposé une constitution de dot à titre onéreux, tandis que, pour la somme de 59,000 fr., c'était une donation déguisée, nulle sans modification, d'après le § 2 de l'art. 1099. » C'est aussi dans ce sens que ce § a été interprété par les arrêts de la Cour de cassation (que nous venons de rapporter).

Ces arrêts sont fort imposants; cependant, sont-ils sans réponse? ils en ont excité une très vive de la part de plusieurs jurisconsultes dont il est à propos d'examiner l'avis.

Le principe général en matière de donations déguisées ou faites par interposition de personnes, est que l'on ne peut que les réduire à la quotité dont la loi avait permis de disposer. Le donateur a été le maître d'attribuer ainsi tout ce qu'il aurait pu donner d'une manière directe; pourvu que la quotité disponible n'ait pas été dépassée, le but de la loi est atteint. Le donateur a pu faire du reste de sa fortune ce que bon lui a semblé, et employer le mode qui lui a convenu. C'est la jurisprudence de la Cour de cassation elle-même.

Or, il existe une certaine quotité de biens dont l'époux qui se remarie ayant des enfants d'un premier lit peut disposer en faveur de son second époux; c'est d'une part d'enfant le moins prenant, ou, au moins, du quart de tous les biens qu'il délaissera un jour (art. 1098). Il peut lui donner directement cette quotité, il peut la lui donner d'une manière indirecte; si la disposition a excédé ces bornes, elle ne peut qu'être réduite à la portion déterminée par la loi. La première partie de l'art. 1099 du Code est formelle sur ce point; elle est corroborée par les dispositions des articles 1496 et 1527 : l'une, pour le cas où la confusion du mobilier et des dettes des deux conjoints dans la communauté opérerait au profit du second époux un avantage supérieur à celui que la loi autorise; l'autre, quant aux conventions modificatives de la communauté qui seraient de nature à produire le même effet. Tout le monde est encore d'accord à cet égard.

Si donc la simple réduction des dispositions indirectes est incontestable, pourquoi y aurait-il nullité absolue et pour le tout si l'avantage a été conféré à un second époux sous la forme d'une donation déguisée ou par interposition de personnes? C'est, annonce-t-on, parce que la loi l'a dit. La seconde partie de l'art. 1099 porte, en effet, à l'égard des époux, que toute donation, ou déguisée, ou faite à personnes interposées, est nulle.

On ajoute que l'art. 911 frappe de la même peine de nullité toutes les dispositions faites sous un de ces deux modes, au profit d'un incapable; que si le législateur s'était borné à déclarer réductibles entre époux les donations déguisées, ou faites par personnes interposées, ces sortes de fraudes auraient été trop fréquentes; que ç'aurait été encourager à les commettre, puisqu'étant découvertes, l'époux qui en aurait couru la chance serait toujours autorisé à conserver la part que la loi permettait de lui donner. Le motif sur lequel on a le plus insisté est que toutes les donations entre époux pendant le mariage doivent être révocables, et que celles déguisées ou par interposition de personnes échapperaient à cette révocation, ce qui serait contraire à leur nature et une violation de la loi.

Il est nécessaire, pour apprécier ces divers arguments, de distinguer les donations déguisées sous la forme d'un contrat onéreux, de celles faites au moyen de personnes interposées.

Quant aux premières, elles sont nulles, soutient-on, aux termes de la seconde partie de l'art. 1099; il est vrai qu'en se bornant à la lettre sèche de cet article les donations en question paraissent devoir être annulées. Remarquons, cependant, que la loi ne dit pas que ces donations sont nulles pour le tout. Sans doute la nullité qu'elle prononce sans restriction produit ordinairement cet effet, mais il faut prendre garde d'appliquer à des matières spéciales qui ont leurs principes particuliers, des principes généraux qui n'ont point été faits pour elles. Les mots perdent alors une partie de leur énergie habituelle, et ils doivent être entendus dans le sens qui convient à la nature de l'acte à l'occasion duquel ils ont été employés. Nous allons en donner une preuve irrécusable.

L'art. 911 du Code déclare aussi nulles toutes les dispositions au profit d'un incapable, qu'on les ait déguisées sous la forme d'un contrat à titre onéreux, ou qu'on les ait faites sous le nom, de personnes interposées. L'expression est la même; elle est aussi sans restriction, elle doit avoir la même force que dans l'art. 1099; elle s'applique également à des donations déguisées ou faites à des personnes interposées, et cependant, qui est-ce qui doute que dans plusieurs des cas portés en l'art. 911, la disposition n'est pas nulle pour le tout; qu'elle est seulement réductible, qu'elle doit valoir pour ce qui aurait pu être donné directement à celui au profit de qui elle a été consentie? La jurisprudence est certaine à cet égard. Comment donc se ferait-il que le même mot, employé de la même manière, appliqué à des actes de la même nature, produisît un effet si différent, que là il entraînerait l'annulation complète de l'acte, et là, il ne servirait qu'à le faire modifier?

La disposition est assurément nulle pour le tout, d'après l'art. 911, si l'incapacité du donataire a été jusqu'à mettre un obstacle absolu à ce qu'il pût rien recevoir; mais si cette incapacité n'est que relative, comme celle des enfants naturels qui ne sont incapables que de recevoir au-delà de ce qui leur est accordé par la loi, celle des médecins, chirurgiens, etc., qui sont aptes à recevoir certaines libéralités, la disposition faite à leur profit, même sous la forme d'un contrat à titre onéreux, n'est pas nulle pour le tout; elle doit seulement être réduite.

La loi, ayant fixé les bornes que les avantages accordés à certaines personnes ne pourraient dépasser, a ajouté dans ses articles 911 et 1099 que la donation déguisée ou faite au profit de l'incapable par personnes interposées sera nulle. Ces deux dispositions sont nécessairement corrélatives; la donation n'est nulle qu'à raison de l'incapacité du donataire, car la nullité n'a pas une autre cause; ce n'a pas été en haine des donations déguisées ou faites par personnes interposées, puisque ces dispositions sont maintenues toutes les fois qu'elles ne dépassent pas la quotité disponible, mais parce qu'il ne fallait pas que l'incapable reçût d'aucune manière ce qu'il ne devait pas avoir. L'incapacité de la personne règle donc la nullité de la disposition; les expressions de la loi peuvent être incomplètes, mais il ne paraît pas possible de leur donner un autre sens. Il n'y a de nul que ce qu'elle a défendu; on ne peut annuler la disposition dans ce qui a été permis.

On peut craindre, dit-on, qu'entre époux ces sortes de fraudes ne deviennent trop communes. Si les époux ont tellement caché l'avantage qui a été fait à l'un d'eux qu'on ne parvienne pas à l'établir, à quoi la nullité aura-t-elle servi? Si la vérité se fait jour, l'abus sera réprimé. Un père ne viole-t-il pas aussi la loi en dépouillant ses enfants de ce qu'il ne pouvait leur ôter, et en en disposant d'une façon déguisée? L'époux donataire n'aura-t-il pas à craindre les soupçons que sa qualité seule éveille, et se livrera-t-il aussi facilement qu'on le croit à des manœuvres coupables que la justice s'empressera de punir? N'exagérons pas la crainte du mal pour nous autoriser à excéder ce qu'a voulu la loi. Il y a toujours un mal véritable à empêcher l'effet d'une volonté licite, quand il ne devrait être question que d'en réprimer l'excès. En annulant pour le tout une donation déguisée faite à un époux, on ne lui ôte pas seulement ce qu'il ne doit point avoir, mais ce que le défunt a voulu et pu lui accorder.

Mais, dit-on enfin, la donation déguisée, quoique faite entre époux et pendant leur mariage, ne sera point révocable; il y aura violation de la loi. Il faudra sans doute que l'on prouve qu'il y a eu donation déguisée; mais puisque c'est au donateur seul qu'il appartient de révoquer son bienfait, il pourra facilement faire dépouiller le contrat de sa fausse apparence et dès lors la donation aura été révocable; si le donateur a voulu la laisser subsister, le motif donné disparaît.

On a voulu établir une grande différence entre les avantages indirects que la loi permet seulement de réduire, et les donations déguisées que l'on veut qu'elle ait annulées pour le tout; on se fonde sur ce que ces avantages se font sans fraude et sans déguisement. Le don fait d'une manière indirecte est cependant caché sous une apparence qui semble exclure l'intention de donner; il se déguise aussi sous la forme d'un tout autre contrat. Quand un héritier renonce à une succession pour la faire arriver au successible qu'il veut avantager, paraît-il donc lui faire un don? Si l'un des époux cède à l'autre des biens en paiement de ses droits, si la femme abandonne à son mari des immeubles en remplacement de la dot qu'elle lui avait promise, ils ne semblent tous contracter qu'à un titre onéreux; cependant l'avantage que l'un d'eux aura obtenu n'aura été qu'une donation déguisée, et, pour nous servir des expressions de la Cour de Toulouse, « un acte « simulé, où, sous les apparences d'un contrat à titre onéreux et licite, on aura « déguisé la véritable intention des parties, qui cherchaient par cette fraude à « exercer une libéralité prohibée par les lois. » Le but des époux aura été le même. S'il fallait annuler pour le tout les donations déguisées, quel serait donc le motif qui empêcherait de traiter celles indirectes avec la même sévérité?

Restent les donations faites sous le nom de personnes interposées. Elles se distinguent de celles déguisées, en ce qu'en les déclarant absolument nulles on frappe les enfants du premier lit d'une incapacité de recevoir qui n'est point dans les termes, et qui ne paraît pas être dans l'esprit de la loi. Ce n'est pas en haine de ces enfants que les donations à eux faites seraient annulées, c'est parce qu'ils sont réputés personnes interposées; il suffit donc de les réduire aux justes bornes que le donateur devait y mettre à l'égard de son époux: aller au-delà serait outre-passer le but.

L'époux donateur a même cet avantage dans les donations réputées faites par interposition de personnes, qu'il ne lui est pas nécessaire de les faire déclarer telles en justice pour être à même de les révoquer; ce caractère d'interposition est, de plein droit, imprimé par la loi Il y a donc moins de nécessité encore de ne pas traiter ces donations comme si elles avaient été faites directement à celui que l'on répute avoir été le véritable donataire.

Toutes les donations qu'un époux a faites à son conjoint, directement ou indirectement, d'une manière déguisée ou par personnes interposées, semblent donc dans le cas d'être seulement réduites à ce dont il pouvait disposer au profit de cet époux. Si le donateur est sans enfants, il a pu donner à son conjoint ou aux enfants que celui-ci a eus d'un premier mariage tout ce qu'il a voulu, la loi n'ayant mis, en ce cas, aucune borne à ses libéralités; ces donations seront seulement révocables, celles faites aux enfants étant réputées ne l'avoir été qu'au profit de leur auteur. La Cour de cassation, en cassant l'arrêt de la Cour de Rouen, n'a pas jugé autre chose.

On est allé beaucoup plus loin dans le sens contraire à celui des arrêts dont nous nous occupons. On a prétendu que l'interposition des enfants du premier lit ne devait pas toujours être admise, le donateur ayant pu vouloir les gratifier personnellement, et leur auteur, s'il décède avant eux, ne pouvant profiter de ce qui leur a été donné. Aucune exception ne nous paraît devoir être admise à cet égard. Les dispositions des art. 911 et 1100 sont formelles; nulle preuve ne peut être reçue contre les présomptions établies par la loi (art. 1352), il s'en faut bien d'ailleurs que celle portée en ces articles soit dépourvue de motifs. Lors même que les enfants du conjoint seraient seuls entrés dans l'intention du donateur, ne doit-on pas penser que ce n'a été qu'en contemplation de leur auteur que la donation leur a été faite? Le donateur aura même enrichi son conjoint, en l'aidant à doter ses enfants ou en le dispensant de subvenir à leurs besoins. Sous ce seul rapport la donation devrait être réputée avoir été faite à cet époux.

20° Les sommes prêtées par le défunt à un de ses héritiers sont sujettes à rapport, lors même que le prêt aurait été fait à un mineur depuis tombé en faillite, si celui-ci était négociant et si les sommes lui ont été avancées à raison de son commerce; il en est de même des sommes payées pour lui par le défunt.

« Attendu, a dit la Cour royale de Bordeaux par arrêt du 16 août 1827[1], qu'il est de principe incontestable que les enfants majeurs ou mineurs doivent aux successions de leurs père et mère le rapport de ce qu'ils ont reçu pour leur établissement ou pour le paiement de leurs dettes;

« Que peu importe que les sommes reçues par eux aient été prêtées, et que depuis un des enfants ait fait faillite; le rapport n'en est pas moins dû, parce qu'il est constant en droit, et d'après la doctrine des auteurs les plus recom-

(1) SIREY, 27. 2. 211.

mandables, que le prêt fait à l'héritier en ligne directe est réputé être un avancement d'hoirie, lorsqu'il ne se trouve pas acquitté au moment de l'ouverture de la succession, et que le rapport est dû des sommes prêtées comme de celles qui ont été données; car il ne peut dépendre de la mauvaise administration ou des malheurs de l'un des enfants de blesser l'égalité qui, selon la nature et la loi, doit toujours exister entre eux;

« Qu'ainsi, c'est avec raison qu'à l'égard de Simon-Maurice de Bethmann on a compris dans les rapports qui lui sont personnels les sommes qu'il a reçues du sieur de Bethmann pour l'établissement de son commerce à Londres pendant sa minorité, parce que la loi relative aux rapports ne met point de distinction entre les majeurs et les mineurs, et que d'ailleurs l'argent fourni pour former un établissement de commerce doit être assimilé à une opération commerciale, et qu'il est de principe que le mineur commerçant est réputé majeur pour les faits de son négoce; qu'il a été juste pareillement de faire rapporter audit Simon-Maurice les sommes payées à sa décharge par la dame sa mère ou par ses héritiers par suite de l'obligation par elle contractée envers les créanciers dudit sieur son fils, puisqu'il ne justifie d'aucun acte ou disposition quelconque émané de la dame sa mère, établissant sa volonté de le dispenser d'en faire le rapport; que, pour produire un tel effet, il faut que la dispense soit écrite, expresse et positive, et qu'elle ne saurait s'induire ni de la lettre du 25 décembre 1805, ni des autres papiers de famille produits au procès. »

Les mêmes principes s'appliquent aux héritiers collatéraux; l'art. 843 du Code comprend tous les héritiers, même bénéficiaires, dans ses dispositions; il les oblige tous à rapporter à la succession ce qu'ils ont reçu du défunt par donation directe ou indirecte. Les sommes prêtées à un héritier et non rendues par lui formeraient un avantage indirect dont il doit faire rapport en moins prenant sur sa part, afin que l'on conserve entre les successibles l'égalité prescrite par la loi.

21° Lorsque l'immeuble constitué en dot à une femme mariée sous le régime dotal est devenu la propriété du mari par suite de dispositions contenues en leur contrat de mariage, la femme ne doit rapport à la succession du donateur que du montant de l'estimation donnée à cet immeuble par le contrat.

L'arrêt que la Cour royale d'Agen a rendu à cet égard, le 1er décembre 1828[1], est ainsi conçu :

« Considérant qu'antérieurement au Code civil, et dans le ressort du Parlement de Toulouse, il était de principe constamment reconnu que la constitution d'un fonds estimé ou de toute autre chose aussi estimée était considérée comme une vente qui en était faite au mari, vente qui transportait sur sa tête

(1) SIREY, 31. 1. 19.

la propriété pleine et entière, et le rendait seulement débiteur du prix! Ce principe était d'une application générale, à moins qu'il n'y eût convention que la femme reprendrait la chose donnée lors de la dissolution du mariage. La chose constituée en dot était, par l'effet de l'estimation, aux périls du mari, qui supportait la dépréciation qu'elle pouvait éprouver, et qui profitait de son augmentation de valeur. Telles étaient les dispositions consacrées par plusieurs lois romaines, notamment par la loi 16, ff. *de jure dot.*, et la loi 5 et 10 au Code;

« Que les divers auteurs qui ont écrit dans le ressort du Parlement de Toulouse attestent que ces lois étaient appliquées sans aucune restriction;

« Que vainement veut-on prétendre que, lors même que le mari serait devenu propriétaire par l'estimation de la chose constituée à la femme, celle-ci n'en doit pas moins le rapport à la succession du donateur, en moins prenant; un pareil système est en opposition manifeste avec les principes rappelés plus haut, et blesserait considérablement les intérêts de la femme. Il en résulterait que, par les effets de la variation de valeur qu'aurait éprouvée la chose constituée, la femme quelquefois serait censée vis-à-vis de ses cohéritiers avoir reçu une somme plus forte que celle qu'elle serait en droit de répéter de son mari à la dissolution de son mariage; résultat bizarre et ridicule que la loi ne peut approuver, et que la raison rejette. La femme ne doit jamais compte que de l'estimation donnée par le constituant qui, lorsqu'il a fait cette estimation, a réglé lui-même, pour cet objet, sa succession future. »

La Cour de cassation a rejeté, le 3 janvier 1831, le pourvoi que l'on avait formé contre cet arrêt.

« Attendu qu'en jugeant que le contrat de mariage, du 10 janvier 1790, contenait vente de la métairie dite le Brana au profit du mari, et constitution de dot d'une somme de 6,000 fr. au profit de la femme, la Cour d'Agen a motivé son arrêt sur les lois 5 et 10 et 16 au Digeste, *de jure dotium*, telles qu'elles étaient entendues et appliquées, sous l'ancien droit écrit, par la jurisprudence du Parlement de Toulouse, jurisprudence qui régissait les deux époux qui contractèrent en 1790, ainsi que les père et mère qui constituèrent la dot de la future épouse; qu'un arrêt motivé tout à la fois sur l'ancienne législation combinée avec la jurisprudence, et sur l'interprétation des clauses du contrat de mariage, est à l'abri de la cassation;

« Attendu que, le mari étant devenu propriétaire de la métairie dont s'agit, par l'effet de la vente que renferme le contrat de mariage, les règles et les principes relatifs au rapport entre cohéritiers sont sans application à la femme, en ce qui touche ladite métairie, puisque, par l'effet de la vente, elle cessa de faire partie du patrimoine des père et mère de la femme mariée, et que le mari, étranger à la succession, en ce sens qu'il n'est pas un cohéritier, ne peut être considéré que comme un acquéreur ordinaire. »

L'art. 1552 du Code civil ne permet plus que l'estimation donnée par le contrat de mariage à l'immeuble constitué en dot à la femme transporte la propriété de cet immeuble au mari, s'il n'y en a eu, dans le contrat, une déclaration expresse ; mais, si cette déclaration a eu lieu, il n'est pas douteux que le principe établi par les deux arrêts que nous venons de rapporter ne soit applicable aujourd'hui.

22° Les fruits et intérêts des rapports dus par les héritiers ne se prescrivent que par trente ans.

« Attendu, a dit la Cour royale de Colmar, par arrêt du 1er mars 1836[1], qu'il s'agit entre les parties du partage et de la liquidation d'une succession dont elles sont cohéritières ;

« Qu'aux termes des art. 843 et 856 du Code civil, chaque cohéritier doit rapporter à la liquidation, non-seulement les capitaux qu'il doit à la succession, mais encore les fruits et les intérêts du jour de l'ouverture de la succession ;...

« ... Que la prescription n'a pas lieu entre cohéritiers, parce que tout est soumis à une liquidation, et qu'ils n'ont les uns envers les autres que l'action en partage, qui dure trente ans ; que ce n'est que le partage qui fixe leur propriété et les investit de la possession des choses qui tombent dans leur lot, et de l'exercice des actions qui en dérivent. »

Pour prescrire la propriété des biens, il faut en avoir joui pendant le temps requis, *animo domini;* pour prescrire contre l'action en paiement des fruits ou intérêts dont on est redevable, il faut que le créancier ait pu les réclamer et qu'il n'ait pas usé de son droit. Des héritiers astreints à un rapport de choses portant fruits ou intérêts en deviennent débiteurs à compter du jour où la succession s'est ouverte, mais leurs cohéritiers ne peuvent les leur réclamer avant que la liquidation n'ait établi leurs droits respectifs. Les uns n'ont donc pu se libérer, ni les autres recevoir. Il n'y a eu faute ou négligence de la part de personne ; la prescription n'a donc pu courir, et l'action relative à ces accessoires doit durer autant que celle en rapport des choses principales contre chacun des héritiers.

844. Dans le cas même où les dons et legs auraient été faits par préciput ou avec dispense du rapport, l'héritier venant à partage ne peut les retenir que jusqu'à concurrence de la quotité disponible ; l'excédant est sujet à rapport.

845. L'héritier qui renonce à la succession peut cependant retenir le don entre-vifs, ou réclamer le legs à lui fait, jusqu'à concurrence de la portion disponible.

(1) Dalloz, 37. 2. 46.

1° Les dons en avancement d'hoirie, faits par un père à un ou à plusieurs de ses enfants, qui ne se sont pas portés héritiers, doivent être rapportés fictivement à la succession du donateur, pour contribuer avec les autres biens à faire connaître la quotité dont le père a pu disposer.

Ce principe a été longtemps controversé, mais maintenant il ne doit plus laisser de doute. Il a fourni l'occasion d'un beau triomphe à la magistrature française : aux Cours royales par la persévérance qu'elles ont mise à le soutenir, et à la Cour de cassation par la noble rétractation qu'elle a consenti à faire du principe contraire que d'abord elle avait adopté.

Le premier arrêt favorable au rapport fictif des dons en avancement d'hoirie a été rendu par la Cour de Bruxelles, le 13 juin 1810[1] ; il est ainsi conçu :

« Considérant que la succession de Jean Los s'est ouverte sous l'empire du Code Napoléon ; qu'elle est conséquemment partageable entre ses cinq filles par portions égales ;

« Que les cadettes ne contestent point à l'aînée le droit de prélever la quarte qui lui a été léguée par préciput et hors part, mais qu'elles prétendent qu'elle ne doit point être prise sur les biens et les sommes qui leur furent constituées en dot par le père commun, prétention qu'elles fondent sur l'art. 857 du Code civil qui porte : « Le rapport n'est dû que par le cohéritier à son cohéritier ; il « n'est pas dû aux légataires ni aux créanciers de la succession ;

« Qu'il est sensible que les légataires à qui cette disposition refuse ce rapport sont ceux qui, d'ailleurs étrangers à la succession, n'y ont d'autre droit que celui résultant de leur titre de simples légataires ;

« Mais qu'ici l'aînée, légataire pour le quart, est tout à la fois cohéritière pour le surplus ;

« Que, les cadettes venant au partage de la succession au même titre de cohéritières, leur prétention est condamnée, et par l'article 843 et même par l'article 857, puisque l'un et l'autre décident d'une manière absolue, sans distinction ni limitation, que le rapport est dû entre cohéritiers ;

« Qu'il est tellement vrai que l'art. 857 doit être ainsi entendu ; que l'art. 844 porte : « Dans le cas même où les dons et legs auraient été faits par préciput « ou avec dispense du rapport, l'héritier venant à partage ne peut le retenir que « jusqu'à concurrence de la quotité disponible ; l'excédant est sujet à rapport ; »

« Que puisque l'héritier, légataire pour plus que la quotité disponible, ne doit, suivant cet article, rapporter que l'excédant, la conséquence est qu'il a droit de prélever et de retenir la quotité disponible, et de partager avec ses autres cohéritiers le surplus de la succession, qui se compose des biens sujets à rapport comme de tous les autres délaissés par le défunt. »

Il existe dans cet arrêt une légère confusion des principes relatifs au rapport en nature avec ceux du simple rapport fictif. Ce n'est, sans doute, que

(1) SIREY, 11. 2. 19. — DENEVERS, 3. 2. 69.

pour ne les avoir pas assez nettement distingués que l'arrêt énonce que, pour demander l'un ou l'autre de ces rapports, il faut être héritier, ce qui n'a lieu que pour les rapports en nature, celui fictif pouvant être demandé même par les légataires de tout ou partie de la quotité disponible, fussent-ils étrangers à la succession. Mais, au moins, cet arrêt constate-t-il la nécessité de rapporter fictivement les biens donnés en avancement d'hoirie pour fixer la quotité dont le défunt a pu disposer.

Le second arrêt, en date du 27 juillet 1819[1], est de la Cour royale de Toulouse.

« Considérant, y est-il dit, que, si feu Besse avait légué vaguement à sa fille aînée et à sa veuve la portion de ses biens dont la loi lui permettait de disposer, la prétention de la dame Jaubert n'en serait pas moins mal fondée; cette prétention tend à faire consacrer en principe que les choses données en avancement d'hoirie, et sans dispense de rapport, ne doivent point entrer dans la masse du patrimoine pour l'évaluation et la fixation de la quotité disponible; de telle sorte qu'un père qui aurait trois enfants et 80,000 fr., qui aurait donné à chacun d'eux, en avancement d'hoirie, une somme de 20,000 fr., et qui lèguerait ensuite à l'un d'entre eux, par préciput et hors part, la portion disponible, ne lui lèguerait en réalité qu'une somme de 5,000 fr.;

« C'est mal entendre l'art. 857 du Code civil, qui ne dispose évidemment qu'à l'égard des créanciers et des légataires particuliers; quand il dit que le rapport n'est dû ni aux créanciers ni aux légataires, cela veut dire que le légataire et le créancier de la succession ne peuvent réclamer leur paiement que sur les objets qui étaient à son décès au pouvoir du testateur ou de leur débiteur; qu'ils ne peuvent pas, pour obtenir leur paiement, revendiquer les choses précédemment données. Mais cela n'est pas dire que vis-à-vis du légataire de la portion disponible, qui est au moins un copartageant, s'il n'est pas un cohéritier, le patrimoine ne doive se composer que des biens constamment restés en la possession du disposant;

« Au contraire, en combinant avec l'art. 857 l'art. 843, qui est le véritable juge de la matière, on voit que tout ce qui n'est pas donné à titre de préciput est donné à la charge du rapport; que le simple avancement d'hoirie est fait sous la réservation du droit de disposer, à titre de préciput; que l'héritier donataire sans dispense de rapport n'a qu'un moyen de se soustraire à cette loi, celui de s'en tenir à sa donation; mais que, venant à la succession, il doit rapporter même en faveur du cohéritier préciputaire, parce que la loi ne distingue pas, lorsqu'ordonnant le rapport en faveur des cohéritiers, elle n'exempte pas le cohéritier donataire du préciput, bien qu'elle l'autorise à retenir ce préciput. Un père qui donne à l'un de ses enfants sans dispense de rapport, et qui donne ensuite à l'autre à titre de préciput, veut évidemment réduire ce premier à la réserve; et pourtant, dans le système de la dame Jaubert, si le préciput n'était pris que sur les biens totalement libres, l'héritier à réserve aurait toujours au-

(1) SIREY, 22. 2. 70. — DENEVERS, 20. 2. 85.

delà de la réserve. La disposition d'après laquelle le rapport n'est dû que par le cohéritier à son cohéritier a un sens plus étendu que celui donné par la dame Jaubert; par exemple, l'héritier donataire sans dispense de rapport rapporte au donataire qu'il veut retrancher, bien que ce donataire ne fût pas un de ses cohéritiers à réserve; de même l'héritier à réserve rapporte à la seconde épouse légataire ou donataire d'une part d'enfant le moins prenant;

« On en donne pour raison que la seconde épouse a une portion du patrimoine; mais il en est de même du donataire du préciput. On en donne pour raison que l'époux donateur pourrait rendre illusoire la libéralité faite au second époux, en disposant ensuite de ses biens par des avancements d'hoirie; mais le donataire entre-vifs du préciput courrait aussi le même danger. Il est évident que la portion disponible s'entend de la moitié, ou du tiers, ou du quart des entiers biens composant le patrimoine du disposant, rapport fait de toutes les choses données en avancement d'hoirie, quand le donataire ne s'en tient pas à la donation. »

Cet arrêt constate que le rapport fictif des dons en avancement d'hoirie peut être demandé par tous les donataires ou légataires de la quotité disponible, qu'ils soient ou non héritiers; il ajoute, ce qui est en dehors de la question, que l'enfant donataire en avancement d'hoirie peut être réduit à son droit à la réserve par les dons que le père a consentis plus tard; on verra, au numéro suivant, que cet enfant, en renonçant à la succession du donateur, peut retenir sur les biens à lui donnés non-seulement sa portion dans la réserve, mais la quotité disponible, le père n'ayant rien pu retrancher de la donation qu'il lui a faite par des dons postérieurs.

Le troisième arrêt a été rendu par la Cour royale d'Agen, le 21 janvier 1821 [1].

« Considérant, avaient dit les premiers juges en ordonnant le rapport fictif des donations faites en avancement d'hoirie par le père de famille, pour fixer la quotité dont il avait ensuite disposé en faveur de l'un de ses enfants, que le Code civil a établi une quotité disponible en faveur des pères et mères, et qu'ils peuvent disposer de cette quotité dans toutes les circonstances, soit par donation, soit par testament (art. 919); d'où il résulte que toutes les dispositions faites par les pères et mères doivent sortir à effet, en tout ce qui ne porte point atteinte à la réserve;

« Considérant qu'il est de règle et de principe que tout don fait aux enfants s'impute d'abord sur leur portion dans la réserve; que, la réserve étant une dette des pères et mères, ils sont donc présumés s'en libérer lorsqu'ils donnent; que, s'il en était autrement, si cette imputation n'avait pas lieu, il en résulterait que les pères et mères seraient dépouillés de leur quotité disponible, qu'ils seraient privés du complément de la puissance paternelle, du moyen que la loi leur donne d'augmenter le respect qui leur est dû, de récompenser la tendresse filiale et la vertu;

« Considérant que les pères et mères qui ont fait des avancements d'hoirie à certains de leurs enfants n'en conservent donc pas moins l'intégralité de leur

(1) SIREY, 22. 2. 71. — DALLOZ, *Rec. alph.*, 5. 480.

quotité disponible; que, par conséquent, ils doivent pouvoir en disposer comme ils le jugent convenable, et qu'ainsi il ne s'agit plus alors que de voir si réellement ils ont voulu la donner en entier; que, dans l'espèce, il ne peut y avoir de doute sur cette intention, puisque, d'une part, la mère lègue à Augustin la portion de ses biens dont elle peut disposer, et que, de l'autre part, le père lègue au même Augustin le quart de l'universalité de ses biens meubles et immeubles;

« Considérant que tout patrimoine se divise en deux portion, la réserve et la quotité disponible, et que ces deux portions, déterminées par la loi, sont également inviolables et sacrées;

« Considérant que, si, pour calculer la réserve, il faut nécessairement faire entrer fictivement dans la masse successive non-seulement les biens rapportables, mais encore ceux expressément dispensés du rapport, la même règle doit, par une conséquence rigoureuse, avoir lieu pour la fixation de la quotité disponible; qu'autrement ces deux parties intégrantes du même tout se trouveraient soumises à des règles différentes, ce qui ne peut être;

« Considérant que l'art. 857, qui n'a trait qu'aux rapports, est donc absolument étranger à cette fixation de la quotité disponible et à la faculté qu'ont les pères et mères d'en disposer; qu'ainsi, lorsque le legs en est fait par eux, il faut seulement examiner d'abord en quoi consiste cette quotité, et ensuite s'ils ont voulu en disposer en entier; ce qui, encore une fois, n'appartient pas à la nature des rapports. »

La Cour royale d'Agen, en confirmant ce jugement, y a ajouté le motif suivant:

« Attendu qu'il résulte des testaments des père et mère communs qu'ils ont disposé du quart de l'universalité de leurs biens en faveur d'Augustin Lafont; que, dans l'espèce, il ne s'agit pas d'une demande en rapport proprement dite, et dans le sens de l'art. 856 du Code civil, mais d'une demande en composition des successions des père et mère, pour régler l'effet et le résultat de leurs dispositions; que, dans ce cas, il doit être procédé à ce règlement dans la forme voulue par l'art. 922; et, pour le surplus, adoptant les motifs des premiers juges, etc. »

Le principe posé par les premiers juges, que les dons ou avancements d'hoirie doivent s'imputer sur la portion des enfants donataires dans la réserve légale, est parfaitement vrai; mais sur ce qu'ils ont annoncé ensuite, que le père n'en a pas moins conservé le droit de disposer de l'intégralité de la portion disponible, nous renvoyons à ce qui sera dit au numéro suivant.

La Cour a, au surplus, sagement reconnu que la succession que l'on veut composer ne serait point entière, si l'on n'y réunissait les biens que les donataires en avancement d'hoirie sont tenus d'y rapporter.

Les autres arrêts rendus, le premier par la Cour royale de Bordeaux, le 22 juillet 1822 [1], le second par la même Cour d'Agen, le 2 mai de la même année [2], sont conformes à ceux que nous venons de rapporter.

(1) SIREY, 22. 2. 301. (2) SIREY, 22. 2. 303. — DALLOZ, *Rec. alph.*, 5. 479.

Déjà, et sous la date du 2 juin 1820[1], la Cour royale de Pau avait rendu un arrêt devenu fameux parce qu'il a été l'occasion du changement que la Cour de cassation a opéré dans sa jurisprudence. Cet arrêt, fort remarquable, est ainsi conçu :

« Attendu, sur la question relative au moyen pris de ce qu'il y aurait excès dans les dispositions faites en faveur de la dame Sabatier, en ce que le testateur aurait réglé la quotité de ses dispositions non-seulement sur les biens qu'il a laissés à son décès, mais encore sur ceux dont il avait déjà disposé en avancement d'hoirie; que, pour la solution de cette question, il convient de la subdiviser et d'examiner : 1° comment la masse de la succession doit être composée pour calculer la quotité disponible; 2° sur quels biens cette quotité une fois fixée doit être prise;

« Attendu, en ce qui touche la composition de la masse qui doit être formée pour la fixation de la quotité disponible, que l'art. 922 du Code civil porte « que la réduction se détermine en formant une masse de tous les biens existants au décès du donateur ou testateur; on y réunit fictivement ceux dont il a été disposé par donations entre-vifs, d'après leur état à l'époque des donations et leur valeur au temps du décès du donateur; on calcule sur tous ces biens, après en avoir déduit les dettes, quelle est, eu égard à la qualité des héritiers qu'il laisse, la quotité dont il a pu disposer; »

« Qu'il a été prétendu que cet article était inapplicable à l'espèce : 1° parce qu'il a été modifié par l'art. 857 du Code civil, qui, en déclarant que le rapport n'est pas dû aux légataires, exclut les biens donnés en avancement d'hoirie de la masse qui doit être formée pour fixer la quotité disponible réclamée par les légataires; 2° parce que cet article, qui se trouve dans le titre *de la Réduction des Donations et Legs*, ne s'applique que dans le cas seulement où il y a lieu à réduction et non dans les autres cas;

« Que, relativement à l'objection prise des dispositions de l'art. 857, il est à remarquer que, dans le sens de cet article, par le mot *rapport*, l'on doit entendre, ainsi que l'enseignent les auteurs du nouveau Répertoire, l'acte par lequel les héritiers qui ont été avantagés par le défunt remettent à la masse de la succession ce qui leur a été donné, pour être compris dans le partage;

« Mais, de ce que cet article ne veut pas que les héritiers remettent à la masse en faveur des légataires les biens qu'ils ont reçus, il ne s'ensuit pas que l'on ne doive pas faire entrer fictivement ces biens dans la masse pour la fixation de la quotité disponible;

« Qu'il est évident que, si l'art. 922 a déclaré que les biens précédemment donnés n'entreraient dans la masse que fictivement, c'est précisément parce qu'il supposait que ces biens n'étaient pas sujets au rapport; car, s'ils eussent été sujets au rapport, ils eussent été réunis à la masse réellement et non pas fictivement; d'où il suit que l'art. 857 ne fait aucune restriction à l'art. 922; qu'il est

(1) SIREY, 25, 1, 13. — DALLOZ, *Rec. alph.*, 5. 480.

certain au contraire que ces deux articles se concilient parfaitement et que le second est la conséquence et le complément du premier;

« Que, relativement à l'objection prise de ce que l'art. 922 ne s'applique que lorsqu'il y a lieu à réduction, la réserve et la quotité disponibles sont corrélatives, de telle sorte que la fixation de l'une est nécessairement la fixation de l'autre; le législateur, en traçant le mode à suivre pour la fixation de la réserve, lorsqu'elle est réclamée par les héritiers, a donc tracé en même temps celui qui doit être suivi lorsque les légataires réclament la portion disponible; aussi l'art. 922 est-il la seule disposition du Code qui règle comment la masse doit être composée pour évaluer la quotité disponible;

« Que, si, pour la fixation de la quotité disponible, la masse ne devait pas être également composée, soit que les légataires réclament leurs legs, soit que les héritiers réclament leur réserve, il en résulterait que la quotité disponible augmenterait ou décroîtrait selon que la délivrance serait demandée par les héritiers ou les légataires, ce qui serait contraire à la disposition finale de l'art. 922 et aux dispositions des art. 913 et 915 du Code civil, qui ne font dépendre le plus ou le moins d'étendue de la quotité disponible que du nombre et de la qualité des héritiers;

« Que, d'ailleurs, le législateur qui a réglé la masse disponible et la masse indisponible n'a pas pu vouloir qu'un père, en payant d'avance la réserve, entamât par cela seul la quotité disponible; qu'un tel système empêcherait les avancements d'hoirie qui favorisent les mariages;

« Qu'il établirait une véritable antinomie entre les dispositions des art. 857 et 922, et amènerait cette conséquence que le testateur, afin d'assurer sa disposition, se verrait obligé d'exagérer sa libéralité, pour mettre par là ses héritiers dans la nécessité de demander la réduction, ce qui serait absurde;

« Attendu, relativement aux biens sur lesquels doit être prise la quotité disponible, que les dispositions de l'art. 857 du Code, qui déclarent que le rapport n'est pas dû aux légataires, sont absolues;

« Qu'il en résulte que les légataires ou donataires ne peuvent nullement prendre les dons et les legs sur les biens donnés en avancement d'hoirie et qu'ils doivent par conséquent se restreindre aux biens existants à l'époque du décès, sauf aux héritiers à réclamer ce qui pourrait manquer à leur réserve par la voie du rapport ou de la réduction;

« Qu'ainsi l'on doit conclure de tout ce qui vient d'être dit que, lorsqu'il s'agit d'évaluer la quotité disponible, l'on doit dans tous les cas former la masse de la manière prescrite par l'art. 922, et prendre ensuite cette quotité sur les biens que le défunt a laissés à son décès;

« Or comme, dans l'espèce, l'intention bien clairement manifestée de feu Jourdan était de disposer en faveur de sa fille de la quotité disponible, en la réglant non-seulement sur les biens existants à son décès, mais encore sur ceux dont il avait précédemment disposé, et qu'il est certain qu'il a laissé des biens libres plus que suffisants pour acquitter cette libéralité, il s'ensuit qu'en déclarant cette disposition excessive les premiers juges ont fait une fausse application des principes à la matière, et que dès lors il y a lieu de réformer leur décision à cet égard. »

Tous les principes qui règlent la question qui nous occupe, et les conséquences qui peuvent en dériver, se trouvent dans cet arrêt. On y voit une distinction clairement établie entre le cas où il y a lieu au rapport en nature et celui où le rapport doit seulement être fictif. La nécessité de ce dernier rapport pour arriver à la fixation de la quotité disponible, y est invinciblement démontrée ; on y reconnaît, enfin, le vrai but du rapport fictif, qui n'attribue au donataire ou légataire de la quotité disponible aucun droit sur les biens précédemment donnés, mais qui sert à faire connaître la quotité qu'il pourra réclamer sur les biens délaissés par l'auteur de la disposition. Cet arrêt a cependant été cassé, mais la Cour de cassation n'a pas tardé à se rendre aux motifs qui l'avaient dicté.

Sur le renvoi de la cause devant la Cour royale d'Agen, cette Cour a rendu, le 12 juillet 1825 [1], un arrêt conforme à celui que nous venons de rapporter.

« Attendu, a-t-elle dit, que les droits du sieur Jourdan étaient réglés par les dispositions renfermées dans le chapitre du Code, *de la Portion de biens disponible*, ainsi que le mode qu'il devait suivre pour user de son droit et ne pas léser celui de ses enfants ;

« Que, sur cette matière, le Code a fait un droit spécial et nouveau pour toute l'étendue de la France, et auquel on ne peut appliquer ni les principes de l'ancien droit coutumier, ni les règles des rapports faits par les enfants en vertu de l'art. 813, parce que, dans ce dernier cas, il n'est question que du droit des enfants entre eux sur la succession, tandis que dans le partage de la succession du père il faut concilier les droits que la loi donne à ce dernier avec ceux qu'elle attribue aux enfants, et qui sont les uns et les autres également protégés par elle ;

« Que l'art. 913 du Code civil assure aux enfants, sur les biens de leur père, un droit certain auquel celui-ci ne peut porter atteinte, mais aussi que tout ce qui n'est pas porté dans cette restriction est à la libre disposition du père, sans que les enfants puissent y prétendre aucun droit ; que, si le père a dépassé les bornes que la loi lui a tracées, les enfants ont le droit de l'y faire rentrer, et par conséquent de faire réduire les dispositions à leur profit, seulement à concurrence de leur réserve ; que même encore ils doivent seuls profiter de cette réduction, parce que la disposition du père l'a irrévocablement dépouillé des objets donnés, qui ne peuvent plus rentrer dans son domaine ni dans sa disposition, ce qui résulte évidemment de l'économie du chapitre susdit, dont les dispositions ont pour base les principes et les règles qui étaient suivies en cette matière dans les pays de droit écrit, et auquel on ne peut appliquer les principes du droit coutumier, ni ceux tracés par le Code relativement aux partages faits par les enfants de la succession de leur père, ni ceux relatifs au rapport que les enfants se doivent entre eux en vertu de l'art. 813, sans confondre des droits étrangers les uns aux autres ;

(1) SIREY, 25. 2. 403. — DALLOZ, 26. 1. 314.

« Attendu que, dans la distribution à faire entre les droits des enfants et ceux du père, sur les biens de celui-ci, après son décès, la loi n'a pu ni dû considérer que les droits des uns et des autres, et qu'elle a dû nécessairement mettre le même mode dans les mains des uns et des autres pour déterminer et assurer leurs droits; que ce mode est celui du droit de faire réduire par les enfants l'excès que le père se serait permis dans la disposition de ses biens en dépassant les limites que lui avait tracées la loi; mais qu'il est impossible d'en conclure que cet excès, remis dans les mains des enfants, ait fait anéantir pour le père le droit de disposer en entier de ce qui reste encore libre dans ses mains; qu'il est bien vrai que cette réduction ne peut pas profiter au père ou à la disposition qu'il a faite postérieurement aux donations entre-vifs, et que cette réduction doit se réunir à la masse des biens dont les enfants doivent faire le partage entre eux, aux termes de l'art. 921 du Code, par la raison que le père, s'étant dépouillé de cette partie des biens, doit les imputer sur la quotité disponible; qu'il ne peut pas porter atteinte à des donations qui l'ont irrévocablement dépouillé, et que son légataire de ce qui lui reste de disponible, ne pouvant exercer que les droits qu'il aurait eus lui-même, doit respecter également cette disposition, et ne peut pas profiter de la réduction que les enfants ont fait opérer conformément à l'art. 921; mais qu'on ne peut pas en conclure que le père ne puisse plus jouir du bénéfice que lui accorde l'art. 913 sur ses entiers biens;

« Attendu que, si les biens donnés par le père sont *extrà bona*, ce n'est que relativement à la disposition qu'il voudrait en faire encore, ce qui serait contraire à l'art. 894 du Code; mais que pour régler l'étendue de ses dispositions et déterminer s'il y a excès dans les donations qu'il a faites, la loi maintient fictivement les biens donnés *in bonis*, parce que sans cela il serait impossible de reconnaître si le père a dépassé ses droits et s'il a empiété sur ceux de ses enfants, ce qui résulte évidemment des art. 918, 920 et suivants du susdit chapitre du Code civil et de l'art. 1079; que, si l'art. 922, en réglant le mode d'atteindre le but de l'art. 913, ne parle que de la réduction demandée par les enfants contre le légataire, à raison de l'excès dans la disposition, la composition du patrimoine doit être évidemment la même, lorsque le legataire réclame la délivrance du legs, pour savoir si ce legs excède ou non la faculté que le père avait de disposer;

« Attendu que la loi donne aux enfants la saisine des biens de leur père, et que les légataires de celui-ci ne doivent recevoir le legs que de leurs mains, aux termes des art. 1011 et 1014, et sans qu'ils puissent s'en mettre en possession qu'en leur en demandant la délivrance; que dès lors il faut bien nécessairement faire déterminer avec eux si le père a excédé ou non les dispositions qu'il était autorisé de faire, et qu'il faut nécessairement, dans ce cas, procéder de la même manière que les enfants doivent le faire en demandant la réduction en vertu de l'art. 922;

« Que, lorsque le légataire demande la délivrance de son legs de la quotité disponible, on ne peut savoir que par ce moyen si le père a excédé ou non cette quotité; que, si le père a déjà, par des donations entre-vifs, ébréché la quotité disponible, cette portion ne pouvant plus rentrer dans son domaine et dans sa disposition en vertu de l'art. 891, le droit des légataires se trouve réduit à l'excédant, parce qu'il ne peut exercer que les droits que pouvait exercer celui qui lui a donné, mais que la délivrance doit lui être faite de tout ce qui, déduction faite des donations et des réserves, était encore dans la disposition du donateur ou testateur; que, par le droit de propriété, le père peut bien disposer à titre onéreux de tous ses biens, mais que, lorsqu'il en dispose à titre gratuit, les biens sont toujours censés dans la succession, pour le règlement et le partage en être fait entre tous ceux auxquels la loi donne le droit d'y prendre part;

« Attendu que décider, comme l'a fait le tribunal de Bagnères, que, parce que le père a fait des dispositions entre-vifs et irrévocables, ces donations ne peuvent entrer dans la masse de sa succession pour en faire la composition d'une manière fictive et la distribution à tous les copropriétaires dans l'étendue des droits que la loi leur donne, et que la succession du père se trouve par là bornée à ce dont il n'aurait pas encore disposé par acte entre-vifs, et enfin qu'il aurait droit de ne disposer que de la moitié, du tiers ou du quart des biens qui resteraient en ses mains, on parviendrait à ce résultat bizarre qu'il y aurait deux successions dans la même personne, pour les mêmes biens; que les enfants auraient deux réserves sur les mêmes biens; et qu'enfin la disponibilité du père serait restreinte dans des bornes que la loi ne lui a pas données, et que le droit qui lui est accordé par la loi serait, contre son vœu, réduit presque à rien; qu'en effet il résulterait de cette décision qu'un père qui, ayant trois enfants, aurait, en suivant les sentiments de son cœur et les devoirs que la nature lui impose, disposé par anticipation, en faveur de ses trois enfants, des trois quarts de ses biens, par actes entre-vifs, pour leur établissement, ne laisserait plus à son décès qu'une succession composée du quatrième quart, sur laquelle les enfants viendraient encore prendre une nouvelle réserve, et que par là le père n'aurait plus eu à sa disposition que le quart de ce quart, et que par ce moyen les enfants auraient d'abord pris une réserve sur la généralité de tous les biens, puis une nouvelle réserve sur ce quart qui aurait été compris dans la première composition, et qu'enfin, dans ce cas, contre le vœu de l'art. 913, qui ne fait aucune distinction, le père ne pourrait disposer que d'un seizième de ses biens, lequel droit serait encore bien plus restreint si le père s'était dépouillé en faveur de ses enfants, par des donations entre-vifs, d'une partie des biens que la loi laissait à sa disponibilité; qu'il est aisé de sentir qu'en donnant ce sens à la loi on en paralyse et détruit absolument l'effet; que les enfants, contre le vœu de la loi, augmenteraient toujours la réserve et les droits dans lesquels elle les renferme, et réduiraient au-delà des bornes prescrites les legs que leurs pères pourraient avoir faits; qu'un droit aussi extraordinaire ne pourrait être que le résultat d'une loi expresse, et que la décision du tribunal de Bagnères, qui l'a consacré, est également contraire à la lettre, à l'esprit et au vœu de la loi, notamment de l'art. 913 du Code civil;

« Attendu que l'art. 857, fût-il applicable à l'espèce, ne nous conduirait pas même à ce résultat; que, s'il veut que les légataires ni les créanciers ne puissent pas demander le rapport fait en vertu de l'art. 843, on peut seulement conclure de cette disposition que les légataires ni les créanciers ne peuvent porter atteinte au préjudice des héritiers, aux choses rapportées, ni en profiter; que c'est dans ce sens qu'il faut prendre cette disposition, comme celle de l'art. 921. »

Le motif donné par la Cour d'Agen, que, si l'on n'opérait point le rapport fictif des biens donnés en avancement d'hoirie, il y aurait deux successions de la même personne, et que les enfants auraient droit à deux sortes de réserves, est de la plus grande justesse; il en est de même de celui que, si on réduisait la quotité disponible à une fraction des seuls biens existants au décès du donateur, le droit des pères et mères serait souvent réduit à presque rien.

Il est nécessaire que nous rapportions maintenant les arrêts rendus dans un sens opposé, jusqu'à celui par lequel la Cour de cassation a mis fin à cette lutte fâcheuse.

Le premier a été rendu par la Cour royale de Caen, le 20 avril 1814[1]; il est fondé sur ce que le système des légataires de la quotité disponible, qui réclamaient le rapport fictif des biens donnés en avancement d'hoirie, serait contraire à l'art. 857 du Code civil; qu'en voulant faire servir les biens à la fixation du montant de leur legs, ils en demandaient réellement le rapport, ce que cet article ne leur permettait pas; que la qualité d'héritiers, qu'ils cumulaient avec celle de légataires par préciput, n'empêchait pas qu'ils ne fussent obligés de subir le sort des légataires ordinaires, alors qu'ils en exerçaient les droits.

La Cour de cassation a rejeté, le 30 décembre 1816, le pourvoi exercé contre cet arrêt, « attendu qu'en décidant qu'un héritier, qui est en même temps légataire par préciput du quart des biens du défunt, peut réclamer la portion virile, comme héritier, sur les sommes qui sont rapportées à la masse de la succession par ses cohéritiers donataires en avancement d'hoirie, mais qu'il ne peut être admis, en qualité de légataire, à prendre une part quelconque sur les sommes rapportées, et qu'en conséquence il n'a droit, en ladite qualité de légataire, qu'au quart par préciput, des biens qui appartenaient au testateur lors de son décès, l'arrêt dénoncé a fait une juste application de l'art. 857 du Code civil. »

De ce qu'un légataire de la portion disponible ne peut réclamer le rapport en nature d'aucun des biens donnés par le testateur, il n'en résulte pas qu'il ne puisse les faire fictivement comprendre dans la masse de ceux sur lesquels la quotité de la portion à lui léguée doit être reconnue; mais poursuivons.

Il s'est agi de savoir, devant la Cour royale de Nîmes, si les biens compris dans une donation de moitié des biens présents et à venir, faite par un père à sa fille unique, devaient être fictivement rapportés à sa succession pour fixer l'étendue de la quotité disponible que le donateur avait plus tard léguée tout entière au fils de celle-ci. L'arrêt en date du 8 juin 1819[2] a décidé que ce rapport ne devait pas avoir lieu.

« Attendu que, quoique les donations de biens présents et à venir, permises dans les contrats de mariage, tant par l'ancien que par le nouveau droit, eussent

(1) SIREY, 17. 1. 153. — DALLOZ, *Rec. alph.*, 5. 472. (2) SIREY, 20. 2. 194.

des règles particulières qui, sous certains rapports, faisaient considérer celui qui en était gratifié comme succédant aux entiers droits du donateur, lorsqu'il n'usait pas de la faculté que lui donnait la loi de répudier les biens à venir pour s'en tenir aux biens présents, elles n'en dépouillaient pas moins irrévocablement le donateur comme tous les autres dons entre-vifs, en ce sens qu'il ne lui était plus permis de disposer, à titre gratuit, de rien de ce qui y était compris, au préjudice du donataire;

« Que les seules exceptions apportées à cette irrévocabilité, même pour ce qui concernait les biens à venir, ne consistaient qu'en ce qu'elles devenaient caduques, c'est-à-dire que les objets donnés faisaient retour au donateur, par le prédécès du donataire et de ses descendants sans postérité, et en ce qu'il était permis au donateur d'aliéner, à titre onéreux, des objets compris dans la donation, sans que le donataire eût le droit de les revendiquer, ou de créer, au même titre, des dettes que ce donataire ne pouvait se dispenser de payer qu'en distinguant les biens présents des biens à venir; mais que les biens à venir ainsi que les biens présents n'en étaient pas moins irrévocablement acquis au donataire dès l'instant de la donation, lorsque le donataire ne les avait ni aliénés ni soumis à des dettes, et que c'était uniquement à ce titre de donataire entre-vifs et à la date de la donation qu'était attachée et que remontait la tradition réelle et absolue du droit de propriété qui avait fait sortir les biens des mains du donateur; d'où il suivait qu'ils ne pouvaient plus être considérés, à l'égard de ses héritiers ou de ceux en faveur desquels il aurait voulu ultérieurement en disposer à titre gratuit, comme dépendants de son patrimoine; qu'ainsi on ne peut les y comprendre, de quelque expression que se soit servi le donateur dans une disposition de ce genre, postérieure à la donation, pour désigner tous les biens qui pouvaient encore lui appartenir dans l'acception la plus étendue de ces mots, parce que les biens donnés sont toujours *extrà causam bonorum;*

« Que ce ne pourrait donc être que par la voie du rapport, de la part du donataire, qu'ils pourraient fictivement rentrer dans la masse de la succession du donateur pour déterminer en quoi consiste la quotité de ses biens dont il a pu ultérieurement disposer, ou, ce qui est de même, suivant l'art. 843 du Code civil, parce que le donataire ne pouvait pas les retenir hors part, dès que la donation ne lui aurait pas été faite par préciput; mais que ce rapport ou cette prohibition de retenir n'étant imposé par l'art. 857 du même Code qu'au cohéritier en faveur du cohéritier (à la seule différence que dans l'ancien droit il était aussi accordé au légataire qui était en même temps cohéritier, mais toujours refusé au légataire étranger), l'appelant, qui n'était nullement appelé à prendre part à la succession de Pierre Ladet, son aïeul, dévolue à Marie Ladet, sa fille unique et sa donataire, n'a aucune qualité ou droit, d'après l'ancien comme dans le nouveau droit, pour exiger que les biens donnés fassent fonds à la masse de cette succession, pour en prendre le quart en vertu de son legs, comme de ceux qui n'étaient pas compris dans la donation. »

Un donateur est assurément dépouillé d'une manière irrévocable de la propriété des biens qu'il a donnés entre-vifs; il ne peut, par des donations postérieures, priver le donataire d'aucun des droits qu'il lui a conférés; mais ce ne peut être un motif pour empêcher de comprendre fictivement les biens qu'il a ainsi donnés dans la masse d'après laquelle on doit reconnaître la quotité dont il a pu disposer sur ses autres biens. Le rapport que prohibe l'art. 857 est celui en nature, non celui purement fictif, qui ne compromet en rien les droits du donataire entre-vifs, et qui, ne pouvant en faire acquérir aux donataires ou légataires postérieurs que sur les biens existants au décès, peut être réclamé par eux, qu'ils soient ou non héritiers.

Un arrêt de la Cour de cassation, du 27 mars 1822 [1], n'est fondé que sur ce que le rapport n'est pas dû par le cohéritier aux légataires.

La Cour royale d'Angers a rendu un arrêt semblable, le 5 août 1824 [2].

Plusieurs autres arrêts ont été rendus dans ce sens par la Cour de cassation, les 8 décembre 1824 et 5 juillet 1825 [3]; nous ne rapporterons que le premier, qui a cassé celui que la Cour royale de Pau avait rendu le 2 juin 1820.

« Considérant, y est-il dit, qu'aux termes de l'art. 894 du Code civil la donation entre-vifs, régulièrement acceptée, dépouille irrévocablement celui qui l'a faite; qu'ainsi, en principe général et sauf les exceptions expressément établies par la loi, les choses données entre-vifs ne font plus partie de la succession du donateur;

« Qu'il suit de là : 1° que, quels que soient les termes dans lesquels est conçu le testament du sieur Jourdan, le legs qu'il a fait par préciput à sa fille aînée, la dame Sabatier, du quart de tous ses biens, ne peut comprendre que le quart des biens dont il était saisi à son décès et qui composaient réellement sa succession;

2° Que la dame Sabatier ne peut se prévaloir des art. 857 et 922, concernant, soit le rapport, soit la réunion fictive à la succession des biens donnés en avancement d'hoirie, puisque, d'une part, le rapport n'est dû que par l'héritier à son cohéritier, et qu'il n'est pas dû au légataire alors même qu'à cette qualité il réunit celle d'héritier; car la loi s'exprime en termes généraux qui n'admettent aucune exception à cet égard, puisque, d'autre part, la réunion fictive ne peut également avoir lieu qu'au profit des héritiers à réserve et sur leur propre demande, ce dont il n'est nullement question dans l'espèce. »

Enfin, sur le renvoi prononcé par ce dernier arrêt devant la Cour d'Agen, cette Cour ayant rendu, le 12 juillet 1825, un arrêt conforme à celui qui avait été cassé, toutes les chambres de la Cour de cassation se sont réunies, et, après une discussion solennelle, est intervenu, le 8 juillet 1826 [4], un arrêt, connu sous le nom d'arrêt de Saint-Arroman, par lequel la Cour de cassation a décidé *in terminis* que le rapport fictif des donations même entre-vifs devait avoir lieu pour faire connaître la quotité dont le défunt avait pu disposer. Cet arrêt important est conçu dans ces termes:

« Considérant que, d'après l'art. 913 du Code civil, les libéralités, soit par acte

(1) Sirey, 22. 1. 231. (2) *Id.*, 24. 2. 310. (3) *Id.*, 25. 1. 13 et 134. — *Id.*, 26. 1. 209. (4) *Id.*, 26. 1. 313.

entre-vifs, soit par testament, ne peuvent pas excéder la moitié des biens du disposant, s'il ne laisse à son décès qu'un enfant légitime, le tiers s'il laisse deux enfants, le quart s'il en laisse trois ou un plus grand nombre;

« Que cette disposition divise la totalité du patrimoine du père en deux parts;

« Que l'une, consistant dans la réserve due aux enfants, est indisponible;

« Que le père peut disposer au contraire de l'autre en faveur d'un de ses enfants, par préciput, et même en faveur d'un étranger;

« Qu'à sa mort il reste à vérifier si la réserve est intacte ou si la portion disponible a été étendue au-delà des limites prescrites par la loi;

« Considérant que l'art. 922 n'admet pas de différence entre le mode de procéder sur la demande en réduction formée par l'héritier à réserve et le mode à suivre sur la demande en prélèvement de la portion disponible;

« Que cet article veut en effet qu'on forme une masse de tous les biens existants au décès du donateur ou testateur;

« Qu'il veut, en outre, qu'on y réunisse fictivement ceux dont il a été disposé par donation entre-vifs;

« Qu'il veut enfin qu'on calcule sur tous ses biens quelle est, eu égard à la qualité des héritiers que laisse le testateur, la quotité dont il a pu disposer;

« Considérant que, si cette réduction fictive était uniquement applicable aux demandes en réduction formées par les héritiers à réserve, la loi serait facilement éludée;

Qu'en effet l'extension de la portion disponible au-delà de ses bornes rendrait la demande en réduction nécessaire et donnerait lieu à l'application de l'art. 922;

« Qu'au contraire, lorsque le père se serait sévèrement renfermé dans les droits attribués par la loi, cet article ne pourrait être appliqué;

« Que d'ailleurs la consistance générale de la succession et l'étendue de la quotité disponible et de la réserve légale changeraient au gré de l'héritier à réserve et deviendraient plus ou moins considérables selon qu'il exercerait ou qu'il abandonnerait l'action en réduction;

« Que de tels résultats ne peuvent être admis;

« Considérant que la fixation de la réserve légale entraîne nécessairement, et par la force des choses, la fixation de la portion disponible;

« Qu'aussi l'art. 922 est-il le seul qui ait déterminé les règles de ces opérations;

« Considérant que l'art. 857 ne contrarie nullement la réunion fictive ordonnée par l'art. 922;

« Qu'il résulte uniquement de l'art. 857 que le rapport n'est dû que par l'héritier à son cohéritier, et qu'il n'est dû ni aux légataires ni aux créanciers de la succession;

« Que la dame Sabatier, légataire de la portion disponible, n'a pas demandé en cette qualité le rapport réel des avancements d'hoirie à la masse de la succession

« Qu'elle a uniquement soutenu que la portion disponible devait être liquidée d'après les règles prescrites par l'art. 922, et que le testateur en l'ordonnant ainsi s'était conformé à l'art. 913, qui n'admet d'autre limite que la réserve ;

« Que cette prétention est conforme à la loi ;

« Qu'en effet il ne faut pas confondre le droit d'exiger ou de refuser le rapport proprement dit, dans les partages, et le droit d'exiger la réunion fictive des biens donnés en avancement d'hoirie pour former la masse générale de la succession ;

« Que la règle établie par l'art 857 n'est relative qu'aux rapports, et ne prescrit rien pour la formation de la masse ;

« Que si cet article dispense le donataire en avancement d'hoirie du rapport réel envers les légataires et les créanciers, c'est uniquement dans son intérêt personnel, et pour soustraire à leur action les libéralités qui lui ont été faites ;

« Que néanmoins le donataire de la portion disponible a le droit de demander la réunion fictive afin de connaître la consistance générale de l'hérédité, et afin de fixer la valeur de la quotité disponible ;

« Qu'il a enfin le droit de prélever cette quotité sur les biens possédés par le testateur lors de son décès, soit en totalité, si elle n'a pas été entamée par les libéralités antérieures, soit en partie, si ces libéralités excèdent la légitime du donataire qui les a reçues ;

« Considérant que cette réunion fictive dérive de la nature et du caractère des avancements d'hoirie, qui ne sont en réalité que des remises anticipées des parts que les donataires successibles doivent recueillir un jour dans les successions ;

« Que décidant ainsi, la Cour royale d'Agen n'est pas contrevenue à l'article 1091, et a fait une juste application des articles 858, 913 et 922 du Code civil. »

Deux arrêts conformes sont depuis intervenus à la Cour de cassation ; l'un, le 13 mai 1828 [1], par lequel cette Cour a cassé celui que la Cour royale d'Angers avait rendu le 5 août 1824 ; le second, le 10 août 1829 [2].

Il est donc impossible de douter maintenant qu'il y a lieu au rapport fictif, non-seulement des donations en avancement d'hoirie, mais de tous autres dons entre-vifs, et que ce rapport peut être demandé par tout donataire ou légataire de la portion disponible, qu'il soit ou non héritier, à l'effet conjointement avec les biens existants au décès, de faire connaître quel a été le montant de la quotité dont au total le défunt a pu disposer.

2° Les biens donnés en avancement d'hoirie par les père et mère à un de leurs enfants qui, depuis, a renoncé à la succession des donateurs, doivent s'imputer, d'abord, sur la portion que cet enfant a le droit de conserver, nonobstant sa renonciation, dans la réserve légale ; en second lieu,

(1) Sirey, 28. 1. 101. — Dalloz, 28. 1. 241. (2) Sirey, 30. 1. 1[illegible].

sur la portion disponible que cet enfant peut retenir aussi, quoiqu'elle ne lui ait point été donnée par préciput. L'excédant seul de cette quotité a pu être donné postérieurement ou légué par le défunt.

Tel est le résultat auquel est aussi arrivée la jurisprudence, mais ce n'a pas été non plus sans de violents efforts.

Deux questions principales se présentaient à résoudre; la première celle de savoir, dans l'intérêt des donataires ou légataires postérieurs, si le don en avancement d'hoirie devait être imputé sur la portion à laquelle l'enfant donataire avait droit dans la réserve, avant de l'être sur la quotité disponible; la seconde, dans l'intérêt de l'enfant donataire qui avait renoncé à la succession du donateur pour s'en tenir au don qu'il en avait reçu, s'il pouvait retenir sur les biens à lui donnés, non-seulement le montant de la quotité disponible, mais encore la part qui lui aurait appartenu comme héritier dans la réserve, quoique le donateur ne lui en eût attribué aucune partie à titre de préciput.

Dans l'espèce d'une donation universelle faite par une mère à son fils, à la charge de souffrir le retranchement des portions dont la loi lui avait interdit la faculté de disposer, et par suite de la renonciation du donataire à la succession de la donatrice pour s'en tenir au don qui lui avait été fait, la Cour royale de Bordeaux avait jugé par arrêt du 30 janvier 1816[1], en maintenant la répudiation faite par l'enfant donataire, que celui-ci ne pouvait retenir, sur les biens à lui donnés, que le montant de la quotité disponible, et non sa part dans la réserve, qui, par l'effet de sa renonciation, avait accru à ses frères et sœurs. Le pourvoi contre cet arrêt a été rejeté par un arrêt de la Cour de cassation du 18 février 1818[2], connu sous le nom d'arrêt de la Roque de Mons.

« Considérant qu'il résulte de la combinaison et du rapprochement des divers articles du Code civil, relatifs à la légitime des enfants, et notamment des articles 785, 786, 843, 844, 845, 858, 859, 913, 917, 920, 921, 924, 1004, 1006, 1009, etc.;

« Que la loi divise en deux portions distinctes les biens des pères et mères; qu'elle laisse l'une à leur disposition, et réserve l'autre aux enfants pour leur légitime;

« Que la quotité de la première est fixée invariablement par le nombre des enfants existants au moment du décès du disposant;

« Qu'elle est toujours la même, soit qu'il ait disposé à titre universel ou particulier, en faveur d'étrangers ou de ses enfants, et en faveur de ceux-ci, avec préciput et hors part ou sans dispense de rapport;

« Qu'elle est la seule chose dont il puisse avantager l'un de ses enfants, en la lui donnant expressément par préciput et hors part;

« Qu'enfin, lorsque ses libéralités excèdent cette quotité disponible, elles sont, sur la demande de ceux qui ont droit à la réserve, sujettes à réduction ou

(1) SIREY, 16. 2. 73. — DENEVERS, 14. 2. 105. (2) SIREY, 18. 1. 98. — DENEVERS, 16. 1. 118.

rapport, et que cet excédant fait nécessairement partie de sa succession réservée aux enfants pour leur légitime;

« Que cette deuxième portion des biens des pères et mères est assurée à tous les enfants collectivement, et leur est donnée en qualité d'héritiers pour être partagée entre eux également, ainsi que la portion disponible le serait si les pères et mères n'en avaient pas disposé ou n'en avaient disposé qu'au profit d'un ou de plusieurs de leurs enfants, sans les dispenser du rapport;

« Qu'à ce titre d'héritiers ils sont saisis collectivement de tous les biens et actions du défunt, et investis du droit de former contre tous les donataires, sans distinction, la demande en réduction des donations qui excèdent la quotité disponible;

« Que ceux d'entre eux qui renoncent sont censés n'avoir jamais été héritiers, et que la part qu'ils auraient eue en cette qualité accroît à leurs cohéritiers pour le tout, sans y distinguer la part des biens existants en nature au jour du décès, de celle comprise dans des donations faites à des étrangers ou aux enfants renonçants, et sujettes à retranchement pour ce qui excède la quotité disponible;

« En telle sorte que, si l'un des enfants restait seul héritier, il aurait aussi seul droit à la totalité de la légitime ou réserve légale;

« Que, si l'enfant donataire veut renoncer à la succession pour s'en tenir à son don, il le peut, soit que le don lui ait été fait par préciput ou sans dispense de rapport, à titre universel ou autrement, mais qu'alors, et comme donataire, il ne peut jamais profiter que de la quotité disponible;

« Que toutes ces dispositions du Code, relatives à la faculté donnée aux pères et mères de disposer d'une portion de leurs biens, et à la nécessité pour les enfants d'être héritiers pour conserver leur part dans la réserve légale, qui, par l'effet de leur renonciation, accroît pour le tout à leurs cohéritiers, sont claires, concordantes entre elles et conçues en termes généraux qui n'admettent ni distinction ni exception;

« Qu'en vain, pour en éviter l'application, on voudrait, en torturant les expressions de quelques-uns des articles du Code, prétendre que le législateur a permis aux enfants de prendre, ou au moins de retenir une partie des biens de leurs pères et mères, autrement qu'à l'un des deux titres de donataire ou d'héritier;

« Que cette faculté est contraire au système général de la législation nouvelle, et n'est écrite nulle part;

« Qu'elle ne résulte, quoiqu'on l'ait supposé, ni de l'art. 921, qui interdit, à la vérité, aux donataires, légataires ou créanciers du défunt le droit de demander la réduction des donations entre-vifs, mais qui ne dit pas que les enfants pourront partager la portion excédant la quotité disponible sans être héritiers ·

« Ni de l'art. 844, qui, conformément au droit établi pour les rapports à faire entre cohéritiers par les art. 858 et 859, autorise le donataire successible à retenir, sur les biens donnés, sa part dans les biens indisponibles; mais qui, loin de l'y autoriser lorsqu'il cesse d'être héritier, ne lui donne cette faculté que s'il y a dans la succession des biens de même nature, ce qui signifie bien clairement s'il vient à partager avec ses cohéritiers ;

« Qu'en vain encore on voudrait argumenter de ce qui aurait eu lieu, si la succession de la dame de Mons avait été réglée par les principes de la législation antérieure à la publication du Code civil ;

« Qu'il est vrai qu'alors, dans les pays même où il fallait être héritier pour demander la légitime, on décidait que l'enfant donataire pouvait, en renonçant à la succession pour s'en tenir à son don, retenir sa légitime sur les biens dont il avait été saisi par la donation, et conserver en outre tout ce qui excédait la légitime due à ses frères et sœurs ;

« Qu'il devait en effet en être ainsi, lorsque d'un côté, la légitime étant considérée comme une dette, comme une pension alimentaire due par les pères et mères à leurs enfants, on pouvait supposer qu'en leur faisant une donation ils avaient eu pour but principal de se libérer de cette dette, de même que les enfants, en l'acceptant, avaient voulu sans doute l'imputer sur ce qui leur était dû ;

« Lorsque, d'un côté, la quotité dont il est permis aux pères et mères de disposer, soit au profit d'étrangers, soit en faveur de leurs enfants, n'étant pas limitée, la donation, à quelque somme qu'elle montât, n'était sujette à retranchement que jusqu'à concurrence de ce qui était nécessaire pour fournir à chacun des enfants sa légitime personnelle ;

« Lorsqu'enfin la légitime de l'enfant qui renonçait profitait au donataire universel, et n'était pas dévolue par droit d'accroissement aux cohéritiers du renonçant ;

« Mais que les principes de cette ancienne législation sont évidemment inconciliables avec ceux du Code civil qui, au lieu de ne donner à chacun des enfants, pour sa légitime, qu'une créance personnelle affectée sur les biens, leur donne à tous, collectivement, la succession tout entière, veut qu'ils n'y aient part qu'en qualité d'héritiers ; que, s'ils renoncent à la succession pour s'en tenir à leur don, ce don reste fixé pour eux comme pour les étrangers à la quotité déclarée disponible, et qui, par l'art. 845, bornant à cette quotité ce que l'enfant qui renonce à la succession a le droit de retenir, annonce bien clairement qu'il ne peut en même temps retenir aucune partie de la réserve légale ;

« Que, de tout ce qui précède il faut conclure, en dernière analyse, qu'en jugeant : 1° Que la dame de Mons qui, à son décès, a laissé six enfants, n'avait pu disposer au profit du demandeur, son fils aîné, que du quart de ses biens ; 2° que la donation qu'elle lui a faite, l'eût-elle été par préciput ou à titre universel, devait être, sur la demande des héritiers ayant droit à la réserve, réduite à la quotité disponible ; 3° enfin que le demandeur, ayant volontairement renoncé à la qualité d'héritier pour s'en tenir à la donation, ne pouvait prétendre qu'à la portion disponible, et avait perdu sa part dans la réserve ou légitime que la loi ne donne qu'aux héritiers ;

« La Cour royale de Bordeaux s'est conformée au texte et à l'esprit du Code civil. »

Le système admis par ces arrêts repose sur l'idée principale que toute succession doit être divisée, d'après la loi, en deux parts distinctes : l'une composée de la quotité disponible, l'autre de la réserve légale; que les pères et mères ne peuvent disposer en aucune manière, que de la première de ces portions, et que la seconde, attribuée aux enfants, n'appartient cependant qu'à ceux d'entre eux qui se sont portés héritiers.

Les partisans de ce système avouaient qu'il était contraire aux principes du droit romain, à ceux des pays coutumiers, et aux dispositions de l'ordonnance de 1731, c'est-à-dire à tout notre ancien droit, sous l'empire duquel chaque enfant légitimaire ne pouvait réclamer, sur les biens donnés ou légués par le défunt, que la part ou le complément de la part personnelle qui lui revenait dans ce qui formait la réserve d'alors; mais ils soutenaient que le Code avait créé à cet égard un régime nouveau, sans que l'on pût cependant connaître les motifs qui le lui auraient fait prescrire.

Une quotité a été fixée par le Code, comme par l'ancien droit, aux libéralités que les pères et mères peuvent faire à quelques-uns de leurs enfants ou à des étrangers. Sa proportion est indifférente et n'influe en rien sur la difficulté; cette quotité doit être calculée à raison du nombre d'enfants que le disposant a laissés. La loi a donc voulu que chacun des enfants eût, à titre de réserve, une part que les pères et mères ne pourraient lui ôter; cette portion leur est personnellement dévolue; chacun d'eux doit obtenir la sienne, mais n'a rien à prétendre sur celles attribuées à ses frères et sœurs. Les portions de ceux-ci forment aussi leur propriété exclusive; eux seuls peuvent les réclamer en se portant héritiers; si l'un d'eux, au contraire, renonce à la succession au moyen du don ou legs qu'il a obtenu, le donataire ou le légataire aura moins à fournir, puisque l'un de ceux qui pouvaient réclamer aura été rempli de ses droits.

Il n'y a donc point de saisine de la totalité de la réserve au profit de chacun des enfants, mais une simple attribution individuelle à chacun de ceux-ci de la portion à laquelle il a droit de prétendre. Tous ceux d'entre eux qui se sont portés héritiers sont investis sans doute des biens laissés par le défunt, mais ce n'est point à ce titre qu'ils peuvent demander la réduction des dispositions de leur auteur; ce droit ne s'est point trouvé parmi ceux de la succession; il ne résulte non plus d'aucune disposition de l'homme; il ne leur a été accordé que par la loi, et les enfants ne peuvent dès lors excéder les bornes que la loi y a mises.

Le système opposé conduirait à une injustice que l'on n'a remarquée que plus tard. Un enfant resté seul héritier aurait, néanmoins, droit à toute la réserve; cependant si ses frères et sœurs ont renoncé à en réclamer leur part, ce n'a été que parce que, aux moyens des avantages par eux obtenus du défunt, ils en avaient été remplis; comment donc un autre enfant pourrait-il, à leur place, venir la demander une seconde fois?

Le Code, par une innovation aussi extraordinaire, aurait apporté de trop grandes entraves à la faculté qu'il accorde aux pères et mères de disposer de leurs biens; aussi est-il loin de l'avoir créée; son art. 921 détermine quels sont ceux qui peuvent demander la réduction des dispositions du défunt, mais il ne règle point la quotité de droits que chacun d'eux devra, par suite, obtenir. L'art. 924

a beaucoup plus de rapports à la difficulté ; il permet à l'enfant, si la donation à lui faite est dans le cas d'être réduite, de retenir sur les biens à lui donnés, outre la portion disponible, *la portion qui lui appartiendrait comme héritier dans les biens non-disponibles*. L'art. 34 de l'ordonnance de 1731 n'en disait pas davantage ; ces expressions de l'art. 924 sont fort remarquables ; elles ne s'appliquent pas seulement aux dons par préciput, mais à toutes les donations entre-vifs. Si la disposition n'a été faite qu'en avancement d'hoirie, et que le donataire accepte la succession, la donation n'est pas seulement réductible, elle doit être rapportée pour le tout. Ce n'est donc que dans le cas où ce donataire a renoncé à l'hoirie que l'art. 924 l'autorise à retenir sur les biens qu'il a reçus, non-seulement la quotité disponible, mais la portion *qui lui appartiendrait comme héritier*, c'est-à-dire *s'il s'était porté héritier*, ce qui résout la question.

A la vérité l'article 924 exige pour cela que les autres biens de la succession soient de la même nature, et l'arrêt en tire la conséquence que cet article n'est fait que pour le cas où le donataire vient à partage avec ses cohéritiers. Le donataire, quoique ayant renoncé, doit encore venir à partage, non de la succession, mais des biens sur lesquels les héritiers réclament la délivrance ou le complément de leurs droits. Ces héritiers doivent obtenir des biens de même nature pour que l'égalité soit maintenue entre tous les copartageants. Si tous les biens ne sont pas tels, cette circonstance étrangère à la fixation des droits du donataire pourra l'obliger à un rapport en nature, mais il devra obtenir l'intégralité de ce qui doit lui revenir, lors du partage qui sera fait.

La Cour royale de Grenoble a eu beaucoup à s'occuper de la question ; elle a rendu, les 22 janvier et 22 février 1827, deux arrêts par lesquels elle a imputé le don en avancement d'hoirie, fait sans préciput à un enfant qui depuis avait renoncé à la succession du donataire, d'abord sur la portion de cet enfant dans la réserve légale, et le surplus sur la quotité disponible, mais sans que le tout pût dépasser le montant de cette quotité. Le premier de ces arrêts est ainsi conçu [1] :

« Attendu que la disposition de l'art. 845 du Code civil a uniquement pour but le cas où, une donation en avancement d'hoirie ayant été faite, il se trouverait que cette donation, sur la foi de laquelle cependant le successible donataire aurait contracté un mariage ou formé un établissement quelconque, serait considérablement réduite par l'effet du rapport et du partage de la succession du donateur ; que, dans la prévoyance de ce cas, et pour que les espérances du donataire fussent moins déçues, cet article a voulu assurer à ce donataire une quotité de la succession, telle qu'elle ne pût jamais être au-dessous de la réserve légale et qu'elle lui fût souvent supérieure ;

« Qu'à cet effet, le législateur a introduit dans l'art. 845, et par exception aux dispositions générales des art. 785 et 786 du même Code, le droit, en faveur d'un successible qui renonce à la succession, de retenir, sur la part de cette hoirie qui lui avait été avancée, une portion de biens jusqu'à concurrence de

(1) SIREY, 27. 2. 95. — DALLOZ, 27. 2. 159.

la quotité disponible; mais qu'en fixant ainsi cette part de la succession d'après la limitation de sa quotité disponible, c'est-à-dire au quart, ou au tiers, ou à la moitié, suivant le nombre des héritiers à réserve, le législateur n'a point indiqué de quels éléments serait composée cette part de la succession;

« Attendu qu'on ne peut trouver ces éléments et interpréter l'art. 845, à l'aide des dispositions des art. 785 et 786, puisque toutes successions se composant de la réserve comme de la quotité disponible, et la renonciation portant sur la totalité de la succession dont les biens donnés et rapportables devaient faire partie par la condition expresse du don, le donataire, renonçant à la succession, aurait perdu toute espèce de droit à la portion disponible comme à la réserve légale, si l'art. 845 ne lui avait pas accordé, non plus en sa qualité d'héritier, mais en qualité de donataire, par exception et par un droit exorbitant, une quotité déterminée de la succession, dans la proportion du nombre des héritiers à réserve;

« Attendu que le législateur ne s'étant point expliqué sur les éléments qui composent la part à retenir de la succession répudiée, il est du devoir du juge de les indiquer, en consultant l'économie générale de la loi, et en adoptant ceux dont l'emploi offre le moins d'inconvénient dans la pratique;

« Attendu que de l'ensemble de nos lois sur la transmission des biens, de la doctrine et de la jurisprudence, il résulte sans difficulté que toute succession doit se diviser en deux parties distinctes et également sacrées, dont l'une réservée aux enfants, et l'autre abandonnée à la libre disposition des parents; que le législateur ayant solennellement manifesté cette intention d'abandonner à la libre disposition des parents cette part de la succession, connue sous le nom de quotité disponible, il ne peut dépendre d'un des enfants, d'un successible, simple donataire en avancement d'hoirie, de mettre sa volonté à la place de celle de son père, et de rendre complétement illusoire, au moyen d'une renonciation, la faculté qu'avait celui-ci de disposer par préciput et hors part;

« Que ce serait cependant ce qui arriverait souvent si on admettait que, d'après l'art. 845, la part de la succession que peut retenir l'héritier renonçant se compose de la portion disponible elle-même, puisque cette portion disponible se trouverait absorbée toutes les fois que la donation en avancement d'hoirie serait égale ou supérieure;

« Attendu qu'une telle interprétation donnerait fréquemment lieu à un accord frauduleux entre plusieurs enfants donataires en avancement d'hoirie, qui, dans l'intention de dépouiller le préciputaire, pourraient concerter des renonciations, pour partager ensuite, à l'exclusion de celui-ci, les biens que le parent commun lui avait destinés à titre de préciput et hors part;

« Qu'une foule d'inconvéniens en résulteraient encore:

« 1° Impossibilité d'appliquer l'art. 845 lorsque plusieurs héritiers donataires renoncent en même temps, et que chaque donation se rapproche en valeur de la quotité disponible;

« 2° Fraude, division fomentée entre frères et sœurs;

« 3° Diminution de la puissance paternelle, si précieuse à maintenir dans l'intérêt des mœurs;

4° Danger de dégoûter les parents de faire des donations en avancement d'hoirie, par la crainte de se dépouiller ainsi de la faculté de disposer;

« Attendu qu'il est de la plus grande importance, d'une part, d'éviter ces graves inconvénients, et, de l'autre, que les art. 785 et 786 n'étant, comme on l'a considéré plus haut, d'aucune application à la question à décider, par la raison déjà déduite que la renonciation porte sur tous les biens de la succession, y compris ceux donnés dont le rapport était une condition de la donation, et par conséquent sur la portion disponible comme sur la réserve, il est bien plus conforme au texte, comme à l'esprit de la loi, de composer la part du donataire renonçant :

« 1° De sa réserve légale, par la double raison que, d'une part, le donateur a désigné la réserve en donnant en avancement d'hoirie, et qu'il est présumé l'avoir plus spécialement destinée à son héritier donataire; que, de l'autre, en ne donnant pas avec dispense de rapport, le donateur a suffisamment indiqué que c'est hors la portion disponible qu'il a voulu que soient pris les biens donnés;

« 2° S'il y a lieu, d'un supplément sur cette même portion disponible, le tout jusqu'à concurrence d'icelle, c'est-à-dire de façon que la réserve légale, plus le supplément, ne dépasse pas la moitié, le tiers ou le quart de la succession, suivant le nombre des enfants;

« Attendu qu'en procédant ainsi le donataire aura, comme l'a voulu l'art. 845, une part de la succession qui ne dépasse jamais la quotité disponible, ce dont les héritiers à réserve ne peuvent se plaindre, puisque la réserve légale de chacun d'eux demeure intacte, et pourra même, si le père n'en dispose pas, comme dans l'hypothèse de la cause, être augmentée par accroissement de la partie non absorbée de la portion disponible restant à la disposition du père, le vœu de la loi, qui l'en laisse maître absolu, est respecté autant que possible;

« Attendu que, si cette interprétation ne tarit pas la source de tous les abus qu'on peut faire de la faculté de renoncer, c'est celle du moins qui concilie le mieux en ne contrariant aucun principe, la faculté accordée par le législateur à l'héritier renonçant de conserver une part de la succession, avec celle si importante pour la puissance paternelle que le législateur accorde formellement aux parents de disposer à leur gré d'une portion de leurs biens; et qu'ainsi cette interprétation doit être suivie comme la plus conforme au texte et à l'esprit de l'art. 845;

« Attendu que cette interprétation n'est nullement contrariée par la disposition de l'art. 911 du même Code, par la raison que, si l'héritier à réserve doit profiter du retranchement, à l'exclusion des créanciers, ce n'est point parce que la loi considère cette réserve comme une créance privilégiée, indépendante de sa qualité d'héritier, mais parce que le droit de demander la réduction n'a été introduit qu'en faveur des enfants, ainsi que cela résulte clairement de la discussion qui eut lieu au Conseil d'Etat avant l'adoption de cet article;

« Qu'elle ne l'est pas davantage par la disposition de l'art. 921, qui donne au donataire entre-vifs la faculté de retenir, sur les biens donnés, la valeur de la portion qui lui appartiendrait comme héritier dans les biens non disponibles, par la raison que cet article suppose que ce donataire vient comme héritier, et qu'on ne peut donner cette qualité au donataire renonçant, si on la refuse, comme cela est incontestablement reconnu, au réservataire qui renoncerait; que ce serait en effet une contradiction qui ne peut être ni dans les termes ni dans l'esprit de la loi, de prétendre que l'enfant qui est déjà avantagé par une donation fût traité plus favorablement que celui qui ne l'est pas, ce qui démontre toujours plus que la qualité de réservataire est inséparable de celle d'héritier; et comme la portion des héritiers à réserve est susceptible de s'accroître par la renonciation de l'un d'eux, il suit de là qu'ils ont intérêt et qualité pour demander la réduction de la donation, dans le cas où elle excéderait la valeur de la portion des biens dont le père a pu disposer. »

Cet arrêt a commencé par reconnaître, d'après des motifs auxquels on ne saurait trop applaudir, que les biens donnés en avancement d'hoirie doivent s'imputer, en premier lieu, sur la portion de l'enfant donataire dans la réserve légale, afin que le disposant, ayant en cela rempli le devoir que lui imposait la loi, ait conservé au surplus toute la latitude qui lui appartenait de disposer de la quotité disponible. L'arrêt a ainsi réduit la portion entamée de cette quotité, à ce qui, dans la donation, a excédé le droit du donataire dans la réserve légale, mais il n'a accordé à celui-ci la faculté de retenir les biens donnés à titre de réserve ou autrement, que jusqu'à concurrence de la portion dont le défunt aurait pu disposer en faveur d'un étranger, ce qui souvent priverait ce donataire d'une partie de la libéralité qui lui a été faite, et serait contraire à la loi.

Toute donation en avancement d'hoirie, qu'elle ait été faite ou non par préciput, saisit en effet l'enfant donataire de la propriété des biens donnés, comme le ferait toute autre disposition entre-vifs; il n'a pu dépendre du donateur d'en priver cet enfant en tout ou en partie, par aucune disposition postérieure. La donation a été irrévocable (art. 894). Le donateur n'a pu se réserver le droit de l'annuler (art. 944). S'il y a lieu à réduction des dispositions du défunt, il faut épuiser avant tout celles testamentaires et ne réduire les donations qu'en commençant par celles les plus récentes (art. 923). La volonté de l'enfant, manifestée par son acceptation de la succession du donateur, a seule été capable de l'empêcher de conserver le don qu'il a reçu, en l'obligeant à en faire le rapport. Si donc cet enfant a renoncé à cette succession, la donation doit continuer de produire tous les effets, si elle n'a point porté atteinte aux droits de ses frères et sœurs. L'avancement d'hoirie sera réputé avoir eu lieu d'abord pour remplir le donataire de sa part dans la réserve légale; l'excédant seul devra être imputé sur la quotité disponible que l'enfant, au moyen de sa renonciation, peut conserver aussi. Il y aurait contradiction à vouloir que l'enfant donataire ne pût retenir pour le tout que le montant de cette quotité, quand il doit auparavant être rempli de sa part dans la réserve; ce n'est que dans le cas où le donateur aurait outre-passé les bornes de ces deux quotités que la donation est réductible; il ne peut autrement en être rien retranché.

Ce n'est donc qu'à l'égard du donataire qui a accepté la succession que la clause de préciput est utile. Elle lui donne le droit de retenir les choses à lui données jusqu'à concurrence de la quotité disponible, malgré le rapport auquel il est tenu, et de pouvoir en outre prendre part à la réserve sur les biens existants dans la succession du défunt. Elle serait sans objet quant au donataire renonçant qui ne doit aucun rapport, qui n'a rien à prétendre sur les biens de l'hoirie, et qui ne demande qu'à conserver, si les autres enfants sont remplis de leurs droits, les biens dont la donation lui a transmis la propriété.

L'arrêt suppose dans un de ses motifs, que les biens qu'un enfant a reçus en avancement d'hoirie sont essentiellement rapportables par la nature même d'un pareil don, et ainsi sans qu'il ait été nécessaire de l'exprimer. Il a cependant toujours été de principe que le rapport n'est dû qu'autant que le donataire s'est porté héritier, et que sa renonciation l'en dispense quel qu'ait été le don qui lui a été fait. On peut d'autant moins en douter aujourd'hui que l'art. 843 du Code en contient une disposition expresse.

Le second arrêt de la Cour royale de Grenoble est conçu dans des termes à peu près identiques à celui que nous venons de rapporter.

La même Cour avait formulé plus nettement encore, dans un arrêt du 30 juin 1826[1], le principe qu'elle a ensuite appliqué; elle en avait même tiré des conséquences plus graves; elle avait admis qu'en cas de donations postérieures, l'enfant donataire en avancement d'hoirie se trouvait dans l'impossibilité de renoncer à la succession, et que, malgré lui, il devait rester héritier.

« Attendu, avait dit la Cour, que l'art. 845 du Code civil portant que l'héritier qui renonce peut retenir le don ou legs à lui fait, jusqu'à la concurrence de la portion disponible, ne peut recevoir d'application qu'autant qu'il n'existe ni donation ni legs par préciput et hors de part de la portion disponible ;

« Attendu qu'en effet la retenue mentionnée dans cet article serait inconciliable avec la faculté accordée à tout individu de disposer d'une partie de ses biens, et d'en faire passer la propriété, soit à un étranger, soit à l'un de ses enfants ;

« Attendu que, s'il en était autrement, ce serait tromper l'intention du père, qui, en mariant son fils ou sa fille, veut bien lui faire une donation ou une constitution de dot en avancement d'hoirie, c'est-à-dire à la charge de rapport, mais ne veut pas anéantir la donation par préciput qu'il aurait faite antérieurement de la portion disponible, et veut bien moins encore, s'il n'en a pas fait jusqu'alors, se priver de la faculté de disposer en faveur de celui ou de ceux de ses enfants qu'il jugera les plus dignes de ses bienfaits ;

« Attendu qu'indépendamment de ce qu'une telle privation porterait évidemment atteinte à l'autorité paternelle, si précieuse dans l'intérêt des mœurs, elle aurait encore pour résultat de tarir la source des dons en avancement d'hoirie, par la crainte que pourraient concevoir les père et mère en faisant une semblable

(1) SIREY, 27. 2. 21. — DALLOZ, 27. 2. 158.

libéralité, de perdre le droit de disposer par la suite, et de n'être plus maîtres d'aucune partie de leurs biens ;

« Attendu que le donataire en avancement d'hoirie ne peut pas se méprendre ou se faire illusion sur l'événement qui peut le priver du bénéfice de l'art. 845 du Code civil, si déjà ce bénéfice lui est interdit par une donation à titre de préciput, antérieure à la sienne; qu'il doit savoir qu'une donation ou un legs de cette nature peuvent rendre sans objet l'article précité, et le forcer lui-même à rester héritier et à rapporter ce qui ne lui a été donné qu'en avancement d'hoirie ;

« Attendu, en l'espèce, que la dame Blois, mère ou aïeule des parties, ayant, par son testament, disposé, à titre de préciput et hors part, de la portion disponible en faveur de deux de ses enfants et deux de ses petits-enfants, cette disposition a nécessairement fait cesser l'effet de l'art. 845 du Code civil, qui n'a été et ne pouvait être introduit que pour le cas unique où la donation en avancement d'hoirie n'aurait point été précédée, ou ne serait point suivie d'une disposition dispensée du rapport ;

« Attendu que dès lors la répudiation faite en 1811 par Guillaume Blois, de la qualité d'héritier de sa mère, sous la condition qu'il conserverait la donation par lui obtenue en 1793 et les autres libéralités à lui faites par sa mère, fut un acte insolite et sans efficacité, qui ne pouvait produire l'effet de séparer de la succession de la dame Blois le domaine compris dans ladite donation, pour priver les autres cohéritiers de toute participation à ce domaine, dont la valeur, d'après les éléments existants au procès, dépassait celle de la quotité disponible;

« Attendu aussi que, par une conséquence de l'inutilité de la renonciation du sieur Blois, cette renonciation, étant considérée comme non-avenue, n'a pu changer sa position, et qu'ainsi il est resté, comme il l'était auparavant, donataire en avancement d'hoirie appelé à partager la succession avec ses autres cohéritiers, et appelé aussi à recueillir la disposition faite à son profit, à titre de préciput, mais soumis par là même à rapporter à la masse le don qui ne lui avait point été fait à ce titre. »

Nous ne voudrions pas d'autre preuve que telle n'a pas été l'intention du législateur, que la nécessité que cet arrêt impose au donataire en avancement d'hoirie d'accepter malgré lui la succession du donateur. S'il est un principe fondamental dans notre droit, c'est celui qui veut que nul ne soit tenu d'accepter une succession qui lui est échue (art. 775 du Code civil). L'enfant donataire en avancement d'hoirie ne peut assurément être mis en dehors du droit commun; sa position ne saurait avoir un si grand désavantage sur celle des autres enfants, que, seul, il ne pourrait se soustraire à l'action des créanciers du défunt. Il serait également impossible de scinder sa renonciation en ne la déclarant nulle qu'à l'égard des héritiers. L'effet d'une renonciation est nécessairement indivisible; si elle est annulée, l'héritier est tenu des dettes puisqu'il prend part aux biens existants; si elle est maintenue, astreindre le renonçant au rapport des choses qui lui ont été données, serait en opposition manifeste avec les dispositions les plus précises de nos lois.

Un arrêt semblable à celui que nous venons de rapporter a cependant été rendu encore par la Cour de Bastia, le 21 juillet 1827 [1].

La Cour royale de Toulouse a été moins loin, par arrêt du 11 juin 1829 [2], mais elle a jugé que l'enfant donataire en avancement d'hoirie, et qui avait renoncé à la succession du donateur, ne pouvait conserver les biens à lui donnés que jusqu'à concurrence de la quotité disponible, sans pouvoir prélever sa part dans la réserve.

Nous pouvons arriver, enfin, aux décisions qui ont consacré le principe que nous avons énoncé.

La première avait été rendue par la Cour de Toulouse, dès le 7 août 1820 [3].

« Attendu, y est-il dit, qu'il s'agit de savoir, en thèse, si, sans contrarier les dispositions de l'art. 845 du Code civil, l'enfant qui renonce peut retenir et le préciput et sa part de réserve. Il le peut, parce que l'art. 845 l'autorise à retenir le don ou le legs à concurrence de la portion disponible ; car, évidemment, à l'égard de l'enfant héritier à réserve, la quote disponible est tout le patrimoine, moins la réserve compétant aux autres enfants, et de plus sa part légale dans la réserve, tandis qu'à l'égard d'un étranger la portion disponible est tout le patrimoine, moins la part réservée à chacun des enfants. Cette distinction, que l'art. 845 comporte évidemment, offre le seul moyen de coordonner la lettre et le sens de la loi avec des droits sacrés, que le législateur n'a pas voulu méconnaître ou trahir ; vainement objecte-t-on que le Code n'autorise pas cette distinction ; qu'il n'a introduit qu'une seule quote disponible ; on n'a qu'à considérer ce qui se passe lorsque les simples réservataires agissent en réduction des donations ou legs ; car leurs prétentions varient, suivant que leur action est dirigée contre un étranger ou contre un cosuccessible. Vainement objecte-t-on que le système d'Antoine Chamayon tend à confondre le droit de légitime et le droit de réserve ; c'est un abus de mots, car il suffit des dispositions de la Novelle 18, au chap. Ier, pour montrer qu'aux quotes près la légitime et la réserve forment toujours une même chose, c'est-à-dire la part disponible. Vainement objecte-t-on que l'héritier renonçant ne saurait prendre part à une réserve qui n'est attribuée qu'au titre d'héritier. Pourquoi non ? et ceci est incontestable, l'héritier renonçant fait-il nombre à l'effet de déterminer la quote disponible ? Si les art. 917, 1004, 1006, 1009 et 1011 du Code parlent conjointement des héritiers appelés à recueillir la réserve, il n'en résulte pas que cette réserve soit attribuée au titre d'héritier plutôt qu'aux droits d'enfant. Aussi l'art. 913 subordonne-t-il la détermination de la quote disponible au nombre et à l'existence des enfants, et non au titre et à l'acceptation du titre d'héritier. Aussi les art. 756 et 757 établissent-ils une réserve légale pour l'enfant naturel, qui pourtant n'est point héritier. Aussi lit-on, dans les conférences du Conseil d'Etat,

(1) SIREY, 28. 2. 51. — DALLOZ, 28. 2. 37. (2) SIREY, 30. 2. 15. — DALLOZ, 29. 2. 209. (3) SIREY, 20. 2. 290.

que l'action en réduction est un droit purement personnel, réclamé par l'individu comme enfant, abstraction faite de la qualité d'héritier. On peut ajouter que, pour toucher aux donations faites par leur père, les enfants simples réservataires n'ont que deux moyens, la voie du rapport ou l'action en réduction. Mais aucun de ces deux moyens ne peut conduire au résultat voulu par les appelantes ; car, d'un côté, l'héritier qui ne vient pas à la succession n'est pas tenu de rapporter, et de l'autre, le réservataire ne peut faire réduire qu'au prorata de ce qui est nécessaire pour compléter sa portion de réserve. Enfin on peut ajouter que le système des appelantes tend à gêner singulièrement le père de famille dans ses dispositions pour l'établissement de ses enfants. Il tend à livrer le fils que le père a voulu avantager, à une véritable collusion et à la perte de ses droits. »

Le second arrêt a été rendu par la Cour royale de Paris le 31 juillet 1821 [1], précisément sur la question de savoir si une fille dotée par sa mère pouvait, en renonçant à la succession de celle-ci, retenir sur les biens à elle donnés, non-seulement la quotité disponible, mais encore sa part dans la réserve.

« Considérant, a dit la Cour, que la sect. II du titre II, livre VIII du Code civil, qui règle la réduction des donations, est seule applicable à l'espèce, et qu'aux termes de l'art. 921 l'action en réduction des dispositions entre-vifs n'appartient qu'à ceux au profit desquels la loi fait la réserve ; qu'il en résulte qu'elle ne peut être exercée par le demandeur en réduction que jusqu'à concurrence de sa part dans la réserve, à laquelle il n'a droit qu'en qualité d'enfant du donateur ; que la renonciation de l'enfant donataire à la succession de son père, n'étant relative qu'aux biens existants au jour du décès, ne peut, conformément à l'art. 924, lui faire perdre le bénéfice de la saisine résultant de la donation, et notamment sa part de la réserve qui lui appartient aussi en qualité d'enfant du donateur. »

Arrêt semblable de la Cour royale de Toulouse, du 17 août 1821 [2].

Arrêt de la Cour royale de Montpellier, du 17 janvier 1828 [3].

« Attendu que le Code civil, en fixant par l'art. 913 les limites que les libéralités du père de famille ne peuvent pas dépasser, l'a constitué par là même le maître absolu de disposer à son gré de la portion de ses biens qui n'excède pas cette limite ;

« Qu'il suit de là que le patrimoine du père de famille se trouve divisé en deux parts, dont l'une est réservée à ses enfants et l'autre est laissée à sa libre disposition ;

« Attendu que l'art. 919 du même Code indique d'une manière précise à quels signes on doit reconnaître sur laquelle des deux parts doit être prise la libéralité que le père de famille fait à l'un de ses enfants ;

« Qu'il résulte de cet article que cette libéralité ne peut être prise sur la

(1) Sirey, 22. 2. 201. — Dalloz, Rec. alph., 5. 433. (2) Sirey, 22. 2. 141. — Dalloz, Rec. alph., 5. 436. (3) Sirey, 28. 2. 117. — Dalloz, 28. 2. 53.

portion disponible que lorsque la disposition a été faite expressément et à titre de préciput et hors part ;

« Qu'ainsi c'est au père de famille seul qu'appartient le droit de donner à sa libéralité la destination qu'elle doit avoir ;

« Que, si l'art. 845 dispose que l'héritier qui renonce à la succession peut cependant retenir le don entre-vifs ou réclamer le legs à lui fait, jusqu'à concurrence de la portion disponible, cet article suppose nécessairement que le père de famille n'a point disposé de cette portion disponible ; car autrement la loi lui enlèverait un droit qu'elle lui a déjà reconnu, et le lui enlèverait pour le transporter au donataire ou légataire lui-même ; ce qui ne saurait être admis ;

« Que le législateur a prévu dans cet article le cas où, sans faire aucune disposition par préciput, le père de famille aurait fait à l'un de ses enfants un don ou un legs supérieur à sa portion successive ; et il a voulu que cet enfant, en renonçant à la succession pour ne pas rapporter la libéralité qui lui aurait été faite, pût retenir cette libéralité, sans toutefois qu'elle pût entamer la réserve légale ; mais qu'il n'a parlé, dans cet objet, de la portion disponible que pour indiquer la mesure dans laquelle la rétention devait être faite, et non pour attribuer au donataire ou légataire la portion disponible elle-même, si ce n'est pour le fait de cette portion correspondante à l'excédant de la libéralité sur la portion successive ;

« Que cet excédant appartient sans doute, par la volonté présumée du donateur, à la portion disponible, puisque la réserve doit demeurer intacte ; mais que le surplus de la libéralité appartient à la portion successible, puisque la clause de préciput ou hors part n'y a pas été attachée, et que le plus souvent même cette libéralité se trouve, comme dans l'hypothèse de la cause, expressément faite en avancement d'hoirie ;

« Attendu qu'un don en avancement d'hoirie n'est autre que le don fait d'avance à un enfant de la part ou sur la part qui doit lui revenir dans la succession de son père ; que la chose ainsi donnée prend nécessairement le caractère qu'elle aurait si le donataire ne la recevait qu'à l'époque de l'ouverture de cette succession ;

« Qu'il ne peut pas dépendre du donataire de changer ce caractère, qu'il n'a que ce qu'on a voulu lui donner ; que, la donation étant un acte libre de la volonté du donateur, cette volonté devient la règle fondamentale à suivre pour en apprécier la nature et l'étendue ;

« Qu'ainsi le donataire en avancement d'hoirie n'est véritablement saisi que d'une portion de cette hoirie ; que c'est donc cette portion que l'art. 845 l'autorise d'abord à retenir malgré sa renonciation à la succession, et que le mot exceptionnel *cependant* inséré dans cet article l'indique bien évidemment, puisque ce n'est qu'à la faculté de retenir la portion successive que cette renonciation pourrait mettre obstacle ;

« Attendu que l'art. 925, sur lequel le tribunal de première instance a fondé sa décision, n'est applicable qu'au cas où les donations entre-vifs peuvent être imputées en totalité sur la quotité disponible, et qu'ici la question à résoudre est celle de savoir si la donation faite à la dame Bonnet est ou non susceptible de cette imputation; que cet article se trouve donc étranger à la contestation actuelle;

« Attendu que les art. 758 et 780 ne peuvent pas mieux lui être appliqués;

« Que ces articles parlent évidemment d'une renonciation pure et simple de l'hérédité, par l'effet de laquelle la part que le renonçant y avait, et qu'il abandonne, accroît à ses cohéritiers; mais que telle n'est point la renonciation de la dame Bonnet; qu'elle n'a renoncé à la succession paternelle qu'en déclarant vouloir s'en tenir à la donation en avancement d'hoirie qui lui avait été faite;

« Qu'une telle déclaration n'a d'une répudiation que le nom, puisque, la donation en avancement d'hoirie n'étant que la remise anticipée de la part successive, celui qui la retient reste évidemment successeur; que le seul effet qu'elle puisse produire est, d'une part, de le dispenser de rapporter la donation qui lui a été consentie, et, d'autre part, de faire que, si les biens donnés n'égalent pas sa portion successive, l'excédant de cette portion accroisse à ses cohéritiers;

« Attendu que l'un des considérants de l'arrêt solennel rendu par la Cour de cassation le 28 juillet 1826 atteste la vérité de ces principes; que cette Cour y déclare que « le donataire de la portion disponible a le droit de prélever cette « quotité sur les biens possédés par le testateur lors de son décès, soit en totalité, « si elle n'a pas été entamée par les libéralités antérieures, soit en partie, si ces « libéralités excèdent la légitime du donataire qui les a reçues; »

« Que la Cour de cassation, dans la dernière partie de ce considérant, raisonne évidemment dans l'hypothèse où l'enfant qui aurait reçu des libéralités antérieures aurait renoncé à la succession pour s'en tenir à ces libéralités, puisqu'elle suppose que ces libéralités excéderaient sa légitime;

« Et que néanmoins elle ne lui donne sur la quotité disponible qu'un recours partiel à l'effet de former le complément de son don, ce qui démontre bien clairement qu'elle reconnaît que c'est d'abord sur la légitime ou réserve que le don doit être pris, et qu'il ne peut s'étendre jusqu'à la quotité disponible que lorsqu'il excède la valeur de cette légitime;

« Attendu que les considérations les plus importantes viennent à l'appui de cette interprétation de la loi;

« Qu'il suivrait, en effet, d'une interprétation contraire, que la faculté donnée au père de famille de disposer à son gré d'une partie de ses biens pourrait facilement lui être enlevée; qu'il suffirait pour cela d'une répudiation concertée entre l'enfant à qui aurait été faite une donation en avancement d'hoirie et les autres enfants non avantagés, et que ce concert serait d'autant plus à craindre qu'il en résulterait pour eux un profit commun;

« Que cette crainte légitime du père de famille pourrait, dans une foule d'occasions, l'éloigner de faire en faveur de ceux de ses enfants qu'il voudrait avantager des donations en avancement d'hoirie, qui cependant seraient très propres à faciliter leur établissement;

« Qu'ainsi, tandis que l'autorité paternelle, si essentielle à maintenir, serait sensiblement affaiblie par la perte d'une faculté qui ne contribue pas peu à la faire respecter, l'intérêt des enfants se trouverait compromis dans la circonstance la plus importante de leur vie;

« Que, s'il est vrai qu'il n'appartient qu'au législateur de peser les avantages et les inconvénients d'une loi à faire, et que le magistrat ne soit appelé qu'à l'appliquer lorsqu'elle est faite, il est vrai aussi que, lorsque l'intelligence de la loi présente des difficultés, il est du devoir du juge de remonter jusqu'aux vues qui l'ont inspirée, de consulter l'ensemble de ses dispositions, de prévoir les conséquences de ses interprétations diverses, et de se décider pour celle qui lui paraît être la plus conforme à l'esprit de la loi et la plus digne de la sagesse du législateur. »

Sur le pourvoi contre cet arrêt, il est intervenu à la Cour de cassation, le 11 août 1829 [1], un arrêt de rejet d'autant plus remarquable, outre la profondeur et la clarté de ses motifs, qu'il réforme la jurisprudence que cette Cour avait adoptée lors de celui qu'elle avait rendu dans la cause du sieur Roques de Mons; cet arrêt est ainsi conçu :

« Attendu qu'il est constant que la constitution de dot faite par Mourgues à la dame Bonnet, sa fille, était un avancement d'hoirie;

« Attendu que l'avancement d'hoirie n'est qu'une remise anticipée de la part que l'enfant ainsi doté est appelé à recueillir dans la succession de son père;

« Attendu que l'enfant qui accepte cette constitution dotale ne peut en changer ni la nature, ni la cause, ni les effets, et qu'elle est toujours imputable sur l'hoirie au moment de l'ouverture de la succession, dont elle est une portion, puisqu'elle a été constituée à ce titre par l'auteur commun;

« Attendu que la renonciation à la qualité d'héritier faite par l'enfant doté en avancement d'hoirie n'est pas un acte déterminé et d'abandon pur et simple;

« Que, si elle ne le prive pas du droit de conserver sa dot sans être obligé d'en faire le rapport effectif, ce n'est point un obstacle à ce que cette dot ne soit, à l'égard de l'hérédité, rapportable fictivement et imputable d'abord sur la part à laquelle sa qualité d'enfant donnerait, à celui qui a été doté, droit dans la réserve légale, et subsidiairement seulement sur la quotité dont le père avait la libre disposition;

« Attendu que, s'il en était autrement, il dépendrait toujours de l'enfant doté en avancement d'hoirie de rendre illusoires, par une renonciation concertée, les dons que le père aurait faits de la portion disponible;

« Qu'ainsi, en jugeant que la donation en avancement d'hoirie faite à la dame Bonnet devait être imputée d'abord sur la part à laquelle sa qualité d'enfant lui donnait droit dans la réserve légale, et ensuite, dans le cas où la constitution dotale excéderait cette part, sur la quotité disponible, l'arrêt attaqué a concilié le texte et l'esprit des divers articles du Code invoqués avec le respect dû à l'irrévocabilité des conventions et au droit dont le père ne s'était pas dépouillé de donner la portion disponible. »

(1) SIREY, 29. 1. 297. — DALLOZ, 29. 1. 328.

La Cour de cassation a rendu un arrêt conforme le 24 mars 1834[1].

« Attendu que la loi appelle en principe général tous les enfants à succéder à leurs pères par portions égales; que néanmoins elle autorise le père à disposer d'une quotité déterminée de sa succession, soit en faveur d'un de ses enfants, soit en faveur des étrangers, sans toutefois que la réserve légale de l'enfant puisse jamais être entamée;

« Que, si toute disposition faite par un père en faveur d'un étranger doit être imputée sur la quotité disponible, puisque cet étranger n'a aucun droit à prétendre dans la succession du donateur, il en est autrement du don qu'un père fait à l'un de ses enfants;

« Qu'en effet le père peut disposer en faveur de ses enfants, soit en avancement d'hoirie, et en lui faisant la remise et la délégation anticipée de tout ou partie de sa portion dans la réserve légale, soit en lui donnant tout ou partie de la portion disponible;

« Que, le partage égal étant l'ordre de succession établi par la loi, tous les dons faits purement et simplement par le père à ses enfants sont réputés être faits en avancement d'hoirie;

« Que le père n'est censé avoir disposé de la quotité disponible qu'autant qu'il a fait connaître sa volonté d'une manière expresse, et que cette volonté résulte manifestement de ses dispositions;

« Que, dans toute autre supposition, le don en avancement d'hoirie, sans clause de préciput ni dispense de rapport, n'enlevant pas au père la faculté de disposer de la quotité disponible, il en résulte que si, depuis ce don, le père a légué la quotité disponible par préciput à un autre enfant, le premier donataire peut bien renoncer à la succession paternelle; mais sa renonciation ne peut changer la nature du don qui lui a été fait, et n'a d'autre effet que de lui donner le droit de retenir ou de recevoir ce qui lui a été donné d'abord en sa qualité d'enfant, qu'il ne peut ni perdre ni abdiquer, sur la part qui lui aurait appartenu dans la réserve légale, s'il n'eût pas renoncé, et subsidiairement, s'il y a lieu, sur la quotité disponible, afin que la réserve légale de ses frères et sœurs ne soit point entamée;

« Que c'est ce qui résulte de la combinaison de l'art. 845 du Code civil, placé au titre *des Rapports*, et de l'art. 919 du même Code, au titre *de la Quotité disponible*, et qui règlent spécialement la matière;

« Que, dans l'espèce, la Cour royale de Nîmes a fait prévaloir sur la volonté du comte de Castille, manifestée dans son testament, la renonciation de la dame Duroure sa fille;

« Qu'au lieu de se borner à maintenir celle-ci en l'intégralité du don qui lui avait été fait par son contrat de mariage, et de déclarer à cet effet que la valeur en serait perçue d'abord sur la partie de la réserve légale qui lui aurait appartenu si elle n'avait pas renoncé, et subsidiairement, en cas d'insuffisance, sur la quotité disponible dont le comte de Castille avait ultérieurement disposé, l'arrêt

(1) SIREY, 34. 1. 113.

attaqué a décidé que les 100,000 francs donnés à la dame Duroure par son contrat de mariage seraient exclusivement pris sur la quotité disponible, et que la portion héréditaire de cette donataire accroîtrait à ses frères et sœurs, en vertu de sa renonciation

« Qu'en ce faisant l'arrêt attaqué a ouvertement violé les dispositions de l'art. 919 du Code civil et faussement appliqué celles de l'art. 845. »

Sur le renvoi prononcé par ce dernier arrêt devant la Cour royale d'Aix, cette Cour, par arrêt du 13 février 1835 [1], a adopté les principes admis par la Cour de cassation.

On peut aussi consulter avec beaucoup de fruit le rapport fait dans la même cause devant la Chambre des requêtes de la Cour suprême, par M. le conseiller Mestadier [2].

La Cour royale de Limoges a rendu sur la question, le 4 décembre 1835 [3], un arrêt tellement remarquable que, malgré le nombre et le mérite de ceux que nous venons de rapporter, nous ne croyons pas pouvoir l'omettre.

« Attendu que la loi divise le patrimoine du père de famille en deux parts : la réserve, portion indisponible de sa nature, destinée à être distribuée par égalité entre chacun des enfants, et la quotité disponible dont le père a la libre faculté de disposer, soit en faveur de ses enfants, soit en faveur d'un étranger, sans néanmoins qu'il puisse jamais entamer le fonds de la réserve ;

« Attendu que le père, qui constitue une dot à l'un de ses enfants lors de son établissement, peut à sa volonté établir cette constitution, soit sur sa portion afférente dans la réserve légale, soit sur la quotité disponible, soit cumulativement sur la réserve légale et sur tout ou partie de la quotité disponible ;

« Attendu que, le partage par égale portion étant de droit commun, toute constitution faite sans imputation spéciale est censée faite sur la réserve légale, et ne peut affecter la quotité disponible qu'autant que cette affectation résulte de la volonté expresse ou au moins présumée du constituant ;

« Attendu que lorsque la constitution a été faite à titre d'avancement d'hoirie, et qu'elle n'excède pas la part afférente de l'enfant dans la réserve légale, il ne saurait y avoir de difficulté à l'imputer sur cette part, car il ressort clairement, des termes mêmes d'une disposition de cette nature, que l'intention du constituant a été de faire en faveur de l'enfant donataire une remise anticipée de ce qui doit lui revenir un jour dans sa succession ;

« Mais que la difficulté se fait sentir lorsque, la constitution au profit de l'un des enfants excédant sa portion dans la réserve, cet enfant déclare donner la préférence à la constitution sur ses droits dans la réserve, et qu'il se trouve en présence d'un donataire postérieur de tout ou partie de la quotité disponible

« Attendu que, dans le concours des deux dispositions de ce genre, à ne consulter d'abord que les règles de l'équité, on serait conduit à cette solution, savoir : que la donation en avancement d'hoirie doit s'imputer en premier lieu

(1) Sirey, 35. 2. 203. (2) Id., 35. 2. 113. (3) Id. 36. 2. 97

sur la part de l'enfant donataire, dans la réserve légale, puis, en cas d'insuffisance, sur la quotité disponible, et que le donataire précipuaire a seulement droit de recueillir ce qui reste libre sur cette quotité, prélèvement fait de ce qui doit être ajouté à la réserve légale pour le complément de la première donation;

« Qu'en effet cette première donation, faite dans un temps où le père n'était gêné dans ses libéralités par aucune disposition antérieure, doit recevoir loyalement son exécution; que la stabilité des contrats et le respect dû à la foi promise doivent faire présumer, quoique cette constitution n'ait porté nommément sur aucune partie de la quotité disponible, que l'intention du constituant a été de l'affecter à l'accomplissement de sa promesse, en cas d'insuffisance de la réserve, subsidiairement et jusqu'à due concurrence; que le donataire spécial de la quotité disponible ne saurait se plaindre du retranchement qu'il subit en pareil cas, puisqu'il a dû connaître la donation antérieure, et qu'il n'a pu acquérir de droits au préjudice de droits préexistants;

« Attendu que cette solution si conforme à l'équité repose aussi sur le texte de la loi, qui dit expressément, art. 845 du Code civil, que l'héritier qui renonce à la succession peut cependant retenir le don entre-vifs jusqu'à concurrence de la portion disponible;

« Qu'à la vérité, on argumente contre cette opinion en interprétant l'art. 845 par le rapprochement des art. 785 et 786, qui portent que l'héritier qui renonce est censé n'avoir jamais été héritier, et que la part du renonçant accroît à ses cohéritiers; d'où l'on tire la conséquence que l'héritier qui renonce à la succession pour s'en tenir à la donation, conformément à l'art 845, ne peut réclamer aucune part sur le fonds de la réserve légale, et qu'il peut seulement faire valoir son don sur la quotité disponible;

« Mais qu'il est évident que les art. 785 et 786 n'ont eu en vue que l'héritier ordinaire qui renonce purement et simplement à l'hérédité, sans y rien prétendre à aucun autre titre, et qu'ils ne peuvent recevoir aucune application au cas de l'héritier donataire qui renonce pour s'en tenir à une donation, et dont la renonciation est purement nominale; que, respectivement à ce dernier, aucune disposition de la loi ne lui enlève le droit de prendre sa portion dans la réserve, et qu'on ne saurait induire rien de semblable de l'art 845, qui n'a eu manifestement d'autre objet que de limiter les droits de l'héritier donataire et renonçant de manière à ce qu'ils ne puissent jamais porter atteinte à la réserve légale des enfants non donataires;

« Qu'ainsi les règles de l'équité et les dispositions de la loi, sainement entendues, concourent à la fois en faveur du système qui autorise l'héritier premier donataire et renonçant à imputer sa donation, d'abord sur sa réserve légale et subsidiairement sur la quotité disponible. »

La Cour royale de Lyon a consacré les mêmes principes par arrêt du 2 mars 1836[1]; elle a décidé que le donataire en avancement d'hoirie qui avait renoncé

(1) Sirey, 36. 2. 600.

à la succession du donateur pour s'en tenir à la donation à lui faite, n'avait pu être privé, par une donation postérieure, du droit de retenir sur les biens à lui donnés, d'abord sa part dans la réserve, puis la quotité dont le père avait pu disposer.

La jurisprudence devant paraître fixée par ces nombreux arrêts, nous croyons pouvoir nous dispenser de rendre compte de deux arrêts contraires qui ont été rendus, l'un par la Cour royale de Limoges, le 11 décembre 1831 [1], cette Cour étant si énergiquement revenue sur ses pas par son arrêt du 4 décembre 1835; le second de la Cour royale de Grenoble, qui a persisté, par arrêt du 20 juillet 1832 [2], dans l'interprétation qu'elle avait donnée à la loi.

846. Le donataire qui n'était pas héritier présomptif lors de la donation, mais qui se trouve successible au jour de l'ouverture de la succession, doit également le rapport, à moins que le donateur ne l'en ait dispensé.

847. Les dons et legs faits au fils de celui qui se trouve successible à l'époque de l'ouverture de la succession sont toujours réputés faits avec dispense du rapport.

Le père venant à la succession du donateur n'est pas tenu de les rapporter.

848. Pareillement, le fils venant de son chef à la succession du donateur n'est pas tenu de rapporter le don fait à son père, même quand il aurait accepté la succession de celui-ci; mais si le fils ne vient que par représentation, il doit rapporter ce qui avait été donné à son père, même dans le cas où il aurait répudié sa succession.

Les petits-enfants, venant par représentation de leur père à la succession de leur aïeul, doivent faire le rapport, non-seulement des dons faits par l'aïeul à leur auteur, mais encore, quoiqu'ils aient renoncé à la succession de celui-ci, des sommes dont leur père était débiteur envers l'aïeul.

La Cour royale de Grenoble l'a ainsi jugé par arrêt du 27 décembre 1832 [3].

« Attendu que si bien, comme le disent les auteurs, le petit-fils venant à la succession de son aïeul, en concours avec d'autres enfants et par représen-

(1) SIREY, 32. 2. 193. (2) Id., 32. 2. 631. (3) SIREY, 33. 2. 41. — DALLOZ, 33. 2. 130.

tation, y vient *jure suo*, *jure proprio*, ce n'est que par une fiction de la loi, qui présuppose que la succession a résidé instantanément sur la tête de son auteur;

« Attendu que cette qualité ne lui donne d'autres droits à la succession que ceux qu'aurait eus lui-même celui qu'il représente;

« Attendu que, d'après les dispositions du Code civil, chaque cohéritier, venant à partage, est obligé de rapporter à la masse non-seulement les dons qui lui ont été faits, mais encore les sommes qu'il doit à la succession, et celles que celui à la succession duquel il vient aurait payées pour l'acquittement de ses dettes;

« Attendu que le petit-fils, venant à la succession par droit de représentation, ne peut être mieux traité que celui qu'il représente; que l'art. 813 du Code civil, en se servant des expressions, *doit rapporter ce qui avait été donné à son père*, embrasse, dans ces expressions, tout ce que le père aurait rapporté lui-même; que c'est ainsi que l'ont entendu Chabot de l'Allier et Grenier, orateurs chargés de présenter au Tribunat et au Corps législatif la loi sur les successions;

« Attendu que si quelque doute se présentait sur l'interprétation de la loi, relativement à un partage dont l'égalité doit être la base, égalité qui serait froissée en ce qu'un des enfants aurait reçu, à titre de prêt ou autrement, des sommes qui seraient perdues pour la succession, on devrait recourir aux bases de la loi, aux motifs qui l'ont déterminée, motifs que l'on trouve dans les discours et les ouvrages des orateurs ci-dessus dénommés. »

La loi distingue le cas où les petits-fils viennent de leur chef à la succession de leur aïeul de celui où ils n'y viennent que par représentation de leur père. Au premier cas, ils ne doivent aucun rapport des sommes données ou prêtées à celui-ci par l'aïeul; au second cas, ils doivent le rapport de tout ce que leur père aurait dû rapporter lui-même. La raison est que les petits-enfants, en venant de leur chef, ne sont point tenus de remplir des obligations qui leur sont étrangères, tandis que, s'ils ne viennent à la succession que par représentation de leur père, ils ne font qu'exercer les droits de ce dernier, ils sont à son lieu et place, et ils ne doivent obtenir que ce qu'il aurait dû avoir.

Les petits-enfants, disait-on devant la Cour royale de Bordeaux, viennent pourtant à la succession de leur aïeul *jure proprio*. Ils n'y viennent point en effet comme héritiers de leur père, à la succession duquel ils ont renoncé, mais cela ne leur procure d'autre avantage que celui de les dispenser de faire état aux créanciers de leur père des biens d'une succession que le prédécès de leur débiteur l'a mis hors d'état de recueillir. Quant à leurs cohéritiers dans la succession de l'aïeul, ce droit cesse d'être personnel aux petits-fils; ils ne viennent à la succession que du chef de leur auteur; ils seraient, autrement, exclus par leurs oncles et tantes, plus proches qu'eux d'un degré; ils ne sont donc successibles que par représentation de leur père, et en usant des droits qui lui auraient appartenu.

L'art. 848 n'astreint les petits-fils au rapport que de ce que l'aïeul a *donné* à leur auteur. L'arrêt y a compris, avec grande raison, les sommes prêtées par l'aïeul, ou qu'il a employées au paiement des dettes de son fils. Toutes ces sommes doivent être réputées en effet n'avoir été fournies qu'en avancement d'hoirie; elles ont formé au moins un avantage indirect, et, à ce double titre, le fils, s'il eût vécu, eût été tenu d'en faire le rapport. Cette obligation a aussi formé une charge des droits que ses enfants viennent exercer en son nom.

849. Les dons et legs faits au conjoint d'un époux successible sont réputés faits avec dispense du rapport.

Si les dons et legs sont faits conjointement à deux époux, dont l'un seulement est successible, celui-ci en rapporte la moitié; si les dons sont faits à l'époux successible, il les rapporte en entier.

850. Le rapport ne se fait qu'à la succession du donateur.

1° Le rapport d'un immeuble, constitué en dot par des père et mère à un de leurs enfants, doit être fait pour moitié et en nature à la succession de chacun des donateurs, quoique cet immeuble appartînt en entier à l'un d'eux, sauf l'indemnité due à ce dernier par l'autre donateur ou par sa succession.

« Attendu, a dit la Cour royale de Bordeaux, par arrêt du 6 décembre 1833[1], qu'en règle générale le rapport des immeubles à la succession doit se faire en nature, et que la dame Fabre de Rieunègre ne se trouve pas dans le cas d'exception;

« Que la dame Fabre de Rieunègre a été dotée conjointement par ses père et mère; qu'aux termes de l'art. 1438 du Code civil la dot est censée constituée par moitié pour chacun des père et mère, quoiqu'elle comprenne les biens personnels à l'un des deux époux, et que, dans ce cas, l'époux dont l'immeuble a été constitué en dot a, sur les biens de l'autre, une action en indemnité, eu égard à la valeur de l'immeuble au moment de la donation;

« Attendu que la constitution faite à la dame Fabre de Rieunègre a eu l'effet de lui transporter la propriété des immeubles qui en étaient l'objet; que, d'après les dispositions de l'art. 1438 précité, elle est censée tenir cette propriété moitié du chef de sa mère; que la succession de celle-ci s'étant ouverte, c'est à cette succession qu'elle doit faire rapport de la moitié de l'immeuble qu'elle a reçu du chef maternel. »

On ne contestait pas, dans la cause, la nécessité où se trouvait la fille dona-

(1) SIREY, 34. 2. 245. — DALLOZ, 34. 2. 124.

taire de rapporter à la succession de sa mère ce qu'elle en avait reçu sur sa dot, mais on ne voulait pas qu'elle dût effectuer ce rapport en nature, les immeubles donnés n'ayant appartenu qu'au père seul, et l'on prétendait qu'elle ne devait le rapport à la succession de sa mère que de moitié de la valeur de ces biens; mais pour que la donation eût transféré à la donataire la propriété des immeubles à elle constitués en dot, il avait fallu que le père eût consenti à ce que sa mère disposât, comme propriétaire, de la moitié qu'elle en avait donnée; l'investissement qu'il lui avait consenti de ce droit avait eu pour effet que cette moitié de l'immeuble devait être réputée provenir de la mère, et ainsi le rapport en nature devait en être fait à sa succession.

C'est ce que la Cour de cassation a consacré, par arrêt du 16 novembre 1824[1].

« Attendu qu'aux termes de l'art. 1438 du Code civil, les père et mère qui donnent ou constituent en dot à un enfant des biens qui n'appartiennent qu'à l'un d'eux sont néanmoins censés faire la donation ou constitution chacun pour moitié, sauf indemnité; qu'ainsi l'enfant tient les biens, moitié du père, moitié de la mère, comme s'ils en avaient eu conjointement la propriété, et qu'il est dès lors tenu d'en rapporter la moitié à chacune des deux successions. »

Il en est autrement lorsque la mère a employé, du consentement de son mari, un immeuble de la communauté à laquelle elle a depuis renoncé, à acquitter la portion à sa charge dans la dot constituée à un de ses enfants, lors même que la remise de cet immeuble aurait été faite par le contrat de mariage même du donataire.

La Cour royale de Douai avait jugé le contraire, par arrêt du 26 mars 1821[2].

« Attendu, porte cet arrêt, que la renonciation qu'a faite la dame Lemaire à la communauté qui a existé entre elle et son mari n'a pu rien changer à la nature de la donation du 22 avril 1775, et que la ferme de Lederzel n'en est pas moins demeurée bien maternel pour moitié; que cette renonciation n'a pu engendrer qu'une action en récompense pour la moitié de ladite ferme, au profit de la succession paternelle, mais que c'est à cela seulement que doit se borner l'effet d'une pareille renonciation; que, quant à la récompense, elle est étrangère à la veuve Carpentier (donataire), qui ne s'est pas portée héritière de son père. »

Sur le pourvoi, cet arrêt a été cassé par arrêt de la Cour de cassation du 18 mai 1824.

« Attendu qu'il résulte, des art. 843, 1476 et 1492 du Code civil, que la renonciation de la dame Winsback (mère de la donataire) à la communauté a produit cet effet que la ferme de Lederzel, conquêt de cette communauté, a été légalement réputée avoir fait partie des biens personnels de son mari, lors et depuis qu'il a consenti à ce que ladite dame Winsback, son épouse, fit emploi de la moitié de cette ferme pour s'acquitter de 4,000 fr. qu'elle avait constitués en dot à la dame Carpentier leur fille;

(1) *Journal du Palais*, 2 vol. de 1825. 61. (2) SIREY, 21. 1. 297. — DALLOZ, 21. 1. 223.

« Attendu que c'est là une fiction de la loi qui ne s'oppose pas à ce que l'emploi fait par la femme, pendant le mariage, d'un conquêt de la communauté du consentement de son mari soit irrévocable, et qu'il en est à cet égard comme de l'emploi que la femme aurait fait, avec le même consentement, de tous les autres biens personnels de son mari, desquels il est réputé légalement que les conquêts immeubles ont toujours fait partie. »

Il était impossible de dire avec la Cour de Douai que la renonciation faite par la mère à la communauté d'entre elle et son mari n'avait pas eu pour effet d'empêcher que l'immeuble dépendant de cette communauté pût être mis pour moitié au nombre des biens maternels, puisqu'au moyen de cette renonciation la mère devait être réputée n'avoir jamais eu droit à la propriété de cet immeuble. Malgré cette circonstance la fille dotée n'aurait pas moins été obligée, d'après les principes portés aux arrêts qui précèdent, de faire rapport à la succession de sa mère de la moitié de cet immeuble, s'il ne lui avait été transmis qu'au moyen d'une donation directe que lui en auraient faite ses auteurs; mais, dans l'espèce, la dot qui avait été constituée à la fille n'avait consisté qu'en une somme d'argent, et ce n'avait été que pour se libérer de cette somme que les père et mère lui avaient remis l'immeuble qui dépendait de leur communauté; la mère avait donc payé sa dette avec des biens qui n'appartenaient qu'à son mari, à qui, par suite, elle devait une indemnité. Quant à l'enfant, le rapport ne pouvant porter que sur ce que la mère lui avait constitué en dot ou payé avec ses propres biens, et la donation faite par la mère n'ayant consisté qu'en une somme déterminée, ce n'était que de cette somme que le rapport était dû. Aussi la Cour de cassation a-t-elle ajouté, par son arrêt, qu'en condamnant la fille à rapporter en nature la moitié de l'immeuble en question à la succession de sa mère, au lieu de la somme de 1,000 fr. qui avait formé la part de la mère dans la constitution de dot, la Cour royale de Douai avait expressément violé les art. 843, 1470 et 1492 du Code civil.

2º La dot constituée par le père seul, quoique avec des créances dépendant de la communauté, doit être rapportée en entier à la succession du donateur, sauf récompense de moitié de la valeur de ces créances à la mère.

Le tribunal civil de Limoges n'avait ordonné le rapport que de moitié d'une dot ainsi constituée, en se fondant sur ce que[1] « les constituants, étant communs en biens, étaient l'un et l'autre propriétaires des créances déléguées et constituées par chacun d'eux pour moitié. »

La Cour royale de Limoges a réformé cette décision, en reconnaissant, en fait, que la dot avait été constituée par le père seul, et en décidant que, quoiqu'elle

(1) Sirey, 33. 1. 914. — Dalloz, 33. 1. 390.

n'eût été formée que de créances dépendant de la communauté qui existait alors entre les père et mère, le rapport de la totalité de cette dot devait être fait à la succession de celui qui, seul, avait été donateur.

Le pourvoi contre cet arrêt a été rejeté par la Cour de cassation le 7 juillet 1835

« Attendu, porte l'arrêt, que, dès qu'il est reconnu que le sieur Desassis père avait fait cette libéralité seul, et que sa femme n'y avait pas concouru, les droits de celle-ci se réduiront, lors de la liquidation de la communauté, à demander à la succession du père la moitié de ladite somme par lui prise sur la communauté pour faire seul ladite libéralité. »

Le rapport des choses données ne doit se faire qu'à la succession du donateur, et il doit se composer de tout ce que le donataire a reçu de celui-ci. Le père, dans l'espèce jugée, ayant seul donné les créances qui avaient composé la dot de sa fille, le rapport n'en était dû qu'à sa succession, et il devait comprendre la dot tout entière que la donataire ne tenait que de lui; peu importait les valeurs dont le père s'était servi pour composer cette dot; lui seul devait en tenir compte à la communauté où il les avait puisées.

851. Le rapport est dû de ce qui a été employé pour l'établissement d'un des cohéritiers, ou pour le paiement de ses dettes.

852. Les frais de nourriture, d'entretien, d'éducation, d'apprentissage, les frais ordinaires d'équipement, ceux de noces et présents d'usage, ne doivent pas être rapportés.

1° Le trousseau fourni par des père et mère à leur fille peut être déclaré sujet à rapport lorsqu'il a dépassé les bornes ordinaires de ces sortes de libéralités.

La Cour royale de Paris l'a jugé par arrêt du 18 janvier 1825[1], en adoptant les motifs des premiers juges qui étaient ainsi conçus :

« Attendu que la dispense de rapport portée en l'art. 852 du Code civil est inapplicable à un trousseau de la valeur de celui remis à la dame Perrin, lequel ne peut être considéré comme un simple présent de noces. »

Le Code ne dispense, en effet, de rapport, les frais de noces et les présents d'usage, que parce qu'il suppose qu'ils ont été modiques, ou au moins proportionnés à la fortune de ceux qui les ont faits. Le trousseau donné à une fille en la mariant a été assimilé à un présent d'usage; mais si, sous ce nom, les parents lui ont fait un don passant les bornes de pareils présents, la disposition a

(1) SIREY, 25.2.341. — DALLOZ 26.2.6.

changé de nature ; elle est réputée n'avoir été qu'un avantage indirect qui, suivant l'art. 843, est sujet à rapport.

2° Si le trousseau a été déclaré par le contrat faire partie de la dot constituée en avancement d'hoirie, il est sujet au rapport comme le surplus de la dot.

« Considérant, a dit la Cour de cassation par arrêt du 11 juillet 1814[1], que les 3,000 fr., auxquels le trousseau donné à la feue dame Crusillat a été évalué, font partie des 20,000 fr. qui ont été constitués en dot ; que ces 3,000 fr. ont été stipulés, comme la dot entière, sujets au droit de retour au profit des donateurs, et qu'une semblable donation ne peut pas se confondre avec les présents d'usage et autres objets énoncés dans l'art. 852 du Code civil. »

Le trousseau, de même que les autres présents d'usage, n'a été dispensé de rapport que parce qu'il constitue moins une donation qu'un simple cadeau *extrà dotem*, mais si les constituants lui ont imprimé le caractère qu'ils ont donné à la dot, s'ils l'ont confondue avec elle et ont formé du tout l'objet de la même stipulation, ils ont fait perdre au trousseau sa nature première, et ils l'ont, comme le surplus de la dot, assujetti au rapport.

3° Les frais de nourriture et d'entretien peuvent être sujets à rapport s'ils ont constitué au profit d'un des enfants un avantage excédant la quotité disponible.

« Considérant, a dit la Cour royale de Nancy, par arrêt du 20 janvier 1830[2], que si, en général, les aliments fournis par un père à son enfant ne sont pas sujets à rapport, et si, d'après le même principe, les frais de nourriture, d'éducation et d'apprentissage en sont dispensés par l'art. 852 du Code civil, cette disposition ne doit pas être étendue aux frais de même nature qu'un père aurait faits en faveur d'un enfant majeur, marié, pourvu d'une dot, lorsque surtout ces dépenses, continuées pendant un grand nombre d'années, et embrassant toutes les charges d'un ménage, constituent un avantage immodéré qui dépasse toutes les bornes de la portion disponible. »

On sent qu'une pareille décision ne peut être rendue que dans des circonstances extraordinaires et avec une extrême circonspection. Outre les dispositions de l'art. 852 du Code, qui exempte de rapport les frais d'entretien et de nourriture, il est de principe que les pères et mères ont pu disposer à leur gré des fruits et revenus de leurs biens, sans que les enfants qu'ils ont appelés à y participer soient tenus d'en faire le rapport (art. 856).

Dans l'espèce jugée par la Cour de Nancy, la succession du père se trouvait

(1) Sirey, 14. 1. 279. — Dalloz, *Rec. alph.*, 10. 212. (2) Sirey, 30. 2. 323. — Dalloz, 30. 2. 219.

absorbée par les dettes. Les enfants n'avaient de recours, pour obtenir leur part dans la réserve, que sur les biens dont il avait disposé à titre gratuit. L'arrêt constate, en fait, que les frais de nourriture et d'entretien que le père avait supportés à l'égard de l'une de ses filles pour lui tenir lieu des intérêts de sa dot, avaient dépassé de beaucoup ces intérêts. La dot n'avait été que de 4,800 fr., et les 240 fr. qu'elle aurait dû produire n'avaient certainement pas suffi pour loger, nourrir et entretenir la fille et son mari, ainsi que les enfants nés de leur mariage, comme le père, par le contrat, s'y était obligé; il y avait donc eu avantage indirect lors de cette convention, et le bénéfice qu'en avait retiré la fille était sujet à rapport (art. 853); mais à défaut de convention semblable, les frais de nourriture et d'entretien fournis par un père à un de ses enfants ne sont aucunement, aux termes de l'art. 852, dans le cas d'être rapportés.

853. Il en est de même des profits que l'héritier a pu retirer de conventions passées avec le défunt, si ces conventions ne présentaient aucun avantage indirect lorsqu'elles ont été faites.

854. Pareillement, il n'est pas dû de rapport pour les associations faites sans fraude entre le défunt et l'un de ses héritiers, lorsque les conditions en ont été réglées par un acte authentique.

855. L'immeuble qui a péri par cas fortuit et sans la faute du donataire n'est pas sujet à rapport.

L'enfant doté par son père de la nue-propriété d'immeubles déterminés, mais sous la condition d'acquitter toutes les dettes que le donateur aura faites jusqu'au jour de son décès, doit néanmoins, s'il renonce à la donation, imputer sur sa légitime la valeur des biens qui lui ont été donnés quoiqu'ils aient été perdus, si ce n'a été que par un fait qui lui soit personnel.

La difficulté résidait principalement dans la question de savoir si le droit que le donateur s'était réservé de charger indéfiniment les biens donnés de dettes, avait empêché que la propriété de ces biens ne fût irrévocablement acquise au fils dès le jour de la donation.

Les premiers juges avaient ordonné l'imputation des biens donnés sur la légitime du donataire, en considérant[1], en droit « que la rétention d'usufruit de la propriété d'une chose donnée par contrat de mariage avec la condition d'acquitter les dettes du donateur lors de son décès n'en rend pas moins la donation

(1) Sirey, 11.2.178.

irrévocable; que le donataire contractant est saisi réellement et de fait de la chose donnée; que ce donataire, en renonçant aux biens qui lui furent donnés pour s'en tenir à sa légitime, doit en même temps rapporter à la masse commune tous les objets compris dans la donation, lorsque c'est par son fait ou par sa négligence qu'il en a été dessaisi; que, pour se dispenser de rapporter ou d'imputer sur sa légitime la propriété des biens qui lui furent donnés, le sieur de M..... ne peut se faire un titre de la vente qui en fut faite par la nation, soit à cause de son inscription sur la liste des émigrés, soit à cause de celle de son père sur la même liste, parce qu'ayant lui-même la propriété acquise de ces mêmes biens, ce fut par son fait personnel que cette vente eut lieu, de telle sorte qu'il doit s'en imputer la perte; *Res perit domino.* »

Devant la Cour, le fils soutenait qu'il avait pu, lors même qu'il serait devenu propriétaire incommutable des immeubles à lui donnés, renoncer à la donation pour accepter la succession de son père; que, par suite, ces biens étaient rentrés dans l'hoirie tels qu'ils se trouvaient au moment de son ouverture, sans que la perte qui en avait été éprouvée par un fait de force majeure dût être supportée par lui;

Qu'à plus forte raison devait-il en être ainsi lorsqu'il n'avait eu qu'une simple expectative du droit de recueillir ces biens, par la faculté que s'était réservée le donateur de les grever indéfiniment de dettes; qu'une pareille donation, tenant de celle à cause de mort, lui avait, à la vérité, conféré irrévocablement la qualité de donataire, mais non la propriété des biens dont le donateur avait conservé le droit de le priver; que ce n'avait point été là une simple charge de la donation, mais un obstacle qui avait été incompatible avec la transmission d'une propriété réelle, puisqu'autrement le donateur aurait pu disposer d'une chose qui ne lui aurait plus appartenu.

Ce système n'a point réussi; par arrêt du 20 avril 1811, la Cour royale de Paris a confirmé la décision des premiers juges: « Considérant, porte son arrêt, que par l'art. 4 de son contrat de mariage du 9 juillet 1780, de M.... aîné a reçu de son père la donation de plusieurs immeubles y désignés; que, dans les donations par contrat de mariage, la rétention de l'usufruit, la charge imposée des dettes futures, la faculté de renoncer pour prendre part dans la succession, n'altèrent point l'essence de la donation, son irrévocabilité de la part du donateur et l'effet qu'elle a de transmettre actuellement la propriété des biens donnés,

« Considérant que, pour être admis, dans tous les cas, à renoncer à la donation, l'enfant doté doit faire le rapport à la succession; que la vente opérée par confiscation de la totalité ou de partie des immeubles compris dans la donation dont il s'agit ne peut être réputée un fait de force majeure à la charge de la succession du père commun donateur; que, soit qu'il n'ait pu, soit qu'il n'ait voulu réclamer la propriété que lui donnait son contrat de mariage, et s'opposer aux ventes, M.... aîné a subi une perte personnelle dont les autres enfants donataires avant lui ne peuvent être rendus victimes. »

En thèse générale, le rapport des immeubles donnés doit être fait en nature; il n'y a d'exception que dans les cas exprimés par la loi (art. 855 et 859), si, notamment, ces immeubles ont péri par cas fortuit ou par suite d'une force majeure.

Il s'agissait donc, en premier lieu, de reconnaître si le fils avait été investi par la donation de la propriété des immeubles qui y avaient été compris, ou si tous ses droits avaient été réduits à une simple expectative; car, en ce cas, n'étant pas devenu propriétaire, la perte des biens n'aurait pas dû être supportée par lui.

Aux termes de son contrat de mariage, le fils avait reçu en dot de son père la nue-propriété de biens certains et déterminés; cette nue-propriété lui avait été attribuée à l'instant même, et sa translation en la personne du fils n'avait été soumise à aucune condition, le père s'en étant de suite irrévocablement dépouillé. On ne pouvait donc assimiler cette donation à une simple expectative, comme l'étaient autrefois les institutions d'héritier, comme le sont encore de nos jours les donations de biens à venir, ou des biens présents et à venir, lorsqu'on n'y a pas annexé un état des dettes du donateur (art. 1085).

A la vérité le fils s'était soumis à payer toutes les dettes, même futures, de son père. Cette stipulation, permise dans un contrat de mariage, n'avait point empêché que la propriété des biens ne lui eût été transmise; elle n'avait formé qu'une charge de cette transmission, sans en détruire l'effet; la condition avait seule été éventuelle, l'acquisition de la propriété ne l'avait pas été.

Il n'aurait pas suffi que le fils fût devenu propriétaire des biens à lui donnés pour qu'il dût en faire rapport à la succession de son père, si ces biens n'avaient péri que par cas fortuit ou par suite d'une force majeure. Il y avait eu, dans l'espèce, confiscation des deux patrimoines, à raison de l'émigration du père et du fils; du chef du père, l'Etat n'aurait eu que l'usufruit à vendre; investi révolutionnairement des droits du donataire, il avait pu disposer aussi de la nue-propriété. Or, l'émigration, si elle n'était une faute, avait au moins été un fait personnel, et dès lors le fils, par le fait de qui la nue-propriété des biens avait été vendue, était tenu d'en imputer la valeur sur les droits qu'il venait exercer sur la succession de son père.

Nous n'avons plus de confiscation à redouter aujourd'hui, mais plusieurs causes de perte de biens donnés sous la condition d'acquitter des dettes futures pouvant faire renaître la question, il n'a pas paru inutile de rappeler l'arrêt et les principes qui doivent servir à la décider.

856. Les fruits et les intérêts des choses sujettes à rapport ne sont dus qu'à compter du jour de l'ouverture de la succession.

1° Les arrérages d'une rente à prendre sur un tiers, ou que le donateur a constitués sur lui-même et qui étaient encore dus au jour de son décès, peuvent être exigés par le donataire quoiqu'il se soit porté héritier, et ne sont pas sujets à rapport.

La question s'est présentée devant le tribunal civil de la Seine, qui, par jugement du 1er mars 1815[1], a déclaré qu'un héritier, qui même n'avait accepté que sous bénéfice d'inventaire, était mal fondé à réclamer les arrérages échus au décès du donateur, de la rente que celui-ci avait constituée sur lui-même au profit de cet héritier.

« Considérant, porte ce jugement, que, lorsque la loi dispose que l'héritier bénéficiaire conserve le droit de réclamer contre la succession le paiement de ses créances, il faut distinguer entre les créances ordinaires et celles résultantes de dons et legs qui s'éteignent ou qui sont sujettes à rapport, et que ces créances, devenant éventuelles, ne peuvent être répétées ou exercées qu'autant que l'héritier bénéficiaire fait l'option que la loi lui défère ; que cette obligation du rapport, déterminé par les lois anciennes, se trouve encore consacrée par l'art. 843 du Code civil ;

« Considérant d'ailleurs que le droit commun de la France et la jurisprudence des arrêts ont également consacré en principe, que les fruits et intérêts non perçus par l'un des successibles pendant la vie du défunt n'étaient plus exigibles, parce qu'ils rentraient dans les objets sujets à rapport ; que le sieur Chassériaux y serait d'autant plus assujetti que la donation porte sur une rente annuelle, dont le capital ne se trouve énoncé qu'en faveur de sa libération, et pour le cas où la demoiselle Bertin voudrait éteindre cette prestation annuelle. »

La Cour royale de Paris a confirmé ce jugement, par arrêt du 26 décembre 181 , qui a beaucoup plus porté sur la question de savoir si l'héritier qui avait accepté la succession sous bénéfice d'inventaire pouvait, en y renonçant ensuite, se soustraire à l'obligation de rapporter à ses cohéritiers ce qui lui avait été donné, question dont nous nous sommes occupé sur l'art. 802, n° 3 ; quant à celle que nous examinons, la Cour s'est bornée à dire « que l'héritier bénéfic est, comme l'héritier pur et simple, obligé de rapporter à la succession les donations faites par la défunte, conformément à l'article 813 du Code civil ; qu'ainsi la modification du bénéfice d'inventaire est sans effet à l'égard des cohéritiers entre eux. »

Sur le pourvoi, cet arrêt a été cassé en cette partie par arrêt de la Cour de cassation, du 31 mars 1818[2].

« Considérant 1° qu'aux termes de l'art. 581 du Code civil, les arrérages d'une rente perpétuelle ne peuvent être considérés que comme des fruits civils ; qu'ainsi l'arrêt attaqué a contrevenu à cette disposition en jugeant que les arrérages de la rente dont il s'agit constituaient un capital ; 2° que la section du Code civil, intitulée *des Rapports*, forme sur la matière une législation complète, qui seule doit servir de règle aux tribunaux ; qu'aux termes de l'art. 856, « les fruits et intérêts des choses sujettes à rapport ne sont dus qu'à compter « du jour de l'ouverture de la succession ; » que si la succession ne peut réclamer comme chose à elle due que les fruits échus postérieurement à son ouverture, il suit qu'elle n'a aucun droit sur ceux échus antérieurement ; que ceux-ci, par

(1) SIREY, 16. 2. 41. (2) SIREY 18. 1. 213. — DENEVERS, 16. 1. 227.

conséquent, sont la propriété exclusive de l'héritier donataire ; qu'ils ne peuvent en aucun cas faire partie de la masse héréditaire ni entrer en partage; que les conséquences nécessaires de ce principe sont: que l'héritier donataire qui a perçu ces fruits n'est pas tenu à en faire le rapport; que, s'il ne les a pas perçus, il a droit d'en exiger les arrérages ; qu'il a le droit de les exiger, soit quand ils sont dus par le donateur lui-même, soit quand ils sont dus par des tiers, car l'art. 856 est conçu en termes absolus qui n'admettent aucune distinction, qui, par conséquent, écartent toutes celles que les défendeurs proposent et que la jurisprudence de quelques Parlements n'avait introduites que d'après la disposition de coutumes qui n'existent plus;

« Considérant, 3° que l'art. 856, accordant à l'héritier donataire le droit de percevoir les fruits dont il s'agit, lui permet nécessairement de cumuler, quant à la perception de ces fruits, la qualité d'héritier et celle de donataire ; ce qui écarte, dans l'espèce, tout ce que les défendeurs opposent contre le cumul de ces deux qualités. »

Nous n'avons point à nous occuper de l'ancienne jurisprudence, mais pendant sa durée, comme depuis le Code, le donataire était saisi, du jour de la donation, de la propriété des choses données; il devait les rapporter s'il se portait héritier même bénéficiaire, mais il n'en devait les fruits qu'à compter de la mort du donateur. Ce principe était général, et ne recevait aucune exception.

On a cependant voulu établir une différence entre les fruits perçus et ceux encore dus au moment du décès du donateur. Cette distinction n'est aucunement dans la loi. La date de l'échéance des fruits et revenus est seule à considérer; tous ceux dus au décès du donateur ont été acquis au donataire, et son droit ne peut être perdu parce qu'il aurait négligé ou qu'il aurait été dans l'impossibilité de les percevoir.

La dispense de rapporter ces fruits ou revenus ne peut blesser l'égalité requise en tout partage, parce que cette égalité n'est à établir qu'à l'égard des biens à partager, et que les choses non sujettes à rapport n'en forment point partie. Il en est de même à l'égard de la réserve légale des enfants du donateur, qui ne peut s'exercer que sur les biens dépendant de l'hoirie ou que l'on doit y rapporter.

M. Merlin distingue cependant les arrérages d'une rente donnée et qui a été à prendre sur un tiers, de ceux de la rente que le donateur a constituée sur lui-même. Il avoue que les premiers, quoique non perçus au décès, ne sont pas sujets au rapport, mais il y assujettit les autres. « Ces arrérages, dit-il, ne sont pas des fruits provenant d'une chose devenue étrangère au donateur ; c'est lui-même qui les doit, et il les doit, parce qu'il les a donnés; ses héritiers ne pourraient donc continuer de les devoir qu'autant que le donataire conserverait sa qualité; ils ne les doivent donc plus à ce donataire qui devient leur cohéritier, puisqu'en devenant leur cohéritier il cesse d'être donataire. »

Le donataire ne peut assurément rien réclamer des biens donnés, du moment qu'en acceptant l'hoirie il en a perdu la propriété, mais il a dû jouir de ces biens tant que la donation a produit ses effets, et il n'y a pas en cela cumul des qualités; elles se sont au contraire exclues l'une l'autre. Le donataire est resté tel tant que le défunt a vécu, et il a eu droit, à ce titre, aux fruits et arrérages des biens dont la donation l'avait rendu propriétaire. Il n'a perdu sa qualité de donataire que du moment qu'il est devenu héritier, et ce n'est que depuis lors que les revenus des biens donnés, ayant cessé de lui appartenir, ne peuvent être réclamés par lui. Vouloir que, parce qu'il est devenu héritier, il ne puisse demander ce qu'il a acquis pendant qu'il était donataire, c'est faire rétroagir sa nouvelle qualité et méconnaître celle dont auparavant il était investi; c'est contrevenir aux dispositions de l'art. 856 du Code, qui ne lui font perdre les fruits des biens à lui donnés qu'à compter seulement du décès du donateur.

Dès avant l'arrêt de la Cour de cassation que nous venons de rapporter, la Cour royale de Paris avait reconnu les principes qui y sont consacrés, et, par arrêt du 23 juin 1818 [1], elle avait autorisé des donataires d'une rente que le défunt avait constituée sur lui-même à en réclamer les arrérages échus jusqu'au décès du donateur, sans être tenus d'en faire le rapport.

« Considérant que, suivant l'art. 309 de la coutume de Paris et l'art. 856 du Code civil, les fruits et intérêts des choses sujettes à rapport ne sont dus qu'à compter du jour de l'ouverture de la succession; d'où il suit que la succession n'a aucun droit aux fruits et intérêts échus antérieurement au décès des père et mère donateurs;

« Considérant qu'à l'égard des fruits non perçus au jour du décès, la coutume de Paris n'établissait aucune prescription, et que l'art. 2277 du Code civil ne peut régir les actes de la cause;

« Considérant que les fruits et intérêts des dots appartiennent au mari, et le constituent personnellement créancier des père et mère donateurs jusqu'au jour de leur décès; que les dettes de la succession devant être prélevées sur la masse active, tous les droits des héritiers, même légitimaires, ne peuvent nuire aux créanciers. »

2º L'héritier qui, après avoir joui de sa part dans les biens de la succession, renonce à sa qualité d'héritier pour accepter celle de légataire, doit restituer tous les fruits qu'il a perçus jusqu'au jour où il a demandé la délivrance de son legs.

On se prévalait pour soutenir le contraire de ce que l'héritier avait perçu ces fruits de bonne foi, ce qui, aux termes des principes de la matière, devait le dispenser de les restituer. La Cour royale de Paris, par arrêt du 25 mars 1829 [2], n'en a pas moins condamné l'héritier renonçant à rapporter ces fruits jusqu'au jour de sa demande en délivrance.

(1) SIREY, 19. 2. 34. — DENEVERS, 17. 2. 39. (2) DALLOZ, 32. 1. 80.

« Attendu, porte l'arrêt, que la coutume de Paris, sous l'empire de laquelle ladite succession s'est ouverte, ne permettait pas de cumuler les deux qualités d'héritier et de légataire ; d'où il suit qu'en optant pour la qualité de légataires universels, le président Pinon et le marquis de Maupas ont, par cela même, renoncé à tous les droits et émoluments, de quelque nature qu'ils puissent être, dévolus à la qualité d'héritiers, pour s'en tenir à ceux qui résultaient en leur faveur du legs universel, et que cette renonciation a rétroagi au jour de l'ouverture de la succession ;

« Que l'héritier est saisi de plein droit de la succession, et, par conséquent, des fruits qu'elle a produits dès le jour de son ouverture, tandis que le légataire n'y a droit qu'à compter du jour de sa demande en délivrance ; qu'ainsi, dans l'espèce, tous les fruits devaient appartenir, jusqu'au jour de la demande en délivrance, à la dame de Champgrand, à l'exclusion du président Pinon et du marquis de Maupas ;

« Que la possession de bonne foi, opposée par les légataires, ne les dispense pas de restituer les fruits par eux perçus, parce que, jusqu'à la liquidation définitive d'une succession, la répartition des fruits, opérée de fait entre les ayants droit, ne saurait jamais être que provisoire et sujette à toutes les chances que peut amener le résultat de cette liquidation... »

La Cour de cassation a rejeté, par arrêt du 9 novembre 1831, le pourvoi exercé contre cet arrêt.

« Attendu qu'en droit la saisine et la possession des biens de la succession appartiennent à l'héritier, et que tous les fruits échus depuis l'ouverture accroissent à l'hérédité, tandis que le légataire n'y a droit qu'à dater de sa demande en délivrance du legs ;

« Attendu qu'à la vérité il est aussi de principe que le possesseur de bonne foi fait les fruits siens ; mais que ce principe ne saurait être invoqué par celui qui, après avoir pris sa part dans une succession, y renonce postérieurement pour un plus grand avantage et pour s'en tenir au legs qui lui a été fait ; qu'en prenant la qualité de légataire il perd celle d'héritier, et que dès lors il n'existe plus de raison pour ne pas accorder à l'héritier qui, à son défaut, conserve la succession, tous les fruits qui ont dû en accroître l'importance. »

Le possesseur de bonne foi ne fait les fruits siens que lorsque sa jouissance était fondée sur un titre dont il ignorait le vice ; celui qui possède sans titre ne peut jamais être réputé avoir été de bonne foi. Dans l'espèce, les renonçants avaient eu un juste titre qui résultait de leur qualité d'héritiers et du partage auquel ils avaient fait procéder ; mais, depuis, ils avaient répudié l'hoirie pour s'en tenir à leur qualité de légataires universels. Ils avaient donc détruit eux-mêmes le titre qui, joint à leur bonne foi, leur aurait fait conserver les fruits par eux perçus, et dès lors leur bonne foi ne pouvait plus suffire. Ils avaient joui du bien d'autrui sans titre, et ils ne pouvaient s'en être enrichis. Ils ne se trouvaient plus que dans la position d'un légataire qui, s'étant mis en possession du legs avant d'en avoir obtenu délivrance, n'a pas acquis de droits sur les fruits et doit les restituer à l'héritier légitime.

3° Les fruits et intérêts des biens dont la femme mariée sous le régime dotal doit faire le rapport à la succession de ses père et mère ou autres donateurs, ne sont-ils dus que par le mari et non par la femme?

La Cour royale de Toulouse a décidé, par arrêt du 24 décembre 1835[1], que le rapport de ces fruits et intérêts ne pouvait être demandé qu'au mari.

« Attendu que, dans le procès devant le tribunal de Montauban, il était question du partage de la succession de feu Bringuier; que, d'après ce partage, il fut reconnu que la dot de 13,725 fr. constituée à la demoiselle Bringuier, épouse Théron, devait être retranchée, comme excessive en capital, à concurrence de 4,771 fr. 61 c., et en intérêts, à concurrence, échus depuis la mort de Bringuier père;

« Attendu que les héritiers Bringuier ayant demandé le paiement de ces deux sommes contre la dame Bringuier, épouse Théron, et contre son mari, celui-ci, détenteur de la dot, et qui en avait la jouissance, le tribunal a condamné ceux-ci cumulativement au paiement de ces deux sommes; d'où il résulte que, n'y ayant pas de solidarité entre eux, le mari et la femme sont censés condamnés chacun en leur qualité personnelle, c'est-à-dire la femme pour le capital retranché de la dot, et le mari pour les intérêts qu'il a perçus, et auxquels lui seul avait des droits;

« Attendu que cette condamnation ne forme pas aujourd'hui une fin de non-recevoir contre la femme, de nature à ce qu'elle ne puisse demander que les intérêts du capital retranché ne soient pas pris sur le montant de sa dot;

« Attendu, au fond, que la dot de la femme, dont le mari est détenteur, ne peut être dissipée pendant le mariage; on ne peut, dès lors, diminuer cette dot en lui faisant supporter les intérêts courus pendant le mariage, dont la femme n'avait ni la propriété ni le droit de les percevoir. Peu importe qu'il s'agisse de rapporter sa dot dans une instance en partage avec son cohéritier; la dot ne peut pas perdre pour cela le privilége de ne pouvoir être diminuée autrement que lorsqu'elle excédera en capital la quote légale que la femme doit prendre dans la succession. »

Les premiers motifs de cet arrêt ne sont relatifs qu'à une exception que l'on tirait de l'autorité qu'avait acquise un jugement passé en force de chose jugée, dont nous n'avons pas à nous occuper. Au fond, et en droit, la question n'a pas d'intérêt si le mari est solvable; mais, s'il ne l'est pas, on ne peut croire que les héritiers n'aient pas le droit de contraindre personnellement la femme au rapport des fruits et intérêts des biens qu'elle rapporte, ou de les imputer sur la part devant lui revenir par l'effet du partage.

La dot de la femme mariée sous le régime dotal ne peut être dissipée pendant le mariage, la femme ne peut l'aliéner ou l'hypothéquer que dans les cas déterminés par la loi; mais au nombre des obligations qui lui sont légalement impo-

(1) DALLOZ, 37. 2. 14.

sées se trouve celle de faire le rapport à la succesion des donateurs, si elle l'accepte, de toutes les choses qu'elle en a reçues, les eût-elle soumises au régime dotal. Ce ne sont pas seulement de ces choses dont la femme doit effectuer le rapport, mais de tout ce qu'elles ont produit depuis l'ouverture de la succession des donateurs. Les biens donnés ayant cessé d'appartenir à la femme du jour de cette ouverture, elle n'a plus eu de droit à ce qu'ils ont procuré. L'obligation de rapporter ces fruits et revenus, le cas échéant, a été imposée à la femme par le fait de la donation qui lui a été consentie, et comme une condition inhérente au bienfait. La femme a contracté envers le donateur, stipulant pour ses héritiers, l'engagement de l'opérer, et elle n'a pu se soustraire à cette obligation en affectant les biens donnés au régime dotal. (Voyez cependant le n° 3 sur l'art. 776.) Lors même que la donation aurait été faite par le contrat de mariage, le donateur, à moins d'une convention expresse, ne pourrait être réputé avoir renoncé aux droits de ses héritiers, et les dispositions du contrat devraient être conciliées les unes avec les autres, de manière à procurer à chacune d'elles l'exécution qui lui est propre (art. 1161 du Code civil). La femme est donc toujours tenue personnellement du rapport des choses qui lui ont été données et de ses conséquences; elle ne peut, après avoir joui ou procuré à un autre le droit de jouir des revenus de biens devant être réputés dépendre de la succession des donateurs, se dégager de la nécessité d'en tenir compte, et venir réclamer sa part tout entière de la succession, en renvoyant ses cohéritiers à se pourvoir contre son mari, qui ne leur doit rien directement et qui peut être insolvable.

Le rapport n'est en effet dû que par l'héritier à ses cohéritiers (art. 857). Les tiers ne peuvent en être tenus que comme détenteurs. Si ces tiers doivent des fruits, ce n'est qu'à compter du jour où la demande leur en a été formée, et ce n'est pas à titre de rapport, mais de restitution. Les héritiers n'ont d'action que contre la femme leur cohéritière, qui doit faire le rapport en moins prenant sur sa part. La femme seule a contre son mari une action personnelle. Ayant cessé d'avoir droit aux fruits en question depuis le jour où la succession s'est ouverte, son mari n'a pu se les approprier; il a reçu ce qui n'appartenait plus à sa femme, et il doit indemniser celle-ci du rapport qu'elle a été obligée d'en opérer. Le mari le doit d'autant plus qu'il est appelé à jouir, à compter du décès, de tous les biens que la femme aura obtenus pour sa part, et qu'il sera ainsi dédommagé des fruits dont il devra l'indemniser.

4° Le cohéritier entre les mains de qui il a été laissé, du consentement de tous les intéressés, une somme dépendant de la succession commune à la charge de la représenter à première réquisition, n'en doit les intérêts qu'à compter du jour où il a été mis en demeure de la restituer.

La Cour royale d'Agen, par arrêt du 26 juillet 1832[1], avait condamné, en pa-

(1) Dalloz, 36. 1. 299.

reil cas, un héritier à payer ces intérêts à compter du jour où la somme lui avait été remise; mais cet arrêt a été cassé par arrêt de la Cour de cassation, du 19 juillet 1836.

« Vu l'art. 1936 du Code civil; attendu que les demandeurs ne pouvaient être tenus à restituer la somme de 4,639 fr., trouvée dans la succession du sieur Delachaise au moment de son décès, qu'à titre de dépositaires. »

L'arrêt constate ensuite, en fait, que la somme en question ne leur avait été remise qu'à ce titre, pour la représenter quand et à qui il appartiendrait, et il ajoute « que cette somme aurait ainsi été laissée entre les mains desdits sieur et dame de Montvers, à titre de dépositaires, et qu'alors, aux termes de l'art. 1936 du Code civil, les intérêts ne devaient être à leur charge qu'à dater de l'époque où ils auraient été mis en demeure d'en faire la restitution. »

Il ne peut, sur une question pareille, y avoir de difficulté que sur le point de fait. S'il est reconnu que l'héritier n'a réellement reçu les sommes qu'on lui réclame qu'à titre de dépositaire, il n'est tenu que des obligations que lui a imposées ce contrat. Il n'a pu se servir de la somme déposée (art. 1930); il serait dès lors injuste de lui en faire payer des intérêts, si ce n'est du jour où il a été mis en demeure de la rendre (art. 1936).

Il en est tout autrement des choses dont l'héritier doit, comme donataire ou comme avantagé, faire le rapport à la succession, car il a pu disposer de ces choses. La présomption légale est qu'il en a retiré tout ce qu'elles étaient susceptibles de produire, et, comme il a cessé d'en être propriétaire du jour de l'ouverture de la succession, les intérêts de ces choses ont aussi cessé, dès ce jour, de lui appartenir, et il en doit faire le rapport, comme l'ordonne l'art. 856.

857. Le rapport n'est dû que par le cohéritier à son cohéritier; il n'est pas dû aux légataires ni aux créanciers de la succession.

1° L'enfant donataire ou légataire par préciput de la quotité disponible peut exiger le rapport fictif de tous les dons faits par le défunt, à l'effet de faire reconnaître sur la masse de la succession le montant de la portion dont celui-ci a pu disposer.

(Voyez le n° 1 sur l'article 845.)

2° Le même droit peut être exercé par tout donataire ou légataire de la portion disponible, quoiqu'il ne soit point au nombre des héritiers.

Ce principe, qui n'est qu'une conséquence de ceux que nous avons énoncés, a été établi par un arrêt de la Cour royale de Rouen, du 31 décembre 1832[1].

(1) SIREY, 34. 1. 12. — DALLOZ, 34. 1. 75.

« Attendu, y est-il dit, que M. de Veulles a légué à son épouse un quart en propriété et jouissance et un quart en usufruit pendant sa vie, sans fournir caution, de tous les biens, meubles et immeubles, qui se trouveront composer sa succession; que cette disposition est conforme à celle de l'art. 1094 du Code civil, qui permet à un époux de donner à son conjoint ou un quart en propriété et un autre quart en usufruit, ou la moitié de tous ses biens en usufruit seulement; qu'ainsi il résulte des dispositions du testament de M. de Veulles, sainement entendu, qu'il a voulu léguer et qu'il a véritablement légué, en faveur de son épouse, la quotité disponible; que, s'il existe quelque différence entre les dispositions de M. de Veulles et celles de la loi, il est évident que celles du testateur n'ont été faites que dans le plus grand intérêt de son épouse, en ajoutant ces mots : *jouissance, dispense de donner caution;* et ceux-ci : *qui se trouveront composer sa succession;* voulant ainsi que le legs s'étendît, soit aux acquisitions qu'il pourrait ultérieurement faire, soit aux donations et successions qu'il pourrait recueillir, et même à la donation en avancement d'hoirie faite à sa fille, d'après les sacrifices consentis par la dame de Veulles lors du contrat du 20 février 1823; qu'ainsi, s'il s'agissait d'interpréter le testament de M. de Veulles, il faudrait le faire de la manière la plus large et la plus favorable à la légataire, puisque le testateur a disposé en faveur de son épouse de toute la quotité disponible déterminée par l'art. 1094; que c'est équivoquer sur les mots que de s'attacher à celui de succession, pour en induire que les biens dont il avait antérieurement disposé en faveur de sa fille ne composaient plus sa succession à l'époque de son décès, puisqu'il s'en était dessaisi; qu'à la vérité M. de Veulles en avait disposé, mais seulement à titre d'avancement d'hoirie, et que dès lors il faudrait se reporter aux principes consacrés, sur ce point, par la jurisprudence;

« Attendu que l'avancement d'hoirie n'est qu'une remise anticipée de la part que l'enfant donataire est appelé à recueillir dans la succession de son père; que la chose ainsi donnée prend nécessairement le caractère qu'elle aurait si le donataire ne la recevait qu'à l'époque de l'ouverture de la succession; qu'il ne peut pas dépendre de la volonté de l'enfant donataire de changer ce caractère; qu'il ne peut avoir que ce que le père a voulu lui donner; que M. de Veulles, en donnant par avancement d'hoirie, a voulu se réserver la faculté de léguer, conformément à la loi, la quotité disponible, et que cette quotité ne peut être affaiblie en retranchant de la masse à partager les biens qui, donnés à titre d'avancement d'hoirie, forment une partie intégrante de la succession; que les biens donnés à titre d'avancement d'hoirie composent une partie de l'hérédité et concourent à régler, suivant la volonté du donateur, la masse et la valeur de ceux à partager entre tous les ayants droit; que c'est d'après ce principe qu'aux termes de l'article 922 du Code civil la réduction se détermine en formant une masse de tous les biens existants au décès du donateur ou testateur; qu'on y réunit fictivement ceux dont il a été disposé par donation entre-vifs, d'après leur état à l'époque des donations et leur valeur au temps du décès du donateur, et qu'on calcule sur tous ces biens, après en avoir déduit les dettes, quelle est, eu égard à la qualité des héritiers qu'il laisse, la quotité dont il a pu disposer; que les dispositions de l'art. 922 sont claires et précises et suffisent pour écarter l'argument tiré par les premiers juges de ces mots: *biens qui composeront la succession*, puisque, suivant cet article, on doit former une masse de tous les biens existants au décès du testateur, et auxquels on réunit fictivement ceux dont il a disposé; que c'est au décès du testateur, c'est-à-dire au moment de l'ouverture de la succession, qu'il faut se reporter pour connaître les biens qui la composent et auxquels il faut réunir fictivement ceux dont il a déjà disposé, afin de connaître l'étendue des dons et legs qu'il a pu faire ultérieurement; qu'il importe peu que le testateur laisse un ou plusieurs successibles, qu'il donne à son épouse ou à un étranger la quotité disponible; que le législateur a abandonné cette quotité à la volonté du testateur, et que ce serait porter atteinte à cette volonté que de distraire de la masse de sa succession les biens qu'il a déclaré vouloir y être compris, par cela seul qu'il ne les a donnés qu'en avancement d'hoirie, et, comme tels, devant être rapportés pour composer sa succession intégrale. »

Le pourvoi contre cet arrêt a été rejeté par la Cour de cassation, le 8 janvier 1834.

« Considérant, porte ce dernier arrêt, que la Cour royale a déclaré, en interprétant la volonté et les dispositions du sieur de Veulles, exprimées dans son testament, qu'il voulut assurer à son épouse la quotité disponible déterminée par l'art. 1094 du Code civil;

« Qu'aux termes de l'art. 922 du même Code le donataire ou le légataire de la portion disponible a le droit de demander la réunion fictive des biens dont il a été disposé par donation entre-vifs, afin de connaître la consistance générale de l'hérédité, et afin de fixer la valeur de la quotité disponible; que cette réunion fictive dérive, en ce qui concerne les successibles, de la nature et du caractère des avancements d'hoirie, qui ne sont, en réalité, que des remises anticipées des parts que les donataires recueilleront un jour dans la succession;

« Considérant que l'art. 857 du même Code ne contrarie nullement cette réunion fictive; qu'en effet la règle établie par cet article ne s'applique qu'aux rapports réels, différents de la réunion fictive prescrite par l'art. 922; que, par conséquent, quoique l'art. 857 dispense le donataire en avancement d'hoirie, dans son intérêt, du rapport réel de l'objet donné, le donataire de la portion disponible n'en a pas moins le droit de demander la réunion fictive, afin de connaître la quotité de l'hérédité et de faire fixer la portion disponible. »

La Cour royale de Paris avait déjà rendu, le 20 février 1809[1], un arrêt conforme à ces principes, et dans une espèce identique.

« Considérant, avait-elle dit, qu'une part d'enfant se prend sur la masse de la succession, telle qu'elle doit être composée, et que dans sa composition entrent nécessairement toutes les donations faites en avancement d'hoirie et rapportables à la succession, quelle que soit la date de ces donations, antérieures ou postérieures au second mariage. »

(1) SIREY, 9. 2. 257. — DALLOZ, *Rec. alph*, 6. 286.

Ainsi les donations, même en avancement d'hoirie, si le rapport en nature n'en est pas fait à la succession, celles par préciput faites à un héritier, celles enfin qui auraient eu lieu au profit d'un non-successible, doivent être rapportées fictivement à la succession, pour servir à régler quelle a été l'étendue de la quotité disponible, mais avec cette différence que toutes celles qui ne pourront être imputées sur la réserve légale qui serait due aux donataires devront l'être en totalité sur la quotité dont il a été permis au défunt de disposer.

3° Les créanciers d'un héritier peuvent, comme exerçant les droits de leur débiteur, demander aux autres héritiers le rapport à la masse des biens qu'ils ont reçus du défunt.

Nous posons ce principe et nous n'avons point d'arrêt pour le soutenir; il en existe même un contraire; mais nous avons les dispositions de la loi et l'avis unanime des auteurs anciens et modernes.

L'arrêt a été rendu par la Cour royale de Toulouse, le 16 juin 1835 [1]; il est ainsi conçu;

« Attendu que si l'on ne peut méconnaître que, d'après l'art. 1166 du Code civil, le droit du créancier s'arrête et devient inerte en présence d'un droit exclusivement personnel à son débiteur, Me Saintgés ne pourra se prévaloir de l'existence de cette constitution, si l'action, pour la faire rentrer dans la masse héréditaire, constitue un droit de ce genre;

« Attendu que, ce résultat ne pouvant être obtenu que par la voie du rapport, il demeure certain, d'après les dispositions de l'art. 857 du Code civil, que l'action qui peut l'amener est inhérente à la qualité d'héritier et constitue dès lors un droit personnel. Si les termes si énergiques et si précis de cette disposition avaient besoin, pour leur intelligence, de quelques développements, ne résulteraient-ils pas, de la manière la plus lumineuse, des motifs qui ont fait autoriser l'action en rapport? Cette action porte évidemment atteinte à un acte précédemment parfait, et dès lors irrévocable; cependant la loi le modifie, mais uniquement pour maintenir la règle salutaire de l'égalité entre cohéritiers. Aussi le droit romain, dont notre droit nouveau a, à cet égard, adopté les principes, place-t-il, en tête du titre où il réunit les lois qui régissent cette matière, ces expressions remarquables: *Hic titulus habet manifestam æquitatem. Prætor consequens esse credit ut sua bona in medium conferant, qui appetant paterna.* Leg. 1, ff. *de col. bon.*

« Dès lors, celui-là seul qui doit profiter du rapport a le droit de le demander; cette action est donc interdite au créancier, puisqu'il lui est inhibé de se prévaloir de son résultat. Le droit de demander le rapport, disent les auteurs des Pandectes françaises sur l'art. 1166 du Code civil, est un droit personnel à l'héritier, que les créanciers ne peuvent pas exercer. Donc, Me Saintgés ne pouvant exercer un

(1) Sirey, 35. 2. 522.

pareil droit, l'action, respectivement à lui, est censée ne pas exister dans la succession de feu Pontneau ; donc, à son égard, l'assertion des premiers juges conserve toute sa force. »

Un principe incontestable, reconnu par cet arrêt et qui résulte des termes précis de l'art. 1166 du Code civil, est que les créanciers peuvent exercer tous les droits et actions de leur débiteur, à l'exception de ceux qui sont exclusivement attachés à sa personne. C'est de cette exception que la Cour de Toulouse s'est prévalue pour ne point accorder aux créanciers d'un héritier le droit de demander, comme aurait pu le faire celui-ci, le rapport à la masse des avantages que les autres héritiers avaient reçus du défunt ; mais ce droit est-il donc tellement attaché à la personne de l'héritier que nul ne puisse l'exercer en son nom?

Pour qu'un droit doive être réputé exclusivement attaché à la personne de celui qui est appelé à l'exercer, il faut qu'il n'ait été accordé à cette personne qu'à raison d'un pouvoir qui ne peut appartenir qu'à elle; ou d'une faculté que nul ne peut la contraindre d'exercer. Tels sont les droits qui résultent de la puissance paternelle, de celle maritale ; telle est la poursuite en réparation d'injures, de calomnies et des dommages qui ont pu en résulter. La femme seule peut demander à être séparée de son mari, soit de corps, soit de biens ; elle seule, son mari ou leurs héritiers, peuvent se prévaloir de la nullité des engagements qu'elle a contractés sans y avoir été autorisée ; le mineur, et ses héritiers après lui, peuvent seuls poursuivre l'annulation des engagements illégaux qui ont lésé le mineur ; les parties contractantes sont seules à même de réclamer contre la violence, l'erreur, le dol, à l'aide desquels leur consentement a été surpris ou extorqué. Ces exemples sont plus que suffisants pour faire connaître [illegible] telle nature doivent être certains droits pour être tellement attachés à la [illegible]ne que les tiers, même intéressés à s'en prévaloir, ne puissent les exercer au nom de ceux à qui ils appartiennent.

Le droit de demander le rapport à la succession des choses qui y sont sujettes fait essentiellement partie de ceux qui appartiennent à tout héritier ; mais il n'est point attaché à la personne du successible, il ne l'est qu'à sa qualité d'héritier ; il ne touche en rien à ces points délicats que ceux appelés à les mettre au grand jour peuvent seuls apprécier ; il ne tend qu'à empêcher que, contre la volonté de la loi, et si le défunt n'en a point manifesté une contraire, il ne s'établisse entre les héritiers une inégalité qui serait contraire à la nature du partage qu'il s'agit de faire entre eux.

Or, le droit de se porter héritier n'appartient pas seulement à chaque successible, mais à ses créanciers. S'il y renonce à leur préjudice, l'art. 778 permet à ceux-ci de se faire autoriser à l'exercer à sa place. Les droits de l'héritier ne sont donc point exclusivement attachés à sa personne, et ils ne font pas ainsi partie de ceux portés en l'exception de l'art. 1166. Si les créanciers obtiennent l'autorisation nécessaire pour accepter l'hérédité au nom de leur débiteur, ou si, l'héritier ayant accepté, ses créanciers demandent, aux termes de l'art. 1166, à exercer ses droits, tous ceux de cet héritier se concentrent dans leurs mains ; ils peuvent tout ce qu'il aurait pu lui-même, et conséquemment ils sont fondés à demander le rapport des choses qui y sont sujettes comme l'aurait pu l'héritier.

S'il en était autrement, les créanciers n'obtiendraient pas dans la succession toute la part à laquelle leur débiteur a le droit de prétendre; les héritiers qui seraient dispensés du rapport conserveraient, sans droit, les biens que leur a donnés le défunt. Un accord condamnable pourrait se former entre eux et l'héritier débiteur pour arriver à frustrer les créanciers réclamants et à laisser une partie des biens échappés à leurs poursuites, et ce n'est assurément pas ce qu'a voulu la loi.

Aussi Pothier enseigne-t-il en son *Traité des Successions*, chap. III, § VI, que « les créanciers peuvent, comme exerçant les droits de leur débiteur, exiger de l'enfant donataire le rapport que leur débiteur aurait droit d'exiger; car c'est un droit qui lui est acquis et qu'il ne peut remettre en fraude de ses créanciers; » et au chap. IV, § VI, il ajoute « que l'enfant ne peut pas, pour s'en défendre, opposer le principe qu'il ne doit le rapport qu'à son cohéritier; car les créanciers ne le lui demandent que comme effectivement dû à ce cohéritier leur débiteur dont ils exercent les droits. »

Lebrun, *Traité des Successions*, livre III, chap. VI, sect. II, n° 68, donne les raisons de douter de ce principe; puis il ajoute au numéro suivant : « J'estime que le créancier exerçant les droits d'un héritier qui est son débiteur peut demander le rapport, parce qu'en France nous admettons les créanciers à se porter héritiers et à exercer tous les droits qui appartiennent à leur débiteur dans une succession, encore même qu'il voulût y renoncer; en quoi notre droit est différent du droit romain, comme le fait observer Mornac... Le rapport n'est point un droit personnel attaché à la personne des héritiers, il se fait plutôt à la masse de la succession qu'aux héritiers. »

Lebrun n'y apportait d'exception que dans un cas étranger à notre droit actuel, celui où, sous le régime d'une coutume d'égalité, le successible, même en renonçant à la succession, devait y rapporter tout ce qui, dans la donation à lui faite, avait excédé la part qu'il aurait eue comme héritier. Il voyait dans cette disposition un droit exorbitant qui n'avait, selon lui, été établi qu'en la seule considération des héritiers et dont leurs créanciers ne pouvaient ainsi réclamer l'exercice. Pothier n'admet pas même cette exception, si favorable en apparence; « puisque, dit-il, le droit est acquis à l'héritier, pourquoi ses créanciers ne le pourraient-ils exercer? N'est-ce pas un droit pécuniaire, estimable, et qui est *in bonis?* des créanciers n'ont-ils pas le droit de se venger sur tout ce qui appartient à leur débiteur? »

M. Toullier est complétement de l'avis de Pothier qu'il applique, sans restriction, à notre droit actuel (tome IV, page 161) de même que M. Chabot de l'Allier, dans son Commentaire sur l'art. 857 du Code. Cette unanimité d'opinion, et l'évidence des principes, nous ont porté à tenir pour certain celui que nous avons énoncé.

4° Le rapport des dons incompatibles avec la qualité d'héritier ne peut cependant, être demandé par les créanciers du défunt ; ce droit n'appartient qu'aux seuls cohéritiers du donataire.

« Attendu, a dit la Cour de cassation par arrêt du 9 juin 1835 [1], que si, aux termes des art. 250 et suivants de la coutume de Paris, le cumul du douaire ne pouvait avoir lieu avec le titre d'héritier, cette disposition prohibitive de la coutume n'était applicable qu'entre cohéritiers, et ne pouvait être invoquée par les créanciers inadmissibles à s'en prévaloir contre les douairiers, même héritiers bénéficiaires ;

« Attendu qu'en décidant que, dans le compte de bénéfice d'inventaire, pourrait être comprise dans le passif, pour mémoire (comme cela apparaît à défaut d'actif suffisant actuel), une dot constituée à l'un des enfants des époux Perigny, de la succession desquels le compte d'inventaire était rendu, dans le contrat de mariage de cet enfant, antérieur à la créance de l'ayant-compte, et que le rapport de la donation ne pouvait être exigé par le créancier, l'arrêt n'a fait que consacrer un principe admis par l'ancienne législation, et qu'a admis irrévocablement l'art. 857 du Code civil, et, par conséquent, n'a pu violer ni les articles 303, 304, 317 de la coutume de Paris, ni les lois abolitives de l'inégalité dans les partages, que ne pouvait invoquer le demandeur en cassation, créancier de la succession, et dès lors inhabile à se prévaloir de droits dont l'exercice n'appartiendrait qu'aux cohéritiers de la dame Donvévy. »

Ce n'est qu'aux héritiers que le rapport des donations faites par le défunt est dû ; ce n'est qu'à leur égard qu'il y a incompatibilité entre les qualités de donataire et celle d'héritier. Toutes ces donations sont valables au regard des créanciers du défunt, surtout celles consenties à une époque antérieure à leurs créances : ceux-ci ne peuvent donc exciper d'un droit qui ne leur appartient point, qui n'a été créé que pour maintenir l'égalité dans les partages, et dont la loi elle-même interdit aux créanciers du défunt de profiter (art. 857 et 921 du Code civil). Si les créanciers des héritiers sont recevables à demander ce rapport, c'est lorsqu'ils ne font en cela qu'exercer les droits de leur débiteur.

5° La femme donataire d'une part d'enfant le moins prenant ne peut demander, pour faire déterminer cette part, le rapport réel, mais seulement celui fictif des donations que son mari avait faites avant celle qu'il lui a consentie.

La Cour royale de Paris a consacré ce principe par arrêt du 9 juin 1836 [2] en adoptant les motifs des premiers juges qui étaient ainsi conçus :

(1) Sirey, 36. 1. 63. — Dalloz, 35. 1. 319. (2) Sirey, 36. 2. 354. — Dalloz, 37. 2. 50.

« Attendu, en droit, que si la veuve Moynier, en vertu de l'art. 922 du Code civil, est fondée à demander le rapport fictif de la dot dont s'agit pour déterminer la quotité de la part d'enfant qui lui est due, elle ne peut cependant exiger le rapport réel de ladite dot pour se faire remplir du montant de cette part;

« Attendu, en effet, qu'aux termes de l'art. 857 du même Code le rapport réel n'est dû que par le cohéritier à son cohéritier, et non point à un simple donataire;

« Attendu que l'art. 1098 n'a point fait exception à ce principe général et rigoureux; qu'il a eu pour but, non pas d'assimiler l'époux donataire d'une part d'enfant à un héritier, mais seulement de restreindre, dans le cas d'un second mariage, les libéralités que l'art. 1094 permet aux époux de se faire;

« Attendu, d'ailleurs, que la dot dont il s'agit a été constituée à la dame Noël, enfant du premier lit, par le sieur Moynier, son père, avant son second mariage; d'où il suit qu'il n'a pas pu, par des libéralités postérieures faites à sa seconde femme, anéantir ou diminuer l'effet de la première donation. »

Le rapport en nature ne pourrait être demandé par la femme, même à l'égard des donations postérieures à celle qui lui a été faite, ce rapport n'étant dû qu'aux seuls héritiers; mais ce principe ne devrait pourtant être appliqué qu'avec une modification qui tient à d'autres règles. Si la quotité de biens à laquelle la femme a le droit de prétendre ne se trouvait pas dans les biens existants au décès du donateur, elle serait fondée à en demander le complément sur ceux attribués aux donataires postérieurs; il n'a pu dépendre, en effet, du mari de détruire l'effet de la donation qu'il a faite à sa seconde femme par des dons subséquents; il ne s'agit plus alors de rapport à succession, mais d'une lutte entre les donataires, et la date des droits qu'ils ont acquis suffit pour la terminer. Ce n'est pas par application directe, mais par analogie, que l'on peut en ce cas invoquer les dispositions de l'art. 923 du Code civil.

858. Le rapport se fait en nature ou en moins prenant.

859. Il peut être exigé en nature, à l'égard des immeubles, toutes les fois que l'immeuble donné n'a pas été aliéné par le donataire, et qu'il n'y a pas, dans la succession, d'immeubles de même nature, valeur et bonté, dont on puisse former des lots à peu près égaux pour les autres cohéritiers.

860. Le rapport n'a lieu qu'en moins prenant quand le donataire a aliéné l'immeuble avant l'ouverture de la succession; il est dû de la valeur de l'immeuble à l'époque de l'ouverture.

861. Dans tous les cas il doit être tenu compte au donataire des impenses qui ont amélioré la chose, eu égard à ce

dont sa valeur se trouve augmentée au temps du partage.

862. Il doit être pareillement tenu compte au donataire des impenses nécessaires qu'il a faites pour la conservation de la chose, encore qu'elles n'aient point amélioré le fonds.

Si les impenses ou améliorations faites par un héritier sur les biens d'une succession qu'il a recueillie seul en l'absence de son cohéritier sont réputées n'avoir eu lieu que pour rendre l'exploitation de ces biens plus avantageuse, elles peuvent être considérées comme n'ayant formé que des charges attachées à la jouissance de l'héritier, et celui-ci qui, ayant joui de bonne foi, doit conserver les fruits qu'il a perçus, ne peut réclamer le remboursement de semblables avances.

Cette question a ainsi été décidée par arrêts de la Cour royale d'Angers du 26 avril 1819[1]. La Cour a commencé par reconnaître que l'héritier avait joui de bonne foi de l'hérédité jusqu'au moment où l'absent s'était présenté pour exercer ses droits, et qu'ainsi il ne pouvait, aux termes du droit ancien et de l'art. 138 du Code civil, être tenu de restituer les fruits par lui perçus ; puis elle a ajouté, quant aux impenses dont cet héritier demandait qu'il lui fût tenu compte, les motifs suivants ;

« Attendu que la demoiselle Loubette (devenue dame Crucy), devant prendre la succession dans l'état où elle se trouvait lorsqu'elle s'est présentée (Code civil, art. 132), son frère, le sieur Charles Duvau, ne peut réclamer contre elle des indemnités et répéter le prix des réparations, reconstructions et améliorations qu'il a faites sur les biens antérieurement à la demande de la dame Crucy ;

« Attendu que ces frais d'entretien, de réparations et de reconstructions dans les biens de la succession commune étaient provoqués par le besoin de les conserver ou de les exploiter utilement ; qu'ils sont devenus un accessoire du fonds ; que le sieur Duvau est censé les avoir faits comme un père de famille ; qu'il en a profité lui-même plusieurs années. »

Le pourvoi contre cet arrêt, a été rejeté par arrêt de la Cour de cassation du 3 avril 1821.

« Attendu que les frais d'entretien, de réparations ou de construction sur les biens communs dont les jouissances en totalité ont été perçues par le demandeur en cassation, ayant été nécessités, ainsi que l'a reconnu en point de fait la Cour royale d'Angers, par le besoin de les conserver et de les exploiter utilement, ils devaient être réputés des charges attachées aux jouissances, et acquittés dans

(1) Sirey, 21. 1. 335. — Denevers, 19. 1. 252.

l'intérêt commun des parties; d'où il suit que la Cour royale d'Angers a fait, dans l'espèce, une juste application de l'art. 132 du Code civil. »

Les circonstances dans lesquelles ces arrêts ont été rendus étaient fort singulières: de trois enfants, l'un était mort, l'autre avait été perdu pendant les troubles de la Vendée; le troisième avait recueilli tous les biens. Après en avoir joui pendant de longues années et y avoir fait des dépenses de plusieurs natures, il avait été actionné par celle qui se prétendait sa sœur et qui avait été reconnue telle en effet. Celle-ci réclamait tous les fruits qu'il avait perçus, même ceux antérieurs à sa demande en pétition d'hérédité; lui de son côté voulait la faire condamner à lui rembourser moitié de toutes les dépenses qu'il avait faites dans les biens. La sœur n'a obtenu, par l'arrêt dont nous venons de rendre compte, que sa part dans les fruits postérieurs à sa réclamation, et le frère, à raison de sa bonne foi, a profité des autres. Restait la question des impenses; la position de la sœur, privée pendant un si longtemps de ses droits héréditaires, était très favorable et a pu influer sur l'arrêt.

En dehors de toutes ces circonstances, l'héritier qui se présente pour exercer ses droits sur une succession dont d'autres successibles se sont emparés en son absence doit tenir compte à ceux-ci, non des réparations purement voluptuaires, non pas même de celles qui n'ont fait que rendre la possession de ces héritiers plus utile, plus fructueuse, parce qu'ils en ont été dédommagés par l'augmentation des revenus qu'ils ont été appelés à conserver; mais il doit leur faire état des réparations nécessaires, car sans elles les biens auraient pu périr, et de celles même seulement utiles, jusqu'à concurrence de l'augmentation de valeur qu'en ont reçue les biens.

Ce principe général, rappelé dans l'art. 555 du Code, s'applique à l'héritier qui, d'abord absent, se présente, comme à tous ceux qui revendiquent contre un possesseur de bonne foi les biens qui leur appartiennent. Vainement cet héritier voudrait-il opposer les dispositions de l'art. 132 du Code, qui veut que, si l'absent reparaît, il prenne ses biens dans l'état où il les trouve. On a fait remarquer, avec raison, devant la Cour de cassation, la différence qui existe entre les envoyés en possession des biens d'un absent, simples dépositaires, et l'héritier qui, dans l'ignorance des droits d'un autre successible, a dû se croire appelé à recueillir toute la succession. On ne peut d'ailleurs se persuader que, même à l'égard des absents, le sens prêté à l'art. 132 soit véritable. Loin que le législateur ait entendu les enrichir des dépenses utiles faites pour eux par les envoyés en possession, cet article a plutôt imposé aux absents l'obligation de se contenter de l'état où les biens pourront se trouver au moment de leur retour, lors même qu'ils n'auraient pas été tenus en aussi bon état qu'il eût été désirable; mais si au contraire ces détenteurs ont été obligés de faire dans les biens des dépenses plus ou moins considérables pour les préserver de leur ruine, s'ils ont défriché des terrains incultes et sans valeur, s'ils ont fait édifier des bâtiments importants, comment croire que l'absent, par une faveur sans motif, y aura droit sans rendre la plus-value qu'ils lui auront procurée? Sans doute les envoyés en possession auront à se reprocher d'avoir agi plus ou moins imprudemment en faisant de telles dépenses dans des biens qui ne formaient qu'un dépôt entre leurs mains; ils n'auraient pas dû grever l'absent d'un remboursement qu'il lui sera peut-être difficile de faire; la justice aura aussi égard aux jouissances dont les envoyés en possession auront été autorisés à conserver les fruits; mais ce principe de souveraine équité, qui veut que nul ne puisse s'enrichir aux dépens d'autrui, empêchera toujours que l'absent ne profite de toutes les dépenses utiles ou nécessaires qui auront été faites sur ses biens, sans être obligé de tenir compte des avantages qu'elles lui auront procurés.

A plus forte raison doit-il en être de même à l'égard d'héritiers qui ont agi dans la persuasion que la succession leur appartenait tout entière, qui ne se sont point considérés comme de simples dépositaires, mais qui se sont crus autorisés à disposer en maîtres. L'héritier qui se présente ensuite pour les dépouiller ou pour partager la succession avec eux, n'a droit aux biens que dans l'état où ils se trouvaient au moment du décès; les accroissements naturels ont seuls pu lui profiter. Quant aux dépenses nécessaires ou à la plus-value qui est résultée de celles utiles faites par les détenteurs, il doit leur en tenir compte puisqu'il est appelé à en jouir.

863. Le donataire, de son côté, doit tenir compte des dégradations et détériorations qui ont diminué la valeur de l'immeuble, par son fait ou par sa faute et négligence.

864. Dans le cas où l'immeuble a été aliéné par le donataire, les améliorations ou dégradations faites par l'acquéreur doivent être imputées conformément aux trois articles précédents.

865. Lorsque le rapport se fait en nature, les biens se réunissent à la masse de la succession, francs et quittes de toutes charges créées par le donataire; mais les créanciers ayant hypothèque peuvent intervenir au partage, pour s'opposer à ce que le rapport se fasse en fraude de leurs droits.

866. Lorsque le don d'un immeuble fait à un successible avec dispense du rapport excède la portion disponible, le rapport de l'excédant se fait en nature, si le retranchement de cet excédant peut s'opérer commodément.

Dans le cas contraire, si l'excédant est de plus de moitié de la valeur de l'immeuble, le donataire doit rapporter l'immeuble en totalité, sauf à prélever sur la masse la valeur de la portion disponible. Si cette portion excède la moitié de la valeur de l'immeuble, le donataire peut retenir l'immeuble en totalité, sauf à moins prendre et à récompenser ses cohéritiers en argent ou autrement.

807. Le cohéritier qui fait le rapport en nature d'un immeuble peut en retenir la possession jusqu'au remboursement effectif des sommes qui lui sont dues pour impenses ou améliorations.

868. Le rapport du mobilier ne se fait qu'en moins prenant. Il se fait sur le pied de la valeur du mobilier lors de la donation, d'après l'état estimatif annexé à l'acte, et, à défaut de cet acte, d'après une estimation par experts, à juste prix et sans crue.

Le rapport réel que doit faire un héritier de meubles ou de droits incorporels, doit être fait selon la valeur qu'avaient les choses données au jour de la donation; mais le rapport fictif des mêmes objets, qui ne s'opère que pour déterminer le montant de la quotité disponible, n'a lieu que selon leur valeur au jour où la succession s'est ouverte.

La donation d'un office de notaire avait été faite, en 1787, par un père à son fils; la valeur de cet office, supprimé par les lois de 1789, avait été remboursée au donataire en valeurs dépréciées, et celui-ci ne voulait faire rapport à la succession de son père que du montant du remboursement qui lui avait été fait par l'État. Sa prétention avait même été accueillie par un arrêt de la Cour royale de Caen, du 19 janvier 1813. Mais sur le pourvoi cet arrêt a été cassé le 21 novembre 1815[1].

« Attendu que, d'après l'art. 851 du Code civil, le rapport est dû de ce qui a été employé pour l'établissement d'un des cohéritiers; disposition qui indique suffisamment que le rapport doit se faire de la valeur de la chose donnée à l'époque de l'établissement, si cette chose ne peut pas être rapportée en nature;

« Qu'il est reconnu, dans l'espèce, que l'office de notaire, dont le rapport est dû par le sieur Bernard, lui a été donné par ses père et mère, lors et à l'occasion de son établissement et par le contrat même de son mariage; qu'il suit de là que le sieur Bernard, qui ne peut rapporter l'office en nature, doit en rapporter le prix suivant la valeur de cet office à l'époque de son mariage; et qu'en l'autorisant à rapporter seulement le montant de l'inscription à lui délivrée pour la

(1) SIREY, 16. 1. 75. — DENEVERS, 14. 1. 126.

liquidation de cet office, l'arrêt attaqué a faussement appliqué l'art. 66 de la loi du 21 août 1793, et formellement violé l'art. 851 du Code civil. »

Il faut distinguer, en matière de rapport, les différentes natures des biens qui sont dans le cas d'en être l'objet. Le rapport des immeubles doit être fait en nature, et il faut, pour qu'il n'en soit pas ainsi, que ce rapport soit devenu impossible ou que les héritiers n'aient pas d'intérêt à l'exiger (art. 859). Le successible, donataire d'un immeuble, n'a donc qu'une propriété précaire que doit résoudre la mort du donateur; ce qui périt de l'immeuble par cas fortuit ou par force majeure ne peut être mis à sa charge; ce qui reste de l'immeuble est seulement sujet à rapport (art. 855).

Les meubles, au contraire, et ceux des droits incorporels qui ont cette nature, ne sont assujettis qu'à un rapport en moins prenant; ils ne doivent donc jamais eux-mêmes revenir faire partie de la succession du donateur. La propriété de ces meubles ou droits a été immédiatement et à toujours transmise au donataire. S'ils ont augmenté de valeur, lui seul en a profité; s'ils ont perdu, il est juste qu'il supporte la différence. Le rapport du mobilier ou des droits incorporels doit donc avoir lieu, non d'après la valeur de ces objets à l'époque du décès, mais d'après celle qu'ils avaient au jour où la donation a été faite (art. 868).

Ce principe ne s'applique cependant qu'au rapport que l'on peut appeler réel, quoiqu'il ne soit qu'en moins prenant, et non à celui qui n'a lieu que d'une manière fictive, à l'effet seulement de faire connaître quel a été le montant de la quotité dont le défunt a pu disposer. Le rapport ne se fait alors que suivant la valeur du mobilier donné au jour où la succession s'est ouverte, ainsi que l'ont reconnu les arrêts que nous allons citer.

Une mère avait donné deux rentes à l'un de ses fils, une en avancement d'hoirie, l'autre par préciput. Le fils, s'étant porté héritier de la donatrice, devait faire le rapport en moins prenant de la première de ces rentes, mais il n'y avait lieu qu'au rapport fictif de la seconde pour arriver à la fixation de la quotité disponible. Les deux rentes avaient péri en grande partie par le fait de l'Etat, avant la mort de la donatrice, et de là la question de savoir si le rapport de toutes deux devait être fait, aux termes de l'art. 868 du Code, suivant la valeur qu'elles avaient à l'époque de la donation, ou seulement, d'après l'art. 922, de ce qu'elles restaient valoir au décès de la donatrice.

Le fils prétendait que l'art. 868 ne régissait que les meubles corporels, non les rentes, les créances ou autres droits incorporels. Ses cohéritiers soutenaient, au contraire, que les rentes étaient réputées meubles, et que l'art. 868 ne faisait aucune distinction entre les biens de cette nature. Il s'agissait en second lieu de savoir si l'art. 868, qui règle d'une manière générale le rapport des objets mobiliers, s'appliquait aux rapports fictifs aussi bien qu'aux rapports réels.

La Cour royale de Nîmes avait décidé, par arrêt du 21 janvier 1828[1], que l'article 922 ne devait régir, même en matière de rapport fictif, que les immeubles seulement, et que toutes les valeurs mobilières, de quelque espèce qu'elles

(1) SIREY, 30. 2. 111. — DALLOZ, 30. 2. 171.

eussent été, étaient soumises, quant à leur rapport réel ou fictif, aux dispositions de l'art. 868, et qu'elles devaient ainsi être comptées suivant leur valeur à l'époque où la donation avait été faite.

« Attendu que les deux capitaux sont déclarés meubles par l'art. 529 du Code civil ; qu'ainsi il y a lieu de leur appliquer les règles établies pour cette nature de biens en matière de rapport ; que le premier, ayant été donné en avancement d'hoirie, est incontestablement régi par l'art. 868, et doit être rapporté suivant sa valeur à l'époque de la donation ;

« Qu'à l'égard du second une difficulté sérieuse s'élève de la disposition de l'art. 922, qui détermine la manière dont le rapport fictif doit être fait dans le cas où il n'est pas procédé par voie de retranchement ; qu'il y est dit en effet que les biens donnés doivent être fictivement rapportés suivant leur état à l'époque de la donation et d'après leur valeur à l'époque de l'ouverture de la succession, ce qui semble prouver au premier coup d'œil, et dans sa généralité, que la distinction établie par l'art. 868, pour le rapport effectif, ne se rapporte pas au rapport simplement fictif qui se fait lorsqu'il est procédé par voie de retranchement, et que, dans ce dernier cas, les biens de toute nature doivent être rapportés suivant leur valeur à l'époque de l'ouverture de la succession ; qu'il est néanmoins juste de considérer que, si l'on n'appliquait pas l'art. 868, il en résulterait que, dans certains cas, la réserve légale pourrait être diminuée et la portion disponible étendue au-delà des bornes que la loi lui assigne, ce qui ne peut être entré dans l'intention du législateur ;

« Que, dans les questions de rapport, il y a une grande et importante distinction à faire entre les meubles et les immeubles, il est toujours facile de reconnaître si les changements de valeur sont survenus par le fait du donataire ou par cas fortuit ;

« Qu'il n'en est pas de même à l'égard des autres qui sont mobiles et transportables de leur nature ; que le donataire en a la disposition pleine, entière, absolue ; qu'il peut les céder, transporter, aliéner à son gré, sans qu'on puisse connaître à quelle condition et quelle est la valeur qu'il en a retirée ; que par là il assume sur son compte tous les changements de valeur qui ont pu survenir, et qu'il y a lieu de lui appliquer dans toute sa latitude la maxime *res perit domino ;*

« Que toutes ces considérations ont amené la Cour à penser que l'art. 922 ne devait point être isolé de la disposition de l'art. 868, et que la distinction entre les meubles et les immeubles devait s'appliquer aux deux cas de rapport ; d'où il suit que le tribunal a bien jugé en ordonnant que les deux contrats de rentes dont il s'agit seraient rapportés, soit réellement, soit fictivement, d'après leur valeur à l'époque où ils ont été donnés. »

Sur le pourvoi, cet arrêt a été cassé le 14 décembre 1830[1].

« Vu l'art. 922 du Code civil, et attendu qu'aux termes de cet article la ré-

(1) Sirey, 31. 1. 407.

duction se détermine en formant une masse de tous les biens existants au décès du donataire, en y réunissant fictivement ceux dont il a été disposé par donation entre-vifs, d'après leur état à l'époque de la donation et leur valeur au temps du décès du donateur; que cette disposition est générale et absolue; qu'elle comprend conséquemment les rentes constituées comme tous les autres meubles; qu'on ne peut en excepter ces sortes de rentes sous prétexte que l'article 868 veut que le rapport du mobilier soit fait à la masse d'après sa valeur au moment de la donation;

« Attendu que ce dernier article n'a pour unique objet que le rapport à la masse à fin de partage entre héritiers, mais que l'art. 922 a pour objet de régler la réduction, qui ne doit s'effectuer que sur la valeur réelle des biens à l'époque de l'ouverture de la succession. »

Ainsi, la Cour de cassation a reconnu, comme elle l'avait déjà fait par son arrêt du 21 novembre 1815, que le rapport réel, quoique en moins prenant seulement, des objets mobiliers ou droits incorporels, devait avoir lieu d'après la valeur de ces choses au jour où la donation avait été faite, mais que le rapport fictif ne devait être opéré, aux termes de l'art. 922, que selon leur valeur à l'époque du décès du donateur. On ne peut établir à cet égard aucune différence entre les meubles corporels et ceux incorporels, tandis qu'il en existe une très grande entre les rapports réels et ceux seulement fictifs des choses mobilières: le donataire est à la vérité devenu propriétaire du mobilier à lui donné du jour où la donation lui a été consentie; le droit d'en user et abuser, dont il a été investi, a dû le faire ordonner ainsi. La valeur de ce mobilier doit donc, quant à l'imputation à en faire sur les droits de cet héritier, rester ce qu'elle était au moment où la propriété lui en a été transmise. Le rapport fictif, au contraire, reste étranger à la propriété des objets mobiliers donnés et aux conséquences que la transmission de cette propriété a dû nécessairement avoir. Il n'est requis que pour la fixation de la quotité disponible. La loi suppose alors que, si ce mobilier était resté entre les mains du défunt, il aurait éprouvé les mêmes pertes que celles qu'il a subies en celles du donataire, et elle veut, par suite, que, pour le règlement de la quotité dont le défunt a pu disposer, ce mobilier ne soit compté que selon sa valeur à l'époque où la succession s'est ouverte. Elle n'a pas pensé que les autres enfants dussent avoir à se plaindre, puisque, leurs droits restant tels que si la donation n'avait pas eu lieu, ils n'éprouvent aucun préjudice de ce mode d'opérer.

Sur le renvoi de la cause devant la Cour royale d'Aix, il y est intervenu, le 30 avril 1833 [1], un arrêt conforme à celui de la Cour de cassation.

869. Le rapport de l'argent donné se fait en moins prenant dans le numéraire de la succession.

(1) Sirey, 33, 2. 542.

En cas d'insuffisance, le donataire peut se dispenser de rapporter du numéraire, en abandonnant, jusqu'à due concurrence, du mobilier et à défaut de mobilier, des immeubles de la succession.

SECTION III.

Du paiement des dettes.

870. Les cohéritiers contribuent entre eux au paiement des dettes et charges de la succession, chacun dans la proportion de ce qu'il y prend.

1º La condamnation solidaire prononcée contre les héritiers de ceux qui étaient tenus solidairement de la dette, doit s'entendre de celle de chacune des successions et non de la condamnation solidaire de chacun des héritiers.

La Cour royale de Bourges en avait jugé autrement, par arrêt du 3 janvier 1827 [1].

« Attendu qu'à la vérité les héritiers de deux débiteurs solidaires ne peuvent être poursuivis que pour leur part et portion, mais que le jugement de 1828 condamne les héritiers Lieutaud et Lambarine solidairement au paiement; qu'il est définitif, sans appel dans un temps utile, et qu'au surplus il y a acquiescement. »

Cet arrêt a été cassé, le 5 juillet 1831.

« Attendu que les art. 870 et 873 du Code civil veulent que les héritiers ne répondent des dettes de la succession que chacun en droit soi, et pour leur part et portion;

« Qu'un jugement conforme à ces dispositions de la loi avait été rendu, le 11 août 1820, entre les héritiers Lieutaud et les héritiers Guillot, et qu'il n'en avait point été appelé dans le délai fixé par la loi;

« Qu'il avait dès lors acquis l'autorité de la chose jugée;

« Qu'au contraire, par l'arrêt attaqué, la Cour royale de Bourges a prononcé

(1) SIREY, 31. 1. 421. — DALLOZ, 31. 1. 252.

la solidarité des héritiers Lieutaud, et a décidé qu'ils devaient solidairement, et chacun pour le tout, la totalité des dettes réclamées par les héritiers Guillot; qu'en ce faisant la Cour royale de Bourges a expressément violé les dispositions des art. 870 et 873, et des art. 1350 et 1351 du Code civil, précités. »

L'exécution d'une obligation solidaire ne peut être réclamée pour la totalité de la dette que contre chacun des débiteurs principaux. Les héritiers de ceux-ci n'en sont tenus personnellement que dans une proportion égale à celle de la part qu'ils ont recueillie dans la succession de chacun des débiteurs, et ce n'est qu'hypothécairement qu'ils peuvent être forcés d'acquitter l'obligation pour le tout. L'effet de la solidarité, contractée par le défunt avec d'autres débiteurs, est de rendre, il est vrai, sa succession débitrice de la totalité de la dette, mais cet effet ne va pas plus loin. La dette rentre dans la catégorie de toutes celles de la succession, dont chacun des héritiers n'est tenu que pour sa part.

La condamnation solidaire, prononcée sans motifs particuliers contre les héritiers d'un débiteur solidaire, doit être réputée n'avoir été rendue que conformément aux dispositions de la loi. On ne peut supposer que les juges aient entendu contraindre chacun des héritiers à acquitter la totalité de la dette, quand il n'en devait que sa part.

La Cour royale de Colmar a rendu, le 3 novembre 1810 [1], un arrêt conforme à celui de la Cour de cassation, en décidant que la condamnation prononcée conjointement contre deux héritiers ne devait s'entendre à l'égard de chacun d'eux que de la portion qu'il devait supporter dans la dette.

2° Des héritiers qui ont constitué un gage pour sûreté d'une créance de la succession sont tenus solidairement de reconstituer ce gage s'il vient à périr sans la faute du créancier.

Une veuve avait droit à une rente viagère de 5,000 fr. sur la succession de son mari; les héritiers de celui-ci convinrent avec elle de lui remettre, à titre de gage, un capital de 100,000 fr., composé de créances dont les intérêts devaient servir à l'acquittement de sa rente; quelques-uns des débiteurs de ces créances devinrent insolvables, d'autres remboursèrent ce qu'ils pouvaient devoir; la veuve demanda que les héritiers fussent tenus solidairement de reconstituer le gage, et de lui payer solidairement aussi les arrérages échus et à échoir de sa rente. Elle se fondait sur ce que l'obligation que ces héritiers avaient contractée envers elle était indivisible.

Ces deux demandes ont été admises par arrêt de la Cour royale de Colmar. Cette Cour a seulement subordonné la solidarité des héritiers, quant à la dette principale, au défaut de reconstitution par eux du gage qu'ils s'étaient obligés de fournir.

(1) Sirey, 11. 2. 77. — Dalloz, *Rec. alph.*, 12. 451.

« Attendu, porte l'arrêt [1], qu'en constituant un gage indivis, plus que suffisant au service de la rente, les héritiers ont entendu renoncer au bénéfice de division de la dette, et qu'ils se sont volontairement placés dans le cas prévu par l'article 1218 du Code civil, qui admet qu'une obligation est indivisible, quoique la chose qui en est l'objet soit divisible de sa nature, si le rapport sous lequel elle a été considérée dans l'obligation ne la rend pas susceptible d'exécution partielle. »

Le pourvoi exercé contre cet arrêt a été rejeté par la Cour de cassation, le 15 juillet 1834, mais il importe de bien peser les motifs qui ont déterminé la Cour.

« Attendu, porte son arrêt, qu'aucun des motifs de l'arrêt attaqué ne contredit le principe général qui déclare divisibles, entre les héritiers, les obligations contractées par le défunt;

« Que la Cour royale de Colmar s'est déterminée par une interprétation des conventions des parties pour déclarer qu'il avait été dans leur intention, exprimée par l'acte passé entre elles le 17 octobre 1816, de constituer au profit de la dame Chames, veuve Balazuc, un gage indivisible de la somme de 100,000 fr., pour sûreté de la rente viagère de 5,000 fr. que son défunt mari lui avait assurée, à titre de douaire ou don de survie, par leur contrat de mariage du 7 juillet 1812, à prendre, y est-il dit, sur le plus clair des biens de sa succession;

« Attendu que l'arrêt reconnaît, et qu'il n'est pas contesté, qu'il avait été expressément convenu, par cet acte de 1816, que le paiement de ladite rente viagère serait fait directement à la dame veuve Balazuc par les débiteurs de la susdite somme de 100,000 fr., formant le gage spécial de ladite rente; qu'à cet effet les titres en avaient été remis à ladite dame, pour la nantir dudit gage; d'où ladite Cour royale a pu tirer la conséquence que ce gage était indivisible et que les capitaux qui en existaient encore devaient être exclusivement employés au paiement de cette rente;

« Attendu que ladite Cour, par suite de sa décision sur la nature de ce gage, n'a, par son dispositif, ordonné autre chose si ce n'est qu'à défaut par lesdits héritiers Balazuc de faire servir les capitaux encore existants de ce gage au service ou à l'extinction de la rente viagère dont il s'agissait, ou de reconstituer un autre capital, dont ladite veuve Balazuc devrait se contenter, il lui compéterait d'exiger desdits héritiers conjointement, ou de l'un d'eux séparément, la totalité de la rente viagère de 5,000 fr. créée à son profit par le susdit contrat de mariage, ainsi que des arrérages échus ou à échoir; que ce n'est que subsidiairement et à défaut d'accomplissement de la condition que la solidarité est exprimée dans la dernière disposition de l'arrêt;

« Que cette dernière disposition, étant purement facultative de la part des héritiers Balazuc et n'ayant un caractère coërcitif à leur égard que conditionnellement, et par suite de leur option, ne peut pas être considérée comme

(1) Sirey, 35. 1. 123. — Dalloz, 34. 1. 375.

une violation formelle des articles du Code civil relatifs à la division des dettes entre les cohéritiers, et qu'au surplus l'arrêt attaqué n'a fait qu'une juste application des articles du même Code sur le contrat de nantissement. »

Il est incontestable que des héritiers, comme toutes personnes qui se sont obligées de fournir un gage à un créancier, sont tenus solidairement d'accomplir cette promesse ; car le gage, objet de leur engagement, est indivisible (article 2083). Chacun de ceux qui ont contracté une telle obligation en est tenu pour le tout, quoique la dette principale soit divisible et ne soit pas solidaire (art. 1222). Si le gage vient à périr sans la faute du créancier avant le temps fixe pour sa durée, les débiteurs qui l'ont constitué sont tenus solidairement de le remplacer par un autre de même nature et valeur, le créancier, qui n'a traité que pour avoir le gage entier, ne pouvant être contraint de le recevoir pour partie ; mais si la recomposition du gage est devenue impossible, l'obligation principale ne change pas de nature ; elle ne devient pas solidaire entre les héritiers. La convention qui ne s'est formée que sous la condition que le gage serait fourni doit seulement être résolue, et la dette devenir exigible, quels qu'aient été les termes accordés. Les héritiers se retrouvent alors dans leur condition première ; le gage, simple accessoire de la créance, était seul indivisible ; mais la dette s'était, de plein droit, divisée entre eux tous, et ils continuent à n'en être tenus personnellement que chacun d'eux pour sa part.

On ne peut se dissimuler que l'arrêt de la Cour royale de Colmar n'est pas en tous points conforme à ces principes. Il avait, à juste titre, condamné solidairement les héritiers à recomposer le gage ; mais on ne peut dire avec lui qu'en le constituant les héritiers avaient renoncé au bénéfice de division de la dette. Cette renonciation n'avait été ni expresse ni implicite ; aussi voit-on avec quel désir de conserver intactes les règles de la matière l'arrêt de la Cour de cassation a été motivé. Tout en reconnaissant que l'obligation de fournir le gage avait été indivisible, il consacre le fait que l'obligation principale était restée divisible entre les héritiers ; il n'admet point que ceux-ci eussent pu être condamnés directement comme débiteurs solidaires ; il a seulement toléré qu'ils l'eussent été faute d'accomplissement d'une condition qu'ils avaient la faculté de remplir ; encore dit-il qu'en le jugeant ainsi il n'y a pas eu violation formelle des articles du Code, ce qui n'a pas été donner un entier assentiment à l'arrêt de la Cour royale de Colmar.

Les circonstances particulières qui se rencontraient dans l'espèce ont donc déterminé les deux Cours. La veuve, au moyen du gage qui lui avait été promis, n'avait plus eu à s'occuper de la conservation de ses droits sur les autres valeurs délaissées par le défunt ; les héritiers en avaient disposé à leur guise, et la veuve aurait pu avoir peine à les retrouver entre les mains de tous. Sa condition se serait donc empirée par la convention même dont l'objet avait été de l'assurer ; c'est ce que les deux arrêts n'ont pas voulu permettre, mais on doit croire qu'à l'égard de débiteurs ordinaires il n'en aurait pas été ainsi.

871. Le légataire à titre universel contribue avec les héri-

tiers, au prorata de son émolument; mais le légataire particulier n'est pas tenu des dettes et charges, sauf toutefois l'action hypothécaire sur l'immeuble légué.

3° Lorsqu'un legs particulier doit, d'après la volonté du défunt ou par des circonstances particulières, être acquitté sur les seules valeurs mobilières de la succession, toutes les dettes du défunt doivent être mises à la charge de la masse immobilière.

Le legs particulier fait par un Français à une étrangère avait été déclaré ne pouvoir être réclamé que sur les valeurs mobilières dépendant de la succession du testateur; l'héritier prétendit ensuite que les dettes du défunt devaient être prélevées sur les masses mobilières et immobilières de la succession, à proportion de la valeur de chacune d'elles.

Ce système avait été adopté par arrêt de la Cour royale de Dijon, du 29 juillet 1819[1].

« Considérant que, s'il est vrai, en principe, qu'un légataire à titre particulier n'est pas tenu des dettes de la succession, il n'est pas moins vrai que l'arrêt du 9 avril 1818 a eu pour effet de placer la dame Layton dans une position toute particulière, puisqu'elle ne peut recueillir son legs que sur la partie mobilière de la succession, et qu'elle ne peut, en aucun cas, en obtenir aucune partie sur les forces immobilières. Or si, pour payer une plus forte portion du legs de la dame Layton, on laissait toutes les dettes à la charge de la force immobilière de la succession, ce serait faire indirectement ce qu'a proscrit l'arrêt de la Cour. Et que la dame Layton, retournant l'argument, ne dise pas que c'est lui faire supporter indirectement une partie des dettes de la succession, car il est de principe qu'il n'existe de biens qu'après la défalcation des dettes; que toutes les parties quelconques de la force de la succession sont affectées au paiement des dettes, et qu'il n'existe pas plus de raison d'en rejeter le paiement sur la partie immobilière seule qu'il n'y en aurait à les faire supporter par la partie mobilière seule. »

Cet arrêt a été cassé par arrêt de la Cour de cassation du 19 février 1821.

« Attendu qu'il résulte des art. 871 et 1024 du Code civil que le légataire à titre particulier n'est tenu de contribuer en aucune manière au paiement des dettes et charges de la succession, et que la demanderesse n'est légataire du comte de Vauban qu'à titre particulier; que néanmoins l'arrêt dénoncé a jugé qu'elle devait contribuer au paiement des dettes et charges de la succession; que la Cour royale s'est appuyée, pour le juger ainsi, sur la chose jugée par l'arrêt du 9 avril 1818; mais que cet arrêt n'a enlevé ni pu enlever à la demanderesse

(1) SIREY, 21. 1. 208. — DENEVERS, 19. 1. 138.

sa qualité de légataire à titre particulier; qu'il a simplement jugé qu'elle ne pourrait être payée du montant de son legs que sur les facultés mobilières de la succession, sans rien prononcer directement ni indirectement sur l'acquittement des dettes et charges; que plus vainement encore la Cour royale a observé que la demanderesse se trouvait dans une position toute particulière; que, n'ayant aucun droit aux immeubles, elle y participerait cependant si les immeubles devenaient seuls passibles du paiement des dettes et charges; que la position particulière dans laquelle la demanderesse se trouve placée ne change pas la nature et le caractère de son legs, qui n'en reste pas moins un simple legs à titre particulier, ce qui l'exempte, par la force de la loi, de toute contribution aux dettes et charges de la succession; d'où suit qu'en les lui faisant supporter en partie et dans la proportion de la valeur du mobilier, qui est son gage, l'arrêt dénoncé a ouvertement violé les dispositions desdits art. 871 et 1024. »

Si la question s'était élevée entre des légataires à titre universel, l'un du mobilier, l'autre des immeubles du défunt, comme autrefois entre des héritiers de ces diverses natures de biens, l'application du principe posé par la Cour royale de Dijon n'aurait dû faire aucune difficulté; mais il s'agissait d'un légataire à titre particulier, non du mobilier, car alors son legs aurait été à titre universel, mais d'une somme à prendre sur le mobilier seulement. Ce légataire était ainsi étranger à la succession et aux dettes qui pouvaient en dépendre; toutes ces dettes devaient être acquittées par la succession bénéficiaire et sur les biens qui devaient revenir à l'héritier. Il n'y avait donc pas de contribution à établir entre cet héritier et le légataire à titre particulier, ou entre les valeurs sur lesquelles chacun d'eux devait exercer ses droits. Tout le mobilier du défunt répondait de l'acquittement du legs. Si l'héritier s'en était servi pour payer les dettes à sa charge, il se serait libéré avec des valeurs appartenant à autrui; le légataire aurait eu alors un recours sur les biens qui, après le paiement des dettes, seraient restés à l'héritier bénéficiaire, et il était à propos d'éviter ce circuit, en ordonnant, comme la Cour de cassation l'a prescrit, que les dettes du défunt seraient toutes acquittées par cet héritier, et sur le prix des biens qu'il devait conserver.

872. Lorsque des immeubles d'une succession sont grevés de rentes par hypothèque spéciale, chacun des cohéritiers peut exiger que les rentes soient remboursées et les immeubles rendus libres avant qu'il soit procédé à la formation des lots. Si les cohéritiers partagent la succession dans l'état où elle se trouve, l'immeuble grevé doit être estimé au même taux que les autres immeubles; il est fait déduction du capital de la rente sur le prix total; l'héritier dans le lot duquel tombe

cet immeuble demeure seul chargé du service de la rente, et il doit en garantir ses cohéritiers.

1° Le cohéritier, créancier de la succession d'une rente assurée par une hypothèque spéciale, mais qui porte cependant sur tous les immeubles du défunt, peut-il exiger qu'elle lui soit remboursée avant qu'il ne soit procédé au partage?

La Cour royale de Caen a décidé, par arrêt du 20 avril 1812[1], que ce remboursement pouvait être exigé. Cet arrêt est ainsi conçu :

« Considérant qu'il est établi au procès que la rente dont il s'agit est spécialement et privilégiément hypothéquée sur les immeubles échus aux parties dans la succession de leur frère et beau-frère; que dès lors chacun des cohéritiers peut exiger que le remboursement en soit fait et les immeubles rendus libres avant qu'il soit procédé à la formation des lots;

« Considérant qu'encore bien que l'intimé réunisse à sa qualité de cohéritier celle de créancier de la même rente, il ne résulte nullement des termes de l'art. 872 du Code civil que la circonstance de cette double qualité doive le priver de la faculté que cet article accorde à chacun des cohéritiers en pareil cas; que d'ailleurs ce n'est point en qualité de créancier, mais bien en cette qualité de cohéritier, qu'il a agi. »

Il n'est pas douteux, en effet, que, quoique l'un des héritiers soit lui-même créancier de la rente, il peut exciper des dispositions de l'art. 872 pour demander que le remboursement en soit fait avant tout partage; les motifs qui ont dicté cet article existent aussi bien dans ce cas que dans celui où la rente est due à un tiers; mais cette question n'est pas celle que nous avons posée et à laquelle nous devons uniquement nous attacher.

On se prévalait devant la Cour de Caen, en s'opposant au remboursement qui était demandé, de ce que l'hypothèque accordée pour sûreté de la rente portait, quoiqu'elle fût spéciale, sur tous les immeubles du défunt, et l'on soutenait qu'une pareille rente ne se trouvait pas dans le cas prévu par l'art. 872; que cet article ne permettait à chacun des héritiers d'exiger le remboursement des rentes dues par la succession qu'autant qu'elles ne grevaient, par hypothèque spéciale, que *des immeubles*, c'est-à-dire *quelques-uns seulement des immeubles du défunt*, et qu'il ne pouvait y avoir de différence entre une hypothèque, quoique qualifiée de spéciale, mais qui frappait tous les immeubles de la succession, et une hypothèque générale qui n'aurait pu produire un plus grand effet; qu'il fallait donc aller jusqu'à prétendre que des cohéritiers peuvent exiger le remboursement des rentes dues par la succession, lors même qu'elles ne greveraient les

(1) Sirey 13. 2. 330.

biens que d'une hypothèque générale, mais qu'ils n'y seraient pas fondés. C'est ce que nous allons examiner au numéro suivant.

2° Chaque héritier peut-il exiger, avant le partage, qu'il soit procédé au remboursement des rentes dues par la succession, quoiqu'elles ne grèvent les immeubles du défunt que par l'effet d'une hypothèque générale?

La Cour royale de Nîmes, par arrêt du 16 avril 1830[1], a étendu jusque-là les dispositions du Code :

« Attendu, a-t-elle dit, qu'en autorisant le rachat prévu par l'art. 872 du Code civil, le législateur a eu essentiellement l'intention d'éviter à des cohéritiers les actions qui, postérieurement à un partage, pourraient être dirigées contre chacun d'eux, à raison des rentes qui seraient affectées par hypothèque sur les immeubles à partager ; que, si cet art. 872 ne parle que de l'hypothèque spéciale, c'est parce que, la spécialité étant la base du régime hypothécaire nouveau, une rente ne peut plus être établie avec une hypothèque générale, tandis que, dans l'ancien droit, l'hypothèque conventionnelle, quoique générale, n'en était pas moins valable ; mais qu'en résultat l'une ou l'autre de ces hypothèques produisant, à défaut de paiement, les mêmes effets, et par suite les mêmes inconvénients, il est évident que si, dans l'art. 872, il n'a été parlé que de la rente qui grève les immeubles d'une succession par hypothèque spéciale, ce même article n'a nullement proscrit le droit de demander le remboursement de celle qui, par l'effet d'une hypothèque générale, soumettrait chacun des cohéritiers, sans distinction, à défaut de paiement de l'un d'entre eux, à des poursuites qu'il est dès lors dans son intérêt de chercher à prévenir. »

En ne voyant dans l'article 872 que les termes dans lesquels il est conçu, il ne peut y avoir lieu de l'appliquer qu'aux rentes grevant certains immeubles de la succession d'une hypothèque pure spéciale, car cet article n'en comprend pas d'autres dans sa disposition. Cette intention du législateur se trouve confirmée de la manière la plus positive par la seconde partie de l'article, où il est dit que, si les héritiers n'ont pas usé du droit de demander le remboursement de ces rentes, *l'immeuble grevé* devra être estimé au même taux *que les autres immeubles*, et que l'héritier, dans le lot duquel tombera *cet immeuble*, demeurera seul chargé du service de la rente et devra en garantir ses cohéritiers. L'art. 872 met donc constamment l'immeuble grevé d'une hypothèque spéciale en opposition avec ceux des immeubles de la succession qui en sont dégagés ; ses dispositions seraient inexécutables au cas où il s'agirait d'une hypothèque générale.

Remarquons que, si le remboursement des rentes dues par la succession pouvait être exigé que l'hypothèque fût générale ou spéciale, la disposition parti-

(1) Sirey, 30. 2. 318. — Dalloz, 30. 2. 218.

culière de l'art. 872 serait complétement inutile, puisque ce remboursement pourrait être requis dans tous les cas; il n'en est rien cependant, et l'on ne peut admettre le motif de l'arrêt, où il est dit que, si l'article 872 n'a parlé que des rentes grevant les immeubles de la succession d'une hypothèque spéciale, cet article n'a nullement proscrit le droit de demander le remboursement de celle donnant aux créanciers une hypothèque générale; il n'aurait pas suffi de ne pas proscrire ce droit, il aurait fallu le créer, car il n'existe point. Un seul héritier ne peut demander la vente des meubles de la succession, à l'effet d'acquitter les dettes même exigibles du défunt; il faut que la majorité des héritiers la requière (art. 826 du Code civil); ce vœu de la majorité ne suffirait pas quant aux immeubles, s'ils pouvaient se partager commodément (art. 827.). Le droit de forcer ses cohéritiers au remboursement des dettes non exigibles, et à plus forte raison de celles dont le capital est aliéné, n'appartient donc à aucun successible, si ce n'est dans le cas prévu par l'art. 872.

On ne peut non plus admettre que l'art. 872 n'ait parlé de l'hypothèque spéciale, que parce que la spécialité est une des bases de notre régime hypothécaire. Si sous l'ancien droit l'hypothèque était générale, elle pouvait être réduite, par la convention, à une simple spécialité. Aujourd'hui même les hypothèques légales et celles judiciaires sont générales; celles conventionnelles, quoique devant être spéciales, peuvent comprendre l'universalité des immeubles du débiteur. Il y a donc lieu encore, comme autrefois, à distinguer ces deux espèces d'hypothèques.

L'arrêt annonce que les auteurs de la loi ont voulu éviter aux héritiers les actions qui, postérieurement au partage, pourraient être dirigées contre chacun d'eux. Ce motif a dû, en effet, déterminer les dispositions portées en l'art. 872, mais il ne s'applique pas au cas où l'hypothèque est générale.

Si l'hypothèque de la rente n'a été que spéciale, chacun des héritiers peut craindre que l'immeuble grevé ne tombe dans son lot et qu'il reste seul exposé à l'action hypothécaire du créancier, à raison d'une dette commune. Cet héritier devrait alors veiller à perpétuité à son recours contre ses successibles, et l'on sent combien une telle obligation serait gênante. Si cet héritier a été chargé de servir seul la rente, ce sont ses successibles qui auraient une garantie à exercer contre lui et qui éprouveraient tous les inconvénients qu'entraîne un semblable recours; il est donc d'un grand intérêt pour tous les héritiers que les rentes dues par hypothèque spéciale soient remboursées avant le partage, et cet intérêt a motivé les dispositions portées en l'art. 872.

Si, au contraire, la rente a procuré au créancier une hypothèque générale, aucun des héritiers ne doit plus que les autres avoir à en souffrir. La dette se divise naturellement entre eux, et chacun d'eux n'en est tenu que pour sa part personnelle; ils peuvent, à la vérité, être poursuivis hypothécairement pour le tout, mais c'est une chance qui leur est commune et contre laquelle ils ont une garantie dans l'hypothèque que le créancier doit leur céder sur les immeubles échus aux autres héritiers. Si les biens de la succession sont vendus au lieu d'être partagés, le capital de la rente devient exigible (art. 2184). Si ces immeubles ont été attribués à quelques-uns des héritiers seulement, et que ceux-ci aient été chargés du service de la rente, les autres héritiers n'ont point d'action hypothécaire à redouter, et la subrogation qu'ils ont le droit de requérir à l'hypothèque du créancier les garantit des suites de l'action personnelle. Il n'y aurait donc pas eu de motif pour que la loi autorisât chacun des héritiers à demander, lorsque l'hypothèque de la rente est générale, que l'on procédât à un remboursement le plus souvent onéreux.

Les mêmes principes s'appliquent au cas porté en la question qui précède, car l'hypothèque cesse d'être spéciale quand elle porte sur l'universalité des immeubles du défunt.

873. Les héritiers sont tenus des dettes et charges de la succession, personnellement pour leur part et portion virile, et hypothécairement pour le tout, sauf leur recours, soit contre leurs cohéritiers, soit contre les légataires universels, à raison de la part pour laquelle ils doivent y contribuer.

1° Les jugements rendus contre quelques-uns des héritiers seulement ne peuvent être attaqués par les autres héritiers, à moins que la chose demandée ne soit indivisible.

« Attendu[1] que les héritiers ne sont tenus personnellement des dettes de la succession que pour leur part et portion virile (art. 873 du Code civil); qu'ainsi les poursuites personnelles exercées par les demandeurs contre Claude Burtey et consorts, héritiers de la succession de la veuve Burtey, pour le paiement d'une dette dont cette succession était grevée, étaient étrangères à Albin et Jean-Baptiste Bresson, autres héritiers de ladite succession; que le jugement du 20 novembre 1809, qui en ordonne la continuation, leur était également étranger et ne faisait aucun préjudice à leurs moyens et droits, qui restaient entiers dans le cas où ils auraient été poursuivis pour le paiement de leur quote-part de la dette; d'où il suit qu'aux termes de l'art. 474 du Code de procédure civile la tierce-opposition formée par eux au jugement du 20 novembre 1809 n'était pas recevable;

« Attendu enfin qu'en supposant même que la tierce-opposition eût été recevable et fondée, elle n'aurait pu profiter qu'aux tiers-opposants seuls dans leurs intérêts personnels, sans remettre en jugement la question entre les demandeurs et Claude Burtey et consorts, parce qu'à l'égard de ceux-ci le jugement du 20

(1) SIREY, 14. 1. 246. — DALLOZ, Rec. alph., 12. 671.

novembre 1809 avait acquis la force de la chose jugée, et qu'il n'aurait pu être rétracté par l'effet de la tierce-opposition que dans le seul cas où l'objet contesté eût été indivisible, en telle sorte qu'il y eût impossibilité d'exécuter le premier jugement et celui à rendre sur la tierce-opposition, exception qui ne se rencontrait pas dans l'espèce, puisque la créance réclamée était divisible, et que, même dans le cas où les tiers-opposants eussent pu parvenir à faire décider que la succession de la veuve Burtey ne devait plus rien aux demandeurs, l'exécution de ce jugement n'aurait pu empêcher celle du jugement du 20 novembre 1809, qui avait décidé le contraire à l'égard de Claude Burtey et consorts. » (Arrêt de la Cour de cassation, du 12 janvier 1811.)

La répartition d'une dette divisible entre les héritiers du débiteur produit cet effet qu'il se forme autant de dettes différentes qu'il y a eu de successibles appelés à la supporter; chacun d'eux n'étant tenu que de sa part devient absolument étranger aux portions qui doivent être acquittées par les autres héritiers; peu lui importent donc les condamnations que ceux-ci ont encourues; elles ne lui ont ôté aucun des moyens qu'il peut avoir à opposer au créancier, et son défaut d'intérêt empêche qu'il n'ait le droit de les attaquer.

Il en est autrement si la dette repose sur une chose indivisible. Chacun des héritiers en étant tenu pour le total (art. 1223) doit être assimilé à un débiteur solidaire et peut avoir grand intérêt à faire réformer les décisions rendues contre ses cohéritiers. Le créancier se trouverait autorisé, par le jugement qu'il a obtenu, à se faire délivrer la chose, et, si elle ne lui était pas due, il faudrait que les autres héritiers intentassent une action pour la lui faire restituer. Il est plus convenable qu'ils puissent se pourvoir contre le jugement mal à propos obtenu par le prétendu créancier, en l'attaquant par la voie que la loi leur offre, celle de la tierce-opposition.

2° L'héritier, cessionnaire des droits de son cohéritier, et qui a interrompu en son nom la prescription d'une dette de la succession, peut, néanmoins, opposer la prescription du chef de l'héritier dont il a acquis les droits.

Un père, n'ayant qu'un fils et une fille, était décédé, laissant une dette hypothécaire. Les deux enfants s'étaient portés héritiers. Le sieur de Richemont, l'un d'eux, avait cédé tous ses droits successifs à la dame de Braguelongue, sa sœur, à la charge par elle d'acquitter la portion du cédant dans les dettes du défunt. Le créancier s'était pourvu contre les deux héritiers, personnellement pour leur part et hypothécairement pour le tout. La dame de Braguelongue avait opposé la prescription de la dette, mais une reconnaissance émanée d'elle l'avait fait déclarer non-recevable. En appel, le sieur de Richemont se prévalut, à son tour, de la prescription. Le créancier lui répondait que la reconnaissance de sa cessionnaire, qui était devenue débitrice pour le tout, devait avoir effet contre lui-même, aux termes de l'art. 2249 du Code civil.

Un premier arrêt de la Cour royale de la Guadeloupe, du 14 mai 1823[1], admit la prescription opposée par le sieur de Richemont, quant à la moitié à sa charge dans la dette, et renvoya devant les premiers juges sur la question de savoir si la dame de Braguelongue pouvait, au moyen de la reconnaissance qu'elle avait faite de la dette, profiter de la prescription accomplie à l'égard de son cédant. Cet arrêt est ainsi conçu :

« Considérant qu'il faut faire une différence entre les coobligés personnellement et solidairement, et ceux qui ne sont obligés qu'à cause de l'hypothèque qui existe sur un fonds commun ; que ces derniers ne peuvent être mis au rang des premiers que tant qu'ils restent dans l'indivision ;

« Considérant que la vente, faite par le sieur de Richemont, de ses droits héréditaires au sieur de Braguelongue, doit être assimilée à un acte de partage entre eux, et a irrévocablement fixé et divisé leurs obligations ;

« Considérant que, dans cet état de choses, la reconnaissance émanée du fondé de pouvoir des sieur et dame de Braguelongue ne peut être opposée au sieur Lemercier de Richemont et n'a pu interrompre la prescription à son préjudice. »

Sur le renvoi prononcé par cet arrêt, les premiers juges admirent la prétention de la dame de Braguelongue, et leur décision, qui a été confirmée par arrêt de la même Cour, du 4 décembre 1826, est conçue en ces termes :

« Attendu qu'il est de principe que tout cessionnaire ne peut exercer d'autres droits que ceux de son cédant ; que, conséquemment aussi, il ne peut être privé des moyens de faire valoir ses droits acquis ; que le sieur de Richemont n'avait en 1814, avant de faire aux époux Braguelongue la vente de ses droits dans la succession de son père, reconnu, de façon aucune, la dette que réclame le sieur Beaumann ;

« Que les sieur et dame de Braguelongue, en se rendant acquéreurs des droits de leur frère dans la succession de leur auteur commun, ne peuvent être, vis-à-vis du sieur Beaumann, dans une situation pire que celle dans laquelle se trouverait un étranger qui serait devenu cessionnaire des mêmes droits, et à qui on ne pourrait évidemment opposer la lettre du 16 avril 1819 ;

« Considérant qu'aux termes de l'arrêt rendu par la Cour de la Guadeloupe, le 14 mai 1823, il faut faire une différence entre les coobligés personnellement et solidairement, et ceux qui ne sont obligés qu'à cause de l'hypothèque qui existe sur un fonds commun ; que ces derniers ne peuvent être mis au rang des premiers qu'autant qu'ils restent dans l'indivision ; que, conséquemment, la dette contractée par le sieur Richemont père doit être divisée en deux parts, l'une à la charge des défendeurs et l'autre à la charge du sieur Lemercier, laquelle est éteinte par la prescription trentenaire ;

« Considérant que les défendeurs ne peuvent être recherchés par le sieur Beaumann, au sujet de la dette contractée par leur auteur, que pour la portion dont ils amendent dans la succession en leur qualité d'héritiers seulement, mais

(1) Sirey, 30. 1. 201. — Dalloz, 29. 1. 147.

non pas en leur qualité d'acquéreurs des droits du sieur de Richemont dans cette succession, puisqu'eux seuls ont reconnu cette dette, et que, conformément aux principes résultant de l'art. 2249 du Code civil, cette reconnaissance ne peut être opposée à leur cohéritier. »

Le pourvoi contre ces deux arrêts a été rejeté par la Cour de cassation, le 12 février 1829, mais par les motifs suivants :

« Attendu que, s'il est vrai qu'une personne peut, dans un acte intéressé de sa part, stipuler pour autrui, en supposant même qu'on peut voir une telle stipulation dans la clause générale par laquelle un cohéritier qui vend tous ses droits à son cohéritier, le charge de sa part des dettes, la condition essentielle pour l'effet d'une telle stipulation au profit du tiers est qu'il déclare en profiter; que, s'il déclare en profiter pour une dette prescrite au moment où il fait cette déclaration, il n'acquiert rien, et n'a pas plus de droits contre le tiers qu'il n'en avait contre son débiteur; qu'il a été jugé, en fait, que Lemercier de Richemont était libéré par une prescription accomplie avant l'époque à laquelle Beaumann a invoqué, contre les défendeurs éventuels, l'acte de 1814, qui n'est pas même produit. »

Si des cohéritiers, qui ne sont tenus personnellement des dettes du défunt que pour leur part virile, peuvent être poursuivis hypothécairement pour le tout, c'est que l'hypothèque du créancier est indivisible, et qu'elle l'autorise à suivre les immeubles de son débiteur en quelques mains qu'ils passent ; mais ce droit ne change rien à l'action personnelle accordée contre chacun des héritiers. Il ne semble donc pas possible d'admettre le principe porté dans les deux arrêts de la Cour de la Guadeloupe, que les héritiers peuvent être mis au nombre des débiteurs solidaires tant que les immeubles de la succession restent indivis entre eux. Avant comme après le partage cette solidarité ne saurait exister. Dès la mort du défunt et à toujours, les héritiers n'ont été tenus personnellement que de leur portion virile dans les dettes. L'action hypothécaire du créancier ne dépend pas de l'événement du partage ; que les immeubles de la succession restent ou non indivis, si cette action appartient au créancier, elle peut être exercée par lui. Le partage n'a d'autre effet à cet égard que de forcer le créancier à agir séparément sur les immeubles attribués à chacun des héritiers, tandis qu'auparavant son action portait sur la succession même et sur ses biens agglomérés.

La cession faite par un héritier à son cohéritier ne peut non plus être assimilée à celle qu'il aurait consentie à un non-successible. Celui-ci ne serait tenu de remplir que les obligations de son cédant. L'héritier cessionnaire des droits de son cohéritier est, au contraire, devenu débiteur de la totalité de la dette, au moyen de son acceptation de l'hoirie et des charges que lui a imposées la cession ; sa reconnaissance de la dette interrompt donc la prescription pour le tout, ce que ne pourrait faire celle d'un cessionnaire étranger.

Aussi la Cour de cassation a-t-elle reconnu que l'obligation contractée par l'héritier cessionnaire d'acquitter la portion de son cédant dans les dettes du défunt, devait profiter au créancier ; mais elle a décidé, en même temps, que le bénéfice de cette clause avait dû être accepté par celui-ci s'il voulait en exciper. La Cour n'a fait, en cela, qu'appliquer les dispositions de l'art. 1121 du Code. Elle a reconnu que jusqu'à cette acceptation le droit nouveau du créancier était resté en suspens, et qu'ainsi la prescription avait pu s'accomplir contre lui à l'égard du cédant; que l'acquiescement du créancier avait été nécessaire pour qu'il se fût opéré novation dans ses droits; qu'il n'avait pu s'adresser pour le tout à l'un des héritiers, avant d'avoir accepté l'obligation contractée par ce dernier de lui payer l'intégralité de sa créance; que jusque-là chacun des héritiers était resté vis-à-vis de ce créancier dans sa position première, et que la reconnaissance que le cessionnaire avait faite de la dette n'avait interrompu la prescription que jusqu'à concurrence de la part dont, aux termes de la loi, il était personnellement tenu.

3° L'interprétation faite même avant tout partage, à l'un des héritiers, interrompt-elle la prescription à l'égard des autres successibles si elle a eu lieu hypothécairement pour toute la créance?

La Cour royale de Riom a décidé cette question affirmativement, par arrêt du 20 décembre 1808[1], en adoptant les motifs des premiers juges, qui étaient ainsi conçus:

« Attendu que l'action du demandeur a été conservée par la demande formée en 1783 contre André Brunet, en ce qu'il est établi par le traité passé entre le frère et la sœur, le 9 novembre 1791, que ledit André Brunet, à ladite époque de 1783, était en possession et jouissait de l'universalité des biens qui leur étaient communs, et que sous ce rapport les diligences faites contre lui ont frappé également la défenderesse, sa sœur;

« Attendu que la totalité de la créance a été demandée audit André Brunet, par l'exploit de 1783, en ce qu'il a été conclu contre lui à ce qu'il fût condamné à payer personnellement pour sa part et portion, et hypothécairement pour le tout, et que la distinction qu'on a voulu faire des conclusions personnelles d'avec les conclusions hypothécaires n'est pas fondée, parce que l'une et l'autre se rapportent toujours à la demande pour la totalité de la créance. »

Il serait impossible de juger de même d'après le droit actuel. L'art. 2249 du Code civil n'admet, comme interruptive à l'égard de tous les débiteurs, l'interpellation faite à l'un d'eux, que lorsque ces débiteurs sont solidaires ou que l'obligation est indivisible. Quant à leurs héritiers, il faut, lors même que l'obligation est solidaire, mais divisible, que l'interpellation ait été faite à tous, sinon la prescription n'a été interrompue que pour la part de l'héritier qui seul a été interpellé.

Il en était de même sous notre droit ancien. L'interpellation faite à un seul

(1) Sirey, 9. 2. 123. — Dall. Rec. alph., 11. 310.

des héritiers d'un débiteur solidaire n'a jamais interrompu la prescription à l'égard des autres héritiers. Tous nos auteurs sont d'accord sur ce point; Pothier s'en explique d'une manière formelle dans son *Traité des obligations*, n° 697. « La reconnaissance, dit-il, que l'un des héritiers fait de la dette, et l'interpellation faite à l'un d'eux, n'interrompt le temps de la prescription que pour la part dont il est personnellement débiteur, et n'empêche pas la prescription de la part due par l'autre héritier qui n'a ni reconnu la dette, ni été interpellé judiciairement; car, une dette pouvant s'éteindre pour partie, elle peut aussi se prescrire pour partie. »

Dunod est du même avis en son *Traité de la prescription*, part. 1re, chap. 9.

Ce principe devait d'autant mieux être appliqué à l'espèce que le créancier n'avait demandé à l'héritier qu'il avait poursuivi seul que sa part et portion de la dette; l'assignation qu'il lui avait fait donner, n'ayant pas porté sur les autres portions de la créance, n'avait pu, quant à elles, interrompre la prescription. C'est encore l'avis de Dunod; *non inspicitur enim à quo*, dit-il, *sed quid sit petitum*.

Vainement le créancier se prévalait-il de ce qu'il avait formé sa demande avant tout partage. Chaque héritier n'étant saisi, à compter de la mort du défunt, que de la part qu'il est appelé à recueillir dans l'hoirie, et le partage n'étant que déclaratif des droits qui lui ont dès lors appartenu, l'interpellation hypothécaire du créancier n'avait pu porter que sur la portion des biens appartenant à l'héritier qu'il avait assigné et non sur celles des autres héritiers.

Vainement encore le créancier excipait-il de ce qu'il avait conclu à la condamnation hypothécaire de cet héritier pour toute sa créance. Il n'en pouvait résulter qu'une interruption de prescription de son action hypothécaire sur la portion de l'héritier assigné dans les biens, mais non aucune interruption à l'égard des autres héritiers. Pothier applique ce principe au cas où la dette serait hypothécaire et où chaque héritier en serait tenu hypothécairement pour le tout. « Chacun de ces héritiers, dit-il, n'étant tenu personnellement de la dette que pour sa part, quoiqu'il en soit tenu hypothécairement pour le total, le créancier, par l'interpellation qu'il a faite à l'un desdits héritiers, n'a usé de son droit d'action personnelle que pour la part dont ledit héritier interpellé était tenu de la dette, et il n'a usé de son droit d'hypothèque que sur la part des biens échus à cet héritier interpellé; mais il n'a pas usé de son droit d'action personnelle pour les parts dont les autres héritiers non interpellés en étaient tenus, ni de son droit d'hypothèque sur la part des biens échus auxdits héritiers non interpellés. Par conséquent la prescription est acquise auxdits héritiers non interpellés, tant contre l'action personnelle que le créancier avait contre eux pour les parts dont ils étaient tenus de la dette que contre l'hypothèque qu'il avait sur la part des biens qui leur est échue. »

Pothier répond à l'objection que l'interpellation hypothécaire devrait produire le même effet que celle adressée à un débiteur solidaire. « Le droit de créance personnelle que j'ai, dit-il, contre plusieurs débiteurs solidaires est un seul et même droit personnel qui réside dans ma personne; c'est pourquoi, en interpellant l'un des débiteurs, j'use de mon droit pour le total et j'interromps le temps de la prescription, non-seulement contre les débiteurs que j'ai interpellés, mais contre les autres; car le droit que j'ai contre eux n'étant pas un droit différent, mais étant précisément le même que celui que j'ai contre celui que j'ai interpellé, en usant pour le total du droit que j'ai contre lui, j'ai usé de celui que j'ai contre eux. Au contraire, les droits d'hypothèque que j'ai dans les différents biens hypothéqués à ma créance sont des droits réels, droits, par conséquent, qui résident dans les différentes choses dans lesquelles j'ai lesdits droits d'hypothèque, et qui sont, par conséquent, aussi distingués les uns des autres, comme les choses dans lesquelles ces droits résident sont distinguées les unes des autres. »

L'hypothèque, en effet, n'est qu'un simple accessoire; elle ne peut survivre à la créance qu'elle sert seulement à garantir. Si cette créance a cessé d'exister par prescription ou autrement, l'hypothèque en même temps s'est éteinte. (Art. 2180 du Code civil.)

Le créancier se faisait enfin un moyen de ce que tous les biens de la succession étaient possédés, lors de sa demande, par l'héritier qu'il avait assigné. Si l'existence des autres successibles lui avait été inconnue, que l'héritier détenteur de la succession eût passé pour l'avoir recueillie tout entière, l'impossibilité où se serait trouvé le créancier d'agir contre les autres héritiers aurait dû faire considérer son interpellation comme suffisante à l'égard des héritiers inconnus; mais le créancier savait sans doute qu'il existait d'autres sucessibles, puisqu'il n'avait demandé à l'héritier détenteur que *sa portion dans la dette;* s'il avait ignoré les noms de ces héritiers il pouvait sommer l'héritier connu d'avoir à les lui déclarer; il aurait dû au moins exercer ses poursuites sur tous les biens de l'hoirie et forcer ainsi les autres héritiers à se faire connaître; sa négligence seule avait occasionné sa perte, et il ne pouvait dès lors en être relevé. *Vigilantibus jura subveniunt, non dormientibus.*

4° L'action hypothécaire des créanciers du défunt cesse de pouvoir être exercée contre les héritiers par la vente que ces héritiers ont faite des immeubles de la succession, sauf l'exercice de l'hypothèque du créancier à l'égard des tiers détenteurs.

La Cour de cassation l'a ainsi jugé, suivant arrêt du 26 vendémiaire an XI[1], par application, il est vrai, des dispositions de la coutume de Paris, mais qui ont été conservées par le Code.

« Vu, a dit la Cour, les art. 317, 332 et 333 de la coutume de Paris;

« Et considérant qu'il résulte de la combinaison de ces articles, ainsi que de la disposition des lois romaines y relatives, que l'art. 317, qui suppose un seul

(1) SIREY, 3. 1. 88. — DENEVERS, 1. 516.

et unique héritier, pose seulement pour principe que, quelque modique que soit la succession ou la partie qu'on en appréhende, cette appréhension pure et simple n'oblige pas moins au paiement de la totalité des dettes du défunt, à quelque somme et valeur qu'elles puissent monter, et sans égard au bénéfice d'inventaire; ce qui ne s'oppose pas à ce qu'en cas de concours de plusieurs héritiers, chacun de ces héritiers, aux termes de l'art. 332, ne soit tenu personnellement de payer la dette de la succession que pour la part et portion dont il est héritier; que l'art. 332 n'est pas seulement relatif au mode de répartition des dettes à faire entre les héritiers, mais qu'il est relatif à la portion des dettes dont chacun des cohéritiers est tenu envers les créanciers de la succession, puisqu'aux termes de l'art. 333 c'est seulement, et par exception, quand ils sont détenteurs d'héritages obligés et hypothéqués à la dette par le défunt, que chacun des détenteurs est tenu de payer le tout au créancier, sauf son recours contre ses cohéritiers; disposition qui serait absolument inutile et sans objet si, de droit commun et hors le cas de détention, chacun des cohéritiers était tenu envers les créanciers de payer le tout, sauf son recours contre ses cohéritiers;

« Considérant que, le cohéritier n'étant tenu envers le créancier solidairement et hypothécairement à la totalité de la dette qu'à raison de cette détention, son obligation pour le tout cesse à l'instant où cesse la détention, soit par déguerpissement, soit par vente forcée ou même volontaire, laquelle ne préjudicie point au créancier puisqu'il a toujours son action sur la chose et sur le détenteur et la faculté de surenchère;

« Que l'action personnelle, jointe à l'action hypothécaire contre l'héritier détenteur, demeure au créancier contre l'héritier malgré la cessation de sa détention; mais que cette action, redevenue personnelle, redevient divisible de sa nature;...

« Que l'action hypothécaire, qui cesse par cessation de la détention par l'héritier de l'objet hypothéqué, doit se juger en l'état où se trouvent les parties lors du jugement, et non en l'état où elles étaient lors de l'action, puisque la cessation de la détention pendant le procès peut éteindre l'action. »

Ce dernier motif de l'arrêt se rapporte au fait que les héritiers, poursuivis hypothécairement par le créancier, avaient vendu les immeubles qui avaient été hypothéqués à ce dernier par le défunt, dans l'intervalle qui s'était écoulé entre la demande de ce créancier et le jugement qu'il avait obtenu.

D'après l'art. 873 du Code civil les héritiers ne sont toujours personnellement obligés au paiement des dettes du défunt que pour leur part et portion, et ils ne sont tenus hypothécairement pour le tout que comme le seraient tous autres détenteurs à raison de leur détention des immeubles de la succession. Si donc, par la vente qu'ils ont faite des biens hypothéqués au créancier, leur possession a cessé, il n'y a plus lieu contre eux à l'action hypothécaire. Cette action ne s'exerce point en effet contre leurs personnes, mais uniquement sur les immeubles qu'ils ont cessé de détenir. Ces héritiers ne sont dès lors soumis qu'à l'action personnelle qui n'assujettit ces héritiers au paiement que de leur part et portion dans les dettes, sauf les droits hypothécaires des créanciers contre les nouveaux détenteurs des biens qui ont été affectés au paiement de leurs créances.

On a pu remarquer, dans l'arrêt ci-dessus, que l'action hypothécaire sur les immeubles de la succession ne peut appartenir, même pendant la détention qu'en ont les héritiers, qu'aux créanciers qui ont obtenu une hypothèque du vivant du défunt. Ceux qui, au contraire, étaient à l'époque du décès purs chirographaires, n'ont pu acquérir d'hypothèque que contre les héritiers, mais alors contre chacun de ceux-ci et pour la part seulement dont il est devenu débiteur personnel.

5° La garantie promise par le défunt en matière immobilière, est indivisible, et l'exception qui en résulte peut être opposée pour le tout à l'héritier partiel qui revendique l'immeuble à raison duquel le défunt a contracté une pareille obligation.

Ce principe a été consacré par un arrêt de la Cour royale de Caen, du 8 décembre 1808[1]. Un frère avait vendu quelques immeubles sous la garantie de l'une de ses sœurs. Une autre sœur, qui s'était portée héritière pour moitié de celle-ci, revendiqua ces immeubles; l'acquéreur lui opposa l'exception tirée de la garantie que la défunte avait contractée envers lui. La réclamante prétendit diviser les effets de cette garantie, et n'en être tenue que pour la part qu'elle avait recueillie dans la succession de sa sœur. La Cour l'a déclarée non-recevable pour le tout.

« Attendu, porte l'arrêt, que la veuve Levergeois est tenue, par sa qualité, d'entretenir les faits de celle dont elle est héritière; que, si la garantie se divise lorsqu'un créancier poursuit les héritiers pour paiement des dettes, cette garantie devient indivisible lorsqu'on propose une exception qui repousse l'action; que telle est l'expression de la loi Ire, § 1, ff. *de exceptione rei venditæ;* que cette loi, qui accorde l'exception contre le vendeur qui voudrait évincer l'acquéreur, ajoute : *Sed et si dominus fundi hæres venditoris existat, idem erit dicendum;* et que la dernière, au même titre, s'exprime en termes encore plus forts : *Pari ratione venditoris, etiam successoribus nocebit, sive in universum jus, sive in eam duntaxat rem successerint;* que l'opinion de Pothier ne doit pas prévaloir sur la disposition d'une loi dont, d'ailleurs, il faut sentir toute la justice; qu'il est impossible, inconvenant, d'admettre l'action de celui qui est obligé lui-même de défendre et garantir l'acquéreur du trouble et de l'éviction; que, comme héritière, la veuve Levergeois a une qualité qui résiste et détruit son action, et que cette qualité établit contre elle une fin de non-recevoir insurmontable. »

(1) SIREY, 11. 1. 188. — DENEVERS, 9. 1. 168.

Le pourvoi contre cet arrêt a été rejeté par la Cour de cassation, *le 19 février 1811.*

« Attendu que les art. 870 et 873 du Code civil ne statuent que sur la divisibilité des actions à exercer contre les héritiers à raison des dettes et charges de sa succession ; que dans l'espèce il ne s'agit nullement d'une action exercée contre les héritiers, mais au contraire d'une exception opposée à l'action exercée par l'héritier contre l'acquéreur du décédé ;

« Que la demoiselle Dubourg, ex-religieuse, dont la demanderesse est héritière, avait vendu conjointement avec le prêtre Dubourg, son frère, et s'était obligée solidairement avec lui à garantir l'acquéreur de tout trouble et éviction ; que, sans violer les art. 870 et 873 du Code, on a pu voir dans cette stipulation l'intention des parties que la garantie fût indivisible, qu'elle couvrît le tout et chaque partie de la chose aliénée, et que cette manière de voir est même autorisée par le § 5 de l'art. 1221 du Code civil. »

Toute la difficulté portait effectivement sur le point de savoir si l'objet de la garantie promise par la défunte était ou non divisible. Nos auteurs établissaient une grande différence entre l'obligation contractée par le défunt de livrer un immeuble, *fundum tradi*, et la garantie à laquelle il s'était obligé envers un acquéreur de le faire maintenir en possession de la chose qu'il lui avait livrée. Au premier cas, ils soutenaient que, si le défunt était mort sans avoir exécuté sa promesse, chacun de ses héritiers n'en était tenu que pour sa part, à moins que le fonds ne dût être livré pour un usage indivisible, ou que, de sa nature, il ne pût être divisé, comme si la vente avait porté sur un bâtiment non-partageable. C'était l'avis de Dumoulin, et Pothier l'avait adopté en son *Traité des obligations*, numéro 295.

Cette distinction était cependant contraire aux dispositions de la loi 72, ff. *de verbor. obligat.*, qui porte en termes précis que l'obligation de livrer un fonds de terre est indivisible. *Stipulationes non dividuntur earum rerum quæ divisionem non recipiunt :... utputà fundum tradi, vel fossam fodiri, vel insulam fabricari..... vel quid hic similis; horum enim divisio corrumpit stipulationem.* Les commentateurs s'étaient fort divisés sur la manière d'entendre cette loi ; on vient de voir l'avis de deux des plus fameux d'entre eux, mais il n'a point été adopté par le Code ; son article 1221 excepte des cas où la dette se divise entre les héritiers, outre celui où il résulte, soit de la nature de l'engagement, soit de la chose qui en fait l'objet, ou de la fin que l'on s'est proposée dans le contrat, que l'intention des contractants a été que la dette ne pût s'acquitter partiellement, le cas où la dette est d'un corps certain. Or, l'obligation de livrer un ou plusieurs fonds de terre désignés au contrat a certainement ce caractère.

Cette disposition du Code est d'ailleurs en rapport avec celles qu'il a portées sur le contrat de vente. Les traditions réelles ou symboliques ne sont plus aujourd'hui nécessaires, pour que la propriété soit transmise à l'acquéreur ; la vente est parfaite, et la propriété acquise à celui-ci, à l'égard du vendeur, dès qu'on est convenu de la chose et du prix. (art. 1583). Comment donc les héritiers de vendeurs pourraient-ils conserver la chose sur laquelle le vendeur avait perdu tous ses droits? Quel que soit celui d'entre eux qui la possède, l'acquéreur est autorisé à la lui réclamer, comme il le pourrait de tout autre détenteur.

Les auteurs ne se montraient pas plus d'accord sur l'exception résultant, contre les héritiers, de la garantie promise par le défunt à raison des immeubles par lui livrés à l'acquéreur. Dumoulin considérait cette exception comme indivisible, parceque, disait-il, *hæc obligatio respicit unicam et integram totius controversiæ defensionem, quasi certam quamdam formam.* Pothier, en son *Traité du Contrat de vente*, numéros 103 et 104, déclare aussi cette action en garantie indivisible à l'égard des héritiers du vendeur : « L'objet immédiat et primitif de cette action, dit-il, est la prise de fait et cause pour l'acheteur, c'est-à-dire, la défense de la cause de l'acheteur, dont le vendeur est obligé de se charger, *factum defendendi;* ce fait est indivisible, d'où il suit que cette action est indivisible. C'est pourquoi, lorsque le vendeur d'une chose divisible a laissé plusieurs héritiers, quoique l'obligation *præstare emptori rem emptam habere licere*, ayant pour objet une chose divisible, soit une obligation divisible qui ne passe à chacun de ses cohéritiers que pour la part pour laquelle il est héritier, néanmoins cette action de garantie qui en naît, ayant pour objet un fait indivisible, a lieu pour le total contre chacun des héritiers du vendeur, et l'acheteur peut conclure contre un seul des héritiers à ce qu'il soit tenu de prendre son fait et cause, et de se charger pour lui de la défense totale de la cause. En défendant seulement pour sa part, il ne satisfait pas même pour sa part à l'obligation *præstandi ei rem habere licere;* car l'acheteur ayant acheté la chose pour l'avoir entière, l'obligation *præstandi ei rem habere licere*, quoique divisible *obligatione*, est indivisible *solutione;* chacun des héritiers du vendeur ne défend donc pas valablement l'acheteur s'il ne le défend pour le total. »

Cependant, au n° 173 du même traité, Pothier soutient, en invoquant les dispositions de la loi 14 au Code *de rei vindicat.*, que l'héritier du vendeur, qui est de son chef propriétaire de la chose vendue, n'est exclus de sa demande en revendication que quant à la part pour laquelle il est héritier du vendeur. La raison qu'en donne Pothier est que, si la chose vendue est divisible, l'obligation d'en garantir la propriété à l'acquéreur est divisible aussi, et que dès lors chacun des héritiers n'en est tenu que pour sa part. Quant à l'objection tirée de ce que l'obligation de défendre est indivisible, Pothier répond que cette obligation n'est pas précise et absolue, et que chaque héritier la remplit en y satisfaisant autant qu'il est en lui pour la part dont il est héritier. Pothier cite à l'appui le cas où l'obligation de garantie se convertit, par suite de la dépossession de l'acquéreur, en dommages-intérêts dont chaque héritier n'est tenu que pour sa part.

Nous n'avons point à nous occuper de la loi citée par Pothier et des moyens de la concilier avec les autres dispositions du droit romain sur la matière ; en nous bornant aux motifs qui ont dicté l'art. 1221 du Code, il est facile de reconnaître que la nature de la chose vendue peut souvent n'être pas la même que celle de la garantie promise par le vendeur et due par ses héritiers. La chose vendue peut être divisible, l'action en garantie ne l'est pas. Cette action a été donnée à raison de la totalité de la chose que l'acquéreur n'a point entendu acquérir seulement pour partie. Si l'un des héritiers du vendeur pouvait dépouiller cet acquéreur d'une partie de la chose vendue, il y aurait violation *de la fin que les parties se sont proposée en contractant*, et cette intention suffit, aux termes de l'art. 1221, pour rendre indivisible la garantie due par tous ces héritiers. Chacun de ceux-ci doit donc être déclaré non-recevable à revendiquer de son chef une partie quelconque des biens dont, comme héritier, il doit garantir pour le tout la propriété à l'acquéreur.

C'est d'après ces principes qu'il a été rendu un arrêt à la Cour royale de Pau, le 22 juin 1815 [1], dans l'espèce d'un remboursement du prix d'une vente à réméré qui avait été fait à un aïeul, quoiqu'il dût en revenir une portion à ses petits-enfants; ceux-ci s'étaient portés héritiers de l'aïeul, et cependant ils demandaient aux retrayants la part qui leur appartenait dans les immeubles rétrocédés par leur aïeul. Les premiers juges avaient repoussé l'exception qui était opposée aux demandeurs; sur l'appel, la Cour, après avoir constaté le point de fait et les qualités des parties par les premiers motifs de son arrêt, a déclaré les demandeurs non-recevables.

« Considérant, a-t-elle dit, que nul ne peut revenir contre son propre fait; que l'héritier, qui est l'image de son auteur, ne peut pas davantage attaquer les actes de celui-ci; qu'il importe peu que les demandeurs aient droit d'attaquer le contrat du chef de leur aïeule et bisaïeule; leur qualité d'héritiers de celui qui contracte leur enlève toute action contre l'acte qu'il consentit, et que c'est principalement pour le cas de la cause qu'est faite la maxime *quem de evictione tenet actio, eumdem agentem repellit exceptio*;

« Considérant que l'exception établie par cette maxime, bien que résultant de l'obligation de garantie, a pour effet de repousser l'action et de créer une fin de non-recevoir absolue;... que celui qui doit la garantie, soit comme contractant, soit comme son héritier, ce qui est la même chose, ne peut pas attaquer l'acte que lui ou son auteur a consenti, quelque droit qu'il puisse avoir d'ailleurs à la chose vendue ou payée. »

Il est cependant, dans son arrêt, quelque conforme qu'il soit, au fonds, aux vrais principes de la matière, un point que nous ne pouvons nous expliquer. Les enfants qui s'étaient portés héritiers de leur aïeul étaient mineurs, et conséquemment ils n'avaient pu, ou leur tuteur pour eux, se porter héritiers que sous bénéfice d'inventaire (art. 461 du Code civil). On a vu qu'il ne peut dépendre du tuteur, par quelque raison que ce soit, de faire perdre cette qualité à ses pupilles. (*Voyez* le n° 3 sur l'art. 801.) L'arrêt ne leur a néanmoins appliqué la fin de non-recevoir qu'*attendu leur qualité d'héritiers purs et simples de leur aïeul;* il nous est impossible de concevoir le motif qui a pu faire imprimer cette qualité aux mineurs; la décision en dépendait pourtant, car si les mineurs

(1) *Journal du Palais*, 17. 428, édit. de 1826.

n'avaient été considérés, ainsi qu'il semble qu'ils auraient dû l'être, que comme héritiers bénéficiaires, n'ayant pas confondu leurs biens ou droits avec ceux de la succession (art. 802), ils auraient dû être reçus à exercer leur action, sauf le recours des défendeurs contre la succession bénéficiaire. L'exception *quem de evictione tenet* n'a lieu que lorsque l'héritier est personnellement garant de l'action qu'il exerce, et l'héritier bénéficiaire n'est aucunement tenu d'une manière personnelle envers les créanciers du défunt. Si cette exception était admise contre lui, ce serait avec ses propres deniers, avec ceux qui lui seraient provenus de l'action qu'on l'empêcherait d'exercer, que les créanciers de la succession seraient payés, lorsque l'avoir de l'héritier bénéficiaire n'est point dans le cas d'être employé à cet usage. C'est ce que vont démontrer deux arrêts que nous avons encore à mentionner.

Une veuve s'était emparée des immeubles provenant de la succession de son mari, à laquelle ses enfants avaient renoncé, et en avait vendu une partie avec toute garantie. Étant décédée, sa succession avait été acceptée par les trois enfants, mais sous bénéfice d'inventaire. L'un d'eux revint sur la renonciation qu'il avait faite à la succession de son père et revendiqua les immeubles que sa mère avait mal à propos aliénés. Il soutenait que, n'étant héritier que sous bénéfice d'inventaire, l'exception de garantie des faits de sa mère ne pouvait être invoquée contre lui. Les acquéreurs le reconnaissaient, et tous leurs efforts tendirent à faire déchoir cet héritier de son acceptation bénéficiaire; ils y sont parvenus par l'arrêt que la Cour royale de Poitiers a rendu le 5 juin 1828[1], et en conséquence le réclamant a été déclaré non-recevable.

« Attendu, porte l'arrêt, que le sieur Cornilleau s'étant imprimé la qualité d'héritier pur et simple de la veuve Cornilleau, par les actes ci-dessus rappelés, est tenu des garanties promises par sa mère;

« Que si, d'une part, le sieur Cornilleau, comme seul et unique héritier de son père, a droit aux immeubles trouvés dans la succession de son auteur et dont il demande le délaissement, d'une autre part, en qualité d'héritier de sa mère qui a vendu les mêmes immeubles comme à elle appartenant, il est tenu d'en faire jouir paisiblement les acquéreurs (Code civil, art. 1625); que la garantie promise et due à ces derniers ne devrait se résoudre en dommages-intérêts que dans le cas où le sieur Cornilleau ne pourrait leur procurer la possession de la chose vendue;

« Que le sieur Cornilleau réunissant en sa personne les qualités d'ayant droit à la propriété des immeubles dont il s'agit et celle de garant de la possession paisible de ces mêmes immeubles au profit des sieurs Aubert et Ecot, il est non-recevable dans son action en délaissement des immeubles qui se trouve éteinte par la confusion. »

Sur le pourvoi le demandeur attaquait l'arrêt dans la partie qui l'avait déclaré héritier pur et simple de sa mère; mais la Cour de cassation a repoussé ce

(1) SIREY, 30. 1. 300. — DALLOZ, 30. 1. 343.

moyen, par l'arrêt qu'elle a rendu le 11 août 1830, comme ne portant que sur une appréciation de faits hors de ses attributions. Au fond, le demandeur prétendait encore que l'obligation de garantie devrait se diviser entre tous les héritiers; qu'elle se bornait même à la restitution du prix qui avait été payé, l'acquéreur ayant connu le défaut de droit de la venderesse. La Cour de cassation n'a eu, non plus, égard à aucun de ces moyens.

« Attendu, en droit, porte son arrêt, que l'exception opposée à l'action exercée par l'héritier contre l'acquéreur du décédé ne peut point être assimilée à une action directe et principale qui, exercée contre les héritiers, devrait être déclarée divisible, en conformité des art. 870 et 873 du Code civil: la garantie couvre le tout, et chaque partie de l'objet aliéné, car la possession paisible de la chose vendue est le premier objet de la garantie promise par le vendeur; cela résulte clairement de la nature de l'engagement et de la fin que les parties se sont proposée dans le contrat; d'où il résulte qu'en déclarant l'exception de garantie indivisible, ainsi que les obligations résultant de la garantie, l'arrêt a fait une juste application de l'art. 1221;

« Sur la question de savoir si, dans l'espèce, la garantie devait se réduire à la restitution du prix, la chose d'autrui ayant été vendue et achetée en connaissance de cause:

« Attendu que la venderesse, ayant vendu avec toute garantie de fait et de droit, n'aurait pas pu agir elle-même en nullité de la vente, moyennant l'offre de restituer le prix, et que le fils, héritier de la venderesse, n'a pas plus qu'elle le droit de substituer le prix à la chose; d'où il résulte que le moyen porte à faux. »

Cet arrêt consacre tout ce que nous venons de dire sur la question, il est bien certain que, la venderesse ayant contracté l'obligation de garantir l'acquéreur de toute éviction, son engagement n'aurait point été rempli si on s'était borné à faire restituer le prix de la vente par ses héritiers, et même pour une portion seulement par l'héritier demandeur en revendication. Au surplus, l'arrêt de la Cour royale de Poitiers démontre que, si le réclamant n'avait été qu'héritier bénéficiaire de sa mère, l'exception qui serait résultée de la garantie promise par celle-ci n'aurait pu lui être opposée et empêcher l'exercice de son action.

6° En matière mobilière, la garantie à laquelle s'est soumis l'auteur commun est-elle indivisible à l'égard de chacun de ses héritiers?

Un père avait reçu sans pouvoir, pour le compte de quelques-uns de ses enfants majeurs, le remboursement d'une somme qui appartenait à ceux-ci. Après sa mort, un de ces enfants, qui s'était porté héritier pur et simple, réclama de l'ancien débiteur la portion qui devait lui revenir dans la créance. Ce débiteur reconnut la nullité du paiement qu'il avait fait, mais prétendit que le père, en le recevant, s'était par cela seul soumis à le garantir de toutes recherches à cet égard, et que cette garantie, portant sur le fait tout entier, était indivisible.

La Cour royale de Pau a admis ce moyen de défense par arrêt du 25 août 1813[1].

« Considérant que Lacoste est le cohéritier de son père ; qu'étant tenu, en cette qualité, de garantir le paiement fait par Barinques, il est repoussé par la maxime, *quem de evictione tenet actio, eumdem agentem repellit exceptio;* qu'inutilement on oppose que la garantie ne devait, dans aucun cas, avoir lieu qu'à concurrence de la somme payée, parce que Louis Lacoste n'est héritier de son père qu'avec trois autres de ses frères et sœurs ; que Lacoste père reçut de Barinques l'entier montant de la dette appartenant aux trois cohéritiers de Marie Lacoste, testatrice ;

« Que, puisque Louis Lacoste conteste seul la validité de ce paiement pour la portion qui lui compète, il est seul aussi tenu de la garantie concurrente à cette portion ; que si, parce que les enfants du sieur Lacoste n'ont chacun qu'un quart dans la succession, ils ne devaient garantir que le quart de la créance de Barinques, il résulterait de ce système que, si tous les héritiers réclamaient contre le paiement fait à leur père, ils ne la garantiraient que pour un quart, tandis qu'incontestablement la garantie doit s'étendre à toute la somme payée. »

Sur le pourvoi, on présentait contre cet arrêt deux moyens : l'un qui aurait été fondé sur ce que le père, qui avait reçu ce qui ne lui était pas dû, ne pouvait, d'après l'art. 1370 du Code, être obligé qu'à le restituer, mais non à garantir l'ancien débiteur des suites de l'indu paiement que celui-ci avait fait ; le second, de ce que la dette contractée par le père envers le débiteur, qui s'était mal à propos libéré entre ses mains, n'était pas indivisible, et qu'ainsi chacun des héritiers n'en était tenu que pour sa part, moins forte que celle à laquelle il avait droit dans la créance.

Aucun de ces moyens n'a réussi ; la Cour de cassation a rejeté le pourvoi par arrêt du 5 janvier 1815.

« Attendu, sur le premier moyen, que Barinques, en payant la somme de 11,377 fr., a payé sa dette ; qu'ainsi, loin de vouloir rétracter le paiement, il en soutenait la validité ; qu'ainsi la disposition de l'art. 1370 du Code civil, invoqué par les demandeurs, n'était pas applicable à l'espèce.

« Sur le deuxième moyen, attendu que c'était l'un des cohéritiers lui-même qui, par voie d'action principale, attaquait comme nul un paiement fait entre les mains de son auteur, et qui voulait obliger le débiteur à le réitérer au moins en partie ; qu'ainsi la disposition de l'art. 870 du Code civil, invoqué par les demandeurs, n'était pas plus applicable à l'espèce. »

Celui qui a reçu par erreur, ou même sciemment, ce qui ne lui était pas dû, ne s'engage à autre chose qu'à restituer ce qui lui a été mal à propos remis ; mais pour que son obligation n'aille pas au-delà, il faut que ce paiement ait été fait pour son compte. Si, au contraire, ce n'a été que pour le compte d'autrui, le paiement n'est nul qu'à l'égard du véritable créancier ; quant au tiers à qui la

(1) SIREY, 1. 231 — DENEVERS, 13. 1. 169.

somme a été délivrée, il s'est nécessairement obligé de la remettre à celui qui y avait droit, et ainsi à garantir l'ancien débiteur de toute inquiétation à ce sujet. Si donc ce débiteur est actionné, il a eu un recours nécessaire contre le tiers qui n'a pas rempli sa promesse, ce qui lui donne une autre action que celle dont il est parlé en l'art. 1870.

Les dettes du défunt ne doivent être divisées entre ses héritiers qu'autant que, par leur nature, par l'intention qu'ont eue les parties, ou par la fin qu'elles se sont proposée en contractant, ces dettes ne doivent pas être considérées comme indivisibles. Dans l'espèce, il ne s'agissait pas d'une dette ordinaire, mais d'une garantie contractée par le père qui avait reçu pour le compte de ses enfants; cette garantie portait sur le fait que le débiteur ne serait inquiété pour aucune partie de la dette par ses anciens créanciers; elle était donc indivisible, puisque si, malgré ce recours, le débiteur avait pu être contraint de payer une seconde fois une partie quelconque de la dette qu'il avait éteinte, la garantie n'aurait pas eu d'effet en cela, lorsqu'elle devait en avoir pour le tout.

874. Le légataire particulier qui a acquitté la dette dont l'immeuble légué était grevé demeure subrogé aux droits du créancier contre les héritiers et successeurs à titre universel.

875. Le cohéritier ou successeur à titre universel, qui, par l'effet de l'hypothèque, a payé au-delà de sa part de la dette commune, n'a de recours contre les autres cohéritiers ou successeurs à titre universel, que pour la part que chacun d'eux doit personnellement en supporter, même dans le cas où le cohéritier qui a payé la dette se serait fait subroger aux droits des créanciers; sans préjudice néanmoins des droits d'un cohéritier qui par l'effet du bénéfice d'inventaire, aurait conservé la faculté de réclamer le paiement de sa créance personnelle, comme tout autre créancier.

1° L'héritier qui a été contraint hypothécairement de payer la totalité d'une dette de la succession et qui a été subrogé aux droits du créancier, ne peut néanmoins agir par voie hypothécaire contre les autres héritiers, mais seulement contre chacun de ceux-ci pour la portion à sa charge dans la dette.

La Cour royale de Paris l'a ainsi jugé par arrêt du 30 ventôse an XIII[1], dans une espèce qui était régie par l'ancien droit.

« Considérant, a dit la Cour, qu'en principe de droit tout codébiteur ou cohéritier qui, même par l'effet de l'hypothèque, a remboursé la dette commune, ne peut, quoique subrogé aux droits du créancier payé, demander à chacun des cohéritiers ou codébiteurs que leur portion contributive dans la dette ainsi acquittée. »

Ce principe a été confirmé par les dispositions de l'art. 875 du Code civil.

2° Le tiers détenteur qui a payé une dette due solidairement par des héritiers a le droit d'agir pour le tout contre chacun de ceux-ci.

On prétendait, pour soutenir le contraire, que le tiers qui avait payé la dette représentait l'héritier son vendeur, et n'avait pas plus de droits que lui; l'erreur était évidente : ce tiers n'exerçait point les droits de son vendeur; il avait été subrogé aux droits du créancier, et avait ainsi obtenu une action pour le tout contre chacun des héritiers que la coutume locale réputait solidaires. C'est ce que la Cour de cassation a reconnu par arrêt du 27 février 1816[2], ainsi conçu :

« Considérant que les dispositions des art. 875, 1214 et 1257 du Code civil, qui servent de base à la demande en cassation, sont écartées par la circonstance que le défendeur éventuel n'était pas obligé personnellement au paiement du décompte dont il s'agit, puisqu'il n'est ni cohéritier ni codébiteur, mais simplement détenteur des biens hypothéqués à l'acquit de ce décompte, puisqu'il n'a été poursuivi et condamné solidairement à ce paiement qu'en cette qualité, et que cette circonstance suffit seule pour justifier l'arrêt attaqué qui dès lors n'a pu violer aucun des articles ci-dessus cités, dont évidemment les dispositions ne sont pas applicables à l'espèce. »

Les héritiers, s'ils se sont rendus solidaires, ou les débiteurs qui se sont obligés ainsi, ne peuvent se poursuivre entre eux, ni solidairement, ni par voie hypothécaire, à raison des dettes qu'ils ont remboursées pour le compte commun, parce que ce recours, si l'un d'eux pouvait s'en servir, pourrait aussi être exercé contre lui, et qu'il n'y aurait pas de fin à ces actions réciproques. Il en est autrement du tiers-détenteur qui n'a acquitté la dette que par suite de l'hypothèque qui grevait les biens par lui acquis; subrogé légalement aux droits du créancier (art. 1251), il peut les exercer contre tous ceux qui sont tenus de la dette, comme l'aurait pu ce créancier.

876. En cas d'insolvabilité d'un des cohéritiers ou succes-

(1) SIREY, 5. 2. 501. — DALLOZ, *Rec. alph.*, 10. 555. (2) SIREY, 16. 1. 156. — DENEVERS, 14. 1. 302

seurs à titre universel, sa part dans la dette hypothécaire est répartie sur tous les autres, au marc le franc.

877. Les titres exécutoires contre le défunt sont pareillement exécutoires contre l'héritier personnellement; et néanmoins les créanciers ne pourront en poursuivre l'exécution que huit jours après la signification de ces titres à la personne ou au domicile de l'héritier.

1° La connaissance que les héritiers ont eue des titres du créancier ne dispense pas celui-ci de les leur faire signifier afin de les rendre exécutoires à leur égard.

« Attendu, a dit la Cour royale de Pau, par arrêt du 3 septembre 1829, que l'art. 877 du Code civil veut que le créancier ne puisse poursuivre contre l'héritier du débiteur l'exécution de son titre que huit jours après le lui avoir notifié; que Dupoy n'a notifié à la femme Ballade le titre consenti par sa mère qu'en lui faisant commandement de payer; qu'il ne justifie pas que cette notification lui eût déjà été faite; qu'il n'en produit pas l'exploit;... que les premiers juges ont paru croire que la connaissance qu'a eue cette femme des obligations contractées par sa mère, et l'exécution qu'elle en a consentie en payant partie de la dette, devait tenir lieu de la notification du titre prescrite par l'article précité; mais que c'est établir des distinctions et des exceptions que l'article n'a pas faites, ce qui excède le pouvoir du juge. »

La Cour royale d'Angers a rendu, le 21 mars 1831 [1], un arrêt qui contrarie jusqu'à certain point celui-ci. Elle a réputé inutile cette signification des titres aux héritiers du débiteur, à raison de faits, bien explicites sans doute, et qui prouvaient que ces héritiers en avaient eu connaissance.

« Attendu, porte cet arrêt, que par acte au rapport de Martinet, notaire à Château-Gonthier, du 17 décembre 1827, Legouy avait, depuis la mort de sa femme, accepté, tant en son nom que comme tuteur de ses enfants mineurs, le transport de la créance faite par le créancier originaire au sieur Lelarge, qui l'a ensuite transmise à Prudhomme, ce qui eût suffi pour tenir lieu à leur égard de la signification prescrite par l'art. 877 du Code civil;

« Que, quant aux héritiers majeurs, ils ont aussi reconnu la qualité de créancier de l'intimé, en l'appelant comme tel à produire ses titres dans un ordre ouvert au tribunal de Château-Gonthier, production qui a été effectuée. »

Les termes de l'art. 877 sont cependant formels; ils exigent que la significa-

(1) Sirey, 31. 2. 250.

tion des titres ait été faite aux héritiers du débiteur huit jours au moins avant qu'on ne puisse poursuivre ces héritiers, et ils n'admettent aucune circonstance qui puisse en dispenser le créancier. On doit apporter une singulière circonspection à autoriser la non-exécution des lois, en admettant des équivalents qu'elles n'ont pas autorisés. L'art. 877 a rendu la condition des créanciers d'une succession plus avantageuse qu'elle ne l'était sous l'ancien droit; les titres ne devenaient alors exécutoires contre les héritiers du débiteur que par un jugement dont cet article leur a épargné et l'attente et les frais; mais, par cela même, la signification des titres qui remplace l'ancienne instance doit être considérée comme indispensable et ne peut être suppléée par rien.

Il est nécessaire que les héritiers, lors même qu'ils connaîtraient les titres, soient prévenus quelque temps d'avance de l'intention où est le créancier de les poursuivre, afin qu'ils puissent aviser aux moyens de lui donner satisfaction. La loi, à la vérité, a mis presque toujours un certain délai entre un premier commandement et les suites qu'il peut avoir, mais ces délais sont souvent fort courts. Il n'en faut point pour que le créancier puisse former une saisie-arrêt (art. 557 du Code de procédure). Il ne faut qu'un jour pour qu'il puisse faire saisir les meubles ou les fruits du débiteur (art. 583 et 626 du même Code). La saisie immobilière demande seule un temps plus considérable; mais son importance est telle que ce n'est pas trop d'ajouter aux délais qu'elle comporte les huit jours que l'art. 877 accorde aux héritiers.

Quel serait d'ailleurs le degré de connaissance qu'il faudrait que les héritiers eussent eue des titres pour que le créancier eût été dispensé de les leur faire signifier? de quelle nature devrait être la preuve qu'il faudrait en fournir? Ce serait un procès à soutenir à raison des poursuites de chaque créancier, et la loi a été sage qui les a prévenus tous en fixant le mode qui seul donne une preuve certaine de la connaissance qu'elle veut que les héritiers aient eue des titres qu'ils doivent exécuter.

Les circonstances énoncées dans l'arrêt de la Cour royale d'Angers étaient, sans doute, d'un grand poids; l'acceptation d'un nouveau créancier par un des héritiers du débiteur avait pu entraîner une sorte de novation dans la créance; les autres héritiers avaient été à même d'apprécier les titres que le créancier avait produits sur leur réquisition; mais il est si dangereux de s'écarter des dispositions de la loi, les conséquences dans d'autres cas pourraient aller si loin, que l'on ne peut que déférer au principe général, reconnu par l'arrêt de la Cour royale de Pau, que la signification prescrite par l'article 877 est toujours nécessaire.

2° La signification du titre en tête d'un commandement tendant à saisie immobilière, n'a pu remplacer celle prescrite par l'art. 877, et faute d'avoir procédé en vertu d'un titre exécutoire, ce commandement est nul.

La Cour royale de Toulouse l'a ainsi jugé, par arrêt du 28 janvier 1822[1].

« Attendu que la signification préalable des titres obtenus contre le défunt, aux héritiers, n'est exigée qu'afin de mettre ces héritiers à même d'éviter l'exécution desdits titres; qu'elle n'a donc pour objet que de leur donner une connaissance préliminaire de ces titres; qu'elle n'est point un acte d'exécution et n'a rien de commun avec de tels actes; qu'on ne peut confondre cette signification avec un commandement, et dire que, pourvu qu'on laisse écouler un délai de huit jours entre la signification avec commandement et la saisie, le but de la loi est rempli; qu'un commandement est un acte d'exécution; qu'il ne peut être fait qu'en vertu d'un titre exécutoire; que, s'il précède la saisie, il n'en est pas moins indispensable pour tout créancier qui veut saisir; que, dès lors et quand ce commandement doit être fait à des héritiers, il faut, avant d'en venir à cette hostilité, les prévenir, les instruire au moyen de la signification préalable voulue par l'art. 877; que, dans l'espèce, la saisie immobilière n'avait pour fondement qu'un premier et seul acte fait aux héritiers Oustalet, qu'on voulait faire valoir et comme signification exigée par l'art. 877 du Code civil, et comme commandement exigé par l'art. 673 du Code de procédure civile; que cette poursuite était donc irrégulière et a dû être annulée. »

Le pourvoi exercé contre cet arrêt a été rejeté par la Cour de cassation, le 31 août 1835.

« Attendu que l'art. 877 du Code civil porte que les créanciers ne pourront poursuivre l'exécution de leurs titres de créances que huit jours après la signification de ces titres à la personne ou au domicile de l'héritier;

« Que l'art. 673 du Code de procédure ordonne, de plus, que la saisie immobilière sera précédée d'un commandement, en tête duquel sera donnée copie en entier du titre en vertu duquel elle est faite;

« Qu'il résulte de ces deux articles de la loi qu'il doit y avoir, pour la régularité de la procédure en expropriation, une double notification du titre à l'héritier;

« Attendu que dans l'espèce le vœu de l'art. 877 du Code civil n'a pas été rempli, qu'il n'a été fait que la notification exigée par l'article 873 du Code de procédure;

« Que la saisie immobilière à laquelle il a été procédé a donc été faite sans l'observation des formalités prescrites; d'où il suit que les poursuites ont été irrégulières et que la Cour royale de Toulouse, en les déclarant nulles, n'a violé aucune loi; qu'elle s'est au contraire conformée au texte précis de l'art. 877 du Code civil. »

L'arrêt de la Cour royale de Pau, que nous avons cité au numéro précédent, contient, sur la question, une disposition conforme.

La Cour royale de Bastia a reconnu, par arrêt du 12 février 1833[2], le principe consacré par l'arrêt de la Cour de cassation.

« Attendu, y est-il dit, qu'aux termes de l'art. 877 du Code civil l'exécution des titres exécutoires contre le défunt ne peut être poursuivie personnellement

(1) SIREY, 25. 1. 357. — DALLOZ, 25. 1. 151. (2) SIREY, 33. 2. 202.

contre l'héritier que huit jours après la signification de ces titres à la personne ou au domicile de l'héritier;

« Que, cette signification ayant pour but de faire connaître le titre à l'héritier, le commandement doit être fait par acte séparé; car une telle injonction tient à l'exécution qui est momentanément suspendue;

« Attendu que le commandement aux fins de saisie immobilière attaqué par l'appelant, poursuivi comme héritier, lui a été signifié en même temps que les titres exécutoires obtenus contre son auteur, et, par conséquent, avant l'expiration du délai pendant lequel toute poursuite en exécution était interdite. »

Il existe cependant deux arrêts contraires; le premier a été rendu par la Cour royale de Grenoble, le 22 juin 1820 [1], mais dans le cas d'un commandement simple, qui n'avait pas été suivi de contraintes dans les huit jours de sa signification.

« Attendu, porte cet arrêt, qu'on ne peut arguer de nullité le commandement renfermé en l'exploit du 25 juin 1819 sur le fondement de l'art. 877 du Code civil, portant que le créancier d'une personne décédée ne peut poursuivre l'exécution de son titre de créance contre l'héritier personnellement que huitaine après la signification de ce titre, dès que, d'une part, le commandement dont il s'agit fut accompagné de la notification du titre de créance sur lequel il reposait, et que, d'autre part, ce commandement, qui n'a point été suivi, ne portait pas de payer incontinent la créance résultant du titre notifié, mais dans le délai de huit jours, à peine, par les Mercier, d'y être contraints par les voies de droit et aux formes ordinaires, ce qui voulait dire que les consorts de Montdragon se conformeraient à la loi et observeraient tous les délais et toutes les formalités qu'elle exigeait avant aucune exécution. »

Le second de ces arrêts, en date du 21 mars 1831 [2], est celui de la Cour royale d'Angers, que nous avons cité au numéro précédent; il a été rendu à l'occasion d'un commandement tendant à saisie immobilière, qui n'avait point été précédé d'une signification des titres aux héritiers du débiteur, et il se trouve ainsi absolument opposé aux premiers arrêts que nous venons de rapporter.

« Attendu, a dit la Cour, que le commandement prescrit par l'art. 673 du Code de procédure ne fait point partie de la saisie immobilière; qu'il doit la précéder, et n'est point, à proprement parler, un acte d'exécution, mais plutôt un avertissement; que les appelants n'ont éprouvé aucun préjudice de ce que le commandement a été compris dans la signification du titre exécutoire contre le défunt; que ce mode de procéder a au contraire économisé les frais;

« Que plus de trente-huit jours s'étant écoulés entre cette signification, contenant commandement, faite les 15 mai et 21 du même mois, et la saisie immobilière opérée le 5 juillet, il en résulte que les appelants ont eu les deux délais accordés par les art. 877 du Code civil et 673 du Code de procédure. »

S'il suffisait, pour rendre inutile la signification prescrite par l'art. 877, que le créancier eût laissé s'écouler un délai de huitaine avant de suivre l'exécution du commandement qu'il a fait donner aux héritiers, il y aurait abrogation com-

(1) Sirey, 20. 2. 304. — Dalloz, 20. 2. 223. (2) Sirey, 31. 2. 250.

plète de cette disposition du Code, et l'on rendrait les titres exécutoires contre les héritiers avant que l'art. 877 ait voulu qu'ils pussent avoir force d'exécution. La Cour royale de Toulouse l'a dit avec une grande raison : Un commandement ne peut, dans aucun cas, procéder qu'en vertu d'un titre exécutoire ; les titres des créanciers du défunt ne pouvant devenir tels à l'égard des héritiers que huit jours après la signification qui leur en a été faite, le commandement qui a précédé cette signification est donc nul, faute de titres exécutoires qui aient pu l'autoriser.

Une saisie immobilière, notamment, doit être précédée d'un commandement *ad hoc* ; si ce commandement peut être considéré comme ne faisant point partie de la poursuite en expropriation, au moins cette poursuite ne peut-elle être exercée sans lui ; le commandement doit même avoir lieu afin de paiement (art. 673 du Code de procédure). On ne peut dès lors s'empêcher de le considérer comme un acte d'exécution, et d'une nature d'autant plus grave qu'il s'attaque aux immeubles des débiteurs. Ce commandement ne peut donc être fait qu'en vertu d'un titre exécutoire, et ainsi huit jours au moins après la signification des titres aux héritiers du débiteur.

Tout au plus peut-on considérer cet acte comme équivalent à la signification prescrite, si la copie des titres a été donnée en tête aux héritiers ; le créancier ne pourra s'en prévaloir pour exercer sans autre formalité ses poursuites ; il devra faire faire un nouveau commandement aux héritiers après l'expiration des huit jours portés en l'art. 877 ; mais alors la disposition de la loi devra paraître suffisamment accomplie.

3° Le commandement fait aux héritiers du débiteur, en même temps que la signification des titres du créancier, suffit, néanmoins, pour interrompre la prescription de la créance.

« Attendu, a dit la Cour royale de Montpellier, par arrêt du 1er juillet 1830 [1], qu'aux termes de l'art. 2244 du Code civil un commandement produit l'effet d'interrompre la prescription ;

« Attendu que, dans l'espèce, le sieur Besaubes a fait signifier, le 23 décembre 1826, et avant l'accomplissement de la prescription, les jugements par lui obtenus en l'an IV et en l'an V contre Joseph Conduché, avec commandement d'y satisfaire ;

« Attendu que ce commandement n'est point querellé dans sa forme, et qu'il ne pourrait l'être au fond qu'autant qu'il aurait été suivi d'exécution, ce qui n'a pas même été allégué ; qu'ainsi il a suffi pour interrompre la prescription. »

Le pourvoi contre cet arrêt a été rejeté par la Cour de cassation le 22 mars 1832.

« Attendu que la signification des titres de créance, faite à la veuve du débiteur

(1) SIREY, 32. 1. 213.

en qualité de tutrice de ses enfants mineurs, héritiers de leur père, a rempli le vœu de l'art. 877 du Code civil; que rien n'interdisait de faire, à la suite du même acte, le commandement préalable à l'exécution; que seulement cette exécution ne pouvait être poursuivie que huit jours après; mais que le commandement, régulier dans sa forme, avait eu l'effet d'interdire la prescription de la créance, aux termes de l'art. 2244 dudit Code. »

Il ne faut pas confondre dans les actes que fait signifier un créancier aux héritiers de son débiteur, ce qui a pu interrompre la prescription de la créance avec les autres effets que ces actes étaient destinés à produire. La prescription, en général, n'est pas favorable. Dans le cas où elle ne punit pas la négligence du créancier, elle n'est fondée que sur la présomption que la dette a été acquittée. Si donc un de ces actes, quoique insuffisant sous d'autres rapports, constate que le créancier a réclamé à temps, la présomption cesse, et il n'y a plus de négligence à reprocher. On en trouve un exemple dans l'art. 2246 du Code civil, qui porte qu'une citation en justice, donnée devant un juge incompétent, suffit pour interrompre la prescription. Cependant une citation pareille n'a point valablement assigné le débiteur. Le commandement que les héritiers ont reçu en même temps que la signification des titres du créancier ne pourra remplacer celui que la loi exige avant toute exécution, puisqu'il a été fait sans titre exécutoire; mais en le réduisant à n'avoir eu pour objet que de leur faire connaître les droits du créancier et de les mettre en demeure d'y satisfaire, il aura empêché que la prescription ne soit accomplie, par cela seul qu'il aura détruit les causes qui auraient pu l'opérer.

4° Les créanciers de la succession peuvent faire aux héritiers la notification prescrite par l'art. 877 du Code, avant l'expiration du délai accordé à ceux-ci pour faire inventaire et pour délibérer.

On a soutenu le contraire devant la Cour royale de Paris, en se fondant sur ce que cette notification était de nature à obliger les héritiers de prendre qualité avant qu'ils ne pussent y être contraints; mais on en donnait une preuve qui n'était pas admissible; c'était, disait-on, parce que l'exécution du titre pouvait être poursuivie huit jours après cette signification. Cela est vrai dans les cas ordinaires, mais non à l'égard des héritiers avant l'expiration du délai que la loi leur accorde pour faire inventaire et pour délibérer. On ajoutait que la notification faite à un successible dont la qualité était encore incertaine ne s'adressait qu'à un être de raison, et était conséquemment nulle; mais on méconnaissait en cela la véritable nature de la successibilité. Les héritiers sont saisis de plein droit des biens du défunt à compter de sa mort, sous l'obligation d'acquitter toutes les charges de la succession (art. 724); ils représentent donc dès lors le débiteur qui n'est plus; seulement ils peuvent renoncer à leur droit, ou le modifier par une acceptation bénéficiaire; ils sont donc héritiers, quoiqu'il soit incertain s'ils le seront toujours. Pendant le temps réglé pour qu'ils se déterminent, les successibles ne sont pas moins investis de la qualité qu'ils n'ont pas encore abdiquée; il faudrait, autrement, nommer un curateur à l'hoirie; car enfin le défunt doit être représenté par quelqu'un. Les héritiers peuvent ainsi, même pendant les délais, être valablement assignés; on peut même obtenir des jugements contre eux s'ils n'opposent point le droit qu'ils ont de délibérer; à plus forte raison peut-on leur faire notifier les titres exécutoires que l'on a contre le défunt, ce qui n'a d'autre effet, pendant les délais, que de les prévenir de l'existence de la dette. Les poursuites seules seraient impossibles, parce qu'elles tendraient à forcer les héritiers de prendre qualité, ce que défend l'art. 797.

Aussi la Cour royale de Paris a-t-elle déclaré une pareille notification valable, par arrêt du 29 décembre 1814 [1], ainsi conçu :

« Attendu que la notification prescrite par l'art. 877 du Code civil, pour rendre exécutoire contre l'héritier un titre à la charge du défunt, n'est point un acte qu'on puisse classer parmi les actes de poursuite qui forcerait l'héritier à prendre qualité avant les délais. »

5° L'hypothèque acquise par les créanciers du défunt sur les biens de leur débiteur ne s'étend pas de plein droit sur ceux des héritiers.

La Cour de cassation a reconnu ce principe par arrêt du 3 décembre 1816 [2], à l'égard du créancier d'une succession, au profit de qui les héritiers avaient passé un titre-nouvel, portant constitution d'hypothèque sur une partie de leurs biens personnels seulement. Le créancier ne se crut pas moins autorisé à prendre inscription sur tous les autres biens de ces héritiers, et ceux-ci en ayant demandé main-levée, en ce qui concernait ceux de leurs biens qu'ils n'avaient point hypothéqué à la dette, le créancier soutint que, par l'effet de l'acceptation pure et simple que ces héritiers avaient faite de la succession, il avait acquis hypothèque sur tous leurs biens personnels. Un jugement du tribunal civil de Versailles, confirmé par arrêt de la Cour royale de Paris du 30 janvier 1813, avait accueilli cette prétention; mais, sur le pourvoi, la Cour de cassation a cassé cet arrêt.

« Attendu que rien ne serait moins d'accord avec la loi qui, pour faire produire à un contrat authentique l'effet de donner hypothèque, exige la convention expresse d'hypothèque et la désignation de l'immeuble hypothéqué, que d'étendre aux biens personnels des héritiers, et à l'infini, l'hypothèque consentie par celui auquel ils ont succédé; d'où il résulte que l'arrêt rendu par la Cour royale de Paris est en opposition avec le système hypothécaire actuel. »

La question a de nouveau été débattue devant la Cour royale de Caen [3], dans

(1) SIREY, 16. 2. 50. — DENEVERS, 14. 2. 63. (2) SIREY, 17. 1. 189. — DENEVERS, 15. 1. 93
(3) *Journal du Palais*, 31. 129, édit. de 1825.

l'intérêt d'une veuve mariée en 1780, et qui avait dès lors acquis une hypothèque générale sur les biens de son mari, pour sûreté, non-seulement de sa dot, mais de toutes ses reprises, et qui venait aussi prétendre que cette hypothèque s'était de plein droit étendue sur les biens des héritiers qui avaient accepté purement et simplement la succession de son mari, décédé en 1813. Les premiers juges avaient repoussé cette prétention en se fondant sur ce qu'il ne résultait rien autre chose de l'art. 877 du Code, sinon que cet article donnait à la veuve une action pour contraindre les héritiers personnellement à lui payer le montant de ses droits, ou pour obtenir une hypothèque judiciaire jusqu'à concurrence de leur portion virile;

« Que, sous le Code civil, l'hypothèque est légale, conventionnelle ou judiciaire; que la veuve n'invoquait en sa faveur que l'hypothèque conventionnelle; mais qu'il répugnait aux dispositions du Code sur les constitutions d'hypothèques par convention, qu'il pût résulter de la simple acceptation de l'hérédité un droit d'hypothèque quelconque contre les acceptants, puisqu'on ne saurait trouver dans l'acte d'acceptation, ni convention formelle, ni affectation spéciale d'immeubles. »

Devant la Cour la veuve se prévalait de ce que les héritiers purs et simples succédaient à tous les droits du défunt, et, par suite, à toutes ses obligations; qu'ils en étaient tenus comme représentant la personne de leur auteur; qu'ils étaient obligés de la même manière et aux mêmes titres; d'où elle tirait la conséquence que le titre qui emportait une hypothèque générale sur les biens du défunt emportait également hypothèque sur les biens des héritiers.

La veuve se fondait sur la jurisprudence, qu'elle prétendait constante, de la plupart de nos anciens parlements, et soutenait que ce droit lui ayant été acquis dès le jour de son mariage, la loi nouvelle n'avait pu le lui ravir; qu'au surplus le Code voulait, art. 877, que les titres exécutoires contre le défunt fussent pareillement exécutoires contre l'héritier personnellement, à la charge de les lui faire signifier huit jours avant, ce qui n'avait fait qu'abolir la nécessité de faire déclarer en justice les titres authentiques exécutoires contre les héritiers, mais leur laissait toute la force que l'ancien droit leur reconnaissait;

Que les biens de la succession s'étant, par l'appréhension de la succession, confondus avec ceux des héritiers, l'hypothèque qui grevait les uns d'une manière générale avait atteint nécessairement les autres.

La Cour royale de Caen, après avoir reconnu, par les premiers motifs de son arrêt, la position respective où se trouvaient les parties, a confirmé, par arrêt du 4 février 1822, la décision des premiers juges.

« Considérant, a-t-elle dit, qu'il résulte de l'opinion de tous les auteurs, ainsi que de la jurisprudence adoptée par le parlement de Paris: 1° que, dans le ressort de ce parlement, et antérieurement au Code civil, le titre hypothécaire contre le défunt ne conférait point par lui-même d'hypothèque sur les biens de l'héritier; n'ayant jamais été ceux du défunt, il n'avait jamais été possible au défunt de les engager; 2° que l'adition de l'hérédité pure et simple n'obligeait point hypothécairement l'héritier à payer, sur ses biens personnels, la dette du défunt; 3° que l'hypothèque contre l'héritier ne prenait son origine que dans le jugement de condamnation prononcé contre lui, ou dans le titre récognitif qu'il aurait passé devant notaire, de telle sorte que, s'il s'était borné à reconnaître la dette hypothécaire du défunt par un acte sous seing privé, il n'aurait pas encore créé d'hypothèque sur ses biens personnels;

« Considérant que l'ouverture de la succession de Voiecléry (le débiteur) a eu lieu sous l'empire du Code, et qu'à la vérité l'art. 877 porte que les titres exécutoires contre le défunt sont pareillement exécutoires contre l'héritier personnellement, mais que ce n'est pas dire pour cela que les titres hypothécaires contre le défunt seront aussi hypothécaires de plein droit contre l'héritier. »

L'arrêt rapporte les principes du droit normand à cet égard, puis il ajoute :

« Mais considérant qu'il n'en est pas ainsi sous le droit nouveau; que l'hypothèque n'est plus une conséquence de l'authenticité, et qu'il faut, pour la créer, une constitution expresse et spéciale, d'où il suit que le contrat de mariage de la veuve de Voiecléry sera bien exécutoire contre l'héritier comme acte authentique, mais qu'il ne le sera point comme acte hypothécaire;

« Considérant que l'adition d'hérédité pure et simple, sous l'empire du Code, n'engendre pas non plus par elle seule d'hypothèque contre l'héritier; qu'à la vérité elle peut bien être assimilée à un contrat, mais qu'à ce titre elle ne saurait emporter de plein droit hypothèque, par exception à tous les autres contrats, et au mépris de l'art. 2129, qui détermine les conditions nécessaires à la constitution de l'hypothèque conventionnelle. »

La Cour, après avoir invoqué l'arrêt de la Cour de cassation que nous venons de rapporter, dit encore :

« Considérant que, d'après l'art. 879, le droit de séparation des patrimoines ne peut plus être exercé lorsqu'il y a novation dans la créance contre le défunt par l'acceptation de l'héritier pour débiteur, et que, d'après les auteurs comme d'après les lois romaines, il suffit, pour opérer cette novation, de l'acceptation de l'hypothèque donnée par l'héritier sur ses biens personnels;

« Considérant que, si une telle acceptation fait perdre au créancier le droit de séparation des patrimoines, c'est donc à dire que cette hypothèque n'existait pas de plein droit contre l'héritier; car, si elle eût existé, le créancier, en l'acceptant, n'aurait rien changé à l'état des choses; il n'aurait rien innové;

« Considérant, enfin, que la veuve de Voiecléry se prévaudrait encore inutilement de l'hypothèque légale que la jurisprudence accorde, à partir de la promulgation du Code, aux femmes mariées, même sans contrat authentique, puisque l'art. 2121 qui, à raison de la nature de l'hypothèque qu'il établit, ne doit pas être étendu au-delà de ses limites, porte : « § 1er. Tous les droits et créances « auxquels l'hypothèque légale est attribuée sont ceux des femmes mariées sur « les biens de leur mari. » Or, les biens de l'héritier n'ont jamais été ceux du mari; donc cette hypothèque ne frappe pas les biens de l'héritier;

« Considérant qu'un système contraire entraînerait les plus graves inconvénients et porterait une atteinte formelle au principe de la publicité, première base du régime hypothécaire actuel, puisqu'il en résulterait qu'une hypothèque légale, et, par cela même dispensée d'inscription, pourrait, par l'effet d'hérédités successives, s'étendre à l'infini sur les biens de personnes qui ne seraient ostensiblement dans aucun des cas qui donnent lieu aux hypothèques légales. »

Après des arrêts aussi fortement motivés, aussi conformes aux vrais principes de la matière, il doit paraître superflu de rien ajouter; cependant qu'il nous soit permis de dire que l'art. 873 du Code décidait véritablement la question. Cet article n'oblige les héritiers au paiement des dettes et charges de la succession que personnellement pour la part qu'ils doivent en supporter, sans accorder, non plus que l'art. 2121, aucune hypothèque légale aux créanciers du défunt sur les biens personnels des héritiers. Si l'art. 873 ajoute que les héritiers sont tenus hypothécairement pour le tout des dettes de leur auteur, personne ne doute que cela ne les soumet qu'à l'action hypothécaire des créanciers du défunt sur les immeubles de la succession dont les héritiers sont détenteurs, mais que cette disposition ne s'entend nullement d'une hypothèque que la loi aurait accordée à ces créanciers sur les biens personnels des héritiers. On ne pourrait donc leur reconnaître un droit pareil sans outrepasser évidemment les termes de la loi.

Il en était de même sous l'ancien droit, sauf dans le ressort de la coutume de Normandie; en allant même jusqu'à supposer le contraire, la veuve n'aurait pu prétendre qu'en lui refusant aujourd'hui l'exercice de cette hypothèque sur les biens des héritiers, on aurait donné au Code un effet rétroactif. Il faut distinguer, en pareil cas, l'effet que le contrat de mariage avait dû produire, quant au mari et quant à ses héritiers. Il n'est pas douteux qu'à l'égard du mari, la veuve doit conserver, sous l'empire du Code, l'hypothèque que lui a conférée la loi qui existait au jour de son mariage, et qu'elle aurait pu se procurer par une convention que cette loi avait rendue inutile. En réduisant cette hypothèque d'après une loi postérieure, on enlèverait à la femme un droit par elle acquis, et on ferait évidemment rétroagir la loi. Il n'en est pas de même à l'égard des héritiers; le contrat de mariage de leur auteur n'a pu donner d'hypothèque à la veuve sur leurs biens personnels, le défunt n'ayant pu grever le patrimoine de ses héritiers sur lequel il n'avait aucun droit. L'hypothèque de la veuve sur les biens de ces héritiers n'aurait donc pris naissance qu'au jour de l'appréhension que ceux-ci ont faite de l'hoirie. Ce n'est qu'alors, dans la supposition à laquelle nous nous livrons, que serait intervenu le contrat au moyen duquel les biens des héritiers se seraient trouvés soumis à l'hypothèque de la veuve. Or, comme ce contrat ne se serait formé que depuis la promulgation du Code, qui n'en fait point résulter d'hypothèque semblable, la veuve n'en avait point obtenu. Il n'aurait donc pas été commis, même dans cette hypothèque, d'effet rétroactif en déniant à la veuve l'hypothèque qu'elle voulait exercer.

878. Ils peuvent demander, dans tous les cas, et contre tout créancier, la séparation du patrimoine du défunt d'avec le patrimoine de l'héritier.

1° Le droit de demander la séparation des patrimoines se règle par la loi existante au jour de l'ouverture de la succession; en conséquence les créanciers du défunt ont été dispensés de prendre inscription dans les six mois de la promulgation du Code civil pour conserver le droit de demander la séparation des patrimoines, si la succession s'est ouverte sous l'ancien droit.

« Attendu, a dit la Cour de Turin, par arrêt du 7 mars 1810[1], qu'il résulte de la loi de brumaire an VII que tout créancier ayant droit à la distraction du patrimoine, non-seulement n'a pas été assujetti à l'obligation de l'inscription, mais il en a été formellement exempté;

« Que l'esprit de cette disposition de la loi paraît basé essentiellement sur ce que le droit de séparation n'est point un privilége, mais une exception que le créancier du défunt oppose aux créanciers de l'héritier qui cherchent à confondre le patrimoine de celui-ci avec le patrimoine du défunt; exception qui repose foncièrement sur l'axiome légal, *non est hæreditas nisi deducto ære alieno;*

« Que, quoique le Code civil, dans la vue de pourvoir complétement à la sûreté de tous ceux qui contracteraient avec l'héritier, ait, à l'art. 2111, et par une disposition innovative de la précédente législation, attaché à la conservation du droit de séparation la charge d'inscrire cette action dans les six mois de l'ouverture de la succession, néanmoins, le texte littéral de cet article et le principe de la non-rétroactivité de la loi formellement proclamé par le Code ne permettent point de douter que la nouvelle disposition de la loi, qui n'est pas simplement une loi touchant la forme, ne s'applique pas, comme effectivement elle ne le pourrait dans la plus grande partie des cas, aux successions déjà ouvertes, et que conséquemment elle ne regarde que celles à s'ouvrir après la publication du Code;

« Qu'au reste, vouloir étendre pour les successions ouvertes antérieurement l'obligation d'inscrire l'action en séparation dans les six mois à compter de la publication du Code, ce ne serait plus appliquer ni interpréter la loi, ce serait y ajouter ouvertement et franchir la ligne des attributions des juges. »

La Cour de cassation a rejeté par un arrêt très remarquable du 8 mai 1811[2], le pourvoi qui avait été exercé contre un arrêt de la Cour royale de Limoges, du 15 mai 1810, qui avait statué sur la question de la même manière.

« Attendu, porte l'arrêt de la Cour suprême: 1° que les droits réels, soit conventionnels, soit légaux, doivent être constamment régis par les lois sous l'empire desquelles ils ont été irrévocablement acquis, lors même qu'ils ne sont exercés qu'après la publication d'une loi nouvelle; que, s'ils étaient détruits, altérés, ou seulement modifiés en vertu des dispositions d'une loi postérieure,

(1) Sirey, 10. 2. 341. — Devilleneuve, 8. 2. 108. (2) Sirey, 11. 1. 173.

cette loi aurait évidemment un effet rétroactif, et que, suivant une maxime fondamentale en législation et qui est consignée dans l'art. 2 du Code civil, les lois ne disposent que pour l'avenir ;

« Que néanmoins le législateur peut déroger à cette maxime dans des circonstances extraordinaires et par des motifs d'intérêt public, mais que la dérogation ne peut être ni suppléée ni induite par voie de raisonnement ; qu'elle doit être expresse, formelle et textuellement écrite dans la loi à laquelle on veut donner un effet rétroactif ;

2° Que le droit accordé aux créanciers du défunt, de demander la séparation de son patrimoine d'avec le patrimoine de l'héritier est un droit réel, puisqu'il frappe sur les biens, puisqu'il a pour objet le paiement des dettes auxquelles sont obligés les biens, et qu'il est irrévocablement acquis dès l'instant du décès du débiteur, puisqu'il peut être immédiatement exercé sur la succession, et qu'il est conféré par la loi, sans aucune condition résolutoire indépendante de la volonté du créancier ;

« 3° Que des principes qui viennent d'être établis il résulte que, dans une succession ouverte sous l'empire de la loi du 11 brumaire an VII, les créanciers ont le droit de demander la séparation des patrimoines, même après la publication du Code civil, sans être tenus de faire inscrire leurs priviléges sur les biens du défunt, puisque l'art. 14 de la loi du 11 brumaire an VII, qui autorise cette demande, ne l'a pas soumise à la condition de l'inscription, et que cette condition n'a été prescrite que par l'art. 2111 du Code civil, et n'a été prescrite que pour l'avenir ;

« Qu'en effet, la disposition de l'art. 2111 ne contient aucune expression qui puisse autoriser à l'étendre au passé et à lui donner un effet rétroactif sur les droits antérieurement acquis ;

« Qu'on voit, au contraire, dans cet article, que l'inscription doit être faite dans les six mois à compter de l'ouverture de la succession, et qu'il en résulte bien évidemment que la disposition ne peut s'appliquer aux successions antérieurement échues, puisqu'il n'y aurait pas réellement de délai pour l'inscription à l'égard des successions qui seraient échues plus de six mois avant la publication de la loi qui contient l'art. 2111 du Code, et que le délai de six mois ne serait pas entier à l'égard des successions ouvertes un peu plus tard ; qu'enfin s'il eût été dans l'intention du législateur de comprendre dans l'art. 2111 les successions antérieures, et de ne faire courir le délai de six mois, à l'égard de ces successions, qu'à compter de la publication de la loi nouvelle, il aurait dû le dire expressément, et qu'il n'est permis ni de suppléer ce qu'il n'a pas dit, ni d'ajouter à la disposition qu'il a faite, et uniquement pour donner à cette disposition un effet rétroactif ;

« 4°. Que l'inscription d'un privilége ou d'une hypothèque n'est pas une simple formalité de procédure, uniquement relative à la manière dont le droit du créancier doit être exercé, et qui doive être réglée par la loi existante au moment où le droit s'exerce ; que déjà il a été jugé plusieurs fois, que c'est une formalité substantielle, et qui tient à l'essence même du droit, puisqu'elle est nécessaire pour le consolider, pour le maintenir, et que son inexécution suffit pour le détruire;

« 5° Que du système de la publicité des hypothèques il ne résulte pas nécessairement que les créanciers du défunt soient tenus de faire inscrire leur privilége sur des registres publics pour être admis à former la demande en séparation des patrimoines, puisque la loi du 11 brumaire an VII, qui avait admis le système de la publicité des hypothèques, et même d'une manière plus absolue et dans des termes plus rigoureux que le Code civil, n'avait cependant pas soumis l'exercice de la demande en séparation de patrimoines à la condition de la formalité de l'inscription; et que d'ailleurs la loi peut, en adoptant un système, y apporter telles modifications, telles restrictions qu'elle juge convenables;

« 6° Qu'il ne peut pas y avoir aujourd'hui plus d'inconvénients qu'il n'y en aurait eu pendant l'existence de la loi du 11 brumaire an VII à exercer conformément à cette loi, le droit de séparation de patrimoines dans une succession ouverte sous son empire; et qu'au contraire il y aurait de très graves inconvénients à faire dépendre la validité, le maintien et l'exercice d'un droit déjà acquis, des conditions et des formalités qui seraient introduites par une loi nouvelle. »

La Cour de cassation a rendu un arrêt semblable le 17 avril 1827 [1], et il existe deux arrêts conformes : l'un de la Cour royale de Bordeaux du 8 février 1828 [2]; le second de la Cour royale de Toulouse du 26 mai 1829.

La Cour royale de Caen a jugé par arrêt du 2 décembre 1826 [3], toujours d'après les mêmes principes, dans une espèce où le débiteur était décédé avant la publication du titre des hypothèques du Code civil qui, le premier, a exigé qu'une inscription fût prise pour conserver le droit de demander la séparation des patrimoines, que l'inscription requise par les créanciers du défunt n'avait produit aucun effet, et n'avait pas empêché qu'ils n'eussent perdu leur droit à cette séparation, s'ils ne l'avaient exercé qu'après la vente des immeubles de la succession et l'emploi de leur prix au paiement des dettes de l'héritier; la Cour a, par suite, admis la demande de l'acquéreur des biens du défunt en mainlevée de l'inscription prise au nom des créanciers de la succession.

« Considérant, a-t-elle dit, que le sieur Nicolas Longuet, appelant, a intérêt et droit de faire radier toute inscription prise sur les immeubles à lui vendus sans cause valable et subsistante;

« Que, sur sa demande en radiation, les intimés n'ont prétendu maintenir l'inscription qu'en vertu du droit de séparation de patrimoines qu'ils réclament comme subrogés aux créanciers de la succession de Nicolas Longuet, père et aïeul des parties;

« Que cette succession était ouverte en 1803 avant la publication du titre des hypothèques du Code civil, et qu'en conséquence le droit de séparation ne peut être régi que par les art. 878 et 880 au titre *des Successions;*

(1) SIREY, 26. 1. 91. — DALLOZ, 27. 1. 201. (2) SIREY, 28. 2. 116. — DALLOZ, 28. 2. 93. (3) *Ibid.*

« Que, sous cette législation, la séparation des patrimoines n'était pas un privilége, mais un droit spécial qui n'avait pas besoin d'être inscrit, qui se conservait pendant trente ans au moins, mais aussi qui s'éteignait aussitôt que l'immeuble avait passé dans les mains d'un tiers, s'il n'avait pas été exercé ou du moins réclamé auparavant ;

« Que les immeubles dont il s'agit provenaient bien de la succession de Nicolas Longuet, aïeul, mais qu'ils avaient passé dans les mains de Nicolas Longuet, petit-fils, en 1821, par un contrat qui avait une cause légitime et non suspecte, le paiement d'une créance non contestée et dont le prix se trouvait immédiatement acquitté par compensation ;

« Qu'à cette époque la séparation des patrimoines n'avait pas encore été demandée ;

« Que cependant le litige qui existait sur le fond des créances n'empêchait pas qu'elle le fût ;

« Attendu que l'inscription prise en 1807 ne peut être considérée que comme un acte superflu, puisqu'il ne s'agissait pas d'un privilége et qu'elle ne peut suppléer à la demande prescrite par la législation de 1803 pour la conservation du bénéfice de séparation en cas de vente et de paiement du prix ;

« Qu'en effet une inscription et une demande sont des actes d'une nature trop essentiellement différente pour que l'on puisse, même par des considérations d'équité, admettre l'un en remplacement de l'autre sans qu'une loi formelle ait autorisé cette substitution. »

Enfin, la Cour de cassation, par arrêt du 3 mars 1835 [1], a consacré de nouveau les principes qu'elle avait émis par ses arrêts précédents, en déclarant « qu'aucune loi nouvelle n'aurait pu, sans effet rétroactif, porter atteinte à un droit antérieurement acquis, et que cette dérogation ne se trouve dans aucun article du Code civil, ni dans aucune autre loi ;

« Attendu, ajoute l'arrêt, que la condition de l'inscription n'a été prescrite pour la conservation du droit de demander la division des patrimoines que par l'art. 2111 du Code civil ; qu'en faisant courir le délai du jour de l'ouverture de la succession et en accordant seulement six mois au créancier le législateur a clairement exprimé son intention de ne pas déroger aux droits acquis avant la publication du Code civil ; cet article ne contient aucune expression qui puisse autoriser à l'étendre au passé. »

On peut, d'après toutes ces décisions, se dispenser de s'appesantir beaucoup sur les dispositions de quelques arrêts contraires, presque tous antérieurs à ceux que nous venons de rapporter.

Le premier a été rendu par la Cour royale de Nîmes le 28 mars 1806 [2] ; mais comme il a admis, sans s'expliquer davantage, l'application du Code aux successions ouvertes avant la promulgation, nous croyons inutile d'en rappeler ici les termes.

(1) DALLOZ, 35. 1. 110. (2) SIREY, 7. 2. 280 — DALLOZ, *Rec. alph.*, 9. 115.

Le deuxième arrêt de la Cour royale de Toulouse est en date du 12 janvier 1807[1].

« Considérant, y est-il dit, qu'aucun article du Code n'assujettissant, à la vérité, les créanciers des successions ouvertes avant la promulgation du Code à faire inscription dans les six mois de la promulgation, et l'art. 2111, au contraire, n'exigeant cette formalité dans les six mois que pour les successions ouvertes postérieurement, ce serait ajouter à la loi que de l'étendre de ce dernier cas à l'autre ;

« Mais que, le nouveau système hypothécaire résidant principalement dans la publicité des hypothèques, il est impossible de conserver avec effet une hypothèque sans inscription; que le nouveau Code déclare par exprès, dans l'art. 2134, que l'hypothèque, soit légale, soit judiciaire, soit conventionnelle, n'a de rang que du jour de l'inscription faite dans la forme voulue par la loi, sauf l'exception portée par le même article en faveur des mineurs, interdits et des femmes mariées, pour les cas y mentionnés; que les créanciers des successions ouvertes n'ont point été compris dans cette exception ; qu'ainsi, s'agissant d'une vente faite sous l'empire du Code, il y a lieu de se conformer à la disposition de cet article, avec d'autant plus de raison qu'on ne peut se dissimuler les grands inconvénients qui résulteraient du système contraire, dont un des principaux serait le renversement de la publicité des hypothèques sur laquelle reposent essentiellement le nouveau système hypothécaire et la foi publique. »

Le premier motif de cet arrêt aurait dû suffire pour empêcher que l'on ne pût appliquer aux successions ouvertes avant le Code les dispositions portées en l'art. 2111 ; la publicité voulue par notre système hypothécaire, n'aurait pas dû être une raison, puisque la loi du 11 brumaire an VII, qui ne dispensait pas d'inscription les hypothèques même légales, n'avait pas assujetti les créanciers à en prendre une pour conserver le droit de demander la séparation des patrimoines; aussi la Cour royale de Toulouse a-t-elle consacré plus tard le principe contraire, par l'arrêt qu'elle a rendu le 26 mai 1829 et que nous avons mentionné ci-dessus.

Le troisième arrêt, du 23 août 1809, est de la Cour royale de Rouen[2] ; il a jugé que l'inscription des créanciers d'une succession ouverte antérieurement au Code avait dû être prise dans les six mois de la promulgation de la loi. Ce serait ajouter aux dispositions de l'art. 2111, qui ne parle du délai de six mois qu'à compter de l'ouverture de la succession ; aussi la Cour de cassation a-t-elle répondu à ce moyen en disant, dans son arrêt du 8 mai 1811, que si le législateur avait voulu qu'il en fût ainsi, il l'aurait dit expressément, et qu'il n'était pas permis de suppléer à son silence.

Ainsi l'on doit tenir pour certain que, les lois antérieures au Code n'ayant point exigé qu'une inscription fût prise pour conserver aux créanciers d'une succession le droit de demander la séparation des patrimoines, ce droit a été

(1) SIREY, 7. 2. 280. — DALLOZ, *Rec. alph.*, 9. 115. (2) SIREY, 10. 2. 80. — DENEVERS, 8. 2. 40.

définitivement acquis à ces créanciers si leur débiteur est décédé sous l'empire de ces lois, et que le Code n'a point, ni dans ses termes, ni dans son esprit, voulu y porter atteinte, par un effet qui aurait véritablement été rétroactif.

2° La demande en séparation de patrimoines ne peut-elle être formée que contre les créanciers des héritiers, ou peut-elle l'être aussi contre les héritiers eux-mêmes?

La Cour royale de Poitiers a jugé par arrêt du 8 août 1828[1], que cette demande ne pouvait être formée que contre les créanciers des héritiers.

« Considérant, a-t-elle dit en adoptant les motifs des premiers juges, que la faculté accordée par l'art. 878 du Code civil aux créanciers du défunt de demander dans tous les cas, contre tout créancier, la séparation des patrimoines, ne peut avoir d'autre objet que celui d'assurer à ces créanciers du défunt le libre exercice de tous les droits qu'ils pouvaient avoir sur les biens de celui-ci, et de les affranchir de toute concurrence avec les créanciers de son héritier;

« Considérant que ce n'est pas contre l'héritier lui-même que cette séparation des patrimoines doit être demandée pour produire l'effet que la loi a en vue, puisque, dirigée contre cet héritier, elle serait ou sans objet ou dangereuse pour les intérêts des créanciers du défunt : sans objet, puisque si l'héritier n'a accepté la succession que sous bénéfice d'inventaire, cette séparation s'opère de plein droit par la force de la loi et de la qualité prise par l'héritier; dangereuse pour les intérêts des créanciers du défunt, puisque si l'héritier a accepté purement et simplement la succession, ces créanciers s'exposeraient à se voir contester, après la séparation des patrimoines, l'avantage résultant en leur faveur de la qualité prise par l'héritier pur et simple dont les biens devraient concourir à l'acquittement des charges de la succession;

« Considérant que, dès lors, dans l'esprit comme d'après les termes formels de l'art. 878, ce n'est que contre les créanciers de l'héritier que les créanciers du défunt doivent demander la séparation des patrimoines pour en obtenir quelque avantage;

« Considérant que cette séparation ne doit être demandée que lorsque les créanciers du défunt ont intérêt de la provoquer, c'est-à-dire, lorsqu'il se présente quelques créanciers de l'héritier, et afin d'exercer contre eux le privilége que les créanciers du défunt avaient sur le patrimoine de leur débiteur;

« Considérant qu'une séparation de patrimoines demandée dans toute autre circonstance, et contre l'héritier lui-même, ne tendrait qu'à faire des frais inu-

(1) SIREY, 31. 2 82.

tiles et frustratoires, puisque, comme il vient d'être dit, elle serait sans utilité, et contraire aux vues du législateur. »

La Cour royale de Nancy a décidé, au contraire, par arrêt du 11 février 1833 [1], que les créanciers de la succession pouvaient former leur demande afin de séparation des patrimoines contre l'héritier seulement.

« Considérant, a-t-elle dit, que l'article 878 du Code civil ne saurait être entendu en ce sens, que la demande en séparation de patrimoines dût être nécessairement formée pas assignation contre tous les créanciers de l'héritier, au lieu de l'être contre l'héritier lui-même; qu'imposer en effet aux créanciers du défunt une pareille obligation serait leur rendre cette demande impossible, puisque le plus souvent ils n'ont aucun moyen de connaître lesdits créanciers; qu'ainsi il a donc suffi à l'intimé d'actionner l'appelant, qui, par l'adition de la succession d'Amédée Guerre, était devenu leur représentant légal, sauf aux créanciers de cet héritier à intervenir dans le cas où ils craindraient de voir leurs intérêts compromis. »

La demande en séparation de patrimoines peut être formée par les créanciers de la succession toutes les fois qu'elle est devenue nécessaire pour la conservation de leur droit. Ces créanciers sont exposés à perdre leur privilége dans plusieurs circonstances, savoir : par la confusion qu'ils laisseraient s'opérer entre les deux patrimoines; par le laps de trois ans à l'égard du mobilier, et par tout ce qui ferait entrer le prix des immeubles de la succession entre les mains de l'héritier. Dans ces différents cas, les créanciers du défunt doivent agir, à peine de déchéance, et ce ne peut être contre les créanciers des héritiers, si ceux-ci ne se sont pas présentés, ou si, comme l'a dit la Cour royale de Nancy, ils ne sont pas connus; on rendrait autrement l'obligation imposée aux créanciers du défunt impossible à remplir; dans tous ces cas, ce n'est que contre l'héritier que la demande en séparation de patrimoines peut être formée; les créanciers des héritiers pourront intervenir dans l'instance; ils pourront même former tierce-opposition au jugement qui sera intervenu, car ils ont, personnellement, le droit de contester le privilége réclamé par les créanciers du défunt, et ils n'ont pas plus été représentés par l'héritier leur débiteur que s'il s'était agi de tout autre privilége exercé à leur détriment.

La demande en séparation de patrimoines formée dans ces diverses circonstances contre l'héritier seul ne tend donc qu'à la conservation du droit en lui-même; il en est autrement si les biens de la succession ayant été vendus, les créanciers de l'héritier se présentent sur l'ordre ou la contribution de leur prix, pour primer les créanciers du défunt ou pour venir par concurrence avec eux; c'est contre les créanciers de l'héritier que l'action en séparation des patrimoines doit alors être intentée, et l'héritier ne doit être appelé que pour être présent à la discussion. La demande des créanciers du défunt n'est, en ce cas, qu'une défense aux prétentions de ceux de l'héritier.

(1) SIREY, 33. 2. 304.

La demande en séparation de patrimoines formée contre les héritiers seulement a donc, en certains cas, un objet véritable, celui de prévenir la perte du droit des créanciers du défunt. Elle est inutile si la succession n'a été acceptée que sous bénéfice d'inventaire, puisque cette séparation s'est alors opérée de plein droit; elle ne saurait être dangereuse pour les créanciers du défunt si l'acceptation de l'héritier a été pure et simple, car la séparation de patrimoines laisse toujours cet héritier garant sur ses biens personnels du paiement indéfini des dettes de la succession. Ces créanciers ne font donc pas de frais frustratoires, en intentant l'action qui seule peut conserver le droit que la loi leur a reconnu.

3° La séparation des patrimoines ne peut-elle être demandée que par les créanciers chirographaires du défunt et non par les créanciers inscrits sur les immeubles de la succession?

La Cour royale de Pau a décidé par arrêt du 30 juin 1830[1], que les créanciers inscrits sur les biens du défunt n'avaient pas eu besoin de demander la séparation des patrimoines pour exciper de leur hypothèque, mais elle n'a point déclaré que cette demande n'aurait pas pu être formée par eux. Son arrêt est ainsi conçu :

« Attendu que les biens ne peuvent passer du défunt à son héritier qu'avec les charges dont ils étaient grevés; que, d'un autre côté, celui-ci ne peut créer sur ces biens, au profit de ses créanciers, des hypothèques qui effacent ces charges; qu'ainsi celui qui avait hypothèque sur les biens du défunt peut venir à l'ordre pour être colloqué à son rang, lorsque ces biens ont été expropriés sur la tête de l'héritier, sans qu'il ait besoin pour cela de demander la séparation des patrimoines; qu'il est vrai qu'en s'arrêtant à la lettre des art. 878 et 2111 du Code civil, il semblerait en résulter que le créancier du défunt qui n'a pas rempli ce préalable est déchu de son droit de préférence sur les créanciers de l'héritier, quand même il aurait une hypothèque inscrite; mais que, ainsi entendus, ces principes contrarieraient les principes les plus élémentaires, dont on ne peut supposer que le législateur ait voulu s'écarter, lorsque partout ailleurs il s'y est soigneusement conformé; que ces articles ne doivent par conséquent s'appliquer qu'aux créanciers chirographaires du défunt et à ceux qui, ayant hypothèque, ont négligé de l'inscrire ou n'ont pas renouvelé leurs inscriptions en temps utile. »

Les créanciers inscrits sur le défunt conservent, indépendamment de toute séparation des patrimoines, l'hypothèque qui leur a été conférée par leur débiteur, mais il n'en résulte point qu'ils ne puissent jamais avoir d'intérêt à de-

(1) SIREY, 31. 2. 103. — DALLOZ, 31. 2. 95.

mander cette séparation, et qu'ainsi ils n'aient pas le droit de la requérir. L'art. 778 du Code n'établit point de distinction entre les créanciers du défunt; il les admet tous, puisqu'il n'en excepte aucun, à exercer cette action. Ce droit ne peut être dénié aux créanciers inscrits, quant au mobilier de la succession, à l'égard duquel leurs inscriptions sont sans objet; leur hypothèque, si elle n'est que spéciale, peut être insuffisante pour leur procurer le recouvrement de ce qui leur est dû, et leur sort ne peut non plus dépendre de la validité de leurs inscriptions personnelles. Le législateur a donc agi avec une grande sagesse, en autorisant, sans distinction, tous les créanciers du défunt à demander la séparation des patrimoines.

4° Le créancier du défunt, quoique son titre ne soit que sous seing-privé et que sa créance ne soit pas encore exigible, peut cependant demander la séparation des patrimoines.

La Cour royale de Lyon l'a jugé par arrêt du 24 juillet 1835[1] :

« Attendu que le porteur d'un titre de créance non échu a le droit, lorsque ce titre est sous signature privée, de se pourvoir en reconnaissance de signature, à la charge par lui de supporter les frais auxquels donne lieu cette mesure;

« Qu'il a également le droit de faire tous actes conservatoires, et qu'une demande en séparation de patrimoines, qui n'a pas pour objet de forcer le débiteur à un paiement actuel, mais seulement d'assurer ce paiement dans l'avenir, n'est qu'une mesure conservatoire permise, à ce titre, à tout créancier. »

Le droit de demander la séparation des patrimoines pouvant se perdre, en plusieurs cas, faute d'avoir été exercé à temps, on exposerait le porteur d'un titre sous seing privé non encore échu à voir s'évanouir son privilége, s'il était obligé d'attendre l'échéance de son titre avant de pouvoir intenter cette action. Il faut qu'il prévienne la confusion des patrimoines; qu'il agisse, à l'égard du mobilier, avant les trois ans que la loi a donnés à cet effet, et à l'égard des immeubles, avant qu'ils ne soient sortis des mains de l'héritier. S'il s'établit une contribution, ce créancier doit pouvoir demander à y être compris par préférence à ceux des héritiers, car il y a, par cela seul, déconfiture, et son titre est devenu exigible (art. 1188 du Code civil). Sa créance serait d'ailleurs perdue, s'il ne pouvait s'en prévaloir qu'après la disposition des deniers. Le terme n'appartient qu'au débiteur *in bonis*, et non à ceux qui exposent leurs créanciers à perdre la moindre partie de ce qui leur est dû.

Les lois romaines consacraient, au surplus, le principe que nous venons de poser. *Creditoribus, quibus ex die vel sub conditione debetur, et propter hoc nundum pecuniam petere possint, æque separatio dabitur.* (*Leg.* 4 ff. *de separat.*)

(1) Sirey, 36. 2. 461. — Dalloz, 36. 2. 175.

5° Les créanciers du défunt, quoiqu'ils ne soient que chirographaires, peuvent prendre l'inscription prescrite par l'art. 2111 du Code pour conserver le privilége qui résultera à leur profit de la séparation des patrimoines.

La Cour royale de Lyon a reconnu ce principe par l'arrêt que nous venons de citer.

« Attendu qu'on ne peut dire comme les premiers juges, que la demande en séparation des patrimoines ne devant avoir effet sur les immeubles qu'autant qu'une inscription aura été prise dans les six mois, et que la loi du 3 septembre 1807 défendant au porteur d'un titre de créance sous signature privée, non échue, de prendre inscription avant l'échéance ou l'exigibilité de la créance, il suivrait de là qu'une demande en séparation des patrimoines ne peut être formée par un créancier de cette classe;

« Qu'il y a, dans cette augmentation, confusion de deux choses bien distinctes : que la loi de 1807 interdit au porteur d'un titre de créance sous signature privée non échu l'inscription qui aurait pour but de donner un rang hypothécaire à sa créance, tandis que l'art. 2111 du Code civil, qui prescrit l'inscription dans les six mois, ne parle que de l'inscription du droit ou privilége qu'a tout créancier ou légataire du défunt de demander la séparation des patrimoines du débiteur défunt, d'avec le patrimoine de l'héritier, et qu'on ne peut argumenter d'un cas à un autre. »

La distinction que cet arrêt établit entre l'hypothèque personnelle du créancier et le droit qu'il a de conserver le privilége de la séparation des patrimoines, est on ne peut plus fondée. Le créancier porteur d'un titre sous seing privé a consenti, en l'acceptant, à ne point acquérir d'hypothèque sur les biens de son débiteur, avant le terme d'exigibilité fixé à sa créance, et il manquerait à sa promesse si, au moyen d'un jugement de reconnaissance d'écritures, il prenait une inscription avant le terme convenu; aussi la loi lui en a-t-elle formellement interdit la faculté. Les créanciers d'une succession ont tous, au contraire, quelle que soit la nature de leurs titres, le droit de demander la séparation des patrimoines, mais ils ne conservent leur privilége sur les immeubles du défunt, qu'en prenant une inscription dans un certain délai. Si l'un d'eux ne pouvait remplir la condition qui lui est imposée, la loi se serait mise en contradiction avec elle-même, ce que l'on ne peut jamais supposer.

6° La demande en séparation de patrimoine peut être formée en tout état de cause, et même, pour la première fois, en cause d'appel.

C'est ce qu'ont reconnu plusieurs arrêts, notamment un de la Cour de Liége, du 10 février 1807[1], et deux de la Cour de cassation, dont le premier est du

(1) Sirey, 7. 2. 697.

17 octobre 1809[1]; cet arrêt constate que la demande en séparation des patrimoines avait été formée au moins implicitement en cause principale, et il ajoute « que d'ailleurs cette demande a été plus amplement développée et précisée devant la Cour d'appel, et qu'elle ne présentait point un nouveau chef de conclusions, mais un moyen de conserver la préférence à laquelle il avait été conclu en cause principale, et que le tribunal de première instance avait accordée. »

Le deuxième arrêt de la même Cour, en date du 8 novembre 1815[2], porte en termes précis, « que la demande en séparation de patrimoines est recevable en tout état de cause, même en appel. »

Cette demande est moins, en effet, une action principale qu'un moyen opposé aux prétentions manifestées contre les créanciers du défunt; c'est une défense à la demande qui a été formée contre eux, et l'art. 464 du Code de procédure permet de former de semblables demandes, même en cause d'appel.

7° L'inscription à prendre pour conserver le privilége de la séparation des patrimoines n'a pas dû énoncer spécialement les immeubles du défunt; il suffit qu'elle ait été prise sur tous ceux par lui délaissés.

« Attendu, a dit la Cour royale de Nîmes, par arrêt du 10 février 1820[3], que l'art. 2129 du Code civil est le seul qui exige la spécialisation des immeubles hypothéqués, et qu'il faut d'ailleurs distinguer parmi les priviléges ceux qui portent sur un seul immeuble, tels que le privilége du vendeur, de l'architecte et autres, de celui accordé au créancier qui demande la séparation du patrimoine du défunt, puisque les premiers ne peuvent ignorer quel est l'immeuble qui est le gage de leur créance, tandis que le second, dont le privilége s'étend sur tous les immeubles du défunt, peut se trouver dans la position de ne pouvoir les connaître tous; d'où suit qu'en faisant porter ses inscriptions sur la généralité des biens du défunt le sieur Roche n'est pas contrevenu à la volonté de la loi, et a suffisamment averti les créanciers de son débiteur, ainsi que ceux qui pourraient avoir à traiter avec lui, des droits qu'il aurait à prétendre. »

8° L'inventaire auquel il a été procédé après la mort du défunt n'a pas suffi pour mettre obstacle à la confusion qui a pu s'opérer ensuite entre le patrimoine du défunt et celui de l'héritier.

L'arrêt rendu sur ce point par la Cour de cassation, le 14 août 1820[4], ne contient d'autre motif sinon « que, la séparation du patrimoine n'ayant pas

(1) SIREY, 10. 1. 31. — DALLOZ, *Rec. alph.*, 9. 113. (2) SIREY, 16. 1. 137. — DALLOZ, *Rec. alph.*, 12. 160. (3) SIREY, 20. 2. 214. — DALLOZ, 20. 2. 131. (4) SIREY, 21. 1. 53. — DENEVERS, 18. 1. 603.

été demandée, il n'y avait lieu de faire aucune distinction entre les créanciers personnels du défunt, et ceux de l'héritier. »

La confusion des deux patrimoines, lorsqu'elle est devenue irréparable, forme dans notre droit actuel, comme sous le droit ancien, un obstacle invincible à la séparation que viendraient demander ensuite les créanciers du défunt. L'inventaire peut sans doute donner de grandes facilités pour distinguer les biens des deux hoiries, mais il n'a point opéré la séparation des patrimoines. Il n'a point empêché les héritiers de pouvoir disposer en maîtres des meubles du défunt; de recevoir le montant des créances qui lui étaient dues, de vendre les immeubles de la succession et d'en toucher le prix; de confondre le produit de toutes ces valeurs avec leur propre avoir, et de rendre ainsi la séparation des patrimoines impossible. Il faut pour qu'il en soit autrement, que la succession ait été acceptée sous bénéfice d'inventaire, ou que la séparation ait été demandée à temps.

Si la confusion des deux patrimoines n'existe qu'à l'égard de quelques-uns des biens de la succession seulement, le privilége des créanciers du défunt pourra, comme on a vu, s'exercer sur le reste, car il n'y a aucune indivisibilité dans le droit qui leur a été concédé.

9° L'acceptation d'une succession sous bénéfice d'inventaire opère, de plein droit, la séparation des patrimoines; les créanciers du défunt ont été dispensés, par cela seul, de prendre inscription pour la conservation de leur droit et de former aucune demande à cet égard.

La Cour royale de Paris l'a ainsi jugé par arrêt du 20 juillet 1811 [1].

« Attendu que par cela seul qu'une succession est acceptée par bénéfice d'inventaire, la séparation des patrimoines existe nécessairement; que les créanciers de l'hérédité n'ont pas besoin, en ce cas, de demander cette séparation; que c'est par une conséquence, que l'art. 2146 du Code civil porte que l'inscription prise depuis l'ouverture de la succession ne produit aucun effet entre les créanciers de cette succession, lorsqu'elle est acceptée sous bénéfice d'inventaire;

« Attendu que l'art. 2111 ne s'applique qu'aux successions acceptées purement et simplement. »

La même Cour a rendu, le 8 avril 1826 [2], un arrêt conforme, que nous rapporterons au numéro suivant.

La Cour royale de Riom a reconnu par arrêt du 8 août 1828 [3], que ce prin-

(1) Sirey, 11. 2. 365 — Denevers, 9. 2. 31. (2) Sirey, 27. 2. 70. (3) Sirey, 29. 2. 30. Dalloz, 29. 2. 51.

cipe devait produire tous ses effets, lors même que quelques-uns des héritiers auraient accepté purement et simplement l'hoirie.

« Considérant, a-t-elle dit, que l'acceptation d'une succession sous bénéfice d'inventaire entraîne de plein droit la séparation du patrimoine du défunt d'avec celui de ses héritiers, sans que les créanciers de cette succession soient tenus de la demander ni de prendre l'inscription requise par l'art. 21[illegible] Code civil; qu'ainsi, par cela seul que la succession de Pierre-Joseph Bravard n'a été acceptée que bénéficiairement par Catherine Bravard, veuve Favier, l'un de ses enfants, la séparation du patrimoine de Bravard père d'avec celui de ses héritiers présomptifs s'est opérée par la seule force de la loi;

« Qu'il importe peu que Benoît Bravard-Faure, qui a acquis les droits des deux autres héritiers, se soit porté héritier pur et simple du père commun, soit de son chef ou au nom de ceux dont il exerce les droits; qu'il suffit que l'hérédité n'ait été acceptée par l'un des successibles que sous bénéfice d'inventaire, pour qu'elle soit considérée comme en état de déconfiture, et pour qu'on doive lui appliquer le principe qu'en toute succession seulement acceptée bénéficiairement, il y a lieu à la séparation du patrimoine du défunt d'avec ceux de ses héritiers, sans distinguer le cas où la succession est acceptée purement et simplement par l'un ou plusieurs d'entre eux, de celui où quelques-uns ne l'acceptent que sous la condition du bénéfice d'inventaire; que le principe ci-dessus posé n'ayant été modifié par aucune exception, doit recevoir son application pour tous les cas où l'acceptation sous bénéfice d'inventaire est générale ou partielle, surtout lorsqu'il n'y a pas eu de partage, comme dans l'espèce, entre les cohéritiers des biens du défunt;

« Considérant que tel est l'effet de la séparation des patrimoines qu'elle assure aux créanciers de la succession du défunt, qu'ils soient privilégiés, hypothécaires, ou seulement chirographaires, le droit d'être payés sur les biens meubles et immeubles qui en dépendent, et que ce n'est qu'après qu'ils sont entièrement désintéressés que les créanciers de l'héritier peuvent agir sur le reste des mêmes biens, s'il y en a dans la succession. »

A la vérité, la Cour royale de Lyon a rendu, le 4 juin 1830[1], un arrêt contraire à celui-ci :

« Attendu, a-t-elle dit, qu'à son décès Joseph Guillon a laissé quatre enfants, deux majeurs et deux mineurs, qui ont été saisis de plein droit de sa succession;

« Attendu que cette succession a été acceptée purement et simplement par les enfants majeurs, et qu'elle a été acceptée sous bénéfice d'inventaire par la tutrice des enfants mineurs;

« Attendu que l'acceptation sous bénéfice d'inventaire n'a pu établir d'indivisibilité relativement à cette succession; que le système d'indivisibilité est repoussé par les dispositions de l'art. 815 du Code civil, qui autorise chacun des

(1) Sirey, 33. 1. 817. — Dalloz, 33. 1. 585.

héritiers à demander le partage, et par l'art. 883, qui décide que chaque cohéritier est censé avoir succédé seul et immédiatement aux objets compris dans son lot : qu'il faut ainsi tenir pour constant que la succession dont il s'agit s'est divisée en deux parties, dont l'une, afférente aux enfants Guitton majeurs, est régie par les règles ordinaires, et dont l'autre, celle des enfants mineurs, est réglée par les principes relatifs à l'acceptation sous bénéfice d'inventaire ;

« Attendu que les sieurs Chalambel et Chalchat, et autres créanciers de Joseph Guitton, n'avaient qu'une voie pour rendre sans effet les hypothèques des créanciers des héritiers, celle, conformément à l'art. 2111, de prendre inscription pour la conservation de leur privilége, dans les six mois de l'ouverture de la succession de Joseph Guitton, et de demander ensuite la séparation des patrimoines ; mais qu'à défaut par eux d'avoir rempli ces formalités ils sont non-recevables à critiquer les hypothèques acquises par ces créanciers, et qu'ainsi les collocations faites au profit de ceux-ci doivent être maintenues. »

Mais, sur le pourvoi, cet arrêt a été cassé par arrêt de la Cour de cassation du 18 novembre 1833.

« Attendu que, pour les successions acceptées sous bénéfice d'inventaire, il était de principe dans l'ancienne législation que la mort fixait le sort des créanciers du défunt, ainsi que l'état de ses biens et par suite les droits des créanciers de toute nature sur ces mêmes biens, tant que durait l'acceptation bénéficiaire; que le même principe s'est reproduit dans l'art. 2146 du Code civil qui déclare non-recevable toute inscription prise depuis l'ouverture d'une succession qui n'est acceptée que par bénéfice d'inventaire ; que vainement on a cherché à éluder, dans l'espèce, l'application de ce principe par la circonstance que, des quatre héritiers de Joseph Guitton, deux avaient accepté purement et simplement, et les deux autres bénéficiairement, à raison seulement de leur minorité ; que cette circonstance n'a pu rien changer au principe posé dans le susdit art. 2146, qui ne distingue pas le cas où la succession est en totalité acceptée bénéficiairement de celui où elle ne l'est que partiellement ; que l'inventaire qui est fait nécessairement de l'intégralité de la succession par ceux qui n'ont accepté que sous bénéfice d'inventaire, fixe la consistance entière du patrimoine du défunt et donne à ses créanciers le droit de se reposer sur les effets de cet inventaire qui empêche la confusion des deux patrimoines ; que ce n'est que dans le cas d'une acceptation pure et simple de l'hérédité par tous les appelés qu'il peut y avoir lieu de demander la séparation des patrimoines, en se conformant aux dispositions des art. 878 et 2111 du Code civil ; que vainement la Cour royale de Lyon a invoqué, à l'appui de son système, les art. 815 et 883 dudit Code ; que ces articles sont inapplicables à la cause, puisque la succession est restée volontairement indivise entre les quatre héritiers et que rien n'a été changé à l'état existant au jour du décès jusqu'à la vente des biens dont le prix a été l'objet de l'ordre dont il s'agit ; d'où il suit qu'en s'écartant des principes ci-dessus énoncés, la Cour royale de Lyon a violé expressément le susdit art. 2146 du Code civil. »

La même Cour de Lyon a aussi décidé, par son arrêt du 24 juillet 1835 [1], dont nous avons rapporté quelques-unes des dispositions aux numéros 4 et 5, que les créanciers du défunt étaient dans le cas de prendre l'inscription mentionnée par l'art. 2111 et de demander la séparation des patrimoines, quoique la succession n'eût été acceptée que sous bénéfice d'inventaire par tous les héritiers.

« Attendu, a-t-elle dit, que l'acceptation sous bénéfice d'inventaire de la succession du débiteur ne saurait être un obstacle à la demande en séparation des patrimoines, parce que l'héritier bénéficiaire peut toujours, par son fait et dans plusieurs circonstances prévues par la loi, se mettre dans le cas d'être regardé comme héritier pur et simple (Code civil, art. 792, 794 et 801);

« Qu'on ne peut non plus se prévaloir contre la dame Lacour de ce que, dans l'espèce particulière, les héritiers bénéficiaires sont encore mineurs, parce que, s'il est vrai que les mineurs ne peuvent faire acte d'héritiers purs et simples, et rendre ainsi nécessaire par leur fait l'exercice de l'action en séparation de patrimoines, il est cependant possible qu'ils meurent avant l'acquittement de la dette et qu'ils soient remplacés par des héritiers majeurs qui disposeraient des biens de la succession ou les engageraient, sans que la dame Lacour eût le droit alors de former une demande en séparation qui serait tardive et sans effet, pour n'avoir été ni formée dans le temps voulu par la loi, ni assurée par l'inscription exigée;

« Qu'on ne peut opposer à la dame Lacour ce fait particulier que ses créances seront échues avant la majorité des héritiers bénéficiaires, parce que si, malgré l'échéance, son paiement était retardé jusqu'après cette majorité, et que les héritiers devenus majeurs vinssent à disposer de la succession, sa demande en distinction des patrimoines pourrait être encore dans ce cas repoussée par les mêmes moyens. »

L'acceptation de la succession sous bénéfice d'inventaire opérant seule la séparation des patrimoines, toute inscription et toute demande de la part des créanciers du défunt doivent être considérées comme inutiles pour assurer l'effet de cette séparation. La Cour royale de Lyon n'a jugé le contraire qu'en admettant que l'héritier bénéficiaire pouvait, en se portant héritier pur et simple, faire perdre aux créanciers de la succession l'avantage qu'ils avaient obtenu, mais plusieurs arrêts vont démontrer que l'héritier bénéficiaire n'a aucunement ce pouvoir.

10° L'héritier bénéficiaire ne peut, en se portant héritier pur et simple, faire cesser la séparation qui s'est de plein droit établie entre les deux patrimoines, et les créanciers du défunt n'ont aucun besoin de former une demande ou de prendre une inscription pour que leur privilége produise tous ses effets.

(1) SIREY, 36. 2. 464.

La Cour royale de Paris a consacré ce principe par l'arrêt qu'elle a rendu, le 8 avril 1826[1], et que nous avons énoncé au numéro précédent.

« Considérant, en principe, que l'acceptation d'une succession sous bénéfice d'inventaire entraîne de plein droit la séparation des patrimoines du défunt de l'héritier, puisqu'elle en empêche la confusion ;

« Que, la séparation des patrimoines une fois opérée, il n'est plus au pouvoir de l'héritier bénéficiaire ni de ses créanciers personnels d'enlever aux créanciers de la succession des droits qui leur sont irrévocablement acquis ; qu'alors ces derniers exercent leurs droits, quels qu'en soient les titres, hypothécaires ou chirographaires, sur les biens de l'hérédité qui sont leur gage spécial, et que ce n'est qu'après qu'ils sont entièrement satisfaits que les créanciers de l'héritier peuvent agir sur le reste des mêmes biens, s'il y en a. »

La Cour royale de Caen a rendu cependant un arrêt contraire, le 4 août 1829[2].

« Considérant, a-t-elle dit, qu'il est vrai qu'aux termes de l'art. 778 du Code civil les créanciers du défunt peuvent demander la séparation de son patrimoine d'avec le patrimoine de l'héritier, et qu'aux termes de l'art. 2111 du même Code les créanciers et légataires qui demandent la séparation du patrimoine du défunt, conformément audit art. 878, conservent, à l'égard des représentants ou héritiers du défunt, leur privilége sur les immeubles de la succession par les inscriptions faites sur chacun de ses biens dans les six mois à compter de l'ouverture de la succession ; de sorte qu'avant l'expiration de ce délai aucune hypothèque ne peut être établie avec effet sur ces biens par les héritiers ou représentants, au préjudice de ces créanciers ou légataires ;

« Considérant également qu'il est encore vrai qu'aux termes de l'art. 2146 dudit Code, des inscriptions prises par l'un des créanciers d'une succession depuis l'ouverture de la succession ne produisent non plus aucun effet dans le cas où la succession n'est acceptée que par bénéfice d'inventaire, mais, comme il est dit audit article, entre les créanciers de ladite succession ;

« Considérant que, dans l'espèce, la succession de Roussel père avait bien été prise sous bénéfice d'inventaire par Roussel fils ; mais que Roussel fils ayant vendu, sans les formalités prescrites par la loi, des immeubles dépendant de la succession, il est devenu, par ce seul fait et aux termes de l'art. 988 du Code de procédure, héritier pur et simple ;

« Considérant que si, dans le cas de l'acceptation d'une succession par bénéfice d'inventaire, l'inscription que prendrait l'un des créanciers de cette succession serait sans effet, c'est qu'il existe alors une séparation de patrimoines, et que le créancier n'a pas besoin d'agir pour conserver son droit sur un bien qui est encore distinct et non confondu avec celui de l'héritier ;

« Mais, considérant que, lorsque cet état de chose vient à changer parce que l'héritier bénéficiaire devient héritier pur et simple, soit par un acte particulier,

(1) Sirey, 27. 2. 79. — Dalloz, 27. 2. 68. (2) Sirey, 33. 1. 730. — Dalloz, 33. 1. 233.

soit parce qu'il ne se serait pas conformé aux règles prescrites pour le cas de succession par bénéfice d'inventaire, alors les biens de la succession ne formant plus qu'une masse avec ceux de l'héritier, la séparation de patrimoines a entièrement disparu;

« Considérant qu'en effet l'acceptation d'une succession par bénéfice d'inventaire est un droit qui n'est établi qu'en faveur de l'héritier, et non pas en faveur du créancier de la succession, et que, l'héritier pouvant renoncer à jouir de ce droit, c'est aux créanciers de la succession à prévoir les événements qui peuvent arriver et à se mettre en mesure, par des inscriptions prises à temps, de ne point être préjudiciés par l'usage que l'héritier fera du bénéfice d'un inventaire dont le droit lui est concédé par la loi... »

Cet arrêt a été cassé par arrêt de la Cour de cassation, du 18 juin 1833.

« Considérant, a dit la Cour suprême, qu'il faut distinguer la séparation des patrimoines qui a lieu sur la demande des créanciers d'un défunt, dans le cas où sa succession est acceptée purement et simplement, et la séparation de patrimoines qui a lieu par l'effet de la loi, quand la succession n'est acceptée que par bénéfice d'inventaire; que, dans le premier cas, l'héritier étant saisi sans condition de tous les biens du défunt, il s'opère dans la main de l'héritier une confusion de ses biens avec ceux de son auteur; que c'est pour rétablir une séparation entre ces deux patrimoines, que la loi a donné aux créanciers du défunt, sous certaines conditions, la faculté de demander que la confusion n'ait pas lieu par rapport à eux; que, dans le deuxième cas, ce n'est pas sur leur demande que la séparation des deux patrimoines s'établit; que l'inventaire des biens du défunt pose, entre les deux masses de biens, une barrière qui exclut les créanciers du défunt de tous droits sur les biens de l'héritier, mais qui en même temps leur assure un gage exclusif dans le patrimoine du défunt, meubles et immeubles; que, dans ce cas, l'héritier bénéficiaire n'est véritablement qu'un administrateur comptable, et que, dans une telle situation, les créanciers n'ont point à demander une séparation de patrimoines qui existe si évidemment; que la faculté d'exercer l'action en séparation de patrimoines n'a été introduite que pour le cas d'acceptation pure et simple, et de la confusion qui en dérive; qu'ainsi la condition imposée par l'art. 2111 du Code aux créanciers du défunt, et qui limite à six mois l'exercice de leur demande, et qui leur impose l'obligation de prendre inscription dans ce délai, ne s'applique qu'à l'art. 878, auquel l'art. 2111 renvoie positivement;

« Considérant que la séparation de patrimoines, opérée par l'acceptation sous bénéfice d'inventaire, par l'acte authentique passé au greffe, et par l'inventaire qui en est la condition essentielle, ne peut, par rapport aux créanciers de la succession, disparaître et cesser d'avoir effet par la suite, et moins encore plusieurs années après, par le fait de l'héritier;

« Considérant que la peine d'être, en ce cas, considéré comme héritier pur et simple, est établie en faveur des créanciers du défunt, et ne peut par conséquent tourner contre eux et les priver de leur gage exclusif; qu'eux seuls pourraient invoquer cette déchéance, puisqu'elle n'existe que pour eux; que ni l'héritier bénéficiaire ni ses créanciers ne peuvent se créer un droit par un fait personnel de cet héritier, administrateur comptable;

« Considérant qu'une doctrine contraire ouvrirait carrière à des fraudes qu'il serait impossible de constater, puisque l'héritier pourrait, par un fait même secret, et à l'insu des créanciers de la succession, leur enlever leur gage et l'attribuer à ses propres créanciers; que l'héritier pourrait aussi, en faisant acte d'héritier postérieurement aux six mois de délai de rigueur prescrit par l'article 2111, enlever aux créanciers de la succession le droit de prendre la voie de la demande en séparation de patrimoines; qu'en jugeant le contraire et en décidant dans l'espèce que les héritiers Chancerel seraient rejetés de l'ordre sur les biens dépendants de la succession de Roussel père, parce qu'ils n'avaient pas demandé la séparation des patrimoines et pris inscription dans le délai de la loi, la Cour royale de Caen a expressément violé les lois précitées. »

Sur le renvoi de la cause devant la Cour royale de Paris, il est intervenu en cette Cour, le 4 mai 1835 [1], un arrêt conforme à celui de la Cour de cassation.

Nous avons encore à rendre compte de quelques arrêts opposés à cette jurisprudence.

Le premier a été rendu par la Cour royale de Rouen, le 7 décembre 1826 [2].

« Attendu, porte cet arrêt, quand on admettrait le système des intimés qui soutiennent que, du moment où une succession est prise par bénéfice d'inventaire, il y a séparation de fait et de droit du patrimoine du défunt d'avec celui de l'héritier, qui dispense les créanciers de la succession de toutes formalités, même de celle de l'inscription requise par les art. 2111 et 2118 du code Civil, ce système ne pourrait leur profiter que tant que durerait l'administration de l'héritier par bénéfice d'inventaire, et s'anéantirait aussitôt que l'héritier bénéficiaire aurait pris la qualité d'héritier absolu, opérant dans sa main la confusion des deux masses de biens. »

Un second arrêt a été rendu dans le même sens par la Cour royale de Bordeaux, le 21 juillet 1830 [3].

« Attendu, y est-il dit, que, s'il est vrai que, tant que la succession du sieur Pelet d'Anglade est restée bénéficiaire, ses créanciers n'ont pas eu besoin de prendre inscription pour conserver leurs droits sur cette succession et jouir du bénéfice de la séparation du patrimoine de leur débiteur d'avec celui de ses héritiers, puisque cette séparation existait virtuellement et par la seule force de la loi nonobstant toutes inscriptions qu'auraient pu prendre les créanciers (art. 802, Code civil), il a dû en être autrement dès l'instant que cette succession, acceptée d'abord sous bénéfice d'inventaire, est devenue ensuite pure et simple, au moyen des divers actes d'héritier qu'a faits le sieur Pelet d'Anglade fils;

« Que, dès cet instant, les biens personnels de cet héritier s'étant confondus avec ceux de la succession, les créanciers n'ont pu faire cesser cette confusion

(1) SIREY, 35. 2. 257. (2) SIREY, 27. 2. 80. — DALLOZ, 27. 2. 69. (3) SIREY, 31. 2. 100.

qu'en demandant la séparation du patrimoine du défunt, et en prenant inscription en conformité de l'art. 2111 du Code civil;

« Attendu que, les dames de Vassan et Guesnon ayant négligé de prendre inscription dans les six mois à compter de l'acceptation pure et simple de la succession, c'est avec raison que les premiers juges les ont déclarées non recevables dans leur demande en séparation de patrimoines, ont rejeté leurs contredits, et maintenu l'ordre provisoire du commissaire. »

Ces deux arrêts reconnaissent que l'acceptation d'une succession sous bénéfice d'inventaire opère, de plein droit, la séparation des patrimoines, et qu'elle a dispensé ces créanciers de prendre inscription pour la conservation de leur privilége; mais ils ont borné cet effet légal au temps pendant lequel l'héritier a gardé sa qualité de bénéficiaire, et ils ont admis que, du moment qu'il s'était rendu héritier pur et simple, les créanciers de la succession avaient perdu le droit par eux acquis. Il serait étonnant qu'à raison d'un fait qui leur est étranger ces créanciers eussent éprouvé un tel dommage, et que la conservation de leur privilége eût dépendu de la volonté de l'héritier; il y aurait un véritable danger à soumettre ce droit aux calculs intéressés, aux manœuvres coupables auxquels cet héritier, de concert avec ses propres créanciers, pourrait quelquefois se livrer. La position des créanciers du défunt deviendrait extrêmement fâcheuse; se fiant sur l'effet légal produit par l'acceptation bénéficiaire, ils n'auraient point pensé avoir de précautions à prendre, et leur privilége serait souvent perdu avant qu'ils eussent su avoir une obligation à remplir.

Il faudrait notamment, d'après les deux arrêts que nous venons de rapporter, que ces créanciers eussent pris inscription dans les six mois du fait qui a entraîné l'acceptation pure et simple de l'hoirie, et, ainsi, dans un autre délai et à compter d'une autre époque que celle fixée par la loi. Ce n'a pas été sans une évidente raison que le Code n'a point astreint les créanciers du défunt à une condition semblable; le fait à raison duquel ils auraient dû ainsi agir devra leur être, le plus souvent, inconnu; il peut résulter d'actes particuliers, secrets, emportant une acceptation seulement tacite, et ils auraient cependant été obligés de prendre inscription dans les six mois à compter de ce fait qu'ils ne connaissaient point. La loi n'a pas voulu leur imposer une obligation qu'ils ne pourraient exécuter, et la jurisprudence qui a déclaré qu'ils n'y étaient pas tenus, s'est conformée au texte du Code et à la volonté du législateur.

11° Le légataire à titre particulier qui a pris inscription dans le délai fixé par l'art. 2111 du Code pour la conservation du privilége résultant de la séparation des patrimoines, doit être colloqué sur le prix des immeubles de la succession par préférence aux autres légataires qui n'ont point accompli cette formalité.

La question s'est présentée devant la Cour royale de Lyon, dans une espèce où plusieurs legs particuliers de sommes d'argent avaient été faits sans mention de préférence entre les légataires. Un seul de ces légataires avait pris inscription, et sur l'ordre il demandait à être colloqué par préférence aux autres légataires; les premiers juges avaient repoussé cette demande en déclarant que les art. 878 et 2111 du Code n'accordaient le privilége de la séparation des patrimoines que contre les créanciers de l'héritier, mais non entre les créanciers ou les légataires du défunt, et que tous les légataires particuliers, ayant des droits égaux, devaient venir par concurrence entre eux, qu'ils eussent, ou non, pris inscription pour la conservation de leur privilége.

La Cour royale de Lyon a infirmé ce jugement, par arrêt du 17 avril 1822[1].

« Attendu que si, d'après l'art. 878 du Code civil, les créanciers et légataires peuvent demander, dans tous les cas, la séparation du patrimoine du défunt, et qu'à cet égard l'action puisse être exercée tant que les immeubles sont dans la main de l'héritier, il ne faut pas confondre ce droit avec les formalités prescrites pour la conservation du privilége que la loi leur accorde sur les biens de la personne décédée;

« Que, si l'art. 2111 du même Code conserve aux créanciers et légataires qui demandent la séparation de patrimoine du défunt leur privilége sur les immeubles de la succession, toutefois ce n'est que par les inscriptions qu'ils ont prises sur chacun d'eux dans les six mois à compter de l'ouverture de la succession; qu'en admettant que les créanciers et légataires qui n'ont pas pris d'inscription dans les six mois peuvent, nonobstant, exercer l'action en séparation de patrimoine, l'on ne doit pas en conclure que leur privilége soit conservé pour les créances ou legs, parce que, autre chose est la demande en séparation de patrimoine et le privilége sur le patrimoine; que, pour intenter celle-là, la loi n'a point fixé de terme, et a disposé qu'elle peut l'être tant que les immeubles sont dans les mains de l'héritier et sous l'exception dont elle parle, tandis que, pour conserver celui-ci, elle a voulu que les créanciers et légataires prissent inscription dans les six mois de l'ouverture de la succession;

« Attendu qu'il est constant que la dame veuve Lavoute, tant en son nom que comme tutrice de la dame Desnoyers, sa fille, a rempli dans les six mois les formalités prescrites; que dès lors elle a conservé son privilége;

« Qu'il n'en est pas de même des enfants Lardet, qui n'ont pris et pour lesquels il n'a pas été pris d'inscription dans le terme préfixé, sur les biens de leur débiteur;

« Que, dans cet état, si conformément à l'art. 2113 ils n'ont pas cessé d'être créanciers hypothécaires, ils ont néanmoins perdu leur privilége;

« Qu'ils ne peuvent point prétendre que, leurs créances procédant du même titre que celui des dames Lavoute et Desnoyers, ils doivent jouir des mêmes avantages, parce que, chaque legs étant distinct et séparé, l'inscription prise par la

(1) SIREY, 24. 2. 159. — DALLOZ, 24. 2. 34.

dame Lavoute, pour ce qui lui est personnel et particulier et à sa fille, ne peut leur profiter, et qu'ayant été négligents ils ont ce tort à se reprocher. »

Le premier principe de la matière est que le droit de demander la séparation des patrimoines existe indépendamment de l'inscription à prendre aux termes de l'art. 2111 du Code, et qu'il peut être exercé par chacun des créanciers ou légataires du défunt, quoique aucune inscription n'ait été requise par eux, pendant trois ans quant aux meubles, et, à l'égard des immeubles, tant qu'ils se trouvent en la main de l'héritier (art. 880 du Code civil.). La seule peine que la loi fasse encourir aux créanciers ou légataires du défunt qui n'ont pas fait inscrire à temps leur privilége est de le voir dégénérer en une simple hypothèque, ne prenant rang, même à l'égard des créanciers inscrits sur l'héritier, que du jour de leurs inscriptions tardives (art. 2113).

Un autre principe non moins incontestable est que l'inscription requise par un des créanciers ou des légataires du défunt ne profite qu'à lui seul, et non aux autres créanciers qui ont aussi le droit de demander la séparation des patrimoines (art. 2111). L'inscription, en pareil cas, n'est aucunement collective. Le créancier qui l'a prise n'est point le représentant des autres ayants droit, et ce n'est point dans leur intérêt qu'il a non plus agi; il aurait dû, pour cela, mentionner dans son inscription leurs noms, la nature de leurs droits et le montant de leurs créances ou de leurs legs (art. 2153). L'omission de ces énonciations suffirait pour rendre l'inscription nulle quant à ceux-ci, et empêcher qu'elle ne produisît aucun effet à leur égard.

De ces deux principes il résulte que le créancier ou le légataire du défunt qui a pris dans les six mois de l'ouverture de la succession l'inscription prescrite par l'art. 2111 du Code, prime seul, à titre de privilége, les créanciers de l'héritier, et que ceux de ces derniers qui ont fait inscrire leurs créances priment, à leur tour, les autres créanciers ou légataires du défunt. Le légataire inscrit prime donc, à plus forte raison, ces derniers; c'est le cas de la règle, *si vinco vincentem te, à fortiori te vinco.*

Vainement les créanciers du défunt voudraient-ils se prévaloir du droit qui leur appartient d'être payés avant que les legs faits par leur débiteur puissent être acquittés; ils devraient, dans cette circonstance, être déclarés non-recevables faute d'intérêt, puisqu'en empêchant le légataire inscrit de se faire payer avant eux, ils ne profiteraient aucunement de son exclusion qui tournerait au profit des créanciers inscrits sur l'héritier.

Il en serait autrement si ceux-ci n'avaient pris aucune inscription, et que la lutte ne se fût établie qu'entre le légataire inscrit et les créanciers du défunt. L'inscription de ce légataire ne peut lui être utile qu'à l'égard des créanciers de l'héritier, mais elle ne lui donne droit à aucune préférence sur ceux de la succession (art. 2111). Le principe qui subordonne l'acquittement des legs au paiement des dettes du défunt reprendrait alors toute sa force. (Voyez, au surplus, le n° 2, sur l'art. 880.)

12° La séparation des patrimoines ne procure pas aux créanciers chirographaires du défunt le droit d'agir par voie hypothécaire sur les immeubles de la succession ; ces créanciers ne peuvent toujours exiger de chacun des héritiers, que la part personnelle dont il est tenu des dettes de la succession.

Ce principe a été consacré par arrêt de la Cour royale de Caen, du 14 février 1825[1], qui est ainsi conçu :

« Considérant qu'aux termes de l'art. 878 les créanciers du défunt peuvent demander, dans tous les cas et contre tout créancier, la séparation du patrimoine du défunt d'avec le patrimoine de l'héritier ;

« Mais que cet article doit être entendu de manière à le mettre en harmonie avec l'art. 873, tel qu'il vient d'être interprété, et que le seul moyen d'y réussir est de dire que l'action résultante du privilége de la séparation des patrimoines se divise entre les héritiers, comme la dette elle-même, en proportion de la part héréditaire ; d'où il résulte que le seul effet de la séparation des patrimoines sera d'empêcher la confusion des biens propres de chaque héritier avec ceux qui lui seront provenus du défunt, et que chaque héritier, sur ces derniers biens, ne sera tenu que de sa part contributive ;

« Que, s'il en était autrement, il arriverait que, par l'effet de la séparation des patrimoines, on retomberait encore, quant aux immeubles, dans les inconvénients de la solidarité ;

« Que, pour conserver au respect des tiers l'exercice du privilége ouvert par l'art. 878, les créanciers du défunt sont tenus de prendre inscription dans les six mois sur chacun des immeubles de la succession, ainsi qu'il est dit dans l'art. 2111 du Code civil ; qu'à la vérité, d'après l'art. 2113, dans le cas où ils n'auraient pas inscrit dans ce délai, leurs créances ne cesseraient pas néanmoins d'être hypothécaires, avec cette différence que l'hypothèque prendrait date du jour seulement de l'inscription requise, au lieu de remonter au jour de l'ouverture de la succession ; mais que cette hypothèque ne peut pas être plus étendue que le privilége lui-même auquel elle se trouve substituée ; qu'en effet il serait absurde de supposer que le créancier du défunt qui aurait négligé d'inscrire son privilége dans le délai prescrit, pourrait réclamer son paiement contre chaque héritier jusqu'à concurrence de tous les biens échus à ce cohéritier, tandis que, s'il eût inscrit dans les six mois, il ne pourrait demander à chacun, même hypothécairement, que sa seule part contributive ;

« Que si, d'après l'art. 1017, les héritiers débiteurs d'un legs en sont tenus hypothécairement pour le tout jusqu'à concurrence de la valeur des immeubles dont ils se trouvent détenteurs, il n'en faut pas conclure que le créancier du défunt doive avoir contre eux le même droit que le légataire ; en effet, de ce qu'une exception a été introduite en faveur de l'un, ce n'est pas une raison pour en

(1) SIREY, 33. 2. 659.

faire une règle générale en l'appliquant à l'autre, et d'ailleurs cette exception repose sur un principe de justice. La loi a dû veiller elle-même pour le légataire, qui souvent ne connaît pas l'acte de libéralité dont il est l'objet, et qui, si on ne lui avait pas conféré une hypothèque telle qu'elle existe d'après l'art. 1017, aurait pu ne se trouver, dans beaucoup de cas, investi par le donateur que d'un droit complétement illusoire ;

« Quant au créancier du défunt, il n'y a pas de raison pour lui subvenir ; rien ne l'empêchait de rendre sa créance hypothécaire et de requérir inscription du vivant de son débiteur ;

« D'ailleurs que cette distinction entre le légataire et le créancier avait été établie par l'ancienne jurisprudence, et qu'il est évident que le Code a voulu la maintenir. »

Ce n'est point, en effet, une hypothèque que l'art. 878 accorde aux créanciers du défunt, et que l'art. 2111 les autorise à conserver en prenant inscription dans les six mois du décès ; c'est un privilége, et qui ne produit qu'un seul effet, celui de faire payer ces créanciers sur les biens de l'hoirie avant les créanciers des héritiers. S'il est dit que ce privilége dégénère en simple hypothèque faute d'avoir été inscrit dans ce délai, c'est que dans ce cas il ne prend rang qu'à sa date, mais il conserve sa nature et il ne rend point hypothécaires les titres qui ne l'étaient point au jour où la succession s'est ouverte.

La séparation des patrimoines ne tend donc point à changer la condition des héritiers envers les créanciers du défunt ; elle leur est absolument étrangère et ne les soumet à aucune autre obligation que celles qui leur sont imposées par la loi. Le bénéfice de cette séparation n'est accordé aux créanciers de la succession que contre ceux des héritiers, quelle que soit la nature de leurs titres, mais aussi sans la changer.

Les créanciers chirographaires de la succession ne peuvent invoquer le droit hypothécaire accordé par l'art. 1017 du Code aux légataires particuliers du défunt, car ils n'en ont point obtenu un pareil. Ils ne peuvent exciper d'une disposition qui n'a point été portée pour eux. Le législateur a cru ne pouvoir trop assurer l'exécution des volontés du défunt, mais il a laissé à chaque créancier le soin de veiller à la conservation de ses droits.

Ainsi, qu'il y ait eu ou non séparation des patrimoines, les créanciers du défunt qui avaient obtenu une hypothèque du vivant de leur débiteur peuvent seuls agir par voie hypothécaire sur les immeubles de la succession, et les créanciers purement chirographaires ne peuvent demander à chacun des héritiers que la part contributive à sa charge dans le montant de leurs créances.

Il existe cependant deux arrêts contraires à celui que nous venons de rapporter ; l'un a été rendu par la Cour royale de Bourges, le 20 août 1832[1], et l'on y trouve sur la question les motifs suivants :

« Considérant que la Cour reconnaissant la demande en séparation des patri-

(1) Sirey, 33. 2. 655.

moines recevable et fondée par suite du rejet des fins de non-recevoir et de l'absence de novation, les effets de cette demande formée contre tous les héritiers de Vivier père et de son épouse doivent s'étendre à la généralité des biens, meubles et immeubles, dépendant de ces successions, dont les héritiers n'ont pas disposé légalement avant la demande; que les dames Vavelet et Grillon, héritières chacune pour un tiers, ont, à la vérité, pour échapper à l'action du créancier, offert réellement les deux tiers de ce qui reste dû sur sa créance, et se prétendent libérées aux termes de l'art. 873 du Code civil; mais que les dispositions de l'art. 873 ne deviennent applicables que dans le cas d'une action dirigée par le créancier de la succession contre l'héritier personnellement; que la séparation des patrimoines ayant pour objet de recomposer les successions et les poursuites alors ne s'exerçant que contre cette succession même et non contre l'héritier personnellement, le créancier conserve sur tous les biens le bénéfice de son privilége, par suite de l'inscription qu'il est autorisé à prendre par l'art. 2111 du Code civil;

« Que, l'art. 879 du Code civil n'autorisant la demande en séparation des patrimoines que dans le cas où le créancier n'a pas accepté l'héritier pour débiteur, il y aurait contradiction si, pour arrêter l'effet de la demande, l'héritier pouvait contraindre le créancier à l'accepter pour son débiteur personnel; qu'ainsi les offres sont insuffisantes. »

Le deuxième arrêt, du 14 juillet 1836[1], est de la Cour royale de Bordeaux.

« Considérant, y est-il dit, que, non moins vainement l'épouse Dupuy-Desouches a fait plaider que, les dettes se divisant entre les cohéritiers, Guillaume Dupuy ne pouvait être contraint qu'au paiement de sa portion virile; d'où suivait qu'il n'avait pas été tenu d'acquitter la dette de Dupuy-Desouches; que ce système tend à rendre illusoire le bénéfice de la séparation des patrimoines; que le créancier du défunt courrait ainsi le danger de n'être payé qu'en partie, tandis que l'héritier de son débiteur jouirait paisiblement du bien composant la succession; que ce résultat blesse un trop grand nombre de principes pour qu'il puisse être admis par la Cour; que la division des dettes a lieu lorsque l'héritier est poursuivi par l'action personnelle, mais qu'il en est tout autrement lorsque le créancier du défunt, exerçant le privilége de séparation, s'adresse, pour avoir paiement, au patrimoine de son débiteur et nullement à la personne de l'héritier; qu'il s'agit alors d'un droit réel qui frappe sur les biens; qu'un pareil droit est indivisible; que, tous les biens du défunt étant affectés au paiement des dettes qu'il a contractées, l'héritier ne peut retenir aucune partie de ces biens tant que les engagements de celui qu'il représente n'ont pas été entièrement acquittés; qu'en pareille matière, ce n'est pas l'héritier qui est débiteur, mais le défunt, ou, pour s'exprimer plus nettement, sa succession; qu'on arrive de la sorte, et par une chaîne de raisonnements qu'a vainement essayé de briser l'épouse de Dupuy-Desouches, à cette conséquence inattaquable qu'aucune por-

(1) Sirey, 37. 2. 262.

tion des biens héréditaires ne peut être affranchie de la nécessité d'acquitter intégralement toutes les dettes du défunt.»

Ces arrêts ne semblent pas avoir suffisamment distingué la condition dans laquelle se trouvait le débiteur envers ses créanciers, de celle où la loi a placé ses héritiers.

Le défunt était personnellement obligé au paiement de la totalité de ses dettes, et il était tenu de remplir cet engagement sur l'universalité de ses biens (art. 2092). Sa fortune mobilière et immobilière avait formé, pendant sa vie, le gage commun de ses créanciers, sauf les causes de préférence qui existaient entre eux (art. 2093). Mais il faut faire grande attention que ce n'est qu'au débiteur que s'appliquent ces deux articles; il n'y est fait aucune mention de ses héritiers, dont les obligations sont réglées par d'autres dispositions du Code.

Les héritiers sont saisis, de plein droit, des biens, droits et actions du défunt, du jour où la succession s'est ouverte, sous l'obligation d'acquitter toutes les dettes et charges de l'hoirie (art. 724). Dès ce moment chacun d'eux est devenu propriétaire de tous les biens qui plus tard seront compris dans son lot, et il est réputé n'avoir rien eu à prétendre dans ceux qui auront formé les lots des autres héritiers (art. 883); en même temps, et par une juste réciprocité, chaque héritier a été déclaré n'être tenu personnellement que de sa part contributive dans les dettes, sauf l'action des créanciers hypothécaires du défunt. C'est ce que porte en termes précis l'art. 873 du Code.

Ce n'est que lorsque l'obligation est de sa nature indivisible, comme, par exemple, est celle d'un corps certain, ou dans les cas déterminés par l'art. 1221, que chacun des héritiers en est tenu personnellement pour le tout, sauf son recours contre ses cohéritiers (art. 1223). On ne pourrait, en effet, demander par portions une dette indivisible, puisqu'elle n'est pas susceptible d'en avoir. Le droit hypothécaire des créanciers du défunt est au nombre des exceptions portées en l'art. 1221, car l'hypothèque est aussi indivisible (art. 2114).

Si, au contraire, l'obligation peut être divisée, tous les principes de la matière reprennent leur empire; ils se retrouvent dans l'art. 1220 du Code. «L'obligation qui est susceptible de division doit être exécutée entre le créancier et le débiteur comme si elle était indivisible; la divisibilité n'a d'application qu'à l'égard de leurs héritiers, qui ne peuvent demander la dette ou qui ne sont tenus de la payer que pour les parts dont ils sont saisis ou dont ils sont tenus comme représentant le créancier ou le débiteur.» Ainsi, la totalité de la dette pouvait être demandée au débiteur, mais ses héritiers n'en sont tenus chacun que pour sa part; il n'y a rien au monde de si clair.

On soutenait, devant la Cour royale de Bourges, que, les biens du débiteur formant le gage commun de tous ses créanciers, le décès du débiteur ne pouvait diviser ce gage; que, si les dettes de la succession devaient éprouver une division, ce n'était qu'entre les héritiers, mais non à l'égard des créanciers du défunt. Aucune de ces assertions ne nous paraît dans le cas d'être admise. Ceux de ces créanciers qui n'ont pas d'hypothèque n'ont point, à proprement parler, de gage au moins spécial; ils n'avaient qu'une action sur les biens de leur débiteur. Au décès de celui-ci, leurs droits ont éprouvé, par la force des choses et par la volonté de la loi, une modification notable. La saisine des héritiers leur a donné plusieurs débiteurs au lieu d'un; mais ces débiteurs ne sont pas solidaires; chacun d'eux ne doit, conséquemment, qu'une part de leurs créances. Ce n'est donc pas seulement entre les héritiers, c'est aussi à l'égard des créanciers que les dettes du défunt se divisent. Outre les dispositions formelles des art. 873 et 1220 du Code, on ne concevrait pas qu'une obligation non solidaire pût être réclamée pour le tout à chacun des débiteurs.

Il a fallu qu'on allât jusqu'à prétendre que les vrais débiteurs des créanciers du défunt n'étaient pas les héritiers; que la succession seule était leur débitrice, et qu'il fallait que ces créanciers y consentissent pour que les héritiers devinssent obligés envers eux. On a fait de la succession un être purement moral, ayant un actif et un passif à part, indépendant de l'existence et des droits des héritiers; mais l'art. 724 y met un obstacle invincible. Le principe n'est vrai que si la succession a été répudiée par tous les successibles; il n'y a plus d'héritiers alors; la succession ne forme qu'une masse à laquelle viennent s'adresser tous les créanciers du défunt, chacun selon ses droits; mais si elle a été acceptée, la sucession disparaît; il n'y a plus que des héritiers saisis individuellement de leur part dans l'actif, et qui ne sont personnellement débiteurs, quels que soient les biens qu'ils aient recueillis, que d'une portion correspondante dans les dettes. Non-seulement le consentement des créanciers n'est pas nécessaire pour que ce résultat s'opère, mais il leur serait impossible de s'opposer à cet effet immédiat des dispositions les plus précises de nos lois.

C'est encore en confondant des principes qui n'ont point de rapport entre eux, que l'on soutenait devant la Cour de Bourges que les créanciers du défunt pouvaient exiger à l'égard des successibles, que les biens de la succession restassent séparés de ceux des héritiers jusqu'après l'acquittement de toutes les dettes du défunt. La séparation des patrimoines n'a point pour objet de recomposer la succession et de la rendre, en quelque sorte, vacante, mais d'empêcher seulement que les créanciers du défunt ne soient contrariés dans l'exercice des droits qui leur appartiennent par les créanciers des héritiers; aussi n'est-ce qu'à l'égard de ces créanciers que cette séparation est dans le cas de produire effet. Quant aux héritiers qui ont accepté purement et simplement l'hoirie, les biens qui ont composé leurs lots forment leur propre patrimoine, et il n'appartient qu'aux créanciers hypothécaires du défunt de venir exercer leur hypothèque sur les immeubles qui leur étaient affectés. C'était donc une idée bizarre que celle émise alors que ces héritiers, quoique saisis de la propriété des biens du défunt, n'en étaient cependant que de simples administrateurs. On ne peut gérer, à ce titre, que les biens appartenant à autrui et non ceux dont on a acquis la propriété pleine et entière.

La division des dettes se serait opérée entre les héritiers, lors même que la succession n'aurait été acceptée que sous bénéfice d'inventaire, et l'assertion contraire que l'on présentait aussi devant la Cour de Bourges était démentie à l'avance par l'arrêt que la Cour de cassation a rendu le 22 juillet 1811 et que nous avons rapporté au numéro 4 sur l'art. 802. Cette Cour a jugé que la division des dettes s'opérait entre les héritiers bénéficiaires aussi bien qu'entre ceux purs et simples ; cependant les biens du défunt ne se sont point confondus, dans ce cas, avec ceux des héritiers ; la séparation de patrimoines a eu lieu de plein droit, et néanmoins chacun des héritiers n'est toujours tenu des dettes que pour sa part.

L'arrêt de la Cour royale de Bourges porte que les dispositions de l'art. 873 ne sont applicables que dans le cas où une action personnelle serait dirigée par les créanciers du défunt contre l'un des héritiers. Il serait fort extraordinaire que la quotité de dettes dont chaque héritier est tenu dépendit du mode de l'attaque dirigée contre lui. Cette quotité, fixée par la loi même, est invariable, et il n'a point été laissé au libre arbitre des créanciers du défunt de la modifier à leur gré. A la vérité, l'arrêt ajoute que la séparation des patrimoines recompose la succession, et que les poursuites des créanciers ne s'exercent alors que contre cette succession, non contre les héritiers ; mais on a vu que cette recomposition était absolument impossible et qu'elle serait en contradiction manifeste avec la saisine qu'ont eue les héritiers.

Les créanciers du défunt, en poursuivant contre les héritiers le paiement de leurs créances, n'opèrent point la novation dont parle l'art. 879 ; il faut, pour une telle novation, qui ne se présume jamais (art. 1273), qu'il soit intervenu un contrat ; que le créancier *ait accepté*, porte l'art. 879, l'héritier pour débiteur ; le créancier, en agissant contre le successible comme héritier, use de ses droits, mais sans les altérer ; il ne pourrait autrement s'en servir sans les perdre, et ce n'est certainement pas ce qu'a voulu la loi. Il n'y a donc aucune contradiction entre les art. 873 et 879 du Code civil.

La Cour royale de Bordeaux a ajouté que le droit des créanciers de la succession était réel, indivisible ; qu'il frappait tous les biens du défunt. Ce droit n'est point réel, si ce n'est au profit des créanciers hypothécaires, et il n'est point de sa nature indivisible, puisque la loi elle-même en opère la division entre tous les héritiers. S'il portait indistinctement, avant l'ouverture de la succession, sur tous les biens du défunt, il ne peut être exercé sur ceux échus aux héritiers que jusqu'à concurrence de la part que chacun d'eux doit supporter dans les dettes ; un héritier ne peut être poursuivi personnellement pour le reste, qui ne forme, à son égard, que la dette d'autrui.

Que l'on veuille peser les inconvénients du système contraire ; il ne tend à rien moins qu'à rendre les héritiers débiteurs solidaires de toutes les dettes du défunt ; à les rendre passibles de la négligence que les créanciers auront mise à se faire payer des autres héritiers ; à ne leur laisser les uns contre les autres qu'un recours fâcheux et difficile ; à produire, en un mot, tous les inconvénients que l'art. 873 du Code, d'accord avec notre ancien droit, a voulu prévenir. Les créanciers non payés par quelques-uns des héritiers n'auront-ils donc jamais de reproches à se faire ? Ils pouvaient exiger du défunt une hypothèque ; ils auraient dû, au moins, arrêter les parts des héritiers en retard de les satisfaire. S'ils n'ont pas veillé à la conservation de leurs droits, les autres héritiers doivent-ils avoir à en souffrir?

870. Ce droit ne peut cependant plus être exercé lorsqu'il y a novation dans la créance contre le défunt, par l'acceptation de l'héritier pour débiteur.

1° Le créancier qui a accepté de l'héritier de son débiteur un engagement personnel a fait novation et ne peut plus demander la séparation des patrimoines.

La Cour royale de Riom en a donné un exemple par arrêt du 24 août 1811 [1], à l'égard d'un créancier qui, en acceptant l'héritier pour débiteur, avait converti le capital exigible que lui devait la succession en une rente perpétuelle que lui avait constituée l'héritier.

Le pourvoi contre cet arrêt a été rejeté par la Cour de cassation le 7 décembre 1814.

« Attendu que, d'après les anciens principes puisés dans le texte même de la loi première, *ff. de separationibus*, et consacrés depuis par l'art. 879 du Code civil, le droit de demander la séparation du patrimoine du défunt ne peut pas être exercé lorsqu'il y a, de la part du créancier, acceptation de l'héritier pour débiteur, acceptation que le législateur qualifie de novation dans cette matière; d'où il suit que l'arrêt attaqué, loin d'avoir violé ces principes et ces lois, s'y est expressément conformé en décidant qu'il n'y avait pas lieu d'admettre la séparation du patrimoine demandée par les hospices de Clermont, parce qu'ils avaient fait novation de leur titre par l'acte du 11 floréal an X, en acceptant pour leur débiteur l'héritier Ligier Reynouard qui leur avait hypothéqué tous ses biens, et en convertissant en rente remboursable à sa volonté des créances qui étaient exigibles aux termes du contrat du 29 mai 1762. »

C'est une assez grande question que celle de savoir quels sont les cas où il y a eu novation de la part du créancier du défunt en acceptant l'héritier pour débiteur.

Aux termes généraux du droit, la novation ne se présume point; il faut que la volonté de l'opérer résulte clairement de l'acte (art. 1273). Cependant si cette volonté ne résulte pas du contrat qui a été passé entre le créancier du défunt et l'héritier, y aura-t-il eu novation dans le cas prévu par l'art. 789, par cela seul que le créancier aura accepté l'héritier pour débiteur?

La loi première, § 10, *ff. de separat.*, semblait exiger qu'il y eût eu inten-

(1) Sirey, 15. 1. 97. — Dalloz, *Rec. alph.*, 12. 436.

tion d'innover: *Illud sciendum est, eos demùm creditores posse impetrare separationem qui non novandi animo ab hærede stipulati sunt; cæterùm si eum hoc animo secuti sunt, amiserunt separationis commodum; quippè cùm secuti sunt nomen hæredis, nec possunt jam se ab eo separare, qui quodammodo eum elegerunt.* La même loi, aux §§ 11 et 15, voulait que la séparation ne pût être exigée par les créanciers du défunt qui avaient accepté de l'héritier des cautions ou un gage, même insuffisant : *Et sibi imputent cur minùs idoneos fidejussores acceperunt... si quis pignus ab hærede acceperit, non est ei concendendi separatio, quasi eum secutus sit; neque enim ferendus est qui qualiter qualiter, eligentis tamen mente, hæredis personam secutus est.* La demande de ces créanciers devait donc être repoussée parce qu'ils avaient suivi la personne de l'héritier, ce qui, en général, ne constitue pas une novation véritable.

M. Toullier fait observer [1], pour lever cette contradiction apparente entre les diverses dispositions de cette loi, qu'au temps d'Ulpien, de qui elle émane, on pensait que la novation s'opérait par le fait d'un gage donné, d'une convention qui avait augmenté ou diminué la créance, qui en avait changé la condition ou l'époque d'exigibilité, ainsi que celle par laquelle on avait renoncé à une caution ou on en avait accepté une moins forte, et que cela avait duré jusqu'à Justinien, qui voulut qu'à l'avenir ces diverses conventions accessoires n'entraînassent pas novation quant à l'obligation principale, si les parties n'avaient expressément déclaré éteindre l'ancienne obligation et lui substituer la nouvelle, ce que notre Code a confirmé dans son art. 1271.

Lebrun a appliqué à notre ancien droit les dispositions de la loi première, *ff. de separat.*, en disant que « si, dans le dessein de faire une novation, les créanciers du défunt ont stipulé leur dû de son héritier, ils ne sont plus recevables à demander la séparation, de même s'ils avaient exigé de lui des gages et des cautions, encore qu'ils fussent insuffisants. » Le dessein de faire novation résulterait ainsi du seul fait de l'acceptation de l'héritier pour débiteur ou de ce que l'on aurait reçu de lui un gage ou une caution.

Pothier en donne le motif en son *Traité des Successions*, chap. V, où il dit que « les créanciers du défunt en prenant l'héritier pour leur propre débiteur à la place du défunt, cessent d'être créanciers du défunt et deviennent plutôt créanciers de l'héritier. » C'est en ce sens que l'art. 879 a été conçu; il n'exige aussi, pour qu'il y ait eu novation dans la créance, que le seul fait que le créancier a accepté l'héritier pour débiteur.

M. Toullier fait observer avec raison que, pour qu'il en eût été autrement, il eût fallu que cet article eût exigé que les parties déclarassent dans l'acte qu'elles ont entendu faire novation ou que cette volonté résultât clairement de l'acte, et ainsi que l'article eût laissé ce cas particulier de novation soumis au droit commun, tandis qu'il s'est expliqué à son égard dans des termes tout différents.

(1) Tome VII, numéro 285.

Le Code a donc adopté le motif donné par Pothier aux dispositions des lois romaines. Les créanciers du défunt conservent cette qualité malgré l'acceptation de l'hoirie par l'héritier, et quoique celui-ci devienne aussi par là leur débiteur. Ce fait, qui leur a été étranger, n'a pu nuire à leurs droits; mais si un de ces créanciers prend de nouveaux arrangements avec cet héritier sans se réserver expressément ses droits sur la succession de son premier débiteur, il devient son créancier direct et personnel, ce qui opère l'extinction, non de sa première créance, mais de sa qualité de créancier du défunt; et comme ce n'aurait été qu'à ce titre qu'il aurait pu demander la séparation des patrimoines, ce droit a cessé de lui appartenir.

Il y avait eu novation plus complète encore dans une espèce jugée par arrêt de la Cour royale de Caen du 21 octobre 1826. Le créancier avait, en effet, consenti à ce que la créance qu'il avait contre le défunt fût convertie en un capital de rente perpétuelle que lui avait constitué l'héritier. La nouvelle dette avait nécessairement été substituée à l'ancienne avec laquelle elle était incompatible et qui ne se trouvait plus subsister.

« Considérant, porte l'arrêt [1], après avoir constaté le point de fait, que la conversion en rente de ladite somme de 3,200 fr. emportait, par sa nature, novation à la créance primitive, puisqu'elle substituait une dette nouvelle et d'une espèce toute différente à l'ancienne qui était éteinte; qu'elle ne fût accompagnée d'aucune réserve des priviléges et hypothèques préexistants...; que, dès qu'il y a eu novation, le privilége de la séparation des patrimoines s'est évanoui pour la totalité de la créance. »

2° Le paiement fait par l'héritier des arrérages d'une rente constituée par le défunt n'a point opéré novation et ne met point obstacle à la demande en séparation des patrimoines.

« Attendu, a dit la Cour royale de Paris par arrêt du 1er nivôse an XIII [2], que Grimaud et consorts n'ont fait novation à leur titre par aucun acte; que, loin d'avoir dérogé à ce titre, ils l'ont au contraire exécuté en recevant des mains de Juliot de Fromont fils les arrérages de leur rente aux échéances, et que, quand lesdits Grimaud et consorts auraient pu, dans la quittance desdits arrérages, considérer ledit Juliot de Fromont fils comme leur débiteur, on pourrait d'autant moins en induire une intention d'innover de leur part, que ledit Juliot de Fromont fils l'était véritablement devenu de plein droit à deux titres, celui d'héritier pur et simple, et celui de détenteur des immeubles spécialement affectés et hypothéqués à la rente dont il s'agit. »

Cet arrêt fournit une preuve nouvelle que, pour qu'il y ait eu novation dans le

(1) Sirey, 27. 2. 201. — Dalloz, 28. 2. 18. (2) Sirey, 5. 2. 610.

sens de l'art. 879, il faut que le créancier du défunt ait accepté l'héritier pour débiteur, et que cette acceptation ne peut résulter que d'un contrat intervenu entre eux. Lorsque le créancier n'a fait qu'exercer des poursuites, il n'a fait qu'user de son droit, et l'héritier s'est borné à exécuter le titre qui existait contre lui, en acquittant, au moins partiellement, la dette; il ne s'opère donc aucune novation en ce cas.

La Cour royale de Paris a consacré le même principe par arrêt du 11 floréal an XI [1], à raison d'une séparation de patrimoine réclamée d'après les principes antérieurs au Code civil, mais que ce Code, comme on vient de le voir, n'a pas changé en cela. « Considérant, porte cet arrêt, que la dame d'Hornoy n'a fait aucun traité avec Charles-Pierre Savalette, héritier de la veuve Savalette sa débitrice; qu'elle n'a point fait novation à ses titres par aucun acte, et que, si elle a reçu les intérêts de sa créance, c'est pour l'exécution de ses titres, et non dans l'intention d'y déroger. »

3° On ne peut considérer comme ayant comporté novation l'acte par lequel l'héritier a fixé en argent la légitime de ses frères et sœurs.

La Cour royale de Grenoble a rendu sur ce point, le 8 juin 1825 [2], un arrêt dans lequel se trouve le motif suivant :

« Considérant que ce traité n'a opéré aucune novation aux droits d'Anne Freynoz, puisqu'il ne renferme pas, au profit d'Anne Freynoz, la création d'une nouvelle créance substituée à celle résultant du contrat de mariage, mais seulement le règlement de sommes à elle dues en vertu de ce contrat; qu'il n'y a pas non plus eu substitution de débiteur;

. . . . Que dès lors l'acte du 16 mars 1814 ne renferme qu'un règlement de la constitution dotale d'Anne Freynoz, et qu'il ne peut être opposé à sa demande en séparation de patrimoine. »

La Cour suppose par cet arrêt que l'acceptation de l'héritier pour débiteur n'aurait pas suffi, malgré la disposition de l'art. 879, pour opérer l'espèce de novation qui met obstacle à la demande en séparation de patrimoines, mais que les conditions imposées par l'art. 1271 auraient été nécessaires, ce qui, comme on a vu, n'est pas exactement conforme aux principes de la matière.

En se bornant au fait sur lequel la Cour avait à statuer, la légitime, si elle est due en corps héréditaires, peut aussi, du consentement des parties, être fixée en une somme d'argent; ce n'est toujours alors que la légitime qui est due, et elle ne l'est que par la succession. Le règlement des droits du légitimaire n'a pu être fait qu'avec l'héritier, et il serait injuste de le priver de ses droits sur la succession de son auteur, parce qu'il aurait procédé à ce règlement avec celui qui, seul, pouvait le lui consentir.

(1) *Journal du Palais*, 3. 194. — (2) Sirey, 25. 2. 313.

Mais la Cour royale d'Aix a jugé, par arrêt du 3 décembre 1831 [1], d'après les principes rappelés au nº 1er ci-dessus, que, lorsque le légitimaire a converti ses droits en une rente que lui a constituée l'héritier, il y a eu novation ; que l'ancienne créance est éteinte, et avec elle tous les droits accessoires, nommément celui de demander la séparation du patrimoine du défunt d'avec le patrimoine de l'héritier.

4º Sous le régime dotal le mari ne peut consentir une novation des droits dotaux de sa femme, et la priver ainsi du droit de demander la séparation des patrimoines.

C'est ce qui résulte aussi de l'arrêt que nous venons de citer, et qui, sur cette question subsidiaire, s'est expliqué en ces termes :

« Considérant que tous actes, traités, consentis par le mari, et qui tendent à détériorer la dot, même mobilière, au mépris de la clause d'emploi utile des deniers dotaux imposé au mari dans le contrat de mariage, ne peuvent préjudicier aux droits de la femme, ni lui être opposés. »

Et plus loin « que, si l'on pouvait admettre qu'il y a eu novation aux droits de la femme Mercier, elle la repousserait par l'incapacité de son mari, qui n'a pu valablement consentir un acte tendant à détériorer sa dot. »

L'acte avait été passé par le mari seul, mais il n'aurait pu produire plus d'effet lors même qu'il aurait été consenti en même temps par la femme, puisque les biens dotaux ne peuvent être aliénés par l'un ou l'autre des époux, ni par tous deux conjointement (art. 1554 du Code civil). La novation, qui aurait privé la femme du droit de demander la séparation des patrimoines, aurait opéré aliénation de sa dot, au moins d'une manière indirecte, ce que le Code prohibe dans tous les cas.

880. Il se prescrit, relativement aux meubles, par le laps de trois ans.

A l'égard des immeubles, l'action peut être exercée tant qu'ils existent dans la main de l'héritier.

1º Les créanciers du défunt doivent demander à temps la séparation des patrimoines ; mais ils ne sont pas tenus de former cette demande dans les six mois que l'art. 2111 leur accorde pour faire inscrire leur privilége.

(1) Dalloz, 32, 2. 92

« Attendu, a dit la Cour royale de Nîmes dans son arrêt, déjà cité, du 19 février 1829[1], qu'on ne peut trouver une dérogation à la disposition positive d'une loi que dans le cas où une nouvelle disposition législative prononcerait cette dérogation, ou dans le cas encore où, chacune d'elles se trouvant être inconciliable, leur exécution simultanée devînt impossible; que ces caractères constitutifs de la dérogation ne peuvent s'induire ni des termes ni de l'esprit qui a dicté l'art. 2111 du Code civil, dont aucune des dispositions n'a évidemment pour objet de soumettre le créancier du défunt à former dans les six mois de l'ouverture de la succession, sa demande en séparation de patrimoines sous peine de déchéance, tandis que l'art. 880 du même Code l'autorise à la former, relativement aux immeubles, tant qu'ils existent dans les mains des héritiers; qu'en ajoutant, dans l'art. 2111, aux mots, *les créanciers et légataires*, ces mots, *qui demandent la séparation du patrimoine du défunt, conformément à l'art.* 878, le législateur n'a entendu faire qu'une simple énonciation, dans le seul objet d'indiquer le rapport qu'ont entre eux ces deux articles; que ces mots, les créanciers qui demandent, doivent être considérés comme synonymes de ceux qui ont le droit de demander, et ne peuvent constituer une disposition législative qui doit toujours être conçue en termes impératifs, injonctifs ou prohibitifs; que cette addition était d'ailleurs indispensable; l'art. 878, qui autorise le créancier à demander la séparation de patrimoines, se trouve dans un titre du Code éloigné de celui qui traite des priviléges et hypothèques, dans lequel est placé l'art. 2111; leur émission avait eu lieu à près d'une année d'intervalle; la section seconde de ce dernier titre avait indiqué quels étaient les créanciers auxquels elle accordait un privilége sur les immeubles, aucune mention n'y était faite du privilége du créancier sur ceux du défunt, par suite de la demande en séparation; il était donc absolument nécessaire, lorsqu'il s'est agi de fixer dans l'art. 2111 les droits de ces derniers créanciers et les moyens de les conserver, de les désigner d'une manière précise, car, sans cela, il eût été presque impossible de savoir de quels créanciers et de quels priviléges l'art. 2111 avait entendu parler; que ce qui prouve encore que cette addition a été faite dans une tout autre intention que celle de fixer un délai différent de celui prescrit par l'art. 880, c'est que l'art. 2111 ne se réfère nullement à celui 880, dont il ne parle pas, mais seulement à l'art. 878, qui se borne à énoncer les droits des créanciers du défunt, sans en exprimer la conséquence et la durée. »

La Cour royale de Poitiers a rendu un arrêt semblable, le 8 août 1828[2].

« Considérant, y est-il dit, que l'art. 2111 du Code civil a suffisamment pourvu dans tous les cas aux droits des créanciers du défunt en leur accordant six mois à compter de l'ouverture de la succession pour prendre sur chacun des biens qui en dépendent des inscriptions dont l'effet est de leur conserver leur privilége à l'égard des créanciers de l'héritier sur les immeubles de cette succession,

(1) Sirey, 29. 2. 211. — Dalloz, 29. 2. 154. (2) Sirey, 31. 2. 82.

et en ne permettant pas à cet héritier d'établir aucune hypothèque sur ces biens avant l'expiration de ce délai ;

« Considérant qu'en accordant cette faculté aux créanciers du défunt l'art. 2111 ne leur a pas imposé l'obligation de provoquer la séparation des patrimoines contre l'héritier lui-même dans le même délai de six mois ;

« Considérant que, dès lors, cet article, loin de changer ou de modifier l'art. 878, n'a fait au contraire qu'en confirmer les dispositions, puisque, comme lui, il n'a pour objet, ainsi qu'il s'en explique textuellement, que de conserver le privilége des créanciers du défunt contre les créanciers de l'héritier. »

Il n'y a rien de commun, en effet, entre le délai accordé par la loi aux créanciers du défunt pour prendre l'inscription conservatrice de leur privilége, et celui dans lequel ils doivent former leur demande en séparation de patrimoines. Les arrêts que nous venons de rapporter décident, avec grande raison, que le législateur, qui n'a eu en vue dans l'art. 2111 que de fixer le temps pendant lequel ces créanciers doivent faire inscrire leur privilége, n'avait aucunement entendu déroger par là aux délais déterminés par l'art. 880 pour faire usage de leur droit.

2° Lorsque la demande en séparation de patrimoines n'a pas été formée à temps, les créanciers de la succession, devenus simples créanciers de l'héritier, ne peuvent réclamer aucune préférence sur les légataires du défunt.

« Considérant, a dit la Cour royale de Caen, par arrêt du 31 janvier 1821 [1], que, par le fait d'une acceptation pure et simple d'une succession, l'héritier se trouve personnellement grevé des charges de cette même succession ; qu'il suit de là que les légataires du défunt deviennent créanciers personnels de l'héritier, sans qu'il puisse être fait de distinction entre eux et tous autres qu'il se serait créés à quelque titre que ce soit ; car, si les créanciers du fait de l'héritier l'ont pour obligé à raison des valeurs qu'ils lui ont fournies, les légataires du défunt l'ont également pour obligé à raison des valeurs par lui trouvées dans la succession et qui leur avaient été destinées jusqu'à concurrence de leurs legs par la volonté du défunt, valeurs légalement présumées suffisantes pour faire face à ces mêmes legs, lorsque l'héritier n'a pas usé de la ressource du bénéfice d'inventaire qui lui était ouverte ;

« Considérant que, quels que soient les biens dont il s'agisse de distribuer le prix sur des héritiers purs et simples, les créanciers de la succession ne sont pas fondés, en l'absence du privilége ou hypothèque constitué par les voies

(1) Sirey, 21. 2. 105.

ordinaires, à prétendre aucune préférence sur ceux de l'héritier, à moins qu'ils ne puissent recourir au bénéfice de la séparation des patrimoines;

« Considérant que dans le procès actuel, en fait, la séparation des patrimoines n'a pas même été demandée par Campion et Seillier; en droit, elle l'aurait été inutilement, puisque la chose dont le prix est à distribuer consiste en rentes qui, d'après leur caractère mobilier, ne sont plus susceptibles, aux termes de l'art. 880 du Code civil, d'être l'objet d'une pareille demande, vu que plus de trois ans s'étaient écoulés entre le moment de l'ouverture de la succession et celui où la distribution des deniers a eu lieu;

« Considérant qu'il est impossible à Seillier et Campion de se prévaloir ici de leur qualité de créanciers à titre onéreux de Mauger-Deschenez, par rapport à celle du légataire du même individu, qui appartient à Roussel, pour opposer à ce dernier la règle suivant laquelle les légataires ne peuvent rien prétendre sur les biens de la succession que les dettes ne soient préalablement payées; *nihil est in bonis nisi deducto ære alieno;*

« Considérant qu'en effet cette règle suppose nécessairement pour son application que la succession et l'héritier sont restés ou peuvent se trouver replacés dans l'état d'être distincts et séparés l'un de l'autre, ce qui n'a pas lieu dans le cas soumis à la décision de la Cour, où il n'y a ni acception sous bénéfice d'inventaire par les héritiers Mauger de la succession de leur auteur, ni séparation de patrimoines possible, et où, par conséquent, il n'existe que des créanciers des héritiers ayant, sous ce point de vue, des droits absolument égaux entre eux.

Le pourvoi exercé contre cet arrêt a été rejeté par la Cour de cassation le 9 décembre 1823.

« Attendu que l'héritier succède *in universum jus;* que les biens de la succession deviennent les siens propres à compter de l'ouverture de la succession; qu'ils sont, dès ce moment, le gage de tous ses créanciers, sans exception;

« Que, si les créanciers de la succession peuvent néanmoins conserver leurs droits particuliers sur ces biens, c'est un privilége que la loi leur accorde, comme une conséquence de la maxime: *non dicuntur bona, nisi deducto ære alieno;* mais que ce privilége est subordonné à des formes et doit être exercé dans un délai déterminé;

« Qu'aux termes des art. 878 et 2111 du Code civil les créanciers du défunt sont tenus de demander la séparation des patrimoines, et qu'en matière de meubles la demande doit être formée dans les trois ans, à peine de déchéance;

« D'où il suit qu'en le jugeant ainsi, et déclarant les demandeurs non-recevables à exercer un privilége sur le prix d'une créance mobilière, parce qu'ils n'ont pas formé de demande en séparation de patrimoines, la Cour royale de Caen, loin d'avoir violé les lois invoquées, a fait la plus juste application des principes de la matière. »

Les créanciers et les légataires du défunt deviennent tous, en effet, créanciers de l'héritier qui a accepté purement et simplement l'hoirie, et ils doivent venir par concurrence lorsqu'ils exercent leurs droits sur les biens personnels de cet héritier. Ce n'est que sur les biens de la succession que les créanciers du défunt priment ses légataires; car les libéralités ne peuvent produire d'effet qu'après le paiement des dettes, d'après le principe *nemo liberalis nisi liberatus*.

Si donc la demande en séparation de patrimoines a été formée à temps, ce n'est pas sur les biens de l'héritier que les créanciers du défunt demandent à être payés, mais sur ceux de la succession; ils usent alors du privilége que la loi leur a donné, et les légataires ne peuvent rien obtenir que ces créanciers n'aient été satisfaits.

Lorsque, au contraire, la séparation de patrimoines est devenue impossible, que les biens de la succession se trouvent confondus avec ceux de l'héritier, les créanciers et les légataires du défunt ne sont payés que sur les biens de cet héritier, leur débiteur commun, et ainsi par concurrence ou par contribution. C'est ce qu'ont décidé les deux arrêts que nous venons de rapporter.

3º La demande en séparation de patrimoines ne peut plus être formée, quant aux immeubles, lorsque ceux de la succession ont été vendus conjointement avec ceux de l'héritier, moyennant un seul et même prix.

La Cour de cassation l'a ainsi jugé par arrêt du 25 mai 1812[1], en rejetant le pourvoi qui avait été exercé contre un arrêt de la Cour royale de Montpellier du 21 juillet 1809. Cette dernière Cour n'avait fondé sa décision que sur les dispositions de l'art. 800 du Code, quoique la succession dont il s'agissait se fût ouverte en 1785, sous le régime du droit écrit. La Cour de cassation a commencé par reconnaître que les principes établis par les lois romaines pouvaient seuls servir à décider la question; mais elle a ajouté:

« Attendu que, loin de contrevenir à ces lois, la Cour d'appel s'y est au contraire conformée dans le dispositif de son arrêt, en déclarant les dames Pinet non-recevables dans la demande en séparation des patrimoines du défunt et de l'héritier formée par elles, lorsque, par la saisie et la vente des deux patrimoines, faites en leur présence par un seul et même acte, lorsque, par l'adjudication des deux patrimoines, faite à l'une d'elles, en présence et du consentement, au moins tacite, de l'autre, sans distinction du prix représentatif des biens de l'héritier, il s'était opéré une confusion des deux patrimoines, telle qu'on n'aurait pu la faire cesser que par des opérations longues, incertaines, dispendieuses et préjudiciables aux intérêts des créanciers, qui, par cette confusion, avaient été privés de surenchérir séparément et faire porter à leur plus haut prix les biens personnels de l'héritier; lorsqu'enfin les choses n'étant plus entières, il y avait

(1) SIREY, 12. 1. 365. — DENEVERS, 10. 1. 473.

lieu à l'application de la loi première, ff., § 12, *de separationibus*, ainsi conçue : *Prætereà sciendum est, posteaquam bona hæreditaria bonis hæredis mixta sunt, non posse impetrari separationem.* »

La Cour royale de Riom a reconnu, par arrêt du 3 août 1826 [1], que ces principes n'avaient point été changés par le Code. Il s'agissait d'une vente faite, pour un seul et même prix, de biens qui dépendaient de plusieurs successions et qu'un créancier demandait à faire séparer.

« Considérant, a dit la Cour, que la vente a été faite cumulativement, d'après une seule et même saisie, par une seule et même adjudication et pour un seul et même prix, en présence de tous les créanciers, sans que Valentin ni aucun autre ait demandé que les biens dépendant de chaque hérédité fussent vendus séparément, ou que tout au moins il fût fait distinction du prix représentatif des biens de chaque succession et de ceux qui étaient personnels aux parties saisies ; qu'il s'est dès lors opéré une confusion des différents patrimoines, telle qu'il serait impossible de la faire cesser sans avoir recours à une ventilation, à laquelle, dans l'état actuel des choses, on ne pourrait parvenir que par des opérations longues, incertaines, dispendieuses, et qui, par cela même, seraient plus préjudiciables qu'utiles aux intérêts des créanciers, ce qui doit suffire pour faire rejeter la séparation des patrimoines invoquée par ledit Valentin. »

La Cour royale de Grenoble a rendu le 7 février 1827 [2] un arrêt par lequel elle a consacré le même principe ; nous le mentionnerons au numéro 5 ci-après.

L'art. 880 du Code porte que l'action en séparation des patrimoines ne peut s'exercer à l'égard des immeubles qui ne se trouvent plus dans la main de l'héritier. Ce fait ne suffit pas pourtant ; il faut encore que le prix de ces biens ait été payé à cet héritier. Aussi n'est-ce pas seulement parce que la vente des immeubles du défunt avait été faite qu'il a été jugé que la séparation des patrimoines ne pouvait plus avoir lieu, mais parce que ces ventes avaient été cumulatives et qu'elles avaient opéré confusion du prix des biens du défunt avec celui provenu des immeubles des héritiers, ou entre les divers patrimoines qui étaient échus à ceux-ci. Lorsque cette confusion est, en effet, devenue irrémédiable, les créanciers du défunt ont perdu leur privilége, faute de pouvoir faire connaître les biens sur lesquels ils auraient pu l'exercer. Le Code n'a point dérogé à ce principe admis de tout temps parmi nous, et qui résulte moins de la loi que de la nature des choses.

Si, au contraire, des preuves suffisantes mettent à même de distinguer le prix des biens du défunt d'avec celui des biens de l'héritier, la séparation des patrimoines pourra encore produire ses effets. C'est ce qu'a reconnu la Cour royale de Grenoble par arrêt du 30 août 1831 [3].

« Attendu que, d'après la loi première, ff. *de separat.*, les créanciers du défunt avaient sur les biens de la succession un privilége de séparation des patri-

(1) Sirey, 28. 2. 278. — Dalloz, 29. 2. 107. (2) Sirey, 27. 2. 215. — Dalloz, 28. 2. 99. (3) Sirey, 28. 2. 645. — Dalloz, 32. 2. 159.

moines pour y être payés par préférence aux créanciers de l'héritier; que l'action en séparation durait autant que l'action principale et pouvait être exercée tant que les biens étaient encore aux mains de l'héritier, ou qu'étant vendus, le prix n'en était pas distribué; que, si un immeuble appartenant à Jean-Laurent Roux, héritier, a été vendu avec les immeubles de l'hoirie pour un seul prix, l'estimation préalablement faite par les experts et annexée à l'acte de vente, offrait les éléments d'une ventilation; qu'il était facile, dès lors, de discerner les patrimoines, et qu'ainsi le tribunal pouvant fixer lui-même la valeur de chacun, il n'y avait point de confusion.»

Les créanciers ou légataires du défunt n'ont qu'un moyen d'empêcher les ventes cumulatives auxquelles l'héritier voudrait procéder de ses biens propres et de ceux de la succession; c'est de former, avant que ces ventes ne soient consommées, une demande afin de séparation des patrimoines. Leur privilége, ayant ainsi été exercé pendant que les immeubles existaient dans la main de l'héritier, leur a fait acquérir un droit qu'il n'a plus été permis à celui-ci de leur faire perdre, et les ventes cumulatives que l'héritier aurait consenties après cette demande devraient être déclarées nulles sur la demande des créanciers du défunt.

4º L'inscription requise par les créanciers du défunt, aux termes de l'art. 2111, suffit-elle pour assurer leur privilége sur les biens de la succession, en telle sorte que, quoiqu'ils n'aient point requis à temps la séparation des patrimoines, l'acquéreur n'a pu se libérer valablement de son prix entre les mains de l'héritier?

Les héritiers sont devenus propriétaires des biens de la succession du jour du décès de leur auteur, et ils ont pu dès lors en disposer librement; ils n'en ont point été empêchés, pas plus que ne le sont tous les autres vendeurs, par l'existence d'inscription prises sur eux ou sur le défunt. L'art. 2111 n'interdit aux héritiers que de pouvoir établir avec effet une hypothèque sur les biens de l'hoirie pendant les six mois accordés aux créanciers du défunt pour faire inscrire leur privilége, mais il ne leur ôte point le droit d'aliéner ces biens.

Les immeubles vendus par les héritiers sont seulement grevés du privilége des créanciers de la succession s'il a été inscrit à temps, mais ce privilége reste soumis aux conditions qui lui ont été imposées; il a dû notamment être exercé avant qu'il ne se fût opéré de confusion entre les deux patrimoines; au cas contraire, le privilége, quoique légalement inscrit, a péri, et les créanciers du défunt se trouvent hors d'état d'en profiter.

La Cour royale de Nîmes a cependant rendu un arrêt contraire, le 19 février 1820[1], dans une espèce où le créancier du défunt avait pris une inscription dans les

(1) Sirey, 20. 2. 211. — Dalloz, 20. 2. 154.

six mois du décès, et où l'héritier avait vendu quelques-uns des biens de la succession après l'expiration de ce délai de six mois, sans que le créancier du défunt eût formé aucune demande en séparation de patrimoines. L'acquéreur avait compensé le prix de la vente avec une créance qu'il avait sur l'héritier son vendeur, mais il n'avait rempli aucune formalité pour purger les hypothèques inscrites sur l'immeuble. Le créancier du défunt ayant plus tard poursuivi contre l'héritier la vente sur saisie immobilière de l'immeuble vendu, mais non purgé, se fondait sur le privilége que lui procurait la séparation de patrimoines, qu'il prétendait être résultée à son profit par le fait seul de l'inscription qu'il avait prise, et au mépris de laquelle il soutenait qu'aucun immeuble de la succession n'avait pu être vendu par l'héritier.

L'acquéreur répondait que, si la séparation des patrimoines ne peut produire d'effet que lorsque le droit de la requérir a été inscrit, elle ne peut non plus être accordée que si elle a été demandée à temps; il ajoutait, il est vrai, que cette demande devait être formée dans les six mois de l'ouverture de la succession, mais il commettait évidemment en cela, comme on a vu, une erreur.

Les premiers juges avaient admis les moyens présentés par cet acquéreur; mais la Cour, après avoir reconnu, comme nous l'avons énoncé au numéro 1er ci-dessus, que la demande en séparation des patrimoines n'avait pas eu besoin d'être formée dans le délai de six mois, a ajouté :

« Attendu que, bien qu'il soit certain que l'art. 2111 n'a point dérogé à l'article 880, qui autorise le créancier à demander la séparation de patrimoines sur les immeubles tant qu'ils sont dans les mains de l'héritier, il n'en est pas moins certain aussi qu'il indique les caractères de l'aliénation qui seule peut incommutablement faire perdre au créancier du défunt son privilége, c'est-à-dire de celle à l'égard de laquelle ont été remplies les formalités qui, conformément à la loi, peuvent affranchir l'immeuble vendu des priviléges ou hypothèques régulièrement inscrits, puisque le créancier étant, par le fait même de son inscription, en même temps et privilégié et hypothécaire, ayant le droit d'être préféré aux autres créanciers, même hypothécaires, il a, comme eux, celui de suivre le gage de sa créance en quelques mains qu'il passe; comme eux il conserve ce droit pendant dix années, à compter du jour de la date de son inscription, et comme eux, enfin, il ne peut le perdre que par l'accomplissement des mesures prescrites pour la purgation des hypothèques;

« Attendu que cette circonstance, que le prix de l'immeuble vendu par l'héritier du défunt aurait passé en ses mains, ne peut être d'aucune influence dans la cause dès le moment où il est établi que ce prix lui aurait été payé par l'acquéreur au mépris d'une inscription prise, non-seulement dans les six mois à compter de l'ouverture de la succession, mais même antérieurement à la vente, inscription qui seule le constituerait en mauvaise foi, et ne pourrait l'autoriser à exciper du paiement par lui fait, la loi 2, § *de separat. bonorum*, dont l'art. 880 ne fait que consacrer le principe, n'admettant cette exception que dans le cas où aucun soupçon de fraude ne pourrait exister contre l'acquéreur; d'où suit encore que le prix n'ayant pas été payé, ni valablement compensé par lui au préjudice de l'inscription, ce prix n'a pu se confondre avec les biens de l'héritier ; que ce droit résulte de la nature même de l'inscription, qui n'a jamais d'autre objet que celui de conserver, en matière de priviléges et d'hypothèques, un droit réel sur la chose, non pour empêcher de l'aliéner, mais pour en assurer le véritable prix au créancier privilégié ou hypothécaire ; et qu'enfin, s'il pouvait exister encore quelque doute, l'art. 2113 suffirait pour le dissiper, puisqu'il attribue à toutes les créances privilégiées et soumises à la formalité de l'inscription, à l'égard desquelles les formalités prescrites pour conserver ce privilége n'ont pas été accomplies, l'effet de ne pas cesser néanmoins d'être hypothécaires, sauf toutefois que cette hypothèque ne date, à l'égard des tiers, que du jour de l'inscription ; les dispositions de cet article étant nécessairement applicables au privilége accordé aux créanciers du défunt par l'art. 2111, qui les précède presque immédiatement. »

Cet arrêt reconnaît que les formalités prescrites par l'art. 2111 pour la conservation du privilége des créanciers du défunt ne dispensent aucunement ceux-ci d'accomplir les conditions qui leur sont imposées par l'art. 880 du Code, pour qu'ils puissent demander la séparation des patrimoines. Cela seul devrait décider la question. Puisque ces formalités n'ont pas suffi pour assurer le droit de ces créanciers, qu'il faut en outre que les conditions attachées à l'exercice de leur privilége aient été remplies, il est clair que, malgré l'inscription, le droit de demander la séparation des patrimoines a été perdu si cette séparation n'a pas été requise avant qu'il ne fût devenu impossible de l'obtenir.

L'idée principale qui a dicté l'arrêt a été que les créanciers du défunt devenaient non-seulement privilégiés, mais encore hypothécaires par le fait seul de l'inscription par eux prise aux termes de l'art. 2111, et qu'ils devaient ainsi jouir de tous les avantages des créanciers ordinaires légalement inscrits. Il semble cependant que ces deux natures de droits doivent être soigneusement distinguées.

L'inscription que prend un créancier hypothécaire n'opère que la réalisation du droit qui lui appartenait sur la chose affectée au paiement de sa créance ; cette inscription grève directement les biens du débiteur du montant de la somme par lui due, et le créancier a acquis, par l'effet de cette inscription et sans avoir aucune autre condition à remplir, un droit réel sur le prix à provenir de ces biens.

L'inscription prise par les créanciers du défunt, aux termes des art. 2111 et 2113 du Code, n'assure au contraire un privilége à ces créanciers qu'autant qu'ils ont demandé à temps la séparation des patrimoines ; l'inscription laisse ce droit soumis aux conditions qui lui ont été imposées par la loi. Les créanciers du défunt ont ainsi à remplir une obligation qui est étrangère aux créanciers inscrits ordinaires. Le Code exige, par les art. 879 et 880, non-seulement qu'ils prennent inscription, mais qu'ils demandent à temps la séparation des patrimoines. Il en est, sous ce rapport, du privilége de ces créanciers, comme d'une créance assurée par une hypothèque ordinaire. Si le créancier a perdu le droit de se prévaloir de son titre, l'inscription qu'il a prise ne saurait lui servir ; elle ne peut remplacer le droit qu'il n'a plus ; l'accessoire est tombé avec le principal.

Si donc les créanciers du défunt ont laissé l'héritier vendre les biens du défunt et en recevoir le prix, ils ne peuvent plus demander la séparation des patrimoines; l'inscription qu'ils ont prise ne peut donc leur être utile, puisqu'ils n'ont plus de séparation à demander. La mauvaise foi de l'acquéreur est étrangère aux créanciers de l'héritier, et d'ailleurs on ne peut dire qu'il y a eu mauvaise foi par cela seul qu'un acquéreur a payé le prix de la vente malgré l'existence d'inscriptions prises sur son vendeur. Cet acquéreur est seulement resté soumis à une chance: si les inscriptions sont valables, il devra payer son prix une seconde fois; si elles ne peuvent produire aucun effet, il n'aura pas même commis une imprudence.

La loi 2 au ff. *de separat.*, que cite l'arrêt, est étrangère au cas qui nous occupe; elle n'est relative qu'à celui où l'hérédité entière a été vendue par l'héritier, et encore elle n'autorise les créanciers de la succession à demander la séparation des patrimoines que si cette vente a été frauduleuse. *Ab hærede, venditâ hæreditate, separatio frustrà desiderabitur, utique si nulla fraudis incurrat suspicio. Quæ bonâ fide, medio tempore, per hæredem gesta sunt, rata conservari solent.* Ainsi la vente de l'hérédité empêche que l'on ne puisse demander la séparation; mais si cette vente a été frauduleuse, elle ne pourra produire aucun effet, ce qui est parfaitement conforme aux principes.

La Cour royale de Colmar est allée encore plus loin que celle de Nîmes, dans une espèce où un héritier avait vendu des immeubles de la succession avant l'expiration du délai de six mois donné aux créanciers du défunt pour faire inscrire leur privilége, et où l'acquéreur avait fait opérer la purge de cette vente sans qu'aucune inscription fût survenue de la part d'aucun de ces créanciers. Un légataire du défunt avait néanmoins, après cette purge, mais dans les six mois accordés par la loi, pris une inscription, puis il s'était pourvu contre l'acquéreur, et il lui demandait le paiement de son legs. Celui-ci s'y était refusé en se fondant sur l'affranchissement qu'il avait procuré aux biens par lui acquis, et sur ce que, à l'époque de la demande en séparation, ces biens ne se trouvaient plus dans la main de l'héritier.

Le tribunal d'Altkirck, dont la Cour de Colmar a confirmé la décision par arrêt du 3 mars 1831 [1], en en adoptant les motifs, a admis la réclamation du légataire.

« Attendu que les inscriptions conféraient des droits hypothécaires aux légataires ou à leurs cessionnaires, puisque, aux termes des art. 2111 et 2113 du Code civil, les créanciers ou légataires conservent leur privilége sur les immeubles de la succession en faisant inscrire leurs titres dans les six mois, à compter de l'ouverture de la succession; que, par la disposition de ces articles, il est expressément déclaré qu'avant l'expiration de ce délai aucune hypothèque ne peut être établie avec effet sur les biens par les héritiers ou représentants, au préjudice des créanciers ou légataires;

(1) DALLOZ, 33 2. 1.

« Attendu que ce serait en vain qu'on voudrait contester la validité de cette hypothèque en soutenant qu'elle ne peut s'acquérir qu'autant que l'inscription est précédée ou accompagnée d'une demande en distinction de patrimoines, laquelle ne peut plus être intentée lorsque l'immeuble est sorti des mains de l'héritier, ainsi que l'établit l'art. 880 du même Code ; qu'en admettant que le privilége ne puisse exister, aux termes de l'art. 2111, que par l'inscription précédée ou suivie d'une demande en séparation de patrimoines, cette demande ne serait toujours qu'une condition apposée au privilége ; mais que l'art. 2113 dispose que toutes les créances privilégiées, soumises à la formalité de l'inscription, à l'égard desquelles les conditions ci-dessus prescrites pour conserver le privilége n'ont pas été accomplies, ne cessent pas néanmoins d'être hypothécaires, mais que l'hypothèque à l'égard des tiers ne date que de l'époque des inscriptions ;

« Attendu que, l'hypothèque ayant été prise avant l'expiration du délai de six mois édicté par l'art. 2111, elle profite de la disposition finale de cet article qui vient d'être rappelé, sans recevoir d'application de la dernière phrase de l'art. 2113 ; qu'on ne peut prétendre que l'inscription ne confère de droit d'hypothèque qu'à la condition de former la demande en distinction de patrimoines, et que, cette demande n'ayant pu être formée à cause de la vente des biens faite par l'héritier avant l'expiration des délais, il doit en résulter que le créancier a été privé de son droit ; qu'un pareil système ferait supposer que le législateur, en accordant un droit certain aux créanciers et légataires sur les biens de l'hérédité, aurait cependant laissé à l'héritier le moyen d'annuler ce droit en aliénant dans les délais réservés ;

« Attendu que l'art. 880 n'a pas été fait dans l'intention de limiter les droits des créanciers et légataires sur les immeubles de l'hérédité à un délai moindre de six mois pour conserver le privilége, en inscrivant et en demandant la distinction de patrimoines, ni à un délai moindre que celui de trois années fixé pour les poursuites sur le mobilier, mais au contraire de l'étendre et de le prolonger aussi longtemps que durerait la possession de l'héritier ;

« Que tout ce que l'on peut conclure de la vente par l'héritier avant l'expiration des six mois accordés aux créanciers ou légataires pour conserver leurs droits, et de la combinaison des art. 878, 880 et 2111, c'est que l'héritier a, par son fait, affranchi le légataire ou créancier de la condition sous laquelle il pouvait conserver son privilége sur les immeubles de l'hérédité ; que, cette condition n'existant plus, la prise de l'inscription suffit pour la conservation du droit de privilége, la seconde condition étant devenue impossible, et par suite sans effet, que dès lors les droits de créance des légataires ou de leurs représentants ont été valablement conservés sur les biens de l'hérédité ;

« Attendu que l'acquisition faite par les sieurs Saltzmann et Herr, par acte ayant date certaine avant la prise de l'inscription, a bien pu avoir pour effet de transmettre les biens aux acquéreurs, mais non de les purger des hypothèques des légataires ou créanciers de la succession ; que la transcription qu'a fait faire le sieur Saltzmann n'ajoute rien à l'affranchissement de l'immeuble ; que l'art.

2111, semblable dans son effet à l'art. 834 du Code de procédure, donnant aux créanciers ou légataires le droit de faire inscrire leurs titres dans un délai déterminé pendant lequel leurs droits sont conservés par la loi, l'affranchissement de l'immeuble n'est qu'apparent, hypothétique, et subordonné au défaut d'inscription dans le délai prescrit;

« Que l'acquéreur se trouve dans la même position que si, après avoir acquis et n'ayant trouvé aucune inscription au jour de la transcription qu'il a faite de son contrat, il payait son vendeur sans s'inquiéter des inscriptions qui seraient prises dans la quinzaine; que le paiement ne le libérerait pas à l'égard de ces créanciers inscrits dans ce délai; que l'acquéreur n'a pas dû ignorer que son vendeur ne détenait l'immeuble qu'il acquérait que comme héritier Zwiller;

« Qu'il a dû savoir qu'au moment de l'acquisition qu'il faisait il ne s'était écoulé qu'un mois depuis le décès; qu'ainsi les droits hypothécaires sur les immeubles ne pouvaient pas encore être déterminés d'une manière définitive, qu'il devait suspendre le paiement de son prix, et ne lever le certificat d'inscription qu'à l'expiration du délai de six mois, à partir du jour du décès; que s'il l'avait fait, il aurait trouvé l'inscription des légataires et n'aurait payé son prix qu'entre leurs mains, et aurait évité les poursuites auxquelles il est en butte; qu'ainsi l'opposition de Saltzmann et Herr n'est pas fondée. »

Il résulte de cet arrêt, premièrement, que l'inscription prise par les créanciers du défunt dans les six mois du décès ne conserve pas seulement leur privilége, mais qu'elle suffit, sans demande afin de séparation des patrimoines, pour opérer cette séparation, et, en second lieu, que les créanciers du défunt peuvent, pendant ce délai de six mois, former une demande utile en séparation des patrimoines, lors même que les immeubles ne seraient plus dans la main de l'héritier. Ces principes nous paraissent absolument contraires à ceux qui régissent la matière, et ils n'ont pu être émis que par suite de la confusion qui a été faite de deux choses fort différentes, savoir, la conservation du privilége au moyen de l'inscription que les créanciers du défunt ont dû prendre, et l'exercice du droit de demander la séparation des patrimoines en exerçant à temps une action pour l'obtenir.

Quant à la simple conservation du privilége, les règles à suivre se trouvent dans les art. 2111 et 2113 du Code civil; les créanciers du défunt doivent prendre inscription dans les six mois du décès, à défaut de quoi leur privilége dégénère en une simple hypothèque; mais que l'inscription ait été prise ou non dans ce délai, il n'en résulte pas autre chose sinon que, dans le cas où le droit serait reconnu plus tard devoir produire effet, il aura la nature ou la date que l'inscription lui aura conservée; on n'en peut tirer aucune conséquence quant à la réalisation du droit en lui-même. Ce droit a été soumis par le Code à des conditions particulières qui n'ont aucun rapport avec l'inscription qui a été prise et auxquelles cette inscription ne peut, dans aucun cas, suppléer.

Ainsi, par exemple, si un créancier du défunt, quoique ayant pris inscription dans les six mois du décès, a consenti une novation de sa créance, il aura perdu, malgré la conservation de son privilége, le droit de demander la séparation des patrimoines ; si un créancier du défunt laisse sortir les immeubles de la succession de la main de l'héritier, il ne pourra pas davantage exercer, quant à ces immeubles, une action en séparation, et l'inscription qu'il a prise restera sans effet, faute d'existence du droit dont elle eût seulement facilité l'exercice.

Ce n'est donc que par l'effet d'une erreur qui nous semble évidente, que l'on a soutenu que l'inscription prise par les créanciers du défunt suffisait pour leur assurer la séparation des patrimoines ; la loi y est formellement contraire, puisqu'elle impose à cette séparation des conditions qu'il faut, en outre, accomplir. Les créanciers ont six mois pour prendre inscription, mais la loi ne leur a point accordé de délai pour former leur demande ; non-seulement ils peuvent intenter leur action après l'expiration des six mois, mais ils ne sont point dispensés de le faire avant l'expiration de ce délai, s'ils veulent empêcher que les héritiers ne disposent à leur détriment des immeubles du défunt.

Faudra-t-il donc, peut-on dire, qu'ils actionnent ces héritiers le jour même de la mort de leur débiteur? La vente que ceux-ci feraient avec une telle précipitation devrait, par cela seul, être considérée comme entachée de fraude, et le dol sert d'exception à tous les principes ; mais dans les cas ordinaires, c'est aux créanciers du défunt à agir avant qu'une aliénation faite par les héritiers ne vienne les priver de leur droit.

Que l'on voie à quelles conséquences le système contraire a conduit la Cour de Colmar ; elle a été amenée à dire que si les héritiers ont vendu les immeubles de la succession dans les six mois du décès, les créanciers ou légataires du défunt qui se sont inscrits dans ce délai, se trouvent affranchis de la nécessité de demander la séparation des patrimoines et que leur inscription a suffi. Il ne se peut rien imaginer de plus contraire aux dispositions du Code ; une inscription, en général, n'équivaut jamais à une demande ; elle n'a aucun trait à l'exercice du droit qu'elle tend seulement à conserver. Dans le cas particulier, le Code a déclaré d'une manière expresse que les créanciers ou légataires ne devraient point s'en contenter ; il a exigé qu'ils demandassent en outre la séparation des patrimoines ; aucune exception n'ayant été apposée à cette nécessité, ce serait incontestablement méconnaître la loi que de dispenser les créanciers ou légataires de s'y soumettre.

Peu importe donc que les héritiers aient vendu les immeubles du défunt avant l'expiration du délai accordé aux créanciers pour s'inscrire ; ils en avaient le droit comme propriétaires, et rien ne paralysait entre leurs mains l'exercice de cette faculté ; ils ont transmis irrévocablement à l'acquéreur la propriété de ces biens, et celui-ci a pu purger les hypothèques existant sur ses vendeurs, en remplissant les formalités prescrites par la loi. L'inscription prise après cette purge, quoique dans les six mois, n'a pu servir aux créanciers du défunt, puisque la séparation des patrimoines était, quant à ces biens, devenue impossible, et qu'il faut que cette séparation puisse encore s'opérer pour que l'inscription soit dans le cas de produire effet.

Ce n'est que parce qu'elle s'était engagée dans un tel labyrinthe, que la Cour de Colmar a pu dire que l'acquéreur n'avait pu se libérer quoiqu'il ne fût pas survenu d'inscriptions dans la quinzaine de la transcription de l'acte de vente, et qu'il ne devait lever le certificat d'inscriptions *qu'à l'expiration du délai de six mois à partir du jour du décès*. Une fois sorti des règles, tout tourne contre soi; à défaut de loi, on en crée une; mais nous ne devons connaître que celle qui fixe à un délai de quinzaine le temps pendant lequel les créanciers peuvent prendre inscription après la transcription du contrat de vente; c'est aller au-devant d'une disposition qui n'existe pas encore que d'imposer à l'acquéreur, dans quelque cas que ce soit, un délai de six mois pendant lequel il ne pourra dégrever sa propriété. Bien plus, nous soutenons que les créanciers du défunt auraient pris inscription dans ce délai de quinzaine, qu'ils ne pourraient réclamer la séparation des patrimoines si le prix de la vente avait été payé, les immeubles n'étant plus dans la main des héritiers; si la condition de ces créanciers est, en cela, inférieure à celle des créanciers ordinaires, c'est que l'hypothèque ou le privilége de ceux-ci n'est soumis à aucune condition, tandis que les créanciers du défunt ne peuvent se prévaloir de leur inscription que s'ils ont formé à temps leur demande.

Quoique les bornes que nous nous sommes imposées ne nous permettent pas de rapporter les opinions des auteurs même les plus recommandables, nous croyons devoir examiner celle que plusieurs d'entre eux ont émise sur la question.

M. Merlin, *Répertoire de jurisprudence*, v° Séparation de patrimoines, § 3, n. 6, se demande comment on peut accorder la disposition de l'art. 880 du Code, qui permet de demander la séparation des patrimoines, quant aux immeubles, tant qu'ils sont dans la main de l'héritier, avec celles de l'art. 2111, qui n'accordent que six mois aux créanciers de la succession pour prendre inscription à l'effet de conserver leur privilége; il dit que, d'après l'art. 880, la séparation de patrimoines n'est assujettie à aucune formalité, ni, en ce qui concerne les immeubles, à aucune prescription, tant que ces immeubles sont dans la main de l'héritier; mais il ajoute qu'il résulte de l'art. 2111 « que les créanciers du défunt ne peuvent plus exiger la séparation de son patrimoine envers les créanciers hypothécaires de l'héritier, qu'autant qu'ils en forment la demande *dans les six mois de sa mort*, et qu'ils joignent à cette dernière demande la précaution de s'inscrire sur chacun de ces immeubles. »

« Observons, en effet, continue M. Merlin, que l'art. 2111 n'accorde la faculté, comme il n'impose le devoir, de s'inscrire sur les immeubles du défunt qu'aux créanciers qui demandent la séparation de son patrimoine. Il est donc dans son intention que l'inscription ne puisse avoir lieu ou produire son effet que dans le cas où elle est, soit accompagnée, soit précédée d'une demande en séparation. Si l'on pouvait élever là-dessus quelques doutes, ils seraient bientôt résolus par un fait dont le procès-verbal du conseil d'état nous offre la preuve; c'est que les mots : *qui demandent la séparation du patrimoine du défunt, conformément à l'art.* 878, ne se trouvaient pas dans le projet de l'art. 2111, tel qu'il avait été préparé par la section de législation; c'est qu'ils ont été ajoutés d'après un amendement proposé dans le sein du conseil d'état même. Or, cet amendement, quel pouvait en être le but? Bien évidemment il ne pouvait pas en avoir d'autre que de limiter aux créanciers qui demanderaient la séparation du patrimoine du défunt, la faculté de s'inscrire sur les immeubles de la succession, à l'effet de conserver le privilége de cette séparation ; il ne pouvait pas en avoir d'autre que d'exclure de cette faculté ceux qui n'auraient pas formé leur demande en séparation du patrimoine du défunt ; il ne pouvait pas en avoir d'autre que de modifier l'art. 880 du Code, en ce sens que la faculté accordée par cet article aux créanciers du défunt de demander la séparation de ses immeubles durerait, envers les créanciers chirographaires de l'héritier, tout le temps que les immeubles resteraient dans la main de celui-ci, mais qu'envers les créanciers hypothécaires de l'héritier qui se seraient fait inscrire sur les biens de la succession, elle ne subsisterait que pendant les six mois qui suivraient la mort du défunt. »

M. Grenier, en son traité *des Donations et Testaments*, n° 312, et dans celui *des Hypothèques*, n° 432, adopte sans restriction l'avis de M. Merlin ; il veut aussi que non-seulement l'inscription soit prise, mais que la demande en séparation de patrimoines soit formée par les créanciers du défunt dans les six mois de l'ouverture de la succession, faute de quoi ces créanciers ne doivent venir qu'au rang de leur hypothèque.

La première observation à faire sur l'avis de ces deux grands jurisconsultes, c'est qu'il renverse de fond en comble le système admis par la Cour royale de Colmar. MM. Merlin et Grenier posent en principe de la manière la plus formelle, que l'inscription prise par les créanciers du défunt ne peut seule produire aucun effet ; qu'il faut qu'elle ait été précédée ou suivie d'une demande pour qu'il y ait lieu à la séparation des patrimoines et que le privilége des créanciers de la succession se soit réalisé. Nous sommes heureux de pouvoir fortifier la discussion à laquelle nous nous sommes livré par des autorités aussi graves ; nous pouvons y joindre l'avis de M. Toullier, tome IV, n° 540.

Cependant, on ne peut douter d'après les arrêts que nous avons rapportés au n° 1er ci-dessus, que MM. Merlin et Grenier ne soient allés trop loin en disant que les créanciers du défunt doivent former cette demande dans les six mois du jour où la succession s'est ouverte. Une pareille obligation ne résulte d'aucune disposition du Code, et elle serait en opposition manifeste avec celles que nous y trouvons. Les créanciers du défunt n'ont que six mois, d'après l'art. 2111, pour faire inscrire leur privilége ; mais, aux termes de l'art. 880, ils peuvent demander la séparation des patrimoines, *tant que les immeubles sont dans la main de l'héritier*. A moins de déclarer sans portée la disposition de cet article, on ne peut dire que si les créanciers du défunt n'ont pas agi dans les six mois et quoique les immeubles se trouvent encore dans la main de l'héritier, la demande en séparation ne peut plus être formée ; autre chose, assurément, est de conserver le droit que l'on veut exercer et son exercice réel ; il suffit, faute d'inscription à temps, que le privilége dégénère en une simple hypothèque ; le droit, au fonds, n'en subsiste pas moins, et il peut être exercé, comme la loi y autorise, pendant tout le temps que dure la détention des immeubles du défunt entre les mains des héritiers.

Quant aux expressions employées dans l'art. 2111, de créanciers ou légataires du défunt *qui demandent la séparation du patrimoine du défunt*, les Cours de Nîmes et de Poitiers ont parfaitement répondu en disant que cette désignation ne pouvait s'entendre que des créanciers qui avaient le droit de former une semblable demande.

5° La séparation des patrimoines peut être demandée, même après la vente des immeubles du défunt, si le prix n'en a pas encore été payé à l'héritier.

Ce principe, qui dérive des lois romaines, était passé dans notre droit ancien et n'avait pas été détruit par les dispositions de la loi du 11 brumaire an VII, ainsi que l'ont reconnu plusieurs arrêts de la Cour de cassation, des 22 janvier et 8 septembre 1806, et du 17 octobre 1809, le dernier desquels est ainsi conçu à cet égard[1] :

« Vu l'art. 14 de la loi du 11 brumaire an VII ;

« Considérant que cet article maintient le droit de demander la distinction et la séparation des patrimoines, conformément aux lois anciennes, sans exiger des créanciers des personnes décédées, comme elle l'exige des précédents propriétaires, que leurs droits aient été conservés selon les formes indiquées par la loi du 11 brumaire an VII, et qu'ainsi la Cour d'appel de Pau est contrevenue à cet article en jugeant que le défaut d'inscription dans les délais de grâce avait fait perdre le droit de demander la distinction et la séparation des patrimoines...

« Considérant enfin que les choses étaient entières quand a été formée la demande de distinction et de séparation des patrimoines, puisque celle-ci a été faite dans l'instance à fin d'ordre et de distribution du prix de l'héritage dont il s'agit. »

Un quatrième arrêt de la même Cour, du 26 juin 1828[2], porte également ;

« Attendu que la vente des biens d'une succession ne fait point obstacle à l'exercice de l'action en séparation des patrimoines, lorsque le prix est encore à distribuer, parce que le prix représente l'immeuble ; que, jusqu'à la distribution, les choses sont entières, et que toutes les parties, l'une à l'égard de l'autre, se trouvent dans le même état. »

La Cour royale de Lyon a admis le même principe, par arrêt du 26 mai 1827[3].

(1) SIREY, 10. 1. 34. — DENEVERS, 7. 1. 399. (2) SIREY, 28. 1. 427. (3) SIREY, 28. 1. 394. — DALLOZ, 28. 1. 350.

« Attendu que, s'il est vrai que l'immeuble dont le prix est à distribuer avait été vendu par le sieur de Verny (le défunt) au sieur de Filinge père, il est également reconnu que celui-ci n'en avait pas payé le prix; qu'il est de principe, en cette matière, que le prix non payé représente l'immeuble, et que la séparation des patrimoines peut être demandée dans ce cas sur le prix non payé comme sur l'immeuble. »

Le pourvoi contre cet arrêt a été rejeté par arrêt de la Cour de cassation, du 16 juillet 1828[1];

« Attendu que la séparation des patrimoines s'exerce généralement sur les biens et droits quelconques qui appartenaient au défunt aussi bien sur l'immeuble en nature que sur le prix qui en est dû et qui le représente;

« Qu'ainsi Sauvage de Filinge fils, trouvant dans la succession de son grand-oncle Sauvage de Verny la créance d'une partie de ce prix, il a dû en être opéré distraction à son profit contre les créanciers personnels de son père qui était débiteur; qu'en le jugeant ainsi l'arrêt attaqué a fait une juste application de la loi. »

Nous avons rapporté au n. 2 ci-dessus un arrêt de la Cour royale de Grenoble, du 7 février 1827, qui, en consacrant ce principe, n'a refusé d'en faire l'application à la cause qui était à juger, que parce que, lors de la vente, le prix des immeubles du défunt avait été confondu avec celui des biens de l'héritier.

Tous ces arrêts n'ont, à la vérité, été rendus qu'à l'occasion de successions ouvertes avant la promulgation du Code civil, et il en existe même un de la Cour royale de Montpellier, du 26 février 1810[2], qui a jugé que le Code avait abrogé cette ancienne doctrine. La Cour, par cet arrêt, a rejeté une demande en séparation de patrimoines qui n'avait été formée qu'après la vente en justice des immeubles de la succession, quoique le prix en fût dû encore par l'adjudicataire.

« Attendu, porte l'arrêt, que l'art. 880 du Code civil est clair et précis: pourra la séparation être demandée tant que les immeubles seront dans les mains des héritiers;

« Qu'il est de fait que l'expropriation étant consommée, les immeubles n'étaient plus dans les mains du saisi, et que, par conséquent, la demande en séparation doit être rejetée comme tardive. »

Il nous paraît impossible d'admettre que le Code ait entendu changer, par les dispositions seulement un peu trop concises de son art. 880, tous les principes de la matière; il n'a pu vouloir que le prix non payé des immeubles du défunt ne représentât point ces immeubles, à l'égard de tous ceux ayant droit, soit aux biens, soit à leur prix. L'art. 880 doit être interprété dans le sens des lois dont il est venu prendre la place; il a été destiné à remplacer celles qui déterminaient les cas où il y avait confusion réelle où présumée des deux patrimoines,

(1) SIREY, 28. 1. 394. — DALLOZ, 28. 1. 330. (2) SIREY, 15. 2. 206. — DALLOZ, *Rec. alph.*, 10. 850.

mettant un obstacle invincible ou légal à leur séparation ; s'il n'exprime que le cas où les immeubles ont cessé d'être dans la main des héritiers, il sous-entend nécessairement que le prix leur en a été payé, qu'il s'est confondu avec leur patrimoine, et que l'on ne peut l'en distinguer ; si, au contraire, ce prix encore dû par l'acquéreur est resté absolument distinct des biens des successibles, comment la loi aurait-elle pu dire qu'il y a eu confusion? Les lois romaines, où nos législateurs ont puisé celles qu'ils ont émises sur ce point, avaient posé à cet égard deux principes certains: l'un, que la séparation des patrimoines ne peut être empêchée qu'à raison des choses dont la confusion est devenue irréparable, *si impossibilis efficiatur, leg.* 1er, ff., § 12, *de separat.;* l'autre, que le prix des biens de la succession en était la représentation nécessaire, s'il n'avait point été reçu par l'héritier; car, comme le dit Voët, *in judiciis universalibus, pretium succedit in locum rei.* L'on ne saurait se refuser d'admettre encore aujourd'hui ces deux règles fondamentales.

C'est ce qu'a reconnu la Cour royale de Grenoble, par arrêt du 21 avril 1823[1], dans une espèce où l'héritier, en vendant sous l'empire du Code les biens de son auteur à son fils, avait déclaré compenser une partie de leur prix avec ce qu'il devait personnellement à l'acquéreur, et déléguer le surplus de ce prix à ses autres créanciers. L'acquéreur ayant été plus tard exproprié, un créancier de la succession de l'auteur du vendeur se présenta à l'ordre et demanda la séparation des patrimoines. Il y a été déclaré mal fondé par l'arrêt, qui cependant a consacré le principe que nous avons posé.

« Considérant, a dit la Cour, qu'il ne s'agit dans la cause que de distribuer le prix de la vente provenant de l'expropriation dirigée contre Nicolas Gérard, lequel n'était détenteur des biens ayant appartenu à son aïeul qu'à titre onéreux, et en vertu de la vente qui lui en a été passée par son père Ignace; que le prix de cette vente avait été compensé ou délégué aux créanciers du vendeur ; que, sous ce rapport, les choses ne sont plus entières, puisque la confusion des patrimoines a été complétement opérée...

« Considérant qu'aux termes des lois et de la jurisprudence sur la matière, la demande en séparation de patrimoines ne pouvant être admise que lorsque le patrimoine du défunt existe encore dans les mains de l'héritier, *ou que le prix en provenant n'a pas encore été distribué*, il en résulte que Bosq (le demandeur afin de séparation) doit être déclaré non-recevable. »

Nous ne ferons qu'une observation sur cet arrêt ; c'est que si la délégation faite au profit des créanciers de l'héritier n'avait pas encore été exécutée, ou au moins acceptée par ceux-ci au moment de la demande en séparation de patrimoines, les choses étaient restées entières, faute de réalisation du contrat intervenu au profit de ces créanciers, et que dès lors, le prix se trouvant encore entre les mains de l'acquéreur sans être irrévocablement grevé au profit de ces tierces personnes, la séparation des patrimoines aurait encore pu s'opérer.

(1) SIREY, 26. 2. 125. — DALLOZ, *Rec. alph.*, 12. 461.

6° Il n'y a plus lieu à séparer les patrimoines à l'égard des immeubles du défunt dont le prix a été payé à l'héritier, quoique les créanciers de cet héritier aient fait condamner l'acquéreur à le leur payer une seconde fois.

La Cour royale de Paris l'a ainsi jugé par arrêt du 29 août 1811 [1].

« Attendu que la séparation des patrimoines ne peut être demandée que lorsque les choses sont encore entières, et que l'héritier a entre les mains l'immeuble dépendant de la succession, ou que le prix lui en est dû ; que, dans l'espèce, le sieur Baroy et sa femme, propriétaires de la maison dont il s'agit, l'avaient vendue dès le 27 thermidor de l'an III, et en avaient touché le prix intégral ; que, si un ordre se poursuit actuellement relativement à ladite maison, c'est par l'effet d'une circonstance particulière, savoir, l'obligation où se sont trouvés les acquéreurs de payer une seconde fois, faute d'avoir pris les précautions indiquées par la loi. »

Le pourvoi exercé contre cet arrêt a été rejeté par la Cour de cassation, le 27 juillet 1813 [2].

« Attendu qu'en décidant que le privilége de séparation des patrimoines et le droit d'hypothèque sont des droits distincts et indépendants l'un de l'autre, et que le droit de séparation des patrimoines est éteint par le paiement du prix de la vente de la maison provenant de la succession de la dame Dezigre, fait à ses héritiers sans dol et fraude, et en l'absence de toute réquisition afin de séparer, la Cour impériale de Paris n'a violé ni pu violer aucune loi. »

Pour qu'il puisse encore y avoir lieu de séparer les patrimoines après la vente de quelques-uns des immeubles du défunt, il faut, sauf le droit des créanciers de la succession sur les autres biens de leur débiteur, que le prix de ceux vendus soit encore dû à l'héritier ; s'il n'est dû, au contraire, qu'aux créanciers de celui-ci par suite d'une hypothèque qui leur soit personnelle, la succession n'a plus rien à y prétendre, ni les créanciers du défunt conséquemment.

Il nous reste à faire remarquer, à l'appui du principe que nous avons posé au numéro 4 ci-dessus, que la Cour de cassation a consacré, par l'arrêt que nous venons de rapporter, que la séparation des patrimoines ne pouvait plus être requise à l'égard des immeubles du défunt vendus par l'héritier et dont il a reçu le prix, *en l'absence de toute réquisition afin d'obtenir cette séparation ;* ce qui confirme la règle que l'inscription qu'auraient prise les créanciers du défunt pour la conservation de leur privilége ne peut aucunement remplacer la demande en séparation qui n'a pas été formée à temps.

7° La séparation des patrimoines peut être demandée, en cas de con-

(1) SIREY, 13. 1. 438. — DALLOZ, *Rec. alph.*, 12. 405. (2) *Id.*

fusion partielle, quant aux biens de la succession à l'égard desquels cette confusion n'existe pas.

C'est ce que la Cour de cassation a reconnu par arrêt du 8 novembre 1815[1], dans lequel se trouve le motif suivant : « qu'à la vérité, dans le cas de confusion des biens de la succession avec ceux de l'héritier, la demande en séparation de patrimoines n'est pas recevable ; mais qu'il ne suffit pas, pour établir cette fin de non-recevoir, qu'il y ait eu confusion d'une partie des biens ; que, dans le cas même d'une confusion partielle, la demande est recevable quant aux biens dont il n'y a pas eu confusion. »

La demande en séparation de patrimoines n'est point indivisible ; si elle est devenue impossible quant aux biens à l'égard desquels il y a confusion, rien n'empêche qu'elle ne puisse être accueillie quant à ceux pour lesquels cette confusion n'existe pas encore. Les créanciers du défunt auront perdu une partie de leur gage, mais ils ont conservé leur droit sur les biens qu'ils peuvent encore faire séparer du patrimoine de l'héritier. La loi romaine était précise à cet égard ; *prætereà sciendum est, posteaquam bona hæreditaria bonis hæredis mixta sunt, non posse impetrari separationem ; confusis enim bonis et unitis, separatio impetrari non poterit. Quid ergò si prædia extent, vel mancipia, vel pecora, vel aliud quod separari potest? Hic utique poterit impetrari separatio... nisi ita conjunctæ possessiones sint et permixtæ propriis ut impossibilem separationem effecerint.* (*Leg.* 1er, § 12, *ff., de separat.*)

8° L'action en séparation des patrimoines peut être exercée, quant aux immeubles encore détenus par l'héritier, tant qu'existe la créance de celui qui a le droit de l'intenter.

Cette action se prescrivait, d'après le droit romain, par cinq ans à compter, non pas seulement du jour de l'adition d'hérédité, mais de celui de la mort du défunt, ainsi que l'a reconnu la Cour de cassation, par arrêt du 9 avril 1810[2] ainsi conçu :

« Attendu qu'en déclarant l'action en séparation des patrimoines dont il s'agit éteinte par la prescription de cinq ans, la Cour d'appel s'est conformée au droit romain qui admettait cette espèce de prescription et aux monuments de la jurisprudence... qu'il est de principe que la prescription commence à courir du jour où l'action peut être exercée, et que, par la maxime *le mort saisit le vif*, la qualité d'héritier est acquise de plein droit au vif dès l'instant de la mort du

(1) SIREY, 16, 1, 137. — DALLOZ, *Rec. alph.*, 12, 460. (2) SIREY, 11, 1, 26. — DALLOZ, *Rec. alph.*, 12, 462.

défunt; que par suite, dans le cas de cette maxime, l'action en séparation de patrimoines s'ouvre et commence à se prescrire du jour de l'ouverture de la succession; qu'on ne peut opposer la disposition du § 13 de la loi 1re ff., *de separat.* qui dit: *quinquennium post aditionem numerandum*, parce que, uniquement relative au cas où la succession ne s'acquiert que par l'acceptation, elle est inapplicable à celui où la succession est acquise de plein droit dès l'instant du décès, comme dans l'espèce; qu'il n'est pas plus conséquent d'objecter que le vif, quoique saisi de droit de la qualité d'héritier, a la faculté d'y renoncer jusqu'à ce qu'il l'ait acceptée, puisque cette faculté n'est qu'une exception qui lui est purement personnelle, et n'empêche point les créanciers du défunt de veiller à leurs droits et d'exercer leurs actions si la confusion de biens leur est préjudiciable. »

Le Code, par son art. 880, n'ayant admis la prescription de l'action en séparation de patrimoines qu'à l'égard des meubles, la question de savoir à compter de quelle époque doit commencer à courir cette prescription ne peut s'élever que quant à cette nature de biens seulement. L'ancienne maxime, *le mort saisit le vif*, ayant passé dans notre nouvelle législation d'après l'art. 724 du Code, qui veut aussi que les héritiers légitimes soient saisis de plein droit des biens, droits et actions du défunt, il en résulte que cette prescription commence, à l'égard de ces héritiers, à compter du jour de l'ouverture de la succession. Cette règle n'est point applicable aux enfants naturels reconnus, ni à l'époux survivant, qui ne sont point héritiers légitimes, mais seulement irréguliers, et auxquels les dispositions de l'art. 724 ne sauraient ainsi s'appliquer. Quoique le droit de succéder leur ait été dévolu à compter de la mort du défunt, ce n'est que par leur réclamation qu'ils se sont fait connaître, et qu'ils ont mis les créanciers de la succession à même de faire valoir leur droit. La prescription de l'action en séparation de patrimoines ne pourrait donc, sans injustice, courir avant ce temps. Quant à l'État, ne pouvant être héritier que sous bénéfice d'inventaire, la séparation des patrimoines s'établit naturellement à son égard.

Quant aux immeubles, le Code civil, ayant autorisé la séparation des patrimoines tant qu'ils se trouvent dans la main de l'héritier, n'a plus, par suite, fait dépendre la durée de cette action, outre cette circonstance, que de l'existence de la créance de celui qui entend la former.

C'est ce qu'a jugé la Cour royale de Pau, par arrêt du 9 juillet 1809 [1], en reconnaissant que la prescription de cinq ans, admise par les lois romaines, n'avait plus lieu parmi nous, mais qu'il fallait, pour que la séparation de patrimoines pût, quant aux immeubles, être utilement demandée, que les choses fussent encore entières, ce que la Cour déclarait ne pas exister, quoique le prix fût encore dû, parce que les biens avaient été vendus sur l'héritier avant que les créanciers du père se fussent présentés.

La Cour de cassation, par arrêt du 17 octobre 1809, a consacré le moyen tiré

[1] Sirey, 10. 1. 34.

de la non-existence de la prescription, tout en cassant l'arrêt que nous venons de mentionner, par le motif que les choses étaient entières quand la demande en séparation de patrimoines avait été formée, puisqu'elle l'avait été dans l'instance afin d'ordre et de distribution du prix de l'héritage sur lequel on voulait la faire porter.

Enfin un arrêt de la Cour royale de Toulouse, du 26 mai 1829[1], a également rejeté la prescription plus que trentenaire à compter du jour de l'ouverture de la succession que l'on opposait à une demande en séparation de patrimoines, par le seul motif que les titres de créance en vertu desquels on agissait n'étaient pas prescrits, et qu'ainsi les créanciers n'avaient pas perdu le droit de demander cette séparation. Cette action, avait-on dit avec beaucoup de raison devant la Cour, n'est, à proprement parler, qu'un accessoire de la créance, un mode de l'exercer, et elle n'est point prescrite tant que la créance qui y donne lieu ne l'est pas.

881. Les créanciers de l'héritier ne sont point admis à demander la séparation des patrimoines contre les créanciers de la succession.

882. Les créanciers d'un copartageant, pour éviter que le partage ne soit fait en fraude de leurs droits, peuvent s'opposer à ce qu'il y soit procédé hors de leur présence; ils ont le droit d'y intervenir à leurs frais; mais ils ne peuvent attaquer un partage consommé, à moins toutefois qu'il n'y ait été procédé sans eux et au préjudice d'une opposition qu'ils auraient formée.

1° Les créanciers d'un héritier peuvent attaquer les actes ou former tierce-opposition aux jugements qui ont fixé les bases de l'opération, tant que le partage n'a pas été définitivement consommé.

La Cour royale de Nîmes l'a ainsi jugé, par arrêt du 13 mai 1833[2], dans une espèce où les droits d'un héritier avaient été fixés par un jugement, mais ne lui avaient pas encore été délivrés en nature. Un créancier de cet héritier forma tierce-opposition au jugement intervenu, comme ayant porté atteinte aux droits de son débiteur; la Cour a déclaré cette tierce-opposition recevable.

« Attendu que le créancier n'aurait pu être empêché de la former, aux termes

(1) Sirey, 29. 2. 311. — Dalloz, *Rec. alph.*, 9. 115. (2) Sirey, 33. 1. 456.

de l'art. 882 du Code civil, qu'autant que le partage aurait été consommé, et qu'un partage n'est réputé consommé qu'autant que les lots ont été expédiés définitivement à chacun des copartageants, ce qui n'existait pas dans l'espèce. »

Le pourvoi contre cet arrêt a été rejeté par la Cour royale de cassation, le 4 décembre 1834.

« Attendu que l'art. 882 du Code civil autorise l'intervention des créanciers tant que le partage n'est pas consommé, et qu'en admettant, dans un cas analogue, la tierce-opposition dont il s'agissait, l'arrêt attaqué a fait une juste application des règles de droit. »

La Cour royale de Bordeaux a admis, par arrêt du 29 août 1832[1], une tierce-opposition formée par l'acquéreur d'une propriété qui dépendait d'une succession encore indivise, à un jugement qui avait ordonné que d'autres propriétés seraient mises, lors du partage, dans le lot de l'héritier qui avait consenti cette vente, ce qui aurait pu entraîner la dépossession de l'acquéreur. Les cohéritiers du vendeur ou leurs ayants droit soutenaient la tierce-opposition non-recevable, faute par l'acquéreur d'avoir, avant le jugement attaqué, formé opposition au partage, et ils prétendaient que l'interdiction prononcée par l'art. 882 du Code contre les créanciers des héritiers d'attaquer un partage consommé s'appliquait également à l'égard des actes ou jugements qui, sans consommer le partage, en avaient déterminé les bases; mais cette extension, donnée aux dispositions de la loi, a été repoussée par la Cour.

« Attendu qu'Eymond, à qui la propriété du domaine de Bouleyron a été transmise, a eu le droit d'intervenir dans l'instance en partage qui devait porter sur ce domaine; qu'il a eu aussi le droit de former tierce-opposition au jugement, dont une disposition déclarant que les experts auront l'attention de faire entrer dans le lot de Roy de Clotte, copartageant, deux métairies déterminées, pouvait avoir l'effet d'obliger ledit Eymond à délaisser le domaine de Bouleyron que son auteur avait acquis dudit Roy de Clotte; que ce résultat se serait réalisé si le domaine de Bouleyron n'avait pas été compris dans le même lot. »

L'art. 882 du Code, accordant aux créanciers d'un copartageant, pour éviter que le partage ne soit fait en fraude de leurs droits, la faculté de s'opposer à ce qu'il y soit procédé hors de leur présence, et les autorisant à intervenir à ce partage tant qu'il n'a pas été consommé, leur donne, par la même raison et aux termes de l'art. 474 du Code de procédure, la faculté de former tierce-opposition, tant que le partage n'a point été définitivement réalisé, aux jugements, quels qu'ils soient, intervenus dans l'instance, et qui porteraient préjudice à leurs droits en diminuant mal à propos l'actif de leur débiteur. Vainement ces jugements seraient-ils passés en force de chose jugée à l'égard de ceux contre qui ils ont été rendus; cette circonstance ne peut jamais empêcher que la tierce-opposition formée par des tiers ne soit dans le cas d'être admise.

La Cour royale de Riom a rendu, le 11 février 1830[2], un arrêt qui, loin d'être,

(1) Sirey, 3. 2. 280. (2) Sirey, 30. 2. 304.

comme on l'a prétendu, contraire à ces principes, ne tend qu'à les confirmer. Dans l'espèce qui était soumise à cette Cour, un tiers avait acquis de deux héritiers diverses propriétés échues à ceux-ci par l'effet d'un partage dont les bases avaient été posées dans un jugement dont d'autres héritiers avaient interjeté appel. Un arrêt ayant réformé ce jugement, avait donné lieu à un nouveau partage que l'acquéreur avait laissé se consommer sans y intervenir. Plus tard cet acquéreur avait attaqué par tierce-opposition la décision qui avait ordonné un nouveau partage; il y a été déclaré non-recevable.

« Attendu que, pour que la partie de Godemel (l'acquéreur) pût être admise à attaquer par la voie de la tierce-opposition les deux jugements dont il s'agit, il faudrait que ces deux jugements n'eussent pas été rendus en matière de partage;

« Attendu que le principe posé par l'art. 474 du Code de procédure, et par lequel une partie peut former tierce-opposition au jugement qui préjudicie à ses droits et lors duquel ni elle ni ceux qu'elle représente n'auraient pas été appelés, ne peut être invoqué contre des cohéritiers qui ont légalement procédé au partage d'une succession indivise et sans qu'il y ait eu d'opposition de la part des créanciers d'un des copartageants;

« Attendu que l'art. 882 du Code civil, tout en laissant aux créanciers d'un copartageant la faculté d'intervenir dans un partage pour qu'il ne soit fait aucune fraude à leurs droits, a aussi voulu qu'ils ne pussent attaquer un partage qui aurait été consommé sans opposition de leur part;

« Attendu que de la disposition de cet article il résulte une fin de non-recevoir contre la tierce-opposition que forme un créancier après la consommation du partage;

« Attendu que le tiers-acquéreur peut et doit être assimilé au créancier d'un cohéritier... puisqu'en général on est censé être créancier de celui contre lequel on a des droits à exercer;...

« Attendu que dans l'espèce il a été procédé judiciairement au partage de la succession; que ce partage a été fait et consommé publiquement sous les yeux de la justice, sans qu'il apparaisse qu'il y ait eu fraude ou dol de la part (des autres héritiers);

« Attendu que la publicité donnée à ce partage avertissait suffisamment (l'acquéreur) et qu'il n'a qu'à s'imputer à lui-même de n'y être pas intervenu. »

La tierce-opposition n'a donc été repoussée dans cette cause que parce que l'acquéreur ne l'avait formée qu'après la consommation du partage, et tous les motifs de l'arrêt prouvent qu'elle aurait été reçue si elle avait eu lieu auparavant. L'art. 882 du Code ne permet point, en effet, aux créanciers d'un cohéritier qu[illegible] point formé d'opposition, d'attaquer le partage qui a été consommé, et ceux-ci ne sont en cela que victimes de leur négligence. Ç'aurait été rendre la propriété de tous les copartageants trop longtemps incertaine, que de permettre de revenir pendant un temps qui ne serait pas limité contre l'acte définitif qui a fixé les droits de tous les héritiers. La fin de non-recevoir tirée en pareil cas de leur défaut d'opposition est donc insurmontable; mais on sent que ce motif tranchant ne peut exister à l'égard des actes qui n'ont point consommé le partage; la propriété des biens communs n'ayant encore été attribuée à aucun des héritiers, les actes passés entre ceux-ci, ou les jugements qu'ils ont obtenus, ne leur ont point fait acquérir de droits irréfragables au regard des tiers intéressés. Leurs créanciers ou acquéreurs peuvent toujours intervenir au partage et jouissent du droit accordé à toute tierce personne d'attaquer les actes ou jugements qui portent atteinte à ses droits. Cet état de chose est appelé, au reste, à avoir un terme prochain, celui du partage définitif; il n'y a donc pas d'inconvénient à réputer ces actes ou jugements attaquables, et à admettre les réclamations des tiers si elles sont reconnues fondées. C'est ce qu'ont reconnu tous les arrêts que nous avons cités.

2° Les dispositions de l'art. 882 du Code civil ne sont point applicables en matière de société; les partages faits entre associés peuvent être attaqués par les créanciers de chacun de ceux-ci, quoique non opposants, comme ayant été faits en fraude de leurs droits.

« Attendu, a dit la Cour de cassation, par arrêt du 20 novembre 1834[1], qu'aux termes du § 1er de l'art. 1167 du Code civil, les créanciers peuvent attaquer les actes faits par leur débiteur en fraude de leurs droits; que cette disposition, conçue en termes généraux, ne peut recevoir d'autres exceptions que celles spécialement déterminées par le § 2 du même article; qu'au nombre de ces exceptions est celle qui résulte de l'article 882, au titre *des Successions*, qui prescrit les règles que doivent suivre les créanciers pour être admis à attaquer les actes de partage faits par leurs débiteurs en fraude de leurs droits;

« Attendu que l'art. 1872 porte, à la vérité, que les règles concernant le partage des successions s'appliquent aux partages entre associés; mais que ce serait blesser tout à la fois la lettre et le sens de cet article, que d'en faire l'application à l'exercice des droits des créanciers en matière de partage de société;

« Qu'en effet il résulte des termes mêmes dans lesquels l'art. 1872 est conçu, qu'il n'est relatif qu'à la forme du partage et aux droits des copartageants entre eux; que, d'un autre côté, si, en matière de partage de succession, le législateur a voulu que le partage consommé sans opposition ne pût être attaqué, c'est que, d'une part, l'ouverture d'une succession est un fait notoire qui a mis le créancier de l'héritier à même de veiller à la conservation de ses droits, et que, d'autre part, c'eût été porter le trouble dans les familles que d'admettre l'action du créancier en nullité d'un partage après qu'il aurait été consommé sans opposition de la part du créancier;

« Qu'il n'en pouvait être de même du partage d'une société civile, comme celle

(1) Sirey, 35. 1. 124.

dont il s'agit dans l'espèce, dont l'existence a pu être ignorée des tiers, et qui n'avait établi entre les associés d'autres liens que ceux d'une communauté d'intérêts dont la durée était subordonnée à leur volonté commune;

« Qu'il résulte de là que le partage d'une société a dû, comme tout autre acte, être soumis à la disposition générale du § 1er de l'art. 1167 du Code civil;

« Et attendu qu'il résulte des faits constatés par l'arrêt attaqué, que l'acte qualifié de partage fait entre Wuilmet et Masset, le 31 mars 1831, n'a rien de sincère, et qu'il n'a été fait que dans la vue de priver la demoiselle Henrion de l'exercice de ses droits comme créancière de Masset;

« Qu'ainsi en déclarant cet acte nul et frauduleux, l'arrêt attaqué, loin de violer les art. 1872 et 882 du Code civil, n'a fait qu'une juste et saine application du § 1er de l'art. 1167 du même Code; rejette, etc. »

Le droit commun permet à toute personne d'attaquer les actes qui ont été faits en fraude de ses droits, et notamment aux créanciers de se pourvoir contre ceux que leur débiteur a passés pour leur nuire. Il a fallu de graves motifs pour que l'on ait mis des restrictions à un principe si conforme à l'équité. Le législateur en a trouvé, quant aux partages entre héritiers, lorsqu'ils ont été consommés sans opposition de la part des créanciers de ceux-ci, mais on ne peut outrepasser l'exception qu'il a posée à cet égard. L'arrêt que nous venons de rapporter démontre de la manière la plus lumineuse qu'on ne saurait étendre cette exception, sans de notables inconvénients, aux partages entre associés; l'existence de la société ayant pu être inconnue au public, les créanciers qui auraient dû prévenir l'événement du partage auraient souvent été réduits à une véritable impossibilité.

3° Les créanciers, même opposants à partage, ne sont pas recevables à former tierce-opposition aux jugements ou arrêts rendus contre leur débiteur et qui lui auraient imprimé dans la succession une qualité préjudiciable à leurs droits, à moins qu'il n'y ait eu collusion ou fraude.

Une héritière bénéficiaire, qui avait affecté ses biens propres au paiement d'une dette qui lui était personnelle, avait déclaré ensuite renoncer à son bénéfice d'inventaire et accepter purement et simplement la succession. Plus tard, elle avait voulu revenir sur cette acceptation, mais un arrêt l'y avait déclarée non-recevable. Le créancier personnel de cette héritière forma tierce-opposition à cet arrêt. La Cour royale de Caen l'y a déclaré non-recevable aussi, par arrêt du 19 mars 1821 [1], qui est ainsi conçu :

« Considérant que Bourgeois, comme créancier de la fille Buquet, pouvait intervenir dans l'instance qui avait pour but de la faire déclarer héritière pure et

(1) SIREY, 23. 1. 49. — DALLOZ, *Rec. alph.*, 12. 661.

simple de son père, s'il croyait avoir des moyens de résister à cette prétention : qu'il n'a pas plus de droits qu'elle n'en avait elle-même; qu'il est son ayant cause, et qu'il ne pourrait être admis à attaquer et à faire rétracter l'arrêt rendu contradictoirement avec elle qu'autant qu'il articulerait et demanderait à prouver des faits de collusion et de fraude, ce qu'il ne fait pas; que conséquemment la tierce-opposition est irrecevable, d'où il suit aussi qu'il ne peut être admis à former devant la Cour la demande en nullité de l'acte souscrit par la fille Buquet, le 25 novembre 1826. »

Le pourvoi contre cet arrêt a été rejeté par la Cour de cassation le 11 juin 1822.

« Attendu que le sieur Bourgeois ne pouvait, du chef de Sophie Buquet, sa débitrice, se rendre tiers-opposant à l'arrêt du 11 décembre 1820, puisqu'elle y était elle-même partie, et qu'il ne peut avoir plus de droits que sa débitrice. »

Le créancier qui a formé à temps opposition à ce qu'il soit procédé hors de sa présence à un partage à faire avec son débiteur, peut, comme on a vu au numéro précédent, attaquer par tierce-opposition les décisions qui ont réglé les bases ou les opérations préliminaires du partage ; autrement les droits de ce créancier pourraient se trouver compromis, et son opposition, quoique formée à temps, n'aurait pas suffi pour l'en garantir ; mais cette autorisation se borne aux actes ou jugements rendus ou passés entre les héritiers seulement, relativement au partage qui est à faire entre eux ; elle ne s'étend point aux décisions obtenues contre ces héritiers par des tiers, quelque influence qu'elles puissent avoir sur les droits de l'héritier débiteur.

Cette doctrine ne résulte que d'une saine interprétation des dispositions de l'art. 474 du Code de procédure. Les droits dont parle cet article, et à raison desquels il permet de former une tierce-opposition, doivent être personnels à celui qui veut recourir à cette voie, et ne comprennent pas ceux qu'il aurait seulement intérêt à faire conserver à autrui. Ainsi le propriétaire d'un droit ou d'une chose est autorisé à former tierce-opposition au jugement qui a attribué cette chose ou ce droit à quelqu'un; mais lorsque la question de propriété ou la qualité des parties a été jugée entre les véritables contradicteurs, les créanciers de ceux-ci ne peuvent remettre la chose jugée en doute; ils ont tous été représentés lors du jugement par leur débiteur; la chose a donc été aussi jugée à leur égard, comme l'ont décidé les arrêts que nous venons de rapporter.

Ces arrêts ont consacré par là que les créanciers d'un héritier, lors même qu'ils ont formé opposition au partage, ne peuvent attaquer les actes par lesquels leur débiteur a pris dans la succession la qualité qui lui a paru convenable, ou est revenu sur celle qu'il lui avait plu d'abord de choisir. Ces créanciers, par leur opposition, ne mettent pas, en effet, leur débiteur tellement sous leur tutelle, que celui-ci ne puisse prendre dans la succession la qualité qui lui convient. Cette opposition n'a qu'un résultat, celui d'empêcher que l'on ne puisse procéder au partage sans y appeler le créancier qui l'a formée; elle n'a pu mettre obstacle à ce que le débiteur se portât héritier pur et simple, et elle n'a pu ôter aux actes d'héritier qu'il a faits le caractère que leur a donné la loi, celui de le faire déchoir de son acceptation bénéficiaire. Cet héritier ne peut se jouer impunément de sa qualité, au moyen de l'opposition à partage qu'a formée l'un de ses créanciers; s'il a pu se porter tacitement héritier pur et simple, il a dû le pouvoir d'une manière expresse, sauf toujours les faits de collusion et de fraude qui servent d'exception à tous les principes, et que ses créanciers pourraient établir.

4° Les créanciers d'un héritier peuvent former opposition au partage, même après que des jugements rendus entre les copartageants ont ordonné la vente des biens et qu'il a été procédé à cette vente, si le partage n'a pas encore été définitivement consommé.

Ainsi jugé par arrêt de la Cour royale de Paris, du 24 mars 1834[1].

« Considérant, porte l'arrêt, que les jugements des 26 juillet 1827 et 27 août 1829 qui, statuant sur la demande en licitation de l'immeuble dont il s'agit, en ont ordonné l'expertise et la vente, ne peuvent être considérés comme des actes de partage définitifs, surtout à l'égard des créanciers hypothécaires qui n'y ont point été appelés. »

C'était d'autant plus le cas de le juger ainsi dans l'espèce, qu'il s'agissait d'un partage entre de simples communistes, et qu'on a vu que dans ce cas les créanciers d'un des copartageants peuvent attaquer, même sans opposition antérieure, les actes de partage consommés qui ont porté atteinte aux droits de leur débiteur.

Le principe consacré par cet arrêt n'est, au surplus, qu'une conséquence de celui porté en l'art. 882 du Code, qui n'interdit aux créanciers d'un héritier d'intervenir et d'attaquer les actes consentis entre les héritiers que lorsque le partage a été consommé. La vente des biens n'étant qu'un simple préliminaire des opérations d'un partage, et ne réglant aucunement les droits de chacun des héritiers, laisse aux créanciers toute latitude pour veiller à la conservation de ceux de leur débiteur; l'opposition formée par ces créanciers est donc toujours dans le cas de produire son effet. Seulement la vente des biens de l'hoirie faite avant toute opposition ne peut être attaquée par les créanciers des vendeurs; elle a fait acquérir à ceux qui ont acquis ces biens un droit incontestable. Quant aux ventes faites postérieurement à une semblable opposition, voyez le numéro 11 ci-après.

5° A défaut d'avoir formé une opposition à partage, le créancier d'un

(1) Sirey, 34, 2, [illegible]

des enfants peut-il attaquer la liquidation que celui-ci a faite avec son père des droits qui lui revenaient du chef de sa mère?

La Cour royale de Bourges, par un arrêt qu'elle a rendu le 8 juillet 1828 [1], a commencé par reconnaître que les créanciers qui attaquaient cette liquidation n'étaient porteurs d'aucun titre ayant date certaine avant qu'il eût été procédé à cet acte, et elle a ajouté : « qu'on pourrait même tirer une seconde fin de non-recevoir de l'art. 882, Code civ., aux termes duquel les créanciers d'un copartageant, pour éviter qu'un partage ne soit fait en fraude de leurs droits, peuvent s'opposer à ce qu'il y soit procédé hors de leur présence, et, s'ils ne l'ont pas fait, ne peuvent attaquer un partage consommé;

« Qu'à la vérité la loi n'exprime ici que le cas du partage, et que l'acte du 7 septembre 1824 ne contient que la liquidation, au profit des enfants, des droits de leur mère contre le sieur Pelletier, leur père, mais qu'une mesure de ce genre tend, comme le partage, à retirer des mains du père la portion des biens qui appartenait à ses enfants; qu'elle est un préliminaire du partage et peut lui être assimilée; qu'ainsi les créanciers pouvaient user du moyen indiqué par la loi;

« Qu'au surplus son but a été de donner aux créanciers les moyens de veiller à la conservation de leurs droits; qu'ainsi, quelle que soit la couleur de l'acte qui tend à diminuer la fortune de leur débiteur, ils peuvent prendre toutes les mesures qui tendent à ce but;

« Dit qu'enfin, au surplus, et quand il pourrait y avoir doute à cet égard, la première fin de non-recevoir, résultant de la nature du titre allégué par les appelants, suffirait seule pour les écarter. »

Le doute que cet arrêt exprime pouvait être levé par la seule nature de l'opération à laquelle il avait été procédé. Lors même que cette liquidation aurait été définitive, que, sans se borner à contenir le règlement du compte à faire entre les parties ou celui de leurs qualités respectives, et à poser les bases du partage qui devait être effectué entre elles, l'acte qui avait été passé aurait terminé toutes les opérations du partage et attribué à chacun des copartageants les biens qui devaient lui revenir, il aurait toujours été vrai de dire, avec les arrêts cités au numéro 2 ci-dessus, que, ne s'agissant point d'un partage entre cohéritiers, mais du règlement de la communauté qui avait existé entre les deux époux, et ainsi d'un partage entre coassociés, il n'y avait pas lieu d'appliquer à la cause les dispositions de l'art. 882 du Code civil. Le créancier d'un des contractants, quoiqu'il n'eût pas formé d'opposition antérieure, avait donc pu attaquer l'opération à laquelle on s'était livré et en relever les erreurs; à plus forte raison si, lors de cet acte, on n'avait point procédé à l'attribution effective des biens, car, en ce cas, le partage n'ayant pas été consommé, les créanciers d'un héri-

(1) SIREY, 30. 2. 25. — DALLOZ, 29. 2. 254.

tier auraient pu en demander la réformation, comme le prouvent les nombreux arrêts rapportés sur le présent article.

6° L'opposition aux scellés formée par le créancier d'un héritier équivaut à celle qu'il aurait le droit de former, afin d'empêcher qu'il ne soit procédé hors de sa présence au partage.

La Cour royale de Nancy, après avoir reconnu, par arrêt du 9 janvier 1817[1], que les créanciers des héritiers ne pouvaient requérir l'apposition des scellés sur le mobilier du défunt, mais seulement former opposition à ceux qui ont été apposés, a décidé que cette opposition devait pourtant avoir le même effet que si elle avait été formée au partage de la succession.

« Considérant, a dit la Cour, que l'effet d'une semblable opposition se restreint à dénoncer aux héritiers les droits ou prétentions de l'opposant, non sur la succession et contre les héritiers en général, mais contre l'un d'eux et sur sa portion afférente, et de les obliger par là à l'appeler aux partages, en conformité de l'art. 882; qu'à défaut d'apposition de scellés à laquelle une opposition puisse être formée, le créancier peut employer, soit la voie de la saisie indiquée par Ferrière, soit celle d'une simple opposition au partage dénoncée aux héritiers; que, par l'un ou l'autre de ces moyens, il est également mis en possession de pouvoir veiller à la conservation de l'intégralité de son gage, soit en prévenant les évaluations fictives par lesquelles la portion héréditaire de son débiteur pourrait être atténuée, soit en empêchant qu'elle ne se compose de valeurs mobiles trop faciles à détourner, soit enfin en prévenant leur divertissement par la main-mise immédiate sur tout ce qui devait former cette portion; qu'ainsi l'effet de l'opposition est, d'un côté, d'assurer le plein exercice des droits du créancier, et, de l'autre, de se maintenir dans de justes bornes, en sorte que, suivant l'expression de Bourjon, *elle se resserre de droit* sur la part afférente à son débiteur, et ne peut atteindre les personnes ou les choses sur lesquelles son droit ne s'étend pas; qu'ainsi, en cette matière et sous tous les rapports, le droit des Codes actuels se réfère aux principes et usages anciens;

« Considérant que la crainte exagérée et le danger éloigné d'une connivence possible entre les héritiers pour atténuer les forces de la succession, en fraude des droits des créanciers de l'un d'eux, ne peuvent être des motifs suffisants pour introduire un étranger dans la connaissance et la discussion des affaires intérieures et des intérêts d'une famille, contrairement à l'esprit de la législation qui tend essentiellement à l'en écarter, comme le témoigne la disposition de l'art. 841 du Code civil; qu'en cas de fraude apparente il resterait au créancier l'action réservée par l'art. 1167 à tout créancier contre l'acte fait par son débiteur en fraude de ses droits. »

(1) SIREY, 17. 2. 153. — DALLOZ, *Rec. alph.*, 11. 873.

La Cour royale de Douai a rendu un arrêt semblable le 26 mars 1824[1].

« Attendu que, de la combinaison des articles 881, 882 et 2205 du Code civil, avec les articles 909, 930, 931, 911 et 912 du Code de procédure (lequel est conforme à l'ancienne jurisprudence du ci-devant Châtelet de Paris), il résulte que le créancier, ou de l'héritier ou du créancier direct de la succession, n'a pas le droit d'assister à la levée des scellés apposés chez le défunt, et que toute opposition par lui formée à ce sujet se convertit naturellement en opposition prévue par l'article 882 du Code civil ;

« Attendu que c'est ainsi que les auteurs anciens et modernes l'ont pensé et établi, etc., etc. »

Les motifs du premier juge aussi adoptés par la Cour avaient été, entre autres.

« Que tout l'effet d'une semblable opposition est de faire connaître aux héritiers les prétentions de l'opposant sur la part de son débiteur, et de les empêcher de procéder au partage hors de sa présence, ainsi que l'y autorise l'article 882 du Code civil. »

Il semble difficile au premier abord de faire produire à une opposition aux scellés un effet si différent qu'elle puisse valoir comme opposition à partage, mais on reconnaît bientôt qu'elle doit réellement avoir ce résultat. Les articles des Codes civil et de procédure mentionnés aux arrêts ci-dessus ne permettent point aux créanciers d'un héritier de requérir l'apposition des scellés, ni même d'assister à leur levée, mais de s'y opposer ; à moins de réputer de semblables oppositions comme absolument sans objet, on ne peut se dispenser de les considérer, non-seulement comme conservatrices des droits du débiteur ainsi que les qualifie l'article 931 du Code de procédure, mais comme arrêtant entre les mains des autres héritiers toute la part devant revenir au débiteur saisi dans la succession indivise. Ces oppositions équivalent donc à une saisie-arrêt, effet qu'on leur a constamment procuré, et, par suite, les cohéritiers se trouvent dans la nécessité de rendre compte aux créanciers opposants des droits échus au débiteur saisi. Ne pouvant, comme tiers-saisis, atténuer en quoi que ce soit les droits de celui sur qui ces oppositions ont porté, les cohéritiers ne peuvent faire à celui-ci aucun paiement, lui opposer aucune compensation, régler plus ou moins avantageusement les rapports à opérer, ni les abandonnements des biens qui doivent composer le lot de chacun d'eux, hors la présence des opposants ; autrement il serait vrai de dire qu'en l'absence de ceux devenus les véritables intéressés au partage, l'effet des oppositions pourrait être indéfiniment réduit. Il est donc indispensable pour la validité des opérations que les créanciers des héritiers qui ont ainsi arrêté la part de leur débiteur soient appelés pour y être présents, afin qu'ils puissent élever toutes les contestations qui leur paraîtront nécessaires.

7° Le créancier qui n'a pas formé d'oppositions au partage ne peut se prévaloir de celles formées par d'autres créanciers.

(1) SIREY, 25. 2. 53. — DALLOZ, *Rec. alph.*, 11. 880.

Attendu, a dit la Cour royale de Bordeaux, par arrêt du 3 mai 1833 [1], qu'antérieurement au partage consommé le 12 juin 1828, entre Mathieu Mandavy et Lespare Duroc, il n'a été signifié de la part des intimés aucun acte ayant pour objet de s'opposer à ce qu'il y fût procédé hors de leur présence; qu'aux termes de l'article 882 du Code civil les créanciers d'un copartageant ne peuvent attaquer un partage consommé qu'autant qu'il y a été procédé au mépris d'une opposition par eux faite;

« Attendu que Feytit, Picard, Lafitte fils, Guntz et Joalières ne peuvent, pour écarter cette disposition de la loi, se prévaloir de l'opposition qui avait été signifiée au nom de Charles Laporte, soit parce que ce dernier, qui n'y a donné aucune suite, ne figure pas dans l'instance actuelle, soit parce que nul n'est recevable à exciper des actes d'un tiers, qui, ne pouvant lui nuire, ne peuvent non plus lui profiter. »

L'opposition à partage formée par le créancier d'un héritier est un acte purement personnel à ce créancier, qui n'oblige les successibles à appeler que lui au partage, et dont ne peuvent conséquemment se prévaloir les autres créanciers. Si le partage n'a point encore été consommé, ces créanciers peuvent s'y opposer eux-mêmes; autrement ils sont forclos, et si des contestations sont dans le cas d'être élevées, elles ne peuvent profiter qu'à ceux qui ont usé à temps de leur droit. Le partage, quant aux autres créanciers, est à l'abri de toute critique.

8° Une femme peut, comme tout autre créancier, s'opposer à ce qu'un partage auquel son mari est appelé à concourir soit fait sans qu'elle y ait été appelée.

« Attendu, a dit la Cour de Turin, par arrêt du 9 janvier 1811 [2], que de l'acte public du 19 janvier 1778, portant constitution de dot au profit de l'appelante, alors future épouse de l'avocat Alexandre Aschero, il appert que ladite dot a été reconnue et exigée, soit par feu Jean Aschero, soit par ledit avocat Alexandre son fils, et que tous les deux en ont promis la restitution; ce qui démontre que l'appelante, en sa qualité de créancière de son mari, l'un des copartageants, avait droit d'intervenir dans le partage, et que les premiers juges, en écartant sa demande en intervention, ont contrevenu à l'article 882 du Code civil. »

Ce qui aurait pu former doute dans l'espèce, c'est que, la femme se trouvant aussi créancière du défunt, son opposition au partage pouvait paraître inutile; mais, en principe général, tout créancier d'un héritier étant appelé à exercer le droit accordé par l'article 882 du Code, il n'y aurait pas de raison d'en exclure la femme dont les droits dotaux sont spécialement protégés par la loi;

(1) SIREY, 33. 2. 509. (2) SIREY, 11. 2. 184. — DALLOZ, *Rec. alph.*, 12, 485.

il faut qu'elle soit à même de veiller à ce que le partage ne soit point préjudiciable au recouvrement des créances qu'elle a contre son mari, et pour cela qu'elle soit autorisée à y intervenir.

9° Les créanciers personnels des héritiers ne peuvent former des oppositions entre les mains des débiteurs de la succession ni faire interposer des saisies immobilières sur ses biens dépendant de l'hoirie; ils ne peuvent que s'opposer à ce que le partage soit fait hors de leur présence.

La Cour royale de Paris a prononcé la main-levée d'oppositions semblables, par arrêt du 3 janvier 1829[1], en adoptant les motifs des premiers juges qui étaient ainsi conçus :

« Attendu que l'article 882 du Code civil offre aux créanciers d'un héritier un moyen conservatoire à la fois aussi sûr et moins dispendieux que la saisie-arrêt. »

Une saisie-arrêt, aujourd'hui qu'elle doit être suivie d'une demande en validité, est réputée être un acte d'exécution, et nul ne peut exercer de pareils actes que contre ceux qui sont ses débiteurs. Or, la succession ne doit rien aux créanciers des héritiers; ceux-ci ne seraient pas fondés à prétendre n'avoir arrêté que les valeurs appartenant au successible leur débiteur, puisque, jusqu'au partage, la propriété des biens dépendant de la succession n'est réputée appartenir en propre à aucun des héritiers. On sent d'ailleurs combien de pareilles oppositions apporteraient d'entraves à la liquidation et au partage des successions, lorsque les autres héritiers ne doivent point avoir à souffrir de dettes qui ne les concernent point. Les créanciers des héritiers ne peuvent donc s'opposer qu'à ce qu'il soit procédé au partage hors de leur présence, et cet acte, empêchant d'ailleurs qu'aucune des valeurs dépendant de l'hoirie puisse être remise à l'héritier leur débiteur, suffit pour garantir les droits de ces créanciers.

La Cour royale de Toulouse, par arrêt du 11 juin 1829[2], a fait produire à une saisie immobilière pratiquée à la requête du créancier d'un héritier sur des biens de la succession l'effet d'une opposition à partage.

« Attendu, porte l'arrêt, que Aussenac est créancier de Garrigues père, et qu'à ce titre il a le droit d'intervenir dans le partage de la succession de Jeanne Chap, dont ledit Garrigues est un des héritiers médiats;

« Attendu qu'on ne peut se prévaloir de ce qu'il n'avait pas fait opposition antérieurement à une cession consentie par ledit Garrigues de tous ses droits à cette succession en faveur de la femme Jourde, sa fille, puisque, antérieurement à cette cession, une saisie immobilière avait été jetée sur les biens de cette succession, à la requête dudit Aussenac, au préjudice dudit Garrigues. »

(1) Sirey, 29. 2. 107. (2) Sirey, 30. 2. 116. — Dalloz, 30. 2. 12.

L'arrêtiste ne fait point connaître comment cette saisie immobilière avait pu être pratiquée sur les biens de la succession par le créancier d'un héritier, lorsque, aux termes de l'article 2205 du Code civil, la part indivise d'un cohéritier dans les immeubles de la succession ne peut même être mise en vente par ses créanciers personnels avant le partage ou la licitation qu'ils peuvent seulement requérir. Une saisie immobilière, faite en contravention à cet article, devant être réputée nulle, n'a pu produire aucun effet, notamment celui d'avoir équivalu à une opposition à partage; mais si, à raison de circonstances particulières à la cause jugée par la Cour de Toulouse, la saisie immobilière dont il s'agissait a été dans le cas d'être déclarée valable, comme elle avait été dénoncée aux parties saisies, le débiteur n'avait pu, d'après les dispositions de l'art. 692 du Code de procédure civile, aliéner les biens saisis en faisant une cession de ses droits. Ce n'était donc pas comme devant produire l'effet d'une opposition que cette saisie avait donné au créancier saisissant le droit d'intervenir au partage, mais comme ayant entraîné l'annulation du titre dont on se prévalait pour l'empêcher de faire usage de cette faculté.

10° Le créancier qui, malgré son opposition, n'a point été appelé au partage, mais qui ensuite a laissé procéder à la vente sur saisie immobilière dont les placards lui avaient été dénoncés des biens attribués à son débiteur par l'effet de ce partage, doit être réputé avoir acquiescé à l'opération qui a eu lieu et ne peut demander qu'il en soit fait une nouvelle.

La Cour royale de Lyon l'a ainsi jugé, par arrêt du 21 décembre 1831 [1].

« Considérant, a dit la Cour, que, postérieurement à la demande en partage formée le 15 juillet 1828 par Chaillot et compagnie, créanciers hypothécaires de Jacques Polore, Claude Tamin, également créancier inscrit, a fait saisir les immeubles échus à Jacques Polore par le partage volontaire du 7 octobre 1828; que toutes les formalités prescrites par la loi ont été observées, et l'adjudication définitive tranchée le 28 août 1829; que, conformément à l'art. 695 du Code de procédure civile, le premier placard fut dénoncé à Chaillot et compagnie, et enregistré en marge de la saisie au bureau de la conservation; qu'à partir de cette époque la saisie ne pouvait être rayée que du consentement des créanciers inscrits et en vertu d'un jugement rendu contre eux conformément à l'art. 696 du même Code; que, par l'enregistrement de l'acte de dénonciation aux créanciers inscrits, ceux-ci deviennent parties intéressées dans la poursuite; qu'ils sont de véritables cosaisissants; que dès lors le saisissant devient leur agent pour poursuivre dans leur intérêt commun;

« Que la maison Chaillot et compagnie, ayant gardé le silence après la dénon-

(1) Sirey, 32. 2. 262.

ciation et ayant laissé l'adjudication définitive s'opérer sans faire valoir la demande en partage par elle formée antérieurement, ne peut aujourd'hui donner suite à une demande à laquelle elle a renoncé; que le partage serait d'ailleurs impossible, puisque les biens adjugés ne pourraient être réintégrés dans la masse pour procéder à un partage nouveau. »

Les biens vendus n'auraient pu, en effet, être rapportés à la masse pour être soumis aux chances d'un nouveau partage que dans le cas où l'adjudication qui en avait été faite aurait été annulée, mais le créancier opposant qui avait été appelé à cette vente, y ayant laissé procéder sans proposer la nullité du partage fait hors de sa présence malgré l'opposition qu'il y avait formée, le jugement d'adjudication avait acquis à son égard l'autorité de la chose jugée; le rapport des biens vendus ne pouvait donc plus être opéré, et dès lors un nouveau partage étant, par le fait de ce créancier, devenu impossible, il ne pouvait plus l'exiger.

11° Le créancier opposant à un partage peut attaquer les ventes par licitation auxquelles il a été procédé hors sa présence, à moins qu'ayant une hypothèque inscrite sur les immeubles vendus et l'adjudication ayant été faite à un étranger, son défaut d'intérêt ne le rende non-recevable.

On avait soutenu, devant le tribunal de première instance de la Seine, que l'opposition formée par le créancier d'un héritier, aux termes de l'art. 882 du Code civil, ne pouvait produire d'effet qu'à l'égard des partages et non quant aux licitations ou ventes publiques d'immeubles provenant de la succession commune, et ce tribunal avait admis cette distinction par jugement du 25 mai 1811 [1].

« Attendu que, si la licitation doit être regardée comme un partage, si elle en est une dépendance, un accessoire, si en un mot elle en a l'effet, si c'est une manière de partager, et si par conséquent le créancier d'un cohéritier opposant à partage a incontestablement le droit d'y assister, il résulte du rapprochement des art. 382 et 2205 du Code Napoléon que, toutes les fois que le partage n'a pour objet que des effets mobiliers, on ne peut y procéder valablement hors la présence de l'opposant; mais lorsque le partage a pour objet des immeubles, il a la faculté de provoquer la licitation ou d'intervenir dans celle poursuivie par l'un des cohéritiers; que la raison de cette différence est palpable; qu'en effet, dans le premier cas, ses droits peuvent être lésés par un partage fait en son absence, et les soins qu'on a pris de ne pas l'y appeler, quoiqu'il se fût fait connaître par son opposition, suffisent pour faire présumer que la fraude a présidé à cette opération clandestine et l'autoriser à demander la nullité du partage;

« Qu'il n'en est pas de même de celui opéré par voie de licitation en justice,

(1) Sirey, 12. 2. 453.

essentiellement publique, accompagnée de formalités conservatrices des droits de tous, précédée d'annonces, d'affiches multipliées, qui ont mis le créancier à même de veiller à ses intérêts et d'intervenir dans l'instance de licitation s'il le juge convenable;

« Qu'ainsi, pour faire annuler un pareil acte, ce n'est point assez d'alléguer qu'on n'y a point été appelé, qu'il faut encore articuler des faits desquels on puisse induire qu'on a cherché les moyens de frauder le créancier opposant; que, dans cette intention, on a omis volontairement des formalités, qui, si elles eussent été remplies et observées, eussent mis le créancier à portée de faire valoir ses droits;

« Que, dans l'espèce, le sieur Perez ne se plaint pas de l'irrégularité de la procédure de la licitation dont il s'agit; que d'ailleurs toutes les formalités prescrites par la loi ont été observées avec exactitude et qu'on a donné à la procédure toute la publicité requise. »

Ce jugement a été confirmé par arrêt de la Cour royale de Paris, du 2 mars 1812, dans la partie relative à l'adjudication qui avait été faite au profit d'un étranger.

« Attendu que l'adjudication par licitation, faite à un étranger, n'a pas l'effet d'un partage, et conserve le créancier opposant dans la plénitude de ses droits. »

Mais ce jugement a été infirmé par le même arrêt, quant aux biens qui avaient été adjugés à l'un des héritiers.

« Attendu que la licitation, lorsqu'un des héritiers se rend adjudicataire, équivaut à un partage et produit les mêmes résultats à l'égard du créancier opposant; que sa publicité, suffisante pour avertir les autres créanciers et le public, ne suffit pas, relativement au créancier opposant qui a droit, en vertu de son opposition, à une notification particulière et personnelle; que la disposition de l'art. 2205 du Code civil ne détruit pas l'induction tirée de l'art. 882; qu'au contraire elle la fortifie, en ce qu'elle met la licitation sur la même ligne que le partage, et attribue au créancier du cohéritier les mêmes droits dans l'une et dans l'autre;

« Que cette licitation, faite hors de la présence du créancier opposant et sans l'y appeler, lui cause nécessairement un préjudice notable, d'un côté en ce qu'elle lui ôte les moyens de faire porter l'immeuble à son véritable prix, n'ayant pas même après coup, comme dans les autres ventes, la faculté de surenchérir; de l'autre en lui faisant perdre tous ses droits hypothécaires qu'il aurait pu conserver en amenant un acquéreur étranger ou se rendant acquéreur lui-même. »

La différence entre ces deux adjudications était, en effet, frappante: celle faite au profit d'un étranger avait été une véritable vente translative de propriété, devant être purgée des hypothèques conservées sur tous les héritiers, et donnant ainsi aux créanciers inscrits sur ces héritiers le droit de surenchérir s'ils le jugeaient convenable. Cette vente n'avait fait attribution d'aucune partie du prix à l'un plutôt qu'à l'autre des successibles, et laissait à chacun de leurs créanciers la faculté d'assister au partage pour y veiller à la conservation de ses droits. Le défaut d'intérêt de la part de ces créanciers devait donc les rendre non-recevables à attaquer une semblable vente, quoique faite hors de leur présence malgré leur opposition au partage.

Il n'aurait dû en être différemment que dans le cas où la vente n'aurait pas été publique, et où le créancier opposant n'aurait pas eu d'hypothèque inscrite sur l'héritier son débiteur, car alors, faute d'avoir pu enchérir lors de la vente ou surenchérir après, ce créancier aurait été privé des moyens de procurer à l'immeuble vendu sa véritable valeur, et il serait resté exposé, malgré son opposition, à toutes les manœuvres pratiquées contre lui. Ce créancier aurait été fondé à soutenir que la vente des immeubles indivis devait faire partie des opérations du partage, et qu'ainsi on n'avait pu, sans nullité, la consentir sans l'y avoir appelé.

L'adjudication faite à l'un des successibles ayant été, au contraire, purement déclarative et ayant eu pour résultat que les autres héritiers devaient être réputés n'avoir jamais succédé à la propriété de l'immeuble licité mais seulement à la portion devant leur revenir dans le prix qui en était provenu, le créancier inscrit sur l'un des héritiers aurait vu tomber son hypothèque, et l'on doit croire que c'avait été principalement pour se garantir d'un tel danger que son opposition avait été formée. Le droit que lui avait accordé la loi serait devenu illusoire si une pareille vente avait pu être opérée hors de sa présence et à son détriment, lors même qu'elle avait été publique.

12° Lorsque le partage auquel il a été procédé n'a été que simulé ou le résultat d'un concert frauduleux concerté entre les héritiers pour frustrer de leurs droits les créanciers de l'un d'eux, le partage peut être attaqué même par ceux de ces créanciers qui n'auraient pas formé d'opposition à ce qu'il y fût procédé hors de leur présence.

Il importe, dans l'application de ce principe, de distinguer les actes de partage qui, ayant une existence réelle, ont seulement causé un préjudice aux créanciers d'un héritier, même par le fait ou la fraude de leur débiteur, de ceux qui n'ont été que simulés ou concertés frauduleusement entre tous les héritiers au détriment des créanciers de l'un d'eux.

Les premiers de ces actes sont à l'abri de toute attaque, aux termes de la dernière partie de l'art. 882 du Code, dont plusieurs Cours ont été dans le cas d'appliquer les dispositions.

« Attendu, a dit la Cour royale de Bordeaux, par arrêt du 3 mai 1833 [1] que la fin de non-recevoir prononcée par l'art. 882 du Code civil est générale et doit s'appliquer dans tous les cas où le partage est consommé, puisque c'est pour

(1) Sirey, 33. 2. 509.

éviter qu'il ne soit fait en fraude de leurs droits que l'opposition est permise aux créanciers;

Que cette entente de l'art. 882 est confirmée par l'art. 1167 du même Code, qui, après avoir posé en principe que les créanciers peuvent attaquer les actes faits par leurs débiteurs en fraude de leurs droits, ajoute : « Ils doivent néanmoins, quant à leurs droits énoncés au titre des *Successions*, se conformer aux règles qui y sont prescrites; » qu'il résulte de ce rapprochement qu'en ce qui touche l'action révocatoire des créanciers, les actes de partage ont été placés par le législateur dans une règle exceptionnelle, introductive d'un droit nouveau qui était commandé par l'intérêt des tiers et surtout par le besoin d'assurer le repos des familles et la fixité des propriétés. »

La Cour royale de Pau a consacré le même principe par arrêt du 28 mai 1831[1].

« Attendu qu'en autorisant les créanciers à attaquer les actes faits par leurs débiteurs en fraude de leurs droits, l'art. 1167 du Code civil les soumet aux conditions établies au titre des *Successions;*

« Que l'art. 882, qui fait partie de ce titre, leur permet bien d'intervenir dans les partages où leur débiteur est intéressé, afin d'éviter qu'ils ne soient faits à leur préjudice, mais qu'il leur défend en même temps d'attaquer un partage consommé, lorsqu'ils ne se sont pas opposés à ce qu'il y fût procédé hors de leur présence; que de la combinaison de ces deux articles il résulte bien évidemment que, lorsqu'ils n'ont pas usé de cette précaution, toute réclamation leur est interdite, même quand ils se plaignent d'une fraude pratiquée à leur détriment. »

A l'égard des actes de partage attaqués pour cause de simulation et de fraude pratiquée entre tous les héritiers pour frustrer les créanciers de l'un d'eux, un grand nombre d'arrêts ont accueilli la demande en nullité qui en avait été formée, sans s'arrêter à la fin de non-recevoir que l'on voulait faire résulter contre les créanciers réclamants des dispositions finales de l'art. 882 du Code.

« Attendu, a dit la Cour royale de Douai, par arrêt du 13 novembre 1823[2], que, pour que des créanciers d'un copartageant ne puissent, d'après l'art. 882 du Code civil, attaquer un partage ou une licitation qui en tient lieu qu'autant qu'il y a été procédé au préjudice d'une opposition qu'ils auraient formée précédemment, il faut que ce partage ou cette licitation soit sérieux et non pas simulé;

« Attendu, dans l'espèce, qu'il résulte de faits certains qui ont été articulés par les appelants, et de la discussion qui a eu lieu entre les parties, que la vente par licitation faite au profit d'Emilie Dehcilain, le 19 juin 1812, et la revente faite par celle-ci le même jour et immédiatement après au profit de Mairesse, n'ont rien de sérieux et sont absolument simulées; d'où il suit que les appe-

(1) SIREY, 35. 2. 250. (2) SIREY, 26. 1. 192. — DALLOZ, 25. 1. 440.

lants sont recevables à attaquer la vente par licitation et la revente qui l'a suivie et dont il s'agit. »

Le pourvoi exercé contre cet arrêt a été rejeté par la Cour de cassation le 10 mars 1825.

« Attendu qu'il résulte en fait, de l'arrêt attaqué, que l'adjudication par licitation et la revente faite le même jour à Mairesse n'avaient rien de sérieux; que, par conséquent, ces actes n'avaient pas d'existence; d'où il suit qu'en jugeant que la maison dont il s'agissait était restée dans la propriété des héritiers Dehollain, et qu'il y avait lieu *d'entrer en partage* et aux créanciers de faire valoir leurs droits, la Cour royale n'a violé aucunement les articles cités du Code civil 882 et 1167, qui sont restés sans application à la cause. »

La Cour royale de Bourges a rendu un arrêt semblable le 18 juillet 1832 [1].

« Attendu qu'aux termes de l'art. 882 du Code civil le créancier n'est plus recevable à attaquer une liquidation et un partage comme faits en fraude de ses droits, lorsqu'il n'a pas formé opposition au partage; mais que cette disposition doit s'entendre d'une liquidation et d'un partage réels et définitifs qui nuisent seulement aux droits du créancier par la composition et l'attribution des lots, et non d'une liquidation dans laquelle les parties auraient omis à dessein les droits revenant à l'une d'elles pour frustrer ses créanciers; qu'alors la liquidation est simulée et fictive, et peut être attaquée par les créanciers en tout état de cause; que c'est sous ce dernier rapport que l'acte du 16 mai 1831 est critiqué; que dès lors la prétention de Bourdarioux est recevable. »

La Cour royale d'Agen, tout en rejetant la demande du créancier parce que la fraude n'était pas suffisamment prouvée, a donné, par arrêt du 24 mai 1821 [2], la même interprétation à la loi. »

« Attendu, a-t-elle dit, que si, aux termes de l'art. 882 du Code civil, les créanciers d'un copartageant ont le droit de s'opposer au partage, et d'y intervenir pour qu'il ne soit rien fait en fraude de leurs droits, et si, faute de cette intervention et de cette opposition, ils ne peuvent plus attaquer un partage consommé, on ne peut pas nécessairement induire de cette disposition que, si le partage eût été fait à l'insu du créancier et qu'il fût prouvé qu'il n'est que le resultat d'un concert frauduleux entre les cohéritiers, qui, par un dol coupable, auraient voulu frauder les créanciers, ceux-ci dussent être repoussés du droit de faire valoir les moyens de dol et de fraude pratiqués à leur détriment, quoiqu'ils ne se fussent pas opposés au partage, parce que le dol et la fraude sont des délits qui vicient tous les actes et sont hors de toutes règles. »

Un arrêt conforme a été rendu par la Cour royale de Grenoble, le 15 mai 1824 [3].

« Considérant, porte cet arrêt, que, d'après les lois romaines et la jurisprudence suivie avant le Code civil, les créanciers avaient le droit de faire révoquer tous les actes à titre onéreux, sans aucune distinction, qui étaient consentis par leur débiteur en fraude de leurs droits, lorsque les tiers avec lesquels ces actes étaient intervenus avaient eux-mêmes participé à la fraude;

(1) Sirey, 33. 2. 628. (2) Sirey, 25. 2. 210. (3) Sirey, 25. 2. 185. — Dalloz, 25. 2. 31.

« Considérant que le Code civil n'a pas introduit un droit nouveau, même à l'égard de partages qui seraient faits en fraude des droits des créanciers de l'un ou de plusieurs des copartageants; que, si les art. 865 et 882 du Code donnent aux créanciers des copartageants la faculté d'intervenir aux partages pour empêcher qu'ils ne soient faits en fraude de leurs droits, ces articles ne disent pas qu'à défaut par les créanciers d'intervenir ils seront non-recevables à attaquer les partages alors même que ces partages seraient le résultat d'un concert frauduleux; qu'il résulte au contraire du discours de M. Treilhard, lorsqu'il présenta au Corps législatif la loi sur les successions, que les partages non susceptibles d'être attaqués par les créanciers des copartageants *sont des partages faits sans fraude*;

« Considérant que, si la loi nouvelle présentait quelques doutes dans sa rédaction, il faudrait en interpréter les dispositions par la loi ancienne et par le discours de M. Treilhard. »

Autre arrêt de la Cour royale de Toulouse, du 21 mai 1827 [1].

« Attendu qu'en règle générale tout créancier peut intervenir dans une demande en partage des biens de son débiteur, mais qu'il ne peut attaquer un partage consommé; que, toutefois, il faut que l'existence de ce partage soit bien constante, et que d'ailleurs il ne soit infecté, ni du dol, ni de la fraude, qui font exception à toutes les règles. »

La même Cour a rendu un arrêt semblable le 8 décembre 1830 [2], et qui contient un motif très remarquable.

« Attendu que tout premier acte faisant cesser l'indivision entre communiers est un acte de partage; mais que, d'après les règles exprimées dans l'art. 1167 du Code civil, tous actes quelconques dans lesquels tous les contractants ont usé de fraude pour tromper des tiers sont susceptibles d'être attaqués par ces tiers, même après que ces actes sont consommés;

« Attendu que l'art. 882 du Code civil n'est point une exception à ces règles; qu'il n'est applicable qu'au cas où le débiteur *seul* aurait usé de fraude envers ses créanciers dans un acte de partage avec d'autres communiers qui auraient agi de bonne foi; qu'alors, après la consommation du partage, les créanciers ne peuvent le quereller;

« Attendu que plusieurs circonstances sont invoquées pour prétendre que Massol et sa sœur ont frauduleusement colludé pour frustrer les créanciers; qu'il est prétendu que c'est à un vil prix que la cession dont il s'agit a eu lieu; que l'examen de cette circonstance doit être d'un très grand poids pour la décision de la cause; que c'est donc avec raison que le Tribunal de première instance a ordonné une enquête sur icelle. »

Le même motif se trouve dans un arrêt que la Cour royale de Bordeaux a rendu le 11 juillet 1834 [3].

« Attendu, sur la fin de non-recevoir opposée par Bernard Laborde, et prise

(1) Sirey, 28. 2. 92. — Dalloz, 28. 2. 53. (2) Sirey, 31. 2. 161. (3) Sirey, 34. 2. 477.

des dispositions de l'art. 882 du Code civil, qui ne permettent pas aux créanciers d'un copartageant d'attaquer le partage consommé lorsqu'il n'y a pas eu d'opposition à ce qu'il y fût procédé hors de leur présence, que ces dispositions sont mal interprétées par le sieur Bernard Laborde; qu'il en méconnaît l'esprit et leur donne un sens qui ne répugne pas moins aux principes de la morale qu'aux règles du droit; qu'il est en effet incontestable que la fraude annule toutes les conventions auxquelles on prouve qu'elle a présidé; que le triomphe devant les tribunaux de la mauvaise foi et du dol reconnus porterait un coup mortel à la justice; qu'il ne peut pas y avoir d'exception pour les partages frauduleux, alors qu'il est établi *que tous les copartageants se sont concertés* pour nuire à des tiers; qu'en pareille circonstance l'acte est frappé d'une nullité radicale; qu'il faut le considérer comme n'existant pas; d'où suit qu'il n'y a plus de partage à opposer aux créanciers que l'on a voulu tromper. »

Arrêt conforme de la Cour royale d'Aix, du 30 novembre 1833[1].

Arrêt enfin de la Cour royale de Bordeaux, du 25 novembre 1834[2].

« Attendu, quant à la fin de non-recevoir prise des art. 865 et 882 du Code civil, qu'il est de principe que le dol et la fraude vicient toutes les conventions, et qu'ils ne peuvent profiter à leur auteur;

« Attendu que la loi ouvre deux voies aux créanciers contre les actes qui pourraient préjudicier à leurs droits; que les art. 865 et 882 leur permettent d'intervenir dans les partages, pour prévenir, avant qu'elle soit consommée, la fraude qui pourrait être faite à leur préjudice; que, par l'art. 1167, ils sont admis à attaquer les actes déjà consommés et faits en fraude de leurs droits; que la faculté qui leur est accordée dans le premier cas n'exclut pas l'exercice de leurs droits dans le second. »

Le mot fraude employé dans l'art. 882 a pu, il faut en convenir, donner lieu à quelques doutes. Il semble en effet comprendre par la généralité de son expression toutes les fraudes qui ont pu être pratiquées contre les créanciers des héritiers, mais la jurisprudence n'a point admis que telle ait été l'intention du législateur; elle a reconnu qu'il n'avait entendu parler que des partages qui auraient été faits *au détriment* des créanciers non opposants, et qui ne leur causaient ce préjudice que par le fait du débiteur seul. Si, en effet, les autres héritiers ont été de bonne foi, s'ils n'ont fait qu'accepter des arrangements à leur convenance, sans avoir cherché à frustrer les créanciers de l'un d'eux des droits qu'ils auraient eus sur la part de leur débiteur, le partage auquel ils ont procédé est inattaquable de la part des créanciers qui ne s'y sont pas à l'avance opposés; mais si les héritiers n'ont fait que simuler un partage non destiné à avoir une existence sérieuse, ou s'il est prouvé que par d'autres moyens ils ont participé à une œuvre de fraude et qu'ils se sont entendus pour décevoir les tiers, l'acte qu'ils ont passé sera soumis à d'autres principes, à ceux portés par la loi contre les simulations ou les fraudes en général. Nul n'a besoin de s'op-

(1) Sirey, 34. 2. 330. (2) Sirey, 35. 2. 139.

poser d'avance à un acte vain ou frauduleux, sous peine d'être obligé de le respecter ensuite; un tel acte contient en lui-même des motifs suffisants pour le faire annuler.

SECTION IV.

Des effets du partage et de la garantie des lots.

883. Chaque cohéritier est censé avoir succédé seul et immédiatement à tous les effets compris dans son lot ou à lui échus sur licitation, et n'avoir jamais eu la propriété des autres effets de la succession.

1° La cession de droits successifs faite par un des héritiers à l'un de ses cosuccessibles, ou même à tous ceux-ci, ne peut être assimilée à un acte de partage et n'être ainsi que purement déclarative de la propriété, qu'autant que l'acte qui la contient a fait cesser l'indivision entre tous les héritiers.

Un arrêt de la Cour de cassation, du 3 mars 1807 [1], l'a ainsi jugé à raison d'un acte de cession passé avant le Code civil par tous les héritiers à l'un d'entre eux. La Cour a considéré un pareil acte comme équivalant à un partage, puisqu'il en tenait lieu, et, comme tel, n'ayant été que déclaratif de la propriété des biens de la succession.

La Cour royale de Paris a rendu une décision semblable par arrêt du 11 janvier 1808 [2], dans une espèce où un seul des héritiers avait cédé ses droits à tous les autres, mais par un acte qui avait contenu le règlement des droits de tous ceux-ci.

« Considérant en droit, a dit la Cour: 1° que tout acte passé entre cohéritiers ou copropriétaires à titre commun est un contrat de partage, ou équipollent à partage, quelque dénomination et quelque forme que les parties aient donné à leur convention; 2° qu'il suit nécessairement de ce principe, consacré par toutes les lois de la matière, que les actes de cette espèce ne sont point transmissifs, mais seulement déclaratifs de propriété, de sorte que le cohéritier ou copropri-

(1) SIREY, 7. 1. 270. — DENEVERS, 5. 1. 270. (2) SIREY, 8. 2. 132.

taire à qui est délaissée la totalité ou une portion quelconque au-delà de ce qui lui compétait de droit et primordialement des biens communs qui étaient à partager, est censé en avoir été saisi dès le moment de l'ouverture de l'action en partage, et que le paiement qu'il fait ou qu'il s'oblige de faire avec ses copartageants, du prix de cette totalité ou de cette portion supérieure à son droit primitif, ne doit ni ne peut être considéré que comme une soulte de partage; 3° qu'à la vérité, pour obvier aux fraudes que pourraient se permettre les copartageants au préjudice des droits de leurs créanciers personnels respectifs ou de quelqu'un d'entre eux, la loi autorise ces créanciers à intervenir au contrat de partage et à requérir qu'il soit fait en leur présence pour y stipuler leurs intérêts; mais que, quand ils ont négligé de le faire et que le contrat a été ainsi passé sans demande ni réquisition de leur part, ils ne sont plus recevables à s'en plaindre ni à en critiquer les opérations, si d'ailleurs l'acte qui les contient est revêtu des formalités légales.»

La Cour royale de Nîmes en a jugé de même, par arrêt du 25 février 1819[1], en statuant sur le caractère d'un acte de cession consenti par tous les héritiers au profit d'un seul, moyennant une soulte en argent à l'égard de chacun des cédants. Il ne restait plus en effet de partage à opérer.

Il n'y a donc de véritablement opposé au principe que nous venons de signaler qu'un arrêt que la Cour de Montpellier a rendu le 10 juillet 1828[2], et qui a réputé déclaratif et non attributif un acte de cession que, sur trois héritiers, l'un d'eux avait passé à un seul des deux autres, et qui avait laissé subsister l'indivision entre ceux-ci. Non-seulement cet arrêt a refusé aux créanciers hypothécaires de l'héritier cédant le droit d'intervenir au partage qui était resté à faire entre les deux héritiers, mais il a déclaré non productive d'effet l'inscription que l'un de ces créanciers avait prise antérieurement à la cession sur la part de l'héritier cédant.

« Attendu, porte cet arrêt, que le traité fait le 29 juillet 1826 entre M. de Capriol Saint-Hilaire et la dame de Senegas, sa sœur, était un premier acte entre cohéritiers, qui avait eu pour objet de faire cesser l'indivision entre eux, en remplissant le sieur de Saint-Hilaire de tous ses droits à la succession de la mère commune, et que la loi, comme la jurisprudence, considèrent un traité de cette nature comme un véritable acte de partage.

« Attendu que le sieur Lacaux n'ayant pas utilisé la faculté que lui donnait l'art. 882 du Code civil, et ayant négligé de faire en temps utile, entre les mains des héritiers de la dame de Capriol, l'opposition que cet article l'autorisait à faire, c'est à sa seule négligence qu'il doit imputer le préjudice qu'il est exposé à souffrir; mais que, par l'acte du 29 juillet 1826, ce partage se trouvant consommé en ce qui intéressait le sieur de Saint-Hilaire, débiteur du sieur Lacaux, la disposition finale de l'art. 882 s'oppose à ce qu'il puisse attaquer cet acte et en contester les effets;

« Attendu qu'aux termes de l'art. 883 du Code civil le partage est déclaratif

(1) SIREY, 19. 2. 287. (2) SIREY, 29. 2. 53. — DALLOZ, 29. 2. 71.

et non translatif de propriété, et que la conséquence de ce principe, indiquée par les jurisconsultes comme par la jurisprudence, c'est que l'hypothèque prise avant le partage par le créancier particulier d'un des cohéritiers est restreinte aux biens échus au lot de ce cohéritier, et qu'elle s'évanouit lorsqu'aucun immeuble n'entre dans son lot;

« Attendu dès lors que l'inscription hypothécaire prise par le sieur Lacaux, en vertu de l'acte d'obligation qui lui avait été consenti par le sieur de Capriol Saint-Hilaire, le 23 mai 1826, ne peut avoir aucun effet sur les immeubles qui, en définitive, peuvent être attribués au lot de la dame de Senegas;

« Attendu que dans ces circonstances le sieur Lacaux ne pouvait avoir aucun droit d'intervenir dans l'instance en partage pendante devant le tribunal civil de Perpignan, entre la dame de Senegas et les enfants du sieur Auguste de Capriol. »

Que les créanciers de l'héritier cédant qui n'avaient point formé d'opposition au partage n'eussent pu intervenir à celui qui restait à faire entre les deux autres héritiers, cela n'aurait pu faire de doute quant à ceux qui n'étaient point inscrits; l'acte de cession avait, en effet, dans tous les cas, fixé ou transporté la propriété des biens cédés en la personne du cessionnaire; le partage à opérer devait rester complétement étranger au cédant, et cette classe de ses créanciers n'avait plus le droit de s'y entremettre; mais la validité de l'inscription prise avant la cession par un des créanciers du cédant dépendait de la question de savoir si cet acte avait été déclaratif ou attributif. Dans ce dernier cas, cette inscription avait utilement frappé la part ayant appartenu au cédant, et avait conséquemment suivi les immeubles dans les mains de l'acquéreur. Ce créancier avait ainsi intérêt au partage à faire entre le cessionnaire et le troisième héritier, et à la fixation de la part immobilière que son débiteur avait cédée, et sur laquelle ce créancier avait le droit d'exercer son hypothèque; son intervention au partage était donc dans le cas d'être admise, à moins qu'en lui faisant dénoncer son contrat, le concessionnaire n'eût, conformément à l'art. 2192 du Code, donné aux droits immobiliers par lui acquis une valeur suffisante pour désintéresser tous les créanciers inscrits sur son vendeur.

Un assez grand nombre de jugements avaient condamné la prétention de la régie, qui exige des droits de mutation à raison des cessions de droits successifs faites entre cohéritiers, par des actes qui n'ont point fait cesser l'indivision entre eux, mais ces différents jugements ont tous été cassés.

« Attendu, a dit la Cour de cassation par arrêt du 16 janvier 1827[1], que la fiction de droit établie par l'art. 883 du Code civil, d'après laquelle chaque communiste est censé avoir été propriétaire, *ab initio*, des objets à lui échus par le partage ou licitation, ne s'applique, d'après les termes mêmes de cet article, qu'aux actes qui y sont énoncés, et qui, passés entre tous les cohéritiers ou autres copropriétaires d'une même chose, ont pour effet de faire cesser l'indivision de cette même chose;

(1) Sirey, 27. 1. 212.

« Attendu, dans l'espèce, que l'acte du 20 mai 1822, par lequel le défendeur, propriétaire d'un tiers seulement de l'immeuble, dit Marché d'Aguesseau, a acquis des demoiselles Coste de Camperon un autre tiers de cet immeuble, ne peut être considéré comme un partage ni comme une licitation, puisque cet acte n'est passé qu'entre des copropriétaires d'une partie seulement dudit immeuble, sans le concours des propriétaires du surplus, et qu'il n'a pas eu pour effet d'en faire cesser l'indivision, laquelle a continué après cet acte de subsister entre le défendeur et les propriétaires du tiers restant de ce même immeuble. »

« Attendu, porte un autre arrêt de la même Cour, du 21 août 1829[1]; que les biens énoncés au contrat de vente du 5 juillet 1825 étaient indivis entre la dame Duprel et ses trois frères;

« Que deux d'entre eux seulement ont vendu leurs portions; qu'ainsi ce contrat de vente n'a pas fait cesser l'indivision entre la dame Duprel et le sieur Sulpicien Foblant, son frère, qui n'a pas été partie dans l'acte;

« Que, dès lors, cet acte ne peut pas être considéré comme un partage, mais doit l'être comme une vente susceptible de transcription;

« Attendu qu'en jugeant le contraire le tribunal civil a fait une fausse application de l'art. 883 du Code civil, et expressément violé l'art. 52 de la loi du 28 avril 1816. »

Dans une espèce où une propriété était restée indivise entre trois personnes, un tiers avait acquis la part de deux des communistes par des actes auxquels le troisième n'avait pris aucune part. Des créanciers inscrits sur l'un des cédants ayant voulu suivre l'effet de leur hypothèque sur la part cédée par leur débiteur, le cessionnaire prétendit que cet acte avait équivalu à partage ou licitation entre son cédant et lui qui représentait déjà un autre communiste, et qu'ainsi la portion à lui cédée avait été affranchie des dettes et hypothèques de son copartageant; mais on lui répondait que l'immeuble se trouvant encore, quant au troisième communiste, dans le même état qu'auparavant, il n'y avait réellement pas eu partage, mais vente par un acte translatif et non pas seulement déclaratif de la propriété.

La Cour royale de Besançon a consacré, par arrêt du 13 juillet 1825[2], le principe émis par les créanciers du cédant, en adoptant les motifs des premiers juges qui avaient considéré notamment : « que la prescription de la loi n'est pas de changer la nature des choses, mais seulement de déterminer la nature d'un traité par le véritable *gestum* des parties;

« Que son application est constante toutes les fois que la réunion de tous les copropriétaires peut indiquer l'intention de terminer leur indivision commune, lors même que la part de quelques-uns pourrait consister en argent, parce que l'argent représente en pareil cas la portion du copropriétaire dans l'objet indivis au moyen du partage; mais que lorsque le prix de la chose n'a pu consister

(1) SIREY, 29. 1. 421. — DALLOZ, 29. 1. 346. (2) SIREY, 30. 1. 339.

qu'en une somme d'argent, ce prix ne représente la chose que par suite d'une vente. »

La Cour de cassation a rejeté, par arrêt du 18 mars 1829, le pourvoi qui avait été exercé contre cette décision.

« Attendu, a dit la Cour, que, l'acte du 13 décembre 1821, dont il s'agissait entre les parties, n'étant pas fait avec tous les cohéritiers et n'ayant pas fait cesser l'indivision, l'arrêt attaqué, en le considérant non comme un partage, mais comme une vente, et comme tel soumis à l'action hypothécaire des créanciers du cédant, n'a violé ni l'art. 883 du Code ni aucun des autres articles invoqués, qui sont tous relatifs aux partages entre cohéritiers dont l'acte dont il s'agit ne réunissait pas les caractères. »

Les trois arrêts ci-dessus n'ont été, à la vérité, rendus qu'à l'égard de cessions consenties entre copropriétaires, mais l'identité des principes qui régissent les actes de partage passés entre ceux-ci et ceux entre héritiers aurait tranché la question quant à ces derniers, lors même que des arrêts postérieurs n'auraient pas formellement décidé que la même solution leur était applicable.

Un arrêt rendu par la Cour de cassation, le 16 mai 1832[1], a déclaré en effet attributive de propriété la cession faite par une héritière à tous ses cohéritiers, entre qui les biens de la succession étaient restés indivis.

« Attendu, porte cet arrêt, que l'art. 883 du Code civil contient une exception à la règle générale; qu'il résulte de son texte et de son esprit que les hypothèques créées par l'un des héritiers sur des immeubles possédés par indivis ne sont regardées comme nulles et non-avenues que dans le cas où l'un des autres héritiers, devenu, par l'effet d'un partage ou d'une licitation, seul propriétaire desdits immeubles, est censé avoir succédé seul et immédiatement à ces immeubles;

« Qu'il suit de ce principe, consacré par la jurisprudence des Cours et tribunaux, et spécialement par plusieurs arrêts de la Cour, que la vente faite par la dame Dizy à ses deux frères, de son tiers dans les immeubles indivis entre eux, n'avait pas fait cesser l'effet des hypothèques dont elle avait pu grever sa part indivise avant de l'aliéner, et qu'ainsi ce contrat était de nature à être transcrit. »

Un dernier arrêt de la même Cour, du 6 novembre 1832[2], doit être considéré comme ayant été rendu *in terminis* sur la question.

« Considérant en droit, y est-il dit, que c'est par exception à la règle générale que l'art. 883 du Code civil prive les créanciers personnels des héritiers des hypothèques légales, judiciaires ou conventionnelles qui leur avaient été acquises sur la part indivise de tous les biens de l'hérédité dont leur débiteur avait été saisi du jour de l'ouverture de la succession;

« Considérant que cette exception, qui doit être restreinte dans ses plus étroites limites, ne s'applique, d'après la lettre des art. 883 et 888 du Code, qu'aux seuls actes qui, en faisant cesser l'indivision entre les cohéritiers, substi-

(1) Sirey, 32. 1. 602. (2) Sirey, 33. 1. 66

tuent à leur part indivise dans les meubles et immeubles de la succession le lot des effets auxquels chacun d'eux est, en ce cas spécial et par suite d'une fiction de la loi, censé avoir succédé seul et immédiatement, et n'avoir jamais été propriétaire d'aucun des autres effets de la succession;

« Considérant qu'en ne donnant cet effet rétroactif qu'aux actes qui, quelle que soit leur qualification, ont pour objet de faire cesser l'indivision entre les cohéritiers, la loi n'a fait aucune distinction entre la vente de la part indivise dans l'un des immeubles communs et celle de la totalité de ses droits successifs;

« Considérant qu'une semblable distinction n'aurait pas même eu de motifs, puisque dans l'une et l'autre hypothèse l'héritier vendeur conserve sa qualité d'héritier et ne transporte par conséquent qu'une plus ou moins grande part dans des immeubles sur lesquels ses créanciers avaient un droit d'hypothèque légale, judiciaire ou conventionnelle, acquis antérieurement à la vente;

« Considérant que si l'art. 889 du Code civil permet à l'héritier de faire la vente de ses droits successifs à ses cohéritiers, à leurs périls et risques, et contient sous ce rapport au principe de l'égalité requise dans les partages une exception fondée sur ce que la vente de droits successifs rentre dans la classe des contrats aléatoires, cet art. 889 ne dit ni expressément ni implicitement que l'acte par lequel cette vente sera faite aura, même à l'égard des tiers, l'effet rétroactif d'un partage, s'il ne fait pas cesser l'indivision entre les cohéritiers;

« Considérant, en fait, que la transaction du 5 juin 1820 n'ayant pas opéré le partage de la succession, n'ayant pas fait cesser l'indivision entre les cohéritiers, n'ayant pas enfin fixé le lot des effets auxquels chacun d'eux serait censé avoir succédé immédiatement, le sieur d'Angerville, cessionnaire des droits successifs de ses deux enfants du premier lit, n'a été que leur ayant cause, tenu comme eux des hypothèques dont leur part indivise dans les immeubles de la succession avait été grevée; d'où il suit que cette transaction était de nature à être transcrite. »

La Cour royale de Lyon a rendu, le 21 décembre 1831 [1], un arrêt conforme à cette jurisprudence.

Ainsi, l'acte qui a fait cesser l'indivision entre tous les héritiers doit être seul considéré comme n'ayant été que déclaratif. Les ventes, échanges ou cessions de droits successifs que les héritiers ont passés entre eux ne peuvent, aux termes mêmes des art. 883 et 888 du Code civil, produire cet effet que dans ce cas unique. Il faut qu'il y ait eu attribution définitive des biens de la succession au profit de tous les héritiers, ou, au moyen des arrangements qu'ils ont pu prendre, de toute la propriété au profit de l'un ou de quelques-uns d'entre eux, pour que chacun de ces héritiers puisse être réputé avoir succédé seul et immédiatement aux biens qui ont été compris dans son lot ou à la somme qui lui en tient lieu. Un acte de vente ou de cession passé par l'un des héritiers à l'un de ses

(1) Sirey, 32. 2. 274.

cosuccessibles, ou même à tous, ne produit point ce résultat s'il n'a été procédé en même temps au partage de la succession; ce n'est en effet que par la division effective de tous les biens indivis que chacun des héritiers obtient la propriété des immeubles qui ont été compris dans son lot, et il est impossible qu'il puisse être réputé avoir acquis avant cette propriété. L'acte qui a précédé le partage n'a pu, quel qu'il ait été, la lui attribuer; cet acte n'a donc été que simplement attributif, au profit de l'héritier cessionnaire, des biens qui écherront à son cédant lors du partage où il viendra exercer plus tard les droits qu'il a acquis; par suite les créanciers de l'héritier cédant ont conservé les hypothèques qu'ils avaient fait inscrire, ou qu'ils feront inscrire dans la quinzaine de la transcription du contrat, sur la part à attribuer au représentant de leur débiteur dans les immeubles de la succession.

La Cour royale d'Aix a rendu sur la question, le 23 décembre 1835, un arrêt qu'il convient aussi de rapporter :

« Attendu, a dit la Cour, que, d'après les principes généraux comme dans le sens de l'article 883 du Code civil, le partage contre cohéritiers est l'acte par lequel, après avoir formé l'actif, le passif, l'estimation des biens, on assigne les lots par des formalités substantielles pendant lesquelles les créanciers peuvent intervenir avant la consommation de ces opérations, caractère que n'a pas l'acte produit au procès du 10 avril 1831;

« Attendu que cet acte n'est qu'une vente à forfait des droits successifs maternels en bloc, sans estimation de biens, faite par Auguste Revoil et Jean-Amédée Baragnon, en sa qualité, pour une somme d'argent, et portant quittance au nom dudit Auguste, en faveur des quatre autres membres de la famille Revoil, où les acquéreurs stipulent qu'ils demeureront dans l'indivision pendant cinq ans, ce qui n'a point constitué un partage et n'en a point consommé les opérations, notamment à l'égard des tiers;

« Qu'ainsi les créanciers inscrits sur Auguste Revoil ne peuvent être réputés non-recevables en leur opposition des 17 et 18 avril 1831, pour ne l'avoir pas fait signifier avant l'acte du 10 avril précédent, la fin de non-recevoir ne pouvant leur être opposée, soit comme tiers, soit par la nature dudit acte du 10 avril;

« Attendu que, créanciers inscrits, leur hypothèque a eu son effet légal sur la partie des immeubles qui a d'abord reposé sur la tête de leur débiteur Auguste Revoil après le décès de sa mère, et que cette hypothèque n'a pas cessé de grever à leur profit lesdits immeubles en quelque main qu'ils aient passé; que, dès lors, leur droit hypothécaire subsiste encore utilement malgré la quittance ci-dessus, laquelle doit demeurer sans effet à leur égard. »

Les motifs principaux de cet arrêt sont parfaitement conformes aux principes consacrés par les nombreuses décisions que nous venons de rapporter. L'acte en question n'avait point été un véritable partage, puisqu'il n'avait pas fait

(1) DALLOZ, 36. 2. 151.

cesser l'indivision entre tous les héritiers; il n'avait ainsi été que purement translatif de la propriété, et les créanciers hypothécaires du cédant devaient continuer à jouir du bénéfice des inscriptions qu'ils avaient prises sur les biens cédés; mais l'arrêt a admis, dans des termes peut-être un peu trop généraux, que ces créanciers avaient pu, après l'acte de cession, former encore opposition au partage. Cette opposition ne pouvait produire d'effet que quant à la partie immobilière de la succession que frappait l'hypothèque de ces créanciers, mais non quant à la partie mobilière, dont l'héritier débiteur, non grevé d'opposition, avait pu librement disposer, ainsi que nous l'avons fait remarquer sur l'arrêt rendu par la Cour royale de Montpellier, le 19 juillet 1828; les créanciers dont l'opposition n'avait été formée qu'après la cession n'étaient pas repoussés, quant à ce mobilier, par les dispositions finales de l'article 882 du Code civil, qui ne sont relatives qu'au cas où la succession a été partagée d'une manière définitive entre tous les héritiers; ils l'étaient par les principes généraux du droit, qui font perdre aux créanciers tous droits sur les objets mobiliers dont leur débiteur a valablement disposé avant aucunes poursuites de leur part. Aussi la Cour d'Aix n'a-t-elle, par son arrêt, fait produire aucun effet à cette opposition sur le mobilier compris dans la cession; elle s'est bornée à délaisser les créanciers à se pourvoir par action hypothécaire pour être payés de leurs créances inscrites sur le prix provenu de la part de leur débiteur dans les immeubles de la succession, nonobstant la quittance que ce débiteur en avait donnée, et qui était annulée quant à ces créanciers.

2° Le légataire à titre universel d'un usufruit ne peut être assimilé, dans aucun cas, à un successible; l'abandon qu'il a fait de ses droits aux héritiers n'a point été déclaratif, mais nécessairement attributif de la propriété de cet usufruit au profit des cessionnaires, et les hypothèques inscrites antérieurement sur cet usufruitier doivent continuer à produire tous leurs effets.

« Attendu, a dit la Cour royale de Douai par arrêt du 16 février 1828 (1), que l'hypothèque judiciaire des appelants a frappé utilement l'usufruit légué au comte Dusaillant, leur débiteur, au moment même du décès de la comtesse Dusaillant, testatrice;

« Attendu que la nue-propriété et l'usufruit sont des choses essentiellement distinctes et indépendantes l'une de l'autre;

« Qu'il ne résulte aucune indivision de ce qu'elles sont placées dans des mains différentes;

« Que le maître de la nue-propriété ne peut pas plus forcer le maître de l'u-

(1) Sirey, 29. 1. 360. — Dalloz, 29, 1, 520.

sufruit à vendre son droit que ce dernier ne peut contraindre le premier à l'aliénation du sien;

« Que la vente qu'il leur convient de faire ensemble constitue bien une vente conjointe, mais non la licitation d'une chose indivise;

« Qu'il suit de là que le principe posé par l'art. 883 du Code civil, et les conséquences de ce principe, sont sans application à la vente que le comte Dusaillant et ses enfants ont conjointement consentie:

« Attendu que l'art. 828 et suivants dudit Code, qui règlent les droits et les obligations des copartageants entre eux, ne sont pas non plus susceptibles d'application au cas présent;

« Qu'en effet, la seule qualité du comte Dusaillant étant celle de légataire de l'usufruit d'une partie des biens de son épouse, il n'a pu, à raison de la nue-propriété échue à ses enfants, devenir de leur part le terme d'une action en partage, ni conséquemment être soumis aux rapports et aux prélèvements prescrits par la loi en matière de partage;

« Que si, par le résultat de la liquidation de la communauté des époux Dusaillant, les ayants droit de la femme se trouvent créanciers du mari, le paiement de cette créance peut, conformément aux règles ordinaires du droit, être poursuivi, tant sur le prix provenant de l'aliénation de l'usufruit légué au comte Dusaillant que sur les autres biens de ce débiteur; mais que cette créance n'a pu anéantir le droit hypothécaire des appelants, et ne doit pas, dès lors, nécessairement entraîner la radiation de l'inscription prise par ces derniers sur l'usufruit du comte Dusaillant. »

Le pourvoi exercé contre cet arrêt a été rejeté par la Cour de cassation, le 3 août 1829.

« Attendu qu'il résulte de l'arrêt attaqué que l'épouse du sieur Dusaillant l'avait institué, par son testament, légataire pour moitié de l'usufruit des biens de Boubers;

« Que le droit d'usufruit résultant dudit testament en faveur du sieur Dusaillant était absolument distinct des droits qui appartenaient à ses enfants en leur qualité d'héritiers de leur mère;

« Que le sieur Dusaillant est privilégié comme légataire, conjointement avec lesdits héritiers, à la vente dudit domaine;

« Qu'une telle vente ne peut être considérée comme licitation entre cohéritiers;

« D'où il suit que le principe posé par l'art. 883 du Code civil, et les conséquences déduites de ce principe par les autres articles du même Code, sont sans application à ladite vente, et que la Cour royale de Douai, en jugeant ainsi, n'a violé aucune loi. »

Le légataire, même à titre universel, d'un usufruit n'est point un héritier, et les règles portées à l'égard des successibles ne peuvent le concerner. L'usufruit à lui dû a été soumis aux droits et à l'hypothèque de tous ses créanciers. Si parmi ceux-ci se trouvent les nus-propriétaires, aucune cause de préférence ne peut exister à leur égard; ils ne doivent venir que comme les autres créanciers, au rang de leurs inscriptions, ou, à défaut, par contribution.

3° Les héritiers ne peuvent demander, faute de paiement du prix, la résolution de l'adjudication par suite de licitation qui a eu lieu au profit de l'un deux, d'immeubles provenant de la succession qui leur était commune; ils n'ont qu'un privilége à exercer sur le prix de la revente de ces immeubles.

La Cour de cassation a consacré ce principe, par arrêt du 21 mars 1823[1], à l'égard d'une vente sur licitation entre copropriétaires.

« Attendu qu'il s'agit dans la cause de la licitation d'un immeuble acquis en commun par les sieurs Escoffier et Desfours; que cet immeuble est resté au premier comme plus haut enchérisseur, à la charge de payer une somme de 17,500 francs, déléguée par le sieur Desfours, et de lui constituer une rente de 1,500 francs;

« Attendu qu'il est de principe consacré par l'art. 883 du Code civil, dont la disposition a été rendue commune par l'art. 1872 du même Code à tous les biens indivis, à quelque titre que ce puisse être, licités entre les copropriétaires et restés à l'un deux, que celui-ci est censé avoir été seul propriétaire de ces biens; que les autres colicitants sont réputés n'en avoir jamais eu la propriété, et n'y avoir eu qu'un droit de créance pour lequel la loi leur accorde une hypothèque privilégiée qu'ils ne peuvent conserver qu'en remplissant les formalités prescrites;

« D'où il suit qu'en rejetant, sur le fondement de ce principe, l'action du sieur Desfours en résolution de la licitation dont il s'agit, la Cour royale de Lyon n'a violé ni les art. 1181 et 1654 du Code civil qui confèrent au vendeur la faculté de demander la résolution du contrat de vente quand l'acquéreur n'en a pas payé le prix, ni l'art. 1686 du même Code concernant la licitation des choses communes à plusieurs personnes, et dont les dispositions ne portent aucune atteinte au principe ci-dessus. »

Le même principe a été appliqué, et à plus forte raison, à des cohéritiers, par arrêt de la Cour royale de Besançon du 25 juin 1828[2].

« Considérant, porte cet arrêt, que la vente sur licitation d'un immeuble indivis entre cohéritiers est un acte équipollent à partage;

« Que celui des cohéritiers à qui, par l'effet de la licitation, l'immeuble est adjugé, est censé le tenir immédiatement du défunt, et que dès lors cet immeuble lui parvient affranchi des hypothèques personnelles aux autres cohéritiers, d'où il suit, par une conséquence ultérieure, que les autres cohéritiers, vaincus en licitation, ne sont censés avoir succédé au défunt que dans une somme d'argent avec hypothèque, considérée comme soulte de partage, et sous ce rapport privilégiée sur l'immeuble;

« Que la jurisprudence du parlement de Paris, attestée par Guyot en son Traité

(1) Sirey, 23. 1. 200. — Denevers, 21. 1. 99. (2) Sirey, 29. 2. 86. — Dalloz, 29. 2. 132.

des Fiefs, tom. I, pages 2 et 3, édition de 1767, est depuis longtemps constante sur ce point, que les héritiers et même les colégataires, codonataires, les associés *quoquo modo*, pouvaient liciter sans crainte de donner ouverture aux droits seigneuriaux, si l'un d'eux était adjudicataire, parce que, ajoute cet auteur, la Cour, par son attention à chercher le vrai, a vu les mêmes principes, les mêmes règles, les mêmes inconvénients, les mêmes conséquences, et de là les mêmes raisons de décider;

« Que ce point de droit est encore attesté par un arrêt de la Cour de cassation, du 11 brumaire an IX, rapporté par Sirey en son volume d'arrêts de 1791 à l'an X;

« Que cette jurisprudence, antérieure à la publication du Code civil, a été érigée en loi par les art. 883 et 1872 dudit Code;

« Qu'il est donc constant que le cohéritier vainqueur en licitation est censé avoir été seul propriétaire; que ses cohéritiers sont réputés n'avoir jamais eu la propriété de la chose licitée, et n'avoir eu qu'un droit de créance avec hypothèque privilégiée; que dès lors ceux-ci ne peuvent agir par voie de résolution, en vertu des art. 1181 et 1651 du Code civil, mais seulement par voie de saisie mobilière et immobilière. »

La Cour royale de Metz a rendu un arrêt semblable le 23 mars 1820[1].

« Considérant que le Code civil, art. 2109, accorde aux cohéritiers un privilége sur les immeubles de la succession pour la garantie des partages faits entre eux et des soultes ou retours de lots, mais qu'il ne leur confère point le droit de demander la résolution du partage, à défaut de paiement de la soulte; que les dispositions de l'art. 1651 du Code ne peuvent être invoquées que par le vendeur, qui, étant propriétaire de la chose vendue et n'en transmettant la propriété à l'acquéreur qu'à condition que ce dernier lui en paiera le prix, est naturellement fondé à rentrer dans sa possession et propriété lorsque cette condition ne s'accomplit pas; mais que le cohéritier n'est point exclusivement propriétaire du lot attribué à son cohéritier par l'acte de partage; que ce n'est point de lui que le débiteur de la soulte reçoit la propriété du lot qui lui échoit, mais que tous les cohéritiers l'ont également reçue de leur auteur commun. »

Le partage et la licitation qui en tient lieu n'étant, aux termes de l'ancien droit et de l'art. 883 du Code civil, que purement déclaratifs, le cohéritier créancier d'une soulte ou d'une portion du prix de la licitation ne peut demander à rentrer, faute de paiement, dans la propriété d'immeubles qui sont réputés ne lui avoir jamais appartenu; il ne lui est provenu du défunt que la somme à lui due, et s'il a perdu le privilége que lui accorde l'art. 2103 du Code, il ne peut agir sur les immeubles du cohéritier, son débiteur, que comme le pourrait tout autre créancier.

40. L'héritier adjudicataire sur licitation d'un immeuble de la succession,

(1) *Journal du Palais*, 21, 289.

ne peut, faute de paiement du prix de la vente, être poursuivi par voie de folle enchère, à moins qu'une clause formelle du contrat ou du jugement d'adjudication n'y ait assujetti tous ceux qui se rendraient adjudicataires.

Il existe une assez grande divergence entre les arrêts rendus sur la question; mais le principe que nous venons de poser constitue le dernier état de la jurisprudence.

La Cour royale de Paris a décidé, par un premier arrêt du 21 mai 1816[1], dans une espèce où, à la vérité, une clause formelle avait stipulé que la revente par folle enchère aurait lieu faute de paiement du prix par l'adjudicataire, que cette poursuite pouvait être exercée contre le cohéritier qui s'était rendu acquéreur; mais la Cour n'a point motivé son arrêt d'après cette clause.

« Considérant, a-t-elle dit, que la fiction consacrée par l'ancienne jurisprudence et par l'art. 883 du Code civil n'est relative qu'aux créanciers du cohéritier ou colicitant, et laisse subsister entre ces derniers les qualités corrélatives de vendeur et d'acheteur. »

Cependant la même Cour a jugé, par arrêt du 21 avril 1830[2], dans une espèce où la clause en question n'avait pas été portée, que la revente sur folle enchère de biens acquis sur licitation par un des héritiers ne pouvait pas être requise.

« Considérant qu'il résulte de la combinaison des art. 883, 2108 et 2109 du Code civil, que, dans le cas d'adjudication faite au profit de l'un des cohéritiers, les autres cohéritiers ne sont pas vendeurs, et que le seul moyen fourni au colicitant ou copartageant, à l'effet de conserver son privilége pour la portion du prix de la licitation qui lui appartient, consiste à prendre inscription dans les soixante jours de la licitation. »

La Cour de cassation a décidé, par arrêt du 9 mai 1832[3], en rejetant un pourvoi qui avait été exercé contre un arrêt de la Cour royale de Paris, du 24 décembre 1830, « que l'arrêt attaqué, en décidant que des actes de licitation entre cohéritiers n'étaient pas des actes d'aliénation, et qu'ils n'étaient point attributifs, mais simplement déclaratifs de propriété, n'avait fait qu'une juste application de l'art. 883 du Code civil. »

La Cour royale de Bordeaux a rendu un arrêt semblable le 15 mars 1833[4], sans avoir même égard à la clause de folle enchère qui avait été insérée au jugement d'adjudication.

« Attendu que la licitation entre cohéritiers est déclarative et non attributive du droit de propriété; qu'il en résulte que l'héritier qui se rend adjudicataire est censé avoir succédé seul et immédiatement à l'objet qui lui est échu à ce titre; que de ce principe découle également la conséquence que la résolution

(1) SIREY, 18. 2. 10. — DALLOZ, *Rec. alph.*, 11. 860. (2) SIREY, 30. 2. 370. — DALLOZ, 30. 2. 245.
(3) DALLOZ, 32. 1. 78. (4) SIREY, 34. 2. 22.

par voie de folle enchère n'est pas admissible, puisqu'il n'existe pas, dans la réalité, de vente consentie par les colicitants de leur part dans l'héritage licité, ainsi que l'enseigne Pothier, *Contrat de vente*, numéro 639, et que la loi ne leur reconnait qu'un droit de créance privilégiée, à la charge de prendre inscription dans le délai qu'elle détermine;

« Attendu que l'art. 15 du cahier des charges, invoqué par les appelants, ne contient aucune dérogation au droit commun, puisqu'il n'est que la reproduction, à peu près littérale de l'art. 737 du Code civil. »

La même Cour a persisté dans sa jurisprudence par arrêt du 22 mars 1834 [1], à l'égard d'un héritier qui n'avait pourtant accepté la succession que sous bénéfice d'inventaire, et qui s'était rendu adjudicataire d'immeubles provenant de la succession.

« Attendu qu'en sa qualité d'adjudicataire sur licitation de quatre lots des immeubles dépendant de cette succession, Paul Boudin n'a pu être valablement poursuivi par la voie de la folle enchère qui suppose une vente préexistante, tandis que la licitation qui entre cohéritiers équivaut à partage est, comme le partage lui-même, déclarative et non attributive du droit, aux termes de l'art. 883 du Code civil, qui ne fait que consacrer les anciens principes en cette matière; qu'on ne peut dès lors appliquer à un tel adjudicataire la clause résolutoire de l'art. 737 du Code de procédure civile;

« Attendu que la loi n'a pas distingué entre l'héritier pur et simple et l'héritier bénéficiaire; que celui-ci est, comme le premier, un véritable héritier; qu'il est également saisi de plein droit des biens du défunt; que sa qualité est tout aussi indélébile;

« Qu'il ne diffère qu'en ce point qu'il ne confond pas ses biens propres avec ceux de l'hérédité, et qu'on ne peut le contraindre au-delà de la valeur des biens dont elle se compose; qu'il suit de ce qui précède que Paul Boudin, à qui appartient la faculté de disposer sans formalité de justice des biens auxquels il est censé avoir succédé seul et immédiatement, n'est tenu qu'au paiement du prix, et que les conjoints de Lascuchais, en leur qualité de créanciers hypothécaires, ne pouvaient légalement recourir à un mode de procéder à l'exercice duquel les cohéritiers eux-mêmes ne seraient pas admis; qu'ils n'ont que le droit de faire saisir réellement, sur la tête de l'appelant, les immeubles affectés à leurs créances. »

La question a enfin été soumise à la Cour de cassation, par suite d'un pourvoi formé contre un arrêt de la Cour royale de la Guadeloupe, qui avait autorisé l'exécution d'une clause de folle enchère contenue en un jugement d'adjudication sur une licitation entre deux copropriétaires, dont l'un s'était rendu acquéreur.

« Considérant, dans l'espèce, porte l'arrêt de la Cour de cassation du 9 mai 1834 [2], que les stipulations (qui avaient assujetti l'adjudicataire à l'obligation de

(1) SIREY, 34. 2. 460. — DALLOZ, 34. 2. 159. (2) SIREY, 34. 1. 593. — DALLOZ, 34. 1. 446.

fournir caution et aux chances de la folle enchère) ont été insérées dans un cahier de charges rédigé par le demandeur lui-même, et qu'elles n'avaient établi ou prévu aucune distinction entre le colicitant ou l'étranger, pour le cas où l'un ou l'autre deviendrait adjudicataire;

« Que ces stipulations n'avaient rien d'illicite;

« Qu'elles offraient des avantages communs à toutes les parties;

« Considérant que l'intention du demandeur d'exécuter cet engagement qu'il s'était créé à lui-même avait été démontrée par le défaut de toute protestation ou réserve avant l'adjudication, et que le demandeur n'a pu, après ces stipulations et l'exécution qu'elles avaient reçue de sa part, prétendre postérieurement en être affranchi. »

De ces différentes décisions il résulte qu'en droit, et lorsqu'aucune clause n'a autorisé les vendeurs à déposséder l'adjudicataire, faute de paiement du prix, par voie de folle enchère, ce mode de contrainte ne peut être exercé contre l'héritier qui s'est rendu acquéreur; la licitation est alors assimilée à un partage; chacun des héritiers est réputé n'avoir recueilli que la somme qui doit lui revenir dans le prix de la vente, et il ne peut agir comme vendeur des immeubles qui sont censés ne lui avoir jamais appartenu; mais si, par une dérogation expresse à ce principe, le cahier des charges a donné aux colicitants la faculté d'exercer cette poursuite contre l'adjudicataire, sans excepter celui d'entre eux qui pourrait le devenir, celui-ci a renoncé à exciper de sa qualité, et dès lors ce n'est pas d'après la loi que la question doit être décidée, mais d'après la volonté des parties, qui ont pu déroger au principe qui n'a été introduit qu'en leur faveur.

5° Le copartageant non payé de la soulte qui lui a été attribuée ne peut demander, pour cette cause, la résolution de l'acte de partage; il n'a droit qu'au privilége qui, à raison de cette soulte, lui est accordé par la loi.

Ce principe est universellement admis.

Il l'a été par arrêt de la Cour royale de Metz, du 23 mars 1820 [1], ainsi que par arrêt de la Cour royale de Nîmes, du 29 mai 1829 [2].

« Attendu que le partage est déclaratif, et non translatif de propriété; qu'aux termes de l'art. 883 du Code civil le cohéritier est censé avoir succédé seul et immédiatement à tous les effets compris dans son lot, et n'avoir jamais été propriétaire des autres effets de la succession; qu'ainsi, un cohéritier ne tenant rien de son cohéritier, aucun d'eux n'est admis à se prévaloir des art. 1184 et 1654 pour faire prononcer la résolution du partage à défaut de paiement de la soulte;

(1) SIREY, 21. 2. 332. (2) SIREY, 30. 2. 107. — DALLOZ, 30. 2. 55.

que cela est si vrai que l'art. 2109 du Code civil a donné garantie spéciale aux copartageants pour la soulte, en assurant en même temps aux tiers les avantages de la publicité; que, s'il en était autrement, il serait trop facile de colluder au préjudice des tiers, en négligeant de conserver par l'inscription le privilége qui est assuré aux copartageants, ce qui n'aurait pu être dans l'intention du législateur. »

Le pourvoi contre cet arrêt a été rejeté par la Cour de cassation le 29 décembre 1829.

« Attendu, en droit, que, du rapprochement des art. 883, 884, 885, 886, 887, 2103, numéro 3, du Code civil, il résulte que la rescision de l'acte de partage doit être régie par des dispositions particulières à cet acte, et non par le principe général posé par l'art. 1184, même Code ;

« Qu'en effet, par une conséquence du principe que chaque cohéritier, après partage ou licitation, est censé n'avoir jamais eu la propriété des biens échus aux autres copartageants, il ne peut les revendiquer, comme le vendeur revendique les biens vendus ;

« Que le partage lui-même est moins l'effet de la volonté libre des parties que de la nécessité de faire cesser l'indivision ; il n'est pas un acte de spéculation et de commerce ; enfin, il fixe souvent le sort et l'état de plusieurs familles ; il ne peut donc, sans les inconvénients les plus graves, être rescindé pour une inexécution quelconque de la part d'un des copartageants, et pour le non-paiement de tout ou partie d'une soulte, pour le recouvrement de laquelle le créancier copartageant tient un privilége spécial de la loi. »

La Cour royale de Paris a rendu un arrêt conforme le 24 décembre 1830[1], et sa décision a été maintenue par arrêt de la Cour de cassation du 9 mai 1832.

« Attendu que l'arrêt attaqué, en décidant que des actes de licitation entre cohéritiers n'étaient pas des actes d'aliénation et qu'ils n'étaient point attributifs mais simplement déclaratifs de propriété, n'a pas violé les articles ci-dessus cités et n'a fait qu'une juste application de l'art. 883 du Code civil »

La Cour de cassation a rendu un arrêt semblable le 14 mai 1833[2], à raison d'une licitation opérée avant le Code civil.

6° La résolution d'une vente consentie par le défunt ne peut, faute de paiement du prix, être demandée par un seul des héritiers; au moins l'acquéreur a le droit de demander que tous les autres héritiers soient mis en cause, à l'effet de s'entendre sur la reprise de l'héritage entier.

« Considérant, a dit la Cour royale de la Guadeloupe, par arrêt du 18 juillet 1823[3], que tout acte synallagmatique est fondé sur les intérêts des parties contractantes, rapprochés et combinés ensemble ;

(1) Sirey, 32. 1. 367. (2) Sirey, 33. 1. 381. (3) Sirey, 29. 1. 180. — Dalloz, 24. 1. 210.

« Que ces intérêts ainsi liés sont indivisibles, et que leur réunion forme une propriété commune entre toutes les parties;

« Que, d'après ces principes, un tel acte ne saurait être modifié ni détruit sans le consentement mutuel ou du moins le concours de ceux qui l'ont formé, lorsque des causes prévues par la loi en autorisaient la révocation formelle;

« Que c'est dans cet esprit qu'il faut lire l'art. 1131 du Code civil, qui permet la révocation de la convention, soit du consentement mutuel des parties, soit, malgré le défaut de consentement, pour des causes autorisées par la loi;

« Qu'il est évident que si la révocation amiable ne peut être obtenue et qu'il y ait lieu de recourir à la révocation forcée, le lien commun ne peut être dissous sans appeler toutes les parties et les entendre dans les moyens qu'elles ont à faire valoir, soit pour consentir la résolution, soit pour la refuser. »

La Cour de cassation a rejeté, le 6 mai 1829, le pourvoi qui avait été exercé contre cet arrêt.

« Attendu qu'il est de principe fondé sur la raison et consacré par les art 1670 et 1675 du Code civil, que si un des héritiers du vendeur demande la rescision de la vente, l'acquéreur peut exiger que tous les héritiers soient mis en cause pour se concilier sur la reprise de l'héritage en entier; que, par une suite, il en est de même s'il demande en la même qualité la résolution d'une vente ou d'une transaction faute de paiement de prix;

« Qu'il est jugé en fait par les arrêts attaqués que, par la vente et par la transaction dont il s'agit, les parties contractantes ont considéré comme indivisible l'objet de chacun de ces actes;

« Qu'il suit de là qu'en déclarant la dame Collet non-recevable en l'état à demander en jugement la résolution de ces actes par elle réclamée comme héritière de ses père et mère, sans le concours et l'assistance de son cohéritier, et en la renvoyant à se pourvoir ainsi qu'elle avisera pour l'appeler en cause, ces arrêts, loin de violer la loi, n'ont fait qu'une juste application des principes. »

Il appartient incontestablement à chaque héritier du vendeur de demander la résolution, faute de paiement du prix, de la vente faite par son auteur, et il ne s'agit plus que de savoir jusqu'à concurrence de quelle quotité cette faculté peut être exercée par lui.

Si la chose vendue est indivisible, l'héritier, même portionnaire, peut demander la résolution de la vente pour le tout, puisque la chose vendue n'est pas susceptible de partie. L'avis de Pothier, à cet égard[1], fondé sur les dispositions des lois romaines, a été consacré par l'art. 1221 du Code civil Les autres héritiers peuvent demander à participer à l'action ou au résultat qu'elle a obtenu, sinon l'héritier qui a reçu la chose est tenu de remplir envers eux les engagements de l'acquéreur dépossédé.

Si, au contraire, la chose vendue est divisible, chaque héritier du vendeur ne peut, comme en cas de réméré, demander la résolution de la vente que pour la

(1) *Traité des Obligations*, numéro 326.

part qu'il a recueillie dans la succession, étant étranger à la propriété des autres portions de la chose; mais comme l'acquéreur ne peut être obligé de conserver une partie seulement des biens qu'il a dû avoir entiers, il peut exiger que tous les autres héritiers du vendeur soient mis en cause, afin de se concilier entre eux sur la reprise totale des héritages vendus, faute de quoi il doit être renvoyé de la demande. Les principes qui ont dicté les dispositions des art. 1669 et 1670 du Code civil s'appliquent à toutes les demandes analogues formées par les héritiers du vendeur.

7° Les tiers-détenteurs de biens dépendant d'une succession peuvent en avoir prescrit la propriété à l'égard de quelques-uns des héritiers, quoique la prescription ne se soit pas accomplie quant aux autres.

La Cour royale de Colmar avait jugé, par arrêt du 28 avril 1831 [1], que l'état de division dans lequel une succession était restée avait empêché que la prescription eût pu s'accomplir envers aucun des héritiers, et que ceux d'entre eux qui étaient majeurs devaient profiter de la suspension que l'état de minorité des autres héritiers avait occasionnée au cours de cette prescription.

« Considérant, avait-elle dit, qu'aux termes de l'art. 2265 du Code civil, la prescription s'acquiert par dix ans, si le véritable propriétaire habite dans le ressort de la Cour d'appel dans l'étendue de laquelle l'immeuble est situé, et par vingt ans, s'il est domicilié hors du ressort;

« Qu'au cas particulier, le baron de Gérando, agissant comme tuteur de son enfant mineur procréé avec la dame Marie-Anne de Rathsamhausen, l'une des cohéritières, n'a jamais eu son domicile dans le ressort de cette Cour; que, par conséquent, la prescription ne pourrait s'acquérir à son égard qu'à l'expiration du plus long terme;

« Considérant que cette exception profite aux autres ayants droit, par la raison que chaque cohéritier a un droit égal sur chaque portion de l'héritage indivis, et que, d'après l'art. 883 du Code civil, chacun d'eux est censé avoir succédé seul et immédiatement à tous les objets compris dans son lot ou à lui échus sur licitation.

Cet arrêt a été cassé par la Cour de cassation le 12 novembre 1833.

« Attendu, a dit la Cour suprême, que la Cour de Colmar ne s'est pas bornée à juger que le demi-hectare ou les deux arpents de prairie en question seraient compris dans la licitation ordonnée, ce qui eût été l'effet nécessaire et légal du droit de propriété indivise appartenant aux mineurs de Gérando; mais qu'elle a en même temps déclaré que le demandeur n'avait pas pu prescrire contre les héritiers Rathsamhausen, par la raison que le baron de Gérando, l'un d'eux, n'ha-

(1) Sirey, 33. 1. 815.

bitant pas dans le ressort de la Cour royale, aurait relevé ses cohéritiers domiciliés dans ce ressort, en quoi la Cour royale de Colmar a confondu les principes de l'indivision et de l'indivisibilité, fait une fausse application de l'art. 883 et expressément violé l'art. 2265 du Code civil. »

Il est, en effet, incontestable que les mineurs ne relèvent les majeurs de la prescription qui s'est accomplie contre ceux-ci qu'à l'égard des choses indivisibles et qui ne sont conséquemment pas susceptibles d'être acquises partiellement. C'est ce que la Cour de cassation a reconnu par un autre arrêt du 5 décembre 1826[1]; mais lorsque la chose qu'un tiers a possédée est divisible et qu'elle est seulement restée dans l'indivision entre les héritiers, comme rien n'empêche alors que chacun des successibles ne prenne la part qui doit lui revenir, les mineurs, en obtenant la leur, ne procurent pas aux majeurs les portions dont la prescription a fait encourir la perte à ces derniers; seulement, comme le partage pourra seul faire connaître ceux des héritiers auxquels l'immeuble possédé par le tiers devra être attribué, il est nécessaire que cet immeuble y soit compris en entier, sauf au possesseur à opposer à ceux des héritiers dans le lot desquels le sort aura fait arriver tout ou partie de l'immeuble la prescription qui se serait accomplie à leur égard.

8° La validité du paiement fait avant le partage à un héritier, par l'acquéreur d'immeubles qui dépendaient de la succession, est subordonnée aux droits que cet héritier sera reconnu par la liquidation avoir à exercer sur le prix de ces immeubles.

La Cour royale de Paris avait rendu un arrêt contraire le 14 juillet 1830[2], à raison d'un immeuble de communauté qui, après la mort de la femme, avait été vendu et dont le prix, porté en la liquidation, avait été reconnu revenir aux enfants; l'adjudication avait cependant compensé la portion du prix qui était réputée devoir revenir au père avec une créance qu'il avait sur celui-ci, et la Cour avait maintenu cette collocation en se fondant sur l'autorité de la chose jugée:

« Considérant, avait-elle dit, qu'une des clauses de l'adjudication portait que l'adjudicataire paierait son prix, soit dans la proportion des droits des vendeurs à établir lors de la liquidation, soit suivant l'ordre qui en serait établi entre les créanciers hypothécaires;

« Que suivant jugement rendu contradictoirement le 1er mars 1827 et passé en force de chose jugée, un ordre a été réglé définitivement, et Sommier (l'acquéreur) colloqué pour le montant de sa créance;

« Considérant que le bordereau de collocation a été délivré et le paiement

(1) Sirey, 27.1.311. (2) Dalloz, 31.[illegible]

exécuté; que ce n'est que postérieurement, et en 1829, que la liquidation entre les héritiers a été homologuée et que cette liquidation ne peut avoir d'effet rétroactif et annuler les dispositions du jugement et de l'ordre réglé et exécuté dès 1827. »

Cet arrêt a été cassé par arrêt de la Cour de cassation du 18 juin 1834 :

« Attendu, 1° qu'aux termes de l'art. 1239 du Code civil, le paiement, pour être valable et libératoire, doit être fait au créancier; que par conséquent l'acquéreur, débiteur d'un prix d'immeuble, ne peut valablement s'en libérer qu'en le payant entre les mains du vendeur, propriétaire de cet immeuble et créancier du prix; que, dans l'espèce, Sommier, adjudicataire d'une maison et jardin qui lui ont été expressément vendus comme dépendant de la communauté de Colmbacher et sa femme, communauté déjà dissoute par le décès de cette dernière, mais dont la liquidation, aussi déjà ordonnée par jugement du tribunal de Sens, n'était pas encore opérée au moment de la vente, n'a pu se libérer valablement du prix de son acquisition qu'en la payant, soit de gré à gré, soit par la voie d'un ordre, à celui des époux, communs en biens, que l'acte de liquidation en déclarerait propriétaire, ou à ses représentants; que telle était sa condition, aux termes de l'art. 1239, condition dérivant de la nature même des choses et de l'origine de la propriété qui lui était transmise;

« Attendu, 2° qu'aux termes des art. 1476 et 883 combinés, un acte contenant liquidation et partage, soit de communauté, soit de succession, n'étant jamais que déclaratif et non attributif de droits, l'ordre du prix d'un immeuble appartenant à cette communauté, qui serait provoqué et même clos avant sa liquidation, ne peut jamais, sauf ce qui résulterait de l'autorité de la chose formellement jugée, avoir pour effet de porter atteinte aux droits de propriété qui seront déterminés par ce même acte, auquel ils sont toujours et nécessairement préexistants; que si, par le règlement provisoire de l'ordre poursuivi par Sommier, il a été colloqué comme créancier de Colmbacher père, il ne l'a été, en termes positifs, que : 1° sur la portion revenant à ce dernier, et 2° sous la réserve formelle, en faveur des héritiers de la femme Colmbacher, de leurs droits et actions contre Sommier, pour se faire payer par lui des sommes auxquelles ils auraient droit dans le prix dont il s'agit....... d'où il suit que l'autorité de la chose jugée ne résulte nullement de la délivrance de ce bordereau, et résulte, au contraire, contre Sommier du jugement du 1er mars 1827;

« Que, par une conséquence nécessaire de ce qui précède, la liquidation de communauté, dans laquelle d'ailleurs Sommier a été partie, et qui a été homologuée avec lui par jugement passé en force de chose jugée, ayant attribué aux héritiers de la femme Colmbacher, à titre de reprises et à l'exclusion de Colmbacher père, le prix de l'immeuble qui avait fait la matière de l'ordre, la collocation de Sommier, qui n'a jamais pu s'exercer que sur la portion qui aurait appartenu dans le prix à Colmbacher père, son débiteur, est devenue caduque comme portant sur un prix auquel ce même débiteur n'a jamais eu droit, et que, par suite, la compensation que Sommier a prétendu établir de ce prix par lui dû avec sa créance sur Colmbacher père est devenue impossible. »

Les principes énoncés en cet arrêt s'appliquent par identité de raison, comme il y est au surplus énoncé, aux paiements qui seraient faits à quelques-uns des héritiers du prix des biens de l'hoirie, dans une proportion plus forte que celle reconnue plus tard par l'acte de partage devoir leur appartenir. Si l'ouverture de la succession saisit les héritiers de tous les biens et droits provenant du défunt, cette saisine n'est point individuelle et à l'égard de chacun d'eux, elle n'est que collective et au profit de tous; rien de ce qui a appartenu au défunt ne doit leur échapper, mais le tout ne forme encore qu'une masse, dont un partage seul peut attribuer divisément les parties. Ce n'est que par l'effet de ce partage que chacun des héritiers devient personnellement propriétaire de ce qui lui est attribué pour sa part, avec effet rétroactif au jour de la mort du défunt; mais aussi il est réputé n'avoir jamais rien eu à prétendre sur les biens qui ont formé la part des autres héritiers (voyez le n° 6 sur l'art. 724). Ainsi donc, avant l'événement de ce partage, aucun des héritiers ne peut recevoir d'une manière irrévocable une portion quelconque du prix des biens de la succession, et les acquéreurs n'ont pu se libérer valablement entre ses mains; celui des héritiers qui a reçu ce qui revenait à ses cosuccessibles est tenu de le restituer, mais s'il est insolvable, les acquéreurs, en se libérant d'une manière aussi irrégulière, se sont mis dans le cas d'avoir à payer une seconde fois. Il faudrait, comme l'a dit la Cour de cassation, que la disposition contraire eût acquis l'autorité de la chose souverainement jugée, pour que les droits des véritables propriétaires de la somme mal à propos payée ne pussent plus produire d'effet.

884. Les cohéritiers demeurent respectivement garants, les uns envers les autres, des troubles et évictions seulement qui procèdent d'une cause antérieure au partage.

La garantie n'a pas lieu si l'espèce d'éviction soufferte a été exceptée par une clause particulière et expresse de l'acte de partage; elle cesse si c'est par sa faute que le cohéritier souffre l'éviction.

1° La garantie que se doivent les copartageants, lors même qu'elle a été formellement stipulée, ne s'étend pas, à moins d'une convention spéciale, aux faits du prince éprouvés depuis le partage.

La Cour royale de Bordeaux a reconnu ce principe par arrêt du 23 janvier 1826[1].

(1) SIREY, 26. 2. 248. — DALLOZ, 26. 2. 183

« Attendu, a-t-elle dit, que la garantie générale réciproquement stipulée dans l'acte de partage ne s'appliquait point aux événements futurs de force majeure, au nombre desquels sont les faits du prince; que, par conséquent, les rentes qui furent supprimées par une loi postérieure périrent pour le compte de celui qui les possédait, et que chacun des deux frères a dû supporter personnellement, sans garantie contre l'autre, la perte de celles qui faisaient partie de son lot. »

Le partage en question remontait à 1765; chacun des copartageants était dès lors devenu propriétaire des objets qui lui avaient été attribués; il avait dû supporter les pertes que ces objets avaient éprouvées, comme il aurait profité de leur augmentation de valeur. Il n'y a d'exception à cette règle générale que pour le cas où l'éviction a eu lieu à raison d'une cause antérieure au partage, mais celle dont il s'agissait n'étant provenue que des lois rendues en 1791, l'autre copartageant ne pouvait en être tenu; il aurait fallu, pour qu'il en fût autrement, une stipulation expresse; à défaut, les copartageants ne sont pas tenus des faits du prince dont la cause ne remonte point au-delà de l'époque où le partage a eu lieu.

2° Lorsque, dans un partage, il a été attribué à l'un des héritiers une propriété d'un nombre déterminé de mesures, avec fixation d'une certaine somme par mesure, s'il existe un déficit dans la contenance indiquée, l'héritier peut réclamer une indemnité proportionnelle lors même que la différence serait moindre qu'un quart.

« Considérant, a dit la Cour royale de Paris par arrêt du 15 mars 1823[1], qu'il ne s'agit point d'une demande en rescision de partage pour cause de lésion dans le prix des biens attribués au marquis de Montmort par le partage fait entre lui et ses cohéritiers, mais d'une action en garantie formée pour raison de déficit de 54 hectares déclarés dans son lot comme existants;

« Que le Code civil, qui a distingué ces deux actions, n'a point fixé limitativement la garantie aux cas de trouble ou d'éviction; qu'il n'a point dérogé au principe de justice et d'égalité qui oblige les copartageants à se garantir mutuellement l'intégrité de leurs lots; qu'il a même implicitement reconnu ce principe, puisqu'en admettant la garantie pour le cas de trouble et d'éviction, c'est évidemment l'admettre pour le défaut d'existence des objets compris dans le lot d'un des cohéritiers, ce défaut d'existence produisant nécessairement le même effet que l'éviction;

« Considérant que le déficit d'un objet dans le lot d'un cohéritier peut s'assimiler à l'omission d'un objet de la succession dans le partage; que, sans le se-

(1) Sirey, 27. 1. 191. — Dalloz, 27. 1. 41.

cours de la rescision, l'omission se répare par un supplément de partage, aux termes de l'art. 887 du Code civil ; qu'il en doit être de même du déficit auquel on remédie par l'indemnité, qui n'est autre chose qu'un supplément de lot en nature ou en argent. »

On soutenait devant la Cour de cassation que, n'y ayant eu lors du partage ni dol ni violence, le déficit ne s'élevant pas au quart de l'émolument, et l'art. 884 limitant la garantie des héritiers au cas de trouble ou d'éviction, l'action en indemnité formée par M. le marquis de Montmort ne pouvait être admise.

La Cour de cassation a rejeté, par arrêt du 8 novembre 1826, le pourvoi qui avait été exercé contre celui de la Cour royale de Paris.

« Considérant, a-t-elle dit, qu'il résulte des faits de la cause que, lors du partage arrêté entre le marquis de Montmort et ses cohéritiers, il a été convenu que, pour le remplir d'une somme de 410,403 fr. que l'on reconnaissait lui devoir, il lui serait délivré des bois d'une valeur égale à cette somme ;

« Qu'il avait été précédemment calculé, dans un rapport d'experts, que 336 hectares de bois, estimés valoir 500 fr. chacun, que les arbres et les taillis existant sur cette étendue de terrain produisaient précisément la somme de 410,403 fr., et que c'est d'après cette expertise, cette évaluation et ce calcul, que cette quantité de bois a été assignée au marquis de Montmort dans la forêt de la Grande-Laye ; qu'ainsi, ce n'est pas cette forêt, telle qu'elle peut se comporter, qui a été mise dans son lot, mais un nombre d'hectares de bois qui ne pouvait être au-dessous de 336 hectares ;

« Considérant qu'un acte de partage est, comme tout autre acte synallagmatique, obligatoire pour tous ceux qui l'ont souscrit, et, par conséquent, que chacun des copartageants a droit de demander, en ce qui le concerne, l'exécution du partage et la délivrance de la totalité des objets placés dans son lot ;

« Que la demande du marquis de Montmort contre ses cohéritiers n'a pas eu d'autre objet, puisqu'elle tendait uniquement à lui faire recouvrer la quantité de bois qu'une clause du partage lui avait attribuée en un nombre d'hectares déterminé d'une manière très précise ;

« Que cette demande, comme toutes celles qui naissent des obligations, était recevable, et qu'en le jugeant ainsi la Cour royale n'a violé aucune des lois citées, toutes applicables à la cause. »

La Cour royale de Bordeaux a rendu un arrêt semblable, le 16 mars 1829[1], à raison d'un partage lors duquel un pré, annoncé avoir 46 ares 40 centiares, avait été abandonné à un des héritiers, quoique en réalité ce pré n'eût que 6 ares 4 centiares.

« Attendu, a dit la Cour, quant à l'erreur de contenance des prés de Gibra, qu'il ne s'agit que d'un simple redressement d'erreur dans un partage non consommé, et non pas d'une action en rescision contre un partage opéré ; que, le

(1) SIREY, 29. 2. 172. — DALLOZ, 29. 2. 151.

partage et la licitation eussent-ils été consommés, la décision des premiers juges n'en serait pas moins erronée; que l'action en rescision est la seule voie qui reste au copartageant qui, après avoir reçu toutes les valeurs comprises dans son lot, éprouve une lésion de plus du quart, mais que le copartageant qui n'a pas réellement reçu les objets que le partage lui attribue intente et n'a besoin d'intenter qu'une action en garantie à laquelle la loi soumet tous les copartageants; qu'être évincé de son lot, en tout ou en partie, par suite d'une action dont l'origine est antérieure au partage, ou ne pas recevoir en entier le lot qui lui est assigné, parce qu'une partie des objets qu'il comprend nominativement n'a pas d'existence réelle, n'est qu'une seule et même chose; que la sanction que la loi et la convention des parties attachent au partage présuppose l'existence des objets dont l'ensemble forme chaque apportionnement, et qu'en raison comme en droit, là où la chose manque, il n'y a ni convention ni partage.»

D'après les principes généraux dont l'application a été faite au contrat de vente par les art. 1616 et suivants du Code civil, si la vente d'un immeuble a été faite avec indication de la contenance et à raison de tant la mesure, le vendeur est tenu de délivrer la contenance portée au contrat, ou, si la chose ne lui est pas possible, de souffrir une diminution proportionnelle du prix. Dans tous les autres cas, il ne peut y avoir lieu à aucun supplément ou à une diminution du prix qu'autant que la différence est au moins d'un vingtième.

En matière de partage, les héritiers sont garants les uns envers les autres, non-seulement des troubles et des évictions dont la cause est antérieure au partage, mais de l'existence des biens qui ont composé le lot de chacun d'eux. Si tous ces biens existent réellement et ne sont point revendiqués par des tiers, les héritiers ne peuvent demander la rescision du partage qu'en cas de lésion de plus du quart (art. 887). Cette disposition a été déclarée commune aux associés et aux communistes par l'art. 1872 du Code civil.

Lors même que le lot d'un des copartageants a été formé de corps certains et déterminés, avec désignation de leur mesure, si les immeubles ont plutôt été considérés en eux-mêmes que d'après la contenance qu'ils pouvaient avoir et la valeur de chacune de leurs parties, la différence de mesure n'est point à considérer; on ne doit avoir égard qu'à la seule lésion que ce copartageant aurait éprouvée par l'effet total du partage; mais si un immeuble a été abandonné à un héritier, à un associé ou à un communiste, pour un prix fixé à raison du nombre de mesures qui lui était supposé et de la valeur donnée à chacune de ces mesures, et que cet immeuble ne se trouve point avoir l'étendue qui lui a été attribuée, le copartageant se trouve avoir reçu en paiement de ses droits une quantité de biens sans existence; il n'a pas eu l'équivalent du prix qu'il en a donné, et de même, en pareil cas, qu'un acquéreur, il en doit être indemnisé.

885. Chacun des cohéritiers est personnellement obligé,

en proportion de sa part héréditaire, d'indemniser son cohéritier de la perte que lui a causée l'éviction.

Si l'un des cohéritiers se trouve insolvable, la portion dont il est tenu doit être également répartie entre le garanti et tous les cohéritiers solvables.

886. La garantie de la solvabilité du débiteur d'une rente ne peut être exercée que dans les cinq ans qui suivent le partage. Il n'y a pas lieu à garantie à raison de l'insolvabilité du débiteur quand elle n'est survenue que depuis le partage consommé.

SECTION V.

De la rescision en matière de partage.

887. Les partages peuvent être rescindés pour cause de violence ou de dol.

Il peut aussi y avoir lieu à rescision lorsqu'un des cohéritiers établit, à son préjudice, une lésion de plus du quart. La simple omission d'un objet de la succession ne donne pas ouverture à l'action en rescision, mais seulement à un supplément à l'acte de partage.

1° L'action d'un héritier demandeur en résolution d'un partage pour cause de lésion ne peut être admise, de même que celle d'un vendeur, que lorsque les faits qu'il articule sont assez vraisemblables et assez graves pour faire présumer qu'en effet il y a eu lésion.

« Attendu, a dit la Cour royale de Montpellier, par arrêt du 28 juillet 1830[1], que l'art. 1677 du Code civil dispose que la preuve de la lésion ne pourra être admise que par jugement, et dans le cas seulement où les faits articulés seraient assez vraisemblables et assez graves pour faire présumer la lésion ;

(1) Dalloz, 31. 2. 87.

« Attendu que, quoique cet article n'ait pour objet que la lésion en fait de vente, le principe qu'il établit n'en doit pas moins être étendu à la lésion en matière de partage, parce que la raison de ce principe est la même dans l'un et l'autre cas; qu'il est fondé, en effet, sur ce qu'un acte librement consenti entre majeurs porte avec lui une présomption de justice et de vérité qui ne permet point de l'attaquer légèrement et sans quelque indication vraisemblable d'erreur, et que cette présomption existe aussi bien dans un acte de partage que dans un acte de vente;

« Attendu que l'appelant n'a coarcté devant les premiers juges aucun fait à l'appui de la lésion qu'il allègue; que cependant il résulte du partage qu'il attaque et des circonstances de la cause que, depuis longtemps, il était mieux à portée qu'aucun autre des copartageants de connaître la valeur des divers lots à répartir. »

La Cour, par ces motifs, a déclaré l'action non-recevable. La tranquillité des héritiers qui ont procédé à un partage ne doit, pas plus que celle de l'acquéreur d'un héritage, être troublée par le seul effet d'un caprice de leur cohéritier. L'acte qui a été passé trouve en lui-même sa sanction; la propriété s'est consolidée entre les mains de ceux à qui il l'a fait acquérir ou au profit de qui il l'a déclarée. La demande en rescision tend à la leur enlever, ou à les obliger, au moins, à recommencer des opérations longues et dispendieuses qui ne peuvent être ordonnées avec légèreté. Si la lésion existe, elle a dû laisser des traces, et le réclamant est à même de les faire connaître; s'il n'en signale aucune, on ne peut l'écouter. La disposition de l'art. 1677 tient à un principe général qui n'a pas été créé exclusivement pour les ventes ordinaires, mais qui s'applique, par identité de motifs, à toutes les demandes en rescision par cause de lésion.

2° L'héritier qui, en procédant au partage de la succession, a omis d'exercer les droits qui lui appartiennent en qualité de donataire du défunt, ne s'est point rendu non-recevable à demander plus tard l'exécution de la donation qui lui a été faite.

La Cour royale de Toulouse l'a ainsi jugé le 19 janvier 1824 [1].

« Attendu, porte son arrêt, que, lors du partage fait entre Genieys et sa sœur, le 12 avril 1812, les parties ont traité comme ayant des droits égaux, comme cohéritiers par égales parts, tandis qu'à cette époque Jean Genieys avait le droit de prélever, à titre de préciput, le sixième des biens à partager, en vertu de la donation entre-vifs que lui en avait faite sa mère dans son contrat de mariage du 29 frimaire an IX;

« Attendu que cette erreur de la part de Jean Genieys ne saurait lui être op-

(1) Sirey, 24. 2. 115. — Dalloz 24. 2. 112.

posée contre la demande d'un nouveau partage conforme à toute l'étendue de son droit, suivant la loi 36, ff. *familiæ erciscundæ*, *in fine*, et la loi 4, cod. *de juris et facti ignorantiâ;* la loi 7, ff. *de juris et facti ignorantiâ*, décide aussi que *juris et facti ignorantia suum petentibus non nocet*. Le consentement donné au premier partage était évidemment le fruit d'une erreur, et alors il n'y a pas un véritable consentement, l. 116, ff. *de reg. jur.*, et art. 1109 du Code civil;

« D'ailleurs, depuis le Code civil, l'erreur de droit ne saurait être opposée avec fondement à celui qui ne vient réclamer que ce qu'il a abandonné, lorsque ses droits sur la chose abandonnée étaient incontestables. En effet, d'après l'art. 1110 du Code civil, l'erreur est un motif de nullité des conventions, et cet article ne distingue pas entre l'erreur de droit et l'erreur de fait. Jusque-là l'erreur paraît devoir être admise également comme moyen de nullité dans ces deux cas, et, ce qui le prouve, ce sont les art. 1356 et 2052 du même Code. D'après le premier, on ne peut révoquer un aveu judiciaire par erreur de droit; d'après le second, on ne peut non plus revenir contre une transaction par une erreur de même nature. Ces deux exceptions seraient inutiles si, d'après l'article 1110, la règle générale n'était que désormais l'erreur de droit doit être admise aussi bien que l'erreur de fait;

« Attendu que dès lors il est inutile de chercher à savoir si Jean Genieys a été lésé du tiers au quart dans le partage qu'il attaque, parce que ce n'est pas le moyen de la lésion du tiers au quart qu'il invoque, mais l'erreur intervenue dans le premier partage passé en une autre qualité que celle qui lui appartenait. Il vient exercer les droits résultant de cette qualité, négligée par erreur, et dans lesquels il demande à rentrer; que si l'art. 887 n'indique, comme moyens de rescision contre les partages, que le dol, la violence ou la lésion, il ne faut pas en conclure qu'il ait exclu le moyen pris de l'erreur sur la qualité en laquelle on a traité, parce que ce moyen doit être admis contre toute sorte de conventions, puisqu'il est fondé sur un défaut de consentement sans lequel il ne peut y avoir aucune espèce de traité valable. C'est donc un moyen entièrement indépendant de l'action en lésion, et du concours de laquelle il n'a pas besoin; sans quoi ce serait confondre ces deux actions distinctes et d'une nature différente. »

Le réclamant avait deux qualités qu'il importait de ne pas confondre, celle de donataire par préciput, et celle d'héritier. Comme héritier, il avait reçu tout ce qu'il avait eu droit de prétendre; comme donataire, l'acte gardait un silence absolu sur ses droits. N'ayant point renoncé à les faire valoir, il avait conservé tous ceux qui, à ce titre, pouvaient lui appartenir.

Ce n'était pas, à proprement parler, une erreur qui avait été commise lors de l'acte de partage, mais une simple omission. Il ne peut y avoir eu erreur que lorsqu'on a traité sur la chose à raison de laquelle on prétend que l'erreur a existé. Celui qui n'a rien stipulé sur tel ou tel de ses droits, mais qui seulement ne l'a pas fait valoir, n'a pas erré; il a omis de s'en servir. Pour le lui faire perdre, il faudrait aller jusqu'à supposer qu'il y a tacitement renoncé; mais un semblable abandon ne se suppose jamais; il ne peut résulter que d'une convention expresse.

3° Le créancier, quoique n'ayant pas formé d'opposition au partage, peut, comme exerçant les droits de son débiteur, attaquer pour cause de lésion le partage auquel celui-ci a participé.

Il s'agissait d'une transaction par laquelle les droits des frères et sœurs d'un héritier contractant avaient été fixés. Une créancière de ce dernier attaqua, pour cause de lésion et comme exerçant les droits de son débiteur, l'acte qui avait été passé. Les premiers juges l'y avaient déclarée non-recevable par le motif que, n'ayant pas formé d'opposition au partage, elle ne pouvait attaquer celui qui se trouvait ainsi consommé. Ce jugement a été infirmé par arrêt de la Cour royale d'Aix, du 30 novembre 1833 [1].

« Attendu que la disposition de l'art. 882 du Code civil ne se rapporte qu'aux actes de partage proprement dits, faits et passés avec les solennités requises, et non aux simples actes qui en tiennent lieu, quand ces actes sont empreints de dol et de fraude, auquel cas la disposition générale du premier alinéa de l'article 1167 est seule applicable;

« Attendu d'ailleurs que, dans l'espèce, les actes querellés ne le sont que sur le fondement de la lésion qu'ils auraient occasionnée, par l'excessive estimation des biens de la succession de Jean-François Isnard, à Grégoire, son héritier contractuel, et par suite aux créanciers personnels de ce dernier; que ledit Grégoire aurait action pour les quereller par ce motif, d'après la disposition de l'art. 887 dudit Code, et que la demoiselle Firminy, sa créancière, a pu dès lors, en vertu de l'art. 1166, le faire elle-même en exerçant cette action de son débiteur, ainsi qu'elle a déclaré que c'était son intention. »

L'opposition à partage n'est en effet nécessaire que lorsque le créancier d'un héritier veut user du droit qui lui est personnel pour empêcher qu'il ne s'y fasse rien qui puisse nuire à ses intérêts; mais lorsqu'il n'excipe que des droits de son débiteur, l'article 1166 du Code suffit pour l'autoriser à les faire valoir.

Cependant un arrêt de la Cour royale d'Angers, du 22 mai 1817 [2], a jugé qu'un créancier ne pouvait, même au nom de son débiteur, attaquer pour cause de lésion un partage, lorsque le créancier n'avait pas formé opposition à ce qu'il y fût procédé hors de sa présence, en considérant, « que si l'art. 1167 autorise les créanciers à attaquer, en leur nom personnel, les actes faits par leurs débiteurs en fraude de leurs droits, le deuxième alinéa du même article leur impose en même temps l'obligation de se conformer, quant à leurs droits énoncés au titre des *Successions* et au titre du *Contrat de mariage et des Droits respectifs des époux*, aux règles qui y sont prescrites; qu'il s'agissait, dans l'espèce, d'un acte de partage, et que l'art. 882 prescrit les formalités que le créancier doit remplir dans le cas des actes de cette nature; que le créancier demandeur n'avait point rempli ces formalités, d'où il suivait qu'il n'était pas fondé à attaquer l'acte en question. »

(1) SIREY, 34. 2. 320. (2) *Journal du Palais*, 19. 469.

Les principes consignés dans cet arrêt auraient été incontestables si le créancier, qui n'avait point formé d'opposition au partage, avait agi en son nom et comme exerçant un droit qui lui aurait été propre. Les créanciers des héritiers ne peuvent alors, et sauf, comme on a vu (numéro 10 sur l'art. 882), le cas où le partage n'a été que simulé et empreint d'un dol matériel, attaquer les actes de partage consommés entre les successibles; mais lorsqu'un de ces créanciers n'exerce que le droit qui appartient à son débiteur, on ne peut lui opposer les dispositions qui ne repousseraient que son action personnelle sans confondre évidemment deux cas très différents. L'art. 1166 n'attache d'autre condition à ce droit des créanciers sinon que l'action ne soit pas exclusivement attachée à la personne du débiteur, ce qui, en fait d'action en rescision pour cause de lésion, n'existe pas. Quant à l'art. 1167, il ne concerne que les actions que ces créanciers veulent exercer, *en leur nom personnel*, contre les actes que leur débiteur a passés en fraude de leurs droits, et il les assujettit notamment aux règles prescrites à cet égard au titre *des Successions*. Cette restriction tend à conserver l'accord qui doit subsister entre les diverses dispositions portées à ce sujet, mais on ne peut l'appliquer au cas où le créancier n'agit que *comme exerçant les droits de son débiteur*, puisqu'elle lui est complétement étrangère; l'arrêt rendu par la Cour royale d'Aix a donc consacré les vrais principes de la matière.

4° La cession faite pour un seul et même prix de droits héréditaires dans plusieurs successions est indivisible, et elle ne peut être rescindée, quant à l'une de ces successions, sans l'être en même temps à l'égard de toutes les autres.

« Attendu, a dit la Cour royale de Bordeaux, par arrêt du 29 janvier 1829[1], que l'acte notarié du 4 avril 1818 contenait la cession pour un seul prix de tous les droits immobiliers de Pierre Poulard dans les successions de ses père et mère, de son oncle et de son frère; qu'il avait vendu tous ses droits mobiliers dans les mêmes successions par l'un des deux actes privés du même jour qui lui ont été opposés en première instance; que, par l'autre, il avait donné quittance de tous les fruits; qu'il n'avait demandé la rescision du premier que relativement aux successions immobilières de ses père et mère; qu'il n'avait pas conclu à la rescision des deux autres actes; que, s'il est vrai que les clauses de plusieurs actes faits le même jour et sur le même objet sont essentiellement corrélatives, chacun desdits actes n'en est pas moins un instrument séparé, et qu'il ne suffit pas d'avoir demandé la rescision de l'un pour que les autres soient réputés attaqués légalement par la même voie;

(1) Sirey, 31. 1. 125.

« Que, dans l'espèce, les deux actes n'étaient déjà plus susceptibles de l'action en rescision par le laps de 10 ans lors du jugement dont est appel; que l'acte public ne pouvait pas être rescindé seulement en partie; que cependant, quoiqu'il ne renfermât qu'une seule cession, et pour un prix unique, de droits immobiliers dans quatre successions, la rescision n'en avait pas été réclamée quant aux successions de l'oncle et du frère; qu'elle n'aurait pu l'être, puisqu'il n'y avait pas de demande régulière en partage de ces deux hérédités; que la demande en rescision de l'acte public du 4 avril, quant aux successions des père et mère Poulard, n'était donc pas recevable. »

La Cour de cassation a rejeté, le 26 novembre, le pourvoi qui avait été exercé contre cet arrêt.

« Attendu qu'en rejetant la demande en rescision formée par le réclamant, de la cession qu'il avait consentie de ses droits à diverses successions pour un seul et même prix, lorsqu'il ne l'avait fait porter que sur quelques-unes de ces successions, la Cour royale de Bordeaux n'a violé aucune loi. »

Lorsqu'une semblable cession a été consentie sans qu'aucune partie du prix ait été particulièrement attribuée à chacun des droits qui y ont été compris, il serait impossible d'établir la lésion que le cédant prétendrait avoir éprouvée sur quelques-uns de ses droits seulement, puisque l'on ne connaîtrait point le prix de la cession à leur égard. On ne pourrait non plus, faute de bases, et attendu l'éventualité des chances à courir par le cessionnaire à raison de chacun des droits qui lui ont été cédés, fixer le prix de la cession quant à la partie pour laquelle elle devrait continuer à produire effet.

888. L'action en rescision est admise contre tout acte qui a pour objet de faire cesser l'indivision entre cohéritiers, encore qu'il fût qualifié de vente, d'échange et de transaction, ou de toute autre manière.

Mais, après le partage ou l'acte qui en tient lieu, l'action en rescision n'est plus admissible contre la transaction faite sur les difficultés réelles que présentait le premier acte, même quand il n'y aurait pas eu à ce sujet de procès commencé.

1° La quittance donnée par un héritier au donataire universel des biens du père commun, de la somme que ce dernier lui a attribuée pour le remplir de ses droits héréditaires, ne le rend pas non-recevable à attaquer pour cause de lésion la fixation que le père de famille a faite de ses droits.

La Cour royale de Lyon a fait application de ce principe, par arrêt du 5 avril 1813[1],

« Attendu, a-t-elle dit, que Véricel père a disposé au profit de l'intimé, dans la forme d'une donation entre-vifs autorisée par la loi, de la portion disponible de ses biens, qui était d'un cinquième, aux termes de la loi du 4 germinal an VIII, attendu le nombre de quatre enfants ; que l'appelant, sous ce premier rapport, consent l'exécution de l'acte du 29 fructidor an IX ; que les donations particulières faites par l'acte du 29 fructidor an IX, en faveur des autres enfants, ne peuvent être considérées que comme partage fait entre enfants du vivant de leurs père et mère ; que l'action en rescision est admise, d'après l'article 888 du Code civil, pour cause de lésion de plus du quart, contre tout acte qui tend à faire cesser l'indivision entre cohéritiers, dans quelque temps et sous quelque forme qu'un tel acte ait été rédigé et quelque qualification qu'on lui ait donnée ; que cet acte a été attaqué pour cause de lésion dans un temps utile ; que les quittances dont l'intimé excipe ne sont pas approbatives de l'acte du 29 fructidor an IX et n'en sont que l'exécution immédiate ; que, pour qu'un acte approbatif soit valable, il faut, d'après les dispositions de l'article 1338 du Code civil, que l'on trouve dans l'acte de confirmation ou ratification la substance de l'acte soumis à la lésion, la mention du motif de l'action en rescision et l'intention de réparer le vice sur lequel cette action est fondée ; qu'on ne trouve aucune stipulation pareille dans les quittances passées par l'appelant, par suite de l'acte du 29 fructidor an IX. »

Le pourvoi contre cet arrêt a été rejeté par la Cour de cassation le 27 octobre 1814.

« Attendu que les quittances consenties par Louis Véricel ne sont qu'une exécution pure et simple de l'acte du 29 fructidor an IX, et n'ont aucun des caractères requis pour les ratifications. »

L'action, au fonds, n'était pas contestée. La fixation qu'un père a faite des droits de chacun de ses enfants est un véritable partage, puisqu'elle doit en tenir lieu. Elle est donc, comme telle, soumise à l'action en lésion, à plus forte raison même que le partage qui aurait été fait par les enfants, et lors duquel ils auraient été à même de débattre leurs droits. Il ne pouvait ainsi y avoir de doute que sur la fin de non-recevoir que l'on faisait résulter de ce que le réclamant avait consenti à recevoir la somme que le père lui avait attribuée. On ne prétendait plus devant la Cour de cassation que l'enfant avait par là ratifié la disposition du père, car on ne trouvait dans la quittance qu'il avait donnée aucune des conditions prescrites par l'art. 1338 du Code civil, mais on soutenait qu'il avait confirmé cette disposition en l'exécutant.

La Cour de cassation a repoussé ce moyen, d'après la différence qui existe entre l'exécution volontaire qui a eu lieu de la part du réclamant des obligations que l'acte lui avait imposées, et celle qui n'est provenue que du fait de son co-

(1) SIREY, 15. 1. 293. — DENEVERS, 15. 1. 1.

héritier. Il n'y aurait presque jamais, en effet, d'action en rescision possible si elle se perdait par cela seul que l'acte a été exécuté par celui qui avait intérêt à ce qu'il fût maintenu.

2° Si dans un acte équivalent à partage des héritiers ont transigé en même temps sur la validité d'une donation faite par le défunt à l'un d'eux, il peut y avoir lieu à rescision pour cause de lésion, quant aux conventions relatives au partage, mais non quant à la transaction contenue dans l'autre partie de l'acte.

« Attendu, porte un arrêt de la Cour royale de Nîmes, du 30 juin 1819 [1], que l'acte du 3 novembre 1806 présente deux traités distincts, l'un qui fixe le titre et les droits respectifs des contractants dans la succession de leur père, l'autre qui règle sur cette base le supplément de légitime revenant à chacune des deux sœurs Sendil ; que celui-ci, comme premier acte intervenu entre l'héritier et les légitimaires, étant réputé partage, est, aux termes de l'art. 888 du Code civil, conforme à cet égard à l'ancienne jurisprudence, susceptible de l'action en rescision pour cause de lésion ;

« Mais que celui-là, ayant pour objet de mettre fin aux débats mus entre les trois enfants sur la validité des donations faites à Noé Sendil, et conséquemment d'assigner à chacun d'eux la quotité de la part qu'il devait prendre dans la succession paternelle, a tous les caractères d'une véritable transaction, placée par l'art. 2052 hors des atteintes de l'action rescisoire ;

« Attendu encore que, suivant l'art. 1340, la ratification ou exécution volontaire d'une donation par les héritiers du donateur après son décès, emportant leur renonciation à opposer contre elle les vices qui pouvaient la faire infirmer, et la rescision de la partie du traité du 3 novembre 1806, par laquelle la validité de la donation du 28 décembre 1792 est reconnue, ne pouvant être prononcée qu'autant que cette donation pourrait être déclarée nulle, l'obstacle que l'exécution d'icelle oppose à une telle solution opère une fin de non-recevoir péremptoire contre la demande en rescision de ladite partie, à moins qu'il ne soit levé par quelques causes particulières, comme, par exemple, il le serait, dans l'hypothèse présente, par l'incapacité des deux femmes Sendil à faire un traité valable, si, comme on le prétend, elles eussent été liées par des constitutions générales de dot. »

Non-seulement l'acte en question n'était pas indivisible, mais il était indispensable qu'il fût divisé pour que chacune de ses parties pût recevoir l'application des principes qui lui étaient propres. Il y avait eu transaction sur la validité de la donation faite à l'un des héritiers, et cette transaction était irrévocable. La fixation des droits des autres enfants avait formé la seconde partie

(1) SIREY, 20. 2. 268.

de l'acte, et ce règlement avait équivalu à partage; il était donc soumis à toutes les actions auxquelles un acte de cette nature peut donner lieu, notamment à celle en rescision pour cause de lésion; mais cette action ne pouvait atteindre que cette partie de l'acte, et non la transaction qui n'en était pas susceptible.

On avait encore prétendu devant la Cour que la transaction dont il s'agissait devait être assimilée à une renonciation des légitimaires à la succession de leurs auteurs, et qu'elle devait être réputée nulle pour n'avoir pas été faite au greffe.

La Cour n'a eu aucun égard à ce prétendu moyen de nullité.

« Attendu, a-t-elle dit, que l'art. 781 du Code civil est ici sans application, parce qu'il n'y a point à présumer une renonciation de la part des sœurs Sendil à la succession de leur père, là où elles déterminent très explicitement la quotité de la légitime qui leur revient sur elle, et que ce n'est pas renoncer à une succession que de reconnaître la validité de l'acte par lequel celui qui l'a laissée, en ayant disposé d'après la faculté que lui en donnait la loi, a réduit ses successibles à des parts moindres que celles qu'ils auraient recueillies s'il n'avait fait qu'une disposition invalable; que l'absence d'une répudiation faite au greffe, au vœu de l'article précité, ne peut donc violer le traité du 3 novembre 1806. »

Il n'y avait pas eu renonciation de la part des enfants, puisqu'ils avaient reçu les parts auxquelles ils ne pouvaient prétendre qu'en qualité d'héritiers. En allant même jusqu'à supposer le contraire, on a vu, au numéro 2 sur l'art. 781, que les héritiers peuvent par des arrangements de famille s'engager à ne pas se porter héritiers, et que de telles renonciations sont valables, quoiqu'elles n'aient pas été faites au greffe.

La Cour royale de Toulouse a rendu un arrêt semblable le 11 juillet 1828 [1]. Après avoir reconnu que, lors de l'acte qui avait été passé, il existait de nombreuses et très sérieuses contestations entre les parties relativement à l'attribution à faire entre elles des successions à partager, des créances qui dépendaient de l'une de ces successions et des reprises à exercer sur plusieurs d'entre elles; qu'il y avait eu, à ce sujet, une instance engagée, de sorte que les parties, en traitant sur toutes ces difficultés, avaient fait une véritable transaction indépendante de l'acte du partage, et dont le résultat avait été de fixer les bases d'après lesquelles le partage devait être fait, la Cour a ajouté: « Que cette transaction, ainsi arrêtée, laissait subsister l'indivision, et qu'il restait à faire le partage proprement dit, c'est-à-dire la distribution aux intéressés des biens dépendant des successions dans la mesure de leurs intérêts respectifs; qu'il est donc constant que deux actes bien distincts, bien caractérisés, ont été faits le 14 juillet 1821, savoir: la transaction et le partage; que le premier ne peut être exposé à aucune rescision pour lésion, et qu'une demande de ce genre ne saurait atteindre que l'acte de partage, au cas d'un préjudice de plus du quart; que tel est le sens

(1) SIREY, 30. 2. 41. — DALLOZ, 29. 2. 246.

naturel de l'article 888, dont il faut rapprocher l'article 2052 du même Code;

« Que, si le premier permet la rescision de l'acte de partage, même alors qu'il est qualifié de transaction, cela ne doit et ne peut s'entendre que d'un véritable partage faussement qualifié, et dans lequel il n'existe point de transaction réelle; mais qu'il répugne de vouloir qu'il en soit ainsi lorsque, comme dans l'espèce, le partage est précédé d'un acte contenant transaction, indépendant de celui qui le suit;

« Que, si on admettait le système que, dès qu'un partage a été réglé dans un acte, la rescision de ce partage doit entraîner celle des conventions extrinsèques au partage, mais écrites dans le même acte, on rendrait impossible tout traité entre des cohéritiers sur les contestations incidentes au partage et qui en sont le préliminaire, tandis qu'il importe de faciliter, au contraire, les moyens de faire cesser toutes ces contestations; que ce but moral est le plus digne de la sagesse de la loi, qui veut seulement que l'égalité préside au partage, et que chacun des copartageants reçoive la part qui lui revient dans la masse reconnue et constatée;

« Que, s'il en était autrement, il faudrait admettre que les copartageants pourraient se jouer d'un acte contenant transaction et partage, et de toutes les mentions qui y seraient écrites; revenir par conséquent contre les aveux, les reconnaissances de tout genre, faits dans la transaction, et se prévaloir de la destruction de l'acte où leurs déclarations et leurs accords auraient été consignés;

« Que ces conséquences du système de la rescision possible de la transaction qui précède un partage en démontrent suffisamment l'absurdité, et, par suite, l'illégalité... qu'il suit de là que c'est avec raison que les premiers juges ont respecté les accords qui ne sont point le partage, en autorisant seulement, quant au partage, les vérifications nécessaires pour constater la lésion dont se plaint la veuve Roques, etc. »

La Cour de cassation a également décidé, par arrêt du 7 février 1809 [1], que l'acte intervenu entre des frères et sœurs sur les contestations qui s'étaient élevées entre eux relativement à la consistance et à la fixation des droits qui leur avaient été attribués par le père commun dans son testament, et qui avait mis fin au procès qui subsistait à cet égard, avait été une véritable transaction et non un simple partage, et que cette transaction n'était point susceptible de rescision pour cause de lésion.

3° La transaction passée entre copartageants sur la quotité des droits à raison desquels ils devront participer au partage ne peut être attaquée pour cause de lésion.

Ce principe, qui a de très grands rapports avec celui porté au numéro pré-

(1) Sirey, 9. 1. 210.

cédent, a été appliqué par arrêt de la Cour royale d'Amiens, du 10 mars 1821 [1], à un acte par lequel des enfants d'un premier lit avaient transigé avec leur beau-père sur la fixation des droits qu'il avait à exercer sur la succession de sa femme, comme son donataire d'une part d'enfant le moins prenant.

« Considérant, a dit la Cour, qu'avant de procéder à la division des biens dépendant de la succession de la femme Jourdan il était nécessaire de déterminer la quotité à laquelle le mari avait droit comme donataire d'une part d'enfant et celle à laquelle les deux petits-enfants issus de la défunte avaient droit en qualité d'héritiers;

« Que la fixation de cette quotité était de nature à élever, entre les parties, une contestation réelle et sérieuse sur une question diversement jugée par les arrêts et controversée entre les jurisconsultes anciens et modernes;

« Qu'il était de l'intérêt des parties de prévenir cette contestation en s'accordant entre elles sur la fixation de cette quotité;

« Qu'elles l'ont fait par l'acte du 14 janvier 1814, où l'on voit que les parties, s'étant rapprochées depuis le renvoi en référé devant le président du tribunal, que le notaire avait ordonné à l'occasion des difficultés qui s'étaient élevées sur la manière dont il devait être procédé à l'inventaire, sont convenues que Jourdan prélèverait, dans la succession de sa femme, la moitié des propres de celle-ci et les trois quarts dans les conquêts de la communauté, comme donataire, attendu qu'elle n'a laissé de son premier mariage qu'un enfant, et qu'elle n'en avait pas eu du second, et que les petits-enfants, ses héritiers, prélèveraient, en valeur, un quart dans les biens de la communauté et la moitié dans les biens propres, et qu'en conséquence et sous les conditions ci-après les parties ont fait, par forme de transaction permanente et irrévocable, telle que si c'était sur procès, les partages et division des biens, tant propres que communs;

« Considérant que cette convention préliminaire au partage est une véritable transaction qui, aux termes de l'art. 2052 du Code civil, avait, entre les parties, l'autorité de la chose jugée en dernier ressort, et qu'elle ne pouvait être attaquée par aucune d'entre elles, pour cause d'erreur ni pour cause de lésion;

« Qu'en rapprochant cette disposition de l'art. 888 du même Code, qui porte que l'action en rescision est admise contre tout acte qui a pour objet de faire cesser l'indivision entre cohéritiers, encore qu'il fût qualifié de transaction ou de toute autre manière, on reconnait que le législateur n'a entendu parler, dans cet article, que d'une qualification faussement donnée à l'acte; que son intention a été que, lorsqu'il ne s'agit entre cohéritiers dont les droits sont certains, non contestés ni susceptibles de l'être, que de faire cesser l'indivision qui existe entre eux, on ne puisse, en déguisant la nature de l'acte et en lui donnant la couleur et la forme d'une transaction, le soustraire à l'action en rescision pour cause de lésion; mais qu'il n'a pas entendu que, lorsqu'il y avait difficulté sérieuse et réelle sur la quotité prétendue par les héritiers dans une succession,

(1) SIREY, 23. 2. 239.

ils ne pussent transiger sur cette difficulté, soit pour terminer une contestation déjà entamée, soit pour la prévenir, et qu'ils fussent dans la nécessité de la faire régler en justice;

« Qu'encore que la transaction soit renfermée dans le même acte que le partage, il faut reconnaître, dans l'acte du 14 janvier 1814, deux conventions très distinctes, dont l'une, qui a réglé la quotité à prendre par les héritiers et par le donataire, ne peut être attaquée pour cause d'erreur de droit ni pour cause de lésion, et l'autre, qui a opéré la division d'après cette quotité, qui peut être attaquée pour cause de lésion de plus du quart; d'où il résulte qu'il n'y avait pas lieu à examiner si, cessant la transaction, les petits-enfants auraient droit de prendre les deux tiers des propres de leur aïeule et les deux tiers dans la moitié des conquêts, mais seulement de décider si, par les opérations qui ont suivi la fixation à moitié dans les biens propres et au quart dans les conquêts, ils éprouvaient une lésion de plus d'un quart de ces quotités, et de déterminer l'importance de cette lésion, afin que les défendeurs à la demande en rescision pussent profiter du droit que leur donnait l'art. 891 du Code civil d'empêcher un nouveau partage en fournissant le supplément de la part de l'héritier, soit en argent, soit en nature. »

La Cour royale de Caen a rendu un arrêt semblable, le 12 juin 1831 [1], en adoptant les motifs des premiers juges, qui étaient ainsi conçus:

« Considérant que la demande formée par M. de La Jonquière a, d'après lui, pour fondement, le caractère qu'il donne à l'acte du 23 mars 1825, qu'il veut faire envisager comme un acte de partage, tandis que le marquis et le comte de Bonneval, pour appuyer la fin de non-recevoir qu'ils opposent à cette action, soutiennent que la convention du 23 mars 1825 est une véritable transaction, et qu'à ce titre, d'après les dispositions de l'art. 2025 du Code civil, elle ne peut être attaquée pour cause de lésion; qu'ainsi, dans l'espèce du procès, toute la difficulté consiste à déterminer le vrai caractère de la convention arrêtée entre les parties le 23 mars 1825;

« Considérant, qu'en droit, la rescision est admise contre tout acte qui a pour objet de faire cesser l'indivision entre cohéritiers, encore qu'il fût qualifié de vente, d'échange et de transaction (art. 888 du Code civil);

« Donc, tout acte qui a pour objet de faire cesser l'indivision entre cohéritiers est essentiellement, et d'après la loi, un acte de partage, de quelque manière qu'il ait été rédigé, quelque dénomination qu'il ait reçue;

« Donc, un pareil acte se trouve soumis à l'action en rescision pour lésion de plus du quart (art. 887 du Code civil), quelque dénomination qu'on ait employée pour en voiler la nature ou en dissimuler le caractère et l'objet;

« Considérant que si, d'après cette doctrine, puisée dans l'art. 888 du Code civil, la convention qui a pour objet de faire cesser l'indivision entre cohéritiers est soumise à la rescision, quelque dénomination qu'on lui ait donnée, il

(1) SIREY, 32. 1. 897. — DALLOZ, 32. 1. 111.

est évident, par les expressions mêmes de cet article, ainsi que le remarque M. Chabot, que le législateur n'a voulu atteindre que les actes qui, de leur nature et par leur objet, ont essentiellement le caractère d'actes de partage, et dont conséquemment le but principal est de faire cesser l'indivision, en attribuant à chacun des héritiers privativement une part dans la chose commune;

« Considérant que si, pour atteindre ce but et empêcher qu'on ne parvînt, par la dissimulation du vrai caractère de l'acte, à échapper en l'action en rescision pour cause de lésion, le législateur a entendu y soumettre celui même qu'on aurait qualifié de transaction, il est évident qu'il n'a voulu atteindre que celui qui aurait été ainsi faussement qualifié, et qui n'aurait en réalité d'autre objet et d'autre résultat que de faire cesser l'indivision entre cohéritiers, que celui qui, rédigé en forme de transaction et qualifié de ce nom, supposerait faussement l'existence de difficultés sérieuses entre les parties, mais qu'il est impossible de penser que la loi ait entendu soumettre indistinctement à la rescision pour cause de lésion de plus d'un quart un acte ayant réellement pour but direct et principal de régler entre les héritiers des difficultés graves et sérieuses, nées ou sur le point de naître, c'est-à-dire un acte ayant essentiellement le caractère d'une transaction; qu'aussi les auteurs professent en cette matière que les actes qui interviennent entre cohéritiers avant le partage, sur des contestations réelles et sérieuses sur le point de naître, relativement aux droits respectifs des prétendants à la succession, sur la qualité de l'un ou de plusieurs des héritiers, sur la portion qui doit revenir à chacun, sur la validité des donations ou des legs dont ils auraient été l'objet, sur l'obligation ou la dispense du rapport des avantages, des donations qui leur auraient été faites, ont le caractère de transaction et non le caractère d'actes de partage;

« Considérant qu'un système contraire aurait pour effet de porter atteinte à l'essence même du contrat de transaction et à l'irrévocabilité que la loi a attachée à cet acte, et dans des circonstances où l'intérêt et le repos des familles semblent appeler plus particulièrement de semblables conventions; qu'il faudrait, dans un tel système, soumettre à la justice toutes les contestations qui pourraient s'élever entre cohéritiers avant le partage, placer le flambeau de la discorde au sein des familles, et les jeter dans un dédale de procédures ruineuses, sans leur offrir les moyens de les prévenir ou d'y mettre un terme;

« Considérant qu'en fait, l'acte du 23 mars 1825 a eu pour but et pour résultat unique d'aplanir et de résoudre des difficultés qui devaient arrêter la liquidation et le partage de la succession de madame de La Jonquière; mais que, dans la réalité, il ne contient ni liquidation ni partage de ladite succession; qu'ainsi, il n'est point, à proprement parler, un acte de la nature de ceux prévus par l'art. 888 du Code civil, puisqu'il n'a pas eu pour effet de faire cesser l'indivision qui subsiste encore dans ce moment entre les parties;

« Considérant que cet acte, si on en fixe l'objet, a évidemment le caractère d'une transaction; que les difficultés qu'il aplanit, qu'il termine et prévient, étaient réelles et sérieuses; qu'elles pouvaient entraîner les parties dans une longue involution de procédures et leur occasionner des frais énormes, etc... »

Le pourvoi contre cet arrêt a été rejeté par la Cour de cassation, le 14 mars 1832.

« Attendu que les premiers juges et la Cour de Caen ont reconnu, en fait, que l'acte du 23 mars 1825 a eu pour but et pour résultat unique d'aplanir et de résoudre des difficultés qui devaient arrêter la liquidation et le partage de la succession de la dame de La Jonquière, mais que, dans la réalité, il ne contient ni liquidation ni partage de ladite succession; qu'il n'est point, à proprement parler, un acte de la nature de ceux qui sont prévus par l'art. 888 du Code civil, puisqu'il n'a pas pour effet de faire cesser l'indivision qui subsiste encore dans ce moment entre les parties; qu'enfin cet acte a évidemment les caractères d'une transaction;

« Attendu que, dès lors, en déclarant cet acte inattaquable pour cause de lésion, l'arrêt dénoncé n'a pu violer l'art. 888 du Code civil, et n'a fait qu'une juste application de l'art. 2052. »

On ne saurait en effet trop distinguer les conventions qui ont fixé avant le partage la nature ou la quotité des droits de chaque partageant, de celles qui, ensuite, ont déterminé leurs parts dans les biens. Si les premières de ces conventions n'ont été occasionnées par aucune contestation réelle, vainement les parties auront-elles cherché à leur donner la couleur d'une transaction; ces conventions s'identifieront avec le partage, et seront, comme lui, susceptibles de rescision pour cause de lésion; c'est le cas prévu par l'art. 888 du Code civil. Mais si, au contraire, des difficultés sérieuses s'étaient élevées ou pouvaient l'être sur la validité ou l'étendue des droits de ceux entre qui le partage devait être opéré, et qu'une transaction y ait mis fin, un pareil acte doit jouir de tous les avantages que la loi attribue à ceux de cette nature, et il ne peut ainsi être rescindé, quelle que soit la lésion qu'il ait fait éprouver.

C'est ce que la Cour de cassation a aussi reconnu, par arrêt du 3 décembre 1833 [1], en rejetant le pourvoi qui avait été exercé contre un arrêt de la Cour royale de Paris, du 29 juillet 1832, où cette Cour avait dit : « que la faculté de transiger n'a pas seulement été établie pour éteindre les procès nés, mais aussi pour prévenir les procès à naître;

« Que les conventions de ce genre ont, entre les parties, l'autorité de la chose jugée, et ne peuvent être attaquées pour cause d'erreur de droit, ni pour cause de lésion; » la Cour de cassation a ajouté par son arrêt :

« Attendu que l'acte du 22 janvier 1826 a été justement qualifié de transaction; qu'il en a tout le caractère, puisqu'il a été passé dans le but de prévenir, non pas seulement un procès à naître, mais une foule de contestations que le cumul de quatre successions, depuis longtemps ouvertes, la différence d'origine des biens, la confusion qui en avait été faite dans une administration commune, entraînaient presque inévitablement à leur suite; que cet acte au surplus n'a pas eu pour objet ni pour effet de faire cesser l'indivision qui a continué après

(1) SIREY, 34. 1. 31. — DALLOZ, 34. 1. 35.

lui, mais de conserver à la famille l'état de paix et d'union dans lequel elle avait vécu jusqu'alors ; qu'un pacte de cette nature, l'intention qui l'a dicté, et que les premiers juges ont reconnue, placent cet acte dans une espèce à laquelle l'art. 888 ne s'applique plus. »

La distinction établie par ces différents arrêts est fondée, non-seulement sur la nature des actes qui ont contenu, soit une véritable transaction, soit un partage, mais sur la volonté que les parties ont nécessairement dû avoir en souscrivant chacun d'eux. Par une transaction, les parties sont réputées avoir consenti à renoncer à une partie de leurs droits pour s'assurer le reste ; elles ont préféré leur tranquillité aux chances incertaines d'un procès. Il n'est donc pas étonnant que quelques-unes d'entre elles aient perdu quelque chose ; admettre que, si cette perte existe, le contrat devra être rescindé, serait rendre ces sortes d'accords impossibles, lorsque, loin de là, on ne saurait trop les favoriser.

Par un partage, au contraire, dont l'égalité doit être la base, l'intention de chacun des partageans doit nécessairement être réputée avoir été de recevoir tout ce qui devait lui revenir. Si l'un d'eux n'a pas obtenu sa part entière, l'opération n'a pas été faite selon la volonté de la loi et celle des parties. Le consentement que celles-ci y ont prêté n'a été que le résultat d'une erreur sur ce qui formait en quelque sorte la substance du contrat. Seulement, comme une égalité absolue serait trop difficile à établir, la loi a fixé une limite qu'il faut que la lésion ait atteinte pour que le tort éprouvé doive être réparé.

La même jurisprudence existait avant le Code, ainsi que le constate un arrêt de la Cour royale de Grenoble, du 15 avril 1807, qui a été maintenu par arrêt de la Cour de cassation, du 7 février 1809[1].

4° La transaction passée entre des associés ou des cohéritiers, non sur le règlement des droits qu'ils avaient à exercer, mais sur la fixation à forfait des biens qui devaient leur être attribués pour leur part, peut être rescindée pour cause de lésion de plus du quart.

Des époux séparés de corps avaient à procéder ensemble au partage de la communauté qui avait existé entre eux ; plusieurs difficultés s'étaient élevées sur ce partage et avaient amené un procès. Les époux transigèrent. La femme abandonna au mari tous ses droits sur les biens communs, moyennant une somme déterminée.

Plus tard, ayant découvert qu'une omission importante avait été commise par le mari dans le compte qu'il avait rendu des valeurs communes, la femme demanda la rescision de la transaction pour cause de lésion. Un arrêt de la Cour royale d'Aix, du 10 juillet 1826[2], l'y avait déclarée non-recevable, par le motif

(1) SIREY, 9. 1. 210. (2) SIREY, 29. 1. 427. — DALLOZ, 29. 1. 352.

que, s'il est vrai qu'en thèse générale tout premier acte passé entre cohéritiers ou des communistes soit un acte de partage, quand même il aurait été qualifié de transaction, cela toutefois n'est rigoureusement vrai qu'autant que la qualification est fausse et que les parties ont voulu déguiser un partage sous la couleur de tout autre acte; mais cela ne peut s'appliquer au cas où il s'élève entre les parties des difficultés graves, de nature à les jeter dans une grande involution de procédures. Alors l'acte qui intervient est une transaction réelle, quoique cet acte ait pour but de faire cesser l'indivision; néanmoins, comme il est lié à la transaction, il est inattaquable comme elle, du moins pour cause de lésion.

Cet arrêt a été cassé par la Cour de cassation le 12 août 1829.

« Considérant, en droit, a dit la Cour, que la loi déclare tout premier acte passé entre cohéritiers ou communistes rescindable dans les cas prévus lorsque cet acte a fait cesser l'indivision, quand même il serait qualifié de transaction;

« Qu'elle ne distingue pas des autres cas ceux où il existait des difficultés graves et réelles, même des procédures ou jugements antérieurs;

« Considérant, en fait, que l'acte du 6 juin 1825 est un premier acte entre deux communistes; qu'il a eu pour objet de faire cesser l'indivision entre eux, et qu'il avait en effet opéré un partage ou attribution à forfait, à chacun d'eux, d'une partie de l'actif de la communauté;

« Qu'en déclarant cet acte non sujet à rescision la Cour d'Aix a violé les articles 888 et 1476 du Code civil. »

Cet arrêt ne doit point être considéré comme contraire à ceux qui ont été rapportés au numéro précédent; la transaction contre laquelle il a admis l'action en rescision n'avait pas eu pour objet de terminer des contestations sur l'étendue des droits à raison desquels il devait être procédé au partage, la quotité de ces droits n'aurait pu être mise en problème, puisqu'elle avait été réglée par le contrat de mariage des époux. La transaction s'était bornée à mettre fin aux difficultés qui s'étaient élevées sur la consistance des biens à partager et sur la fixation de la part qui devait en revenir à chacun des conjoints. Elle n'avait donc contenu qu'un mode de partage qui avait tenu lieu de celui qui aurait dû être fait. C'était le premier acte intervenu entre les partageants; il avait fait cesser l'indivision qui existait entre eux; il réunissait ainsi toutes les conditions déterminées par la loi pour qu'il pût être rescindé si l'égalité entre les copartageants y avait été blessée. Peu importait que des difficultés sérieuses eussent occasionné ce règlement; les parties, en le consentant, n'avaient pas moins entendu obtenir un juste équivalent de leurs droits, et si une erreur trop forte s'était glissée dans l'appréciation qu'elles en avaient faite, ce n'était que revenir à ce qu'elles avaient entendu faire que de la réparer.

Il semble même que, le mari ayant commis un recel en dissimulant une valeur considérable dans le compte qu'il avait rendu des biens de la communauté, il y avait lieu de lui appliquer les dispositions de l'article 1477 du Code civil, et d'aller jusqu'à le priver de sa portion dans les effets par lui recélés; au moins, ayant induit sa femme en erreur sur la véritable consistance de ses droits, il l'avait autorisée, indépendamment de la lésion éprouvée, à attaquer la transaction pour cause de dol, aux termes de l'article 2053 du Code civil.

5° Le partage des immeubles de la succession, quoique les meubles soient restés indivis, doit être considéré, quant aux biens qu'il a compris, comme un véritable partage; la rescision pour cause de lésion peut en être demandée, et la prescription de cette action commence à courir du jour où ce partage a eu lieu.

Ce n'est que dans une espèce analogue qu'a été rendu l'arrêt que nous allons rapporter, mais le principe que nous posons résulte nécessairement de celui que cet arrêt a admis. Des héritiers n'avaient procédé entre eux qu'au partage des immeubles dépendant d'une succession qui leur était commune; une maison, échue à l'un d'eux, avait été vendue, et les autres héritiers venaient, sur l'ordre, réclamer l'exercice du privilége qui leur appartenait pour sûreté des soultes et retour de lots qui résulteraient en leur faveur du partage mobilier auquel il n'avait pas encore été procédé. Les créanciers de l'héritier vendeur opposèrent que ce privilége n'avait pas été conservé par une inscription prise dans les soixante jours du partage des immeubles, et les héritiers réclamants soutenaient que ce délai ne devait commencer qu'à compter de l'époque où il serait intervenu un partage définitif.

« Considérant, avaient dit les premiers juges[1], que les différents actes par lesquels les cohéritiers font successivement cesser entre eux l'indivision doivent être considérés comme ne formant dans leur ensemble qu'un seul et même partage; qu'il existe entre eux, soit par la force des choses, soit par les dispositions de la loi, des relations tellement intimes que toujours ils se complètent et souvent se modifient les uns par les autres; que la nécessité d'admettre ce principe devient sensible surtout lorsque le partage des immeubles a précédé, ainsi que dans la cause, la liquidation mobilière; que, dans ce cas, les rapports en numéraire peuvent être faits, d'après l'art. 869 du Code civil, en moins prenant sur le mobilier et successivement sur les immeubles; que c'est même la seule manière d'opérer possible, s'il ne reste pas d'autres ressources à celui des cohéritiers qui doit le rapport; qu'il en résulte que, si les forces mobilières sont insuffisantes, il faut nécessairement revenir sur le partage fait des immeubles; qu'autrement le partage de la succession ne serait plus égal, qu'il n'y aurait plus ce que la loi appelle garantie des partages; que, par suite, le privilége accordé par l'art. 2103 du Code civil aux cohéritiers sur les immeubles de la succession, pour les garanties des partages faits entre eux, doit recevoir ici son

(1) Dalloz, 37. 2. 98.

application, puisque, s'il en était autrement, il n'y aurait plus de garantie ; que, si l'on aperçoit quelques inconvénients à laisser entre les mains des cohéritiers, par l'effet d'un partage provisoire des immeubles, la propriété vague et incertaine des lots qui leur sont échus, il y en aurait un bien plus grand dans le système contraire, qui tendrait directement à détruire l'égalité qui doit être la base des partages;

« Considérant que les mariés Bottex ont reçu, à diverses époques, des sommes sujettes à être rapportées dans la composition des lots des successions des père et mère Midan ; que, par conséquent, chacun de leurs héritiers doit avoir sur les lots en immeubles qui sont échus à la dame Bottex un privilége relativement à ces rapports, et pour la quantité générale du partage ; que, par les mêmes raisons encore, l'inscription prise par la dame Midan et son fils pour la conservation de leur privilége a été prise dans le délai utile, puisque la liquidation mobilière n'est pas même terminée ; que dès lors il devient impossible de procéder, quant à présent, à l'ordre dont il s'agit, et qu'il doit y être sursis jusqu'à la liquidation mobilière. »

Ce jugement a été infirmé par arrêt de la Cour royale de Lyon, du 27 décembre 1835.

« Attendu.... ; que tout acte qui fait cesser l'indivision d'un immeuble, et, de la possession de tous les cohéritiers, le transporte dans le domaine exclusif d'un seul, est un acte de partage ;

« Que, pour n'être souvent à la vérité que partiel, et laisser d'autres émoluments héréditaires dans l'indivision, il n'en est pas moins évident, qu'en ce qui concerne l'immeuble licité, l'indivision n'existe plus, que le partage est complet, et qu'un intérêt privé et exclusif a pris la place d'un intérêt commun.

« En vain a-t-on soutenu que, la liquidation de l'hoirie n'étant point encore effectuée, le partage n'est pas définitif ; c'est confondre deux époques distinctes dans l'apurement d'une succession : l'attribution de la propriété et le règlement de l'égalité entre cosuccesseurs. Dans le sens exact, le mot partage ne présente que l'idée contraire de celle d'indivision ; dès que l'indivision s'évanouit, tout est dit en fait de partage ; il peut bien y avoir une liquidation ultérieure à faire pour établir ou conserver l'égalité, mais le partage proprement dit n'en est pas moins effectué.

« Les dispositions de l'art. 2109 démontrent en effet que l'attente d'une liquidation définitive n'a nullement frappé ses rédacteurs ; ce n'est pas en effet l'époque du règlement des parties sur leurs retours et répétitions respectifs qu'ils donnent pour point de départ à l'inscription, mais celle de l'adjudication ; et cependant ils n'ignoraient pas qu'après l'adjudication il reste presque toujours des compensations et des calculs qu'une liquidation est seule de nature à établir. L'inscription, qui peut s'étendre sur la totalité du prix, conserve d'ailleurs tous les droits. Ce qui a frappé les législateurs, c'est la cessation de l'indivision ; c'est la transformation d'un droit commun à plusieurs en un droit exclusif ; c'est cette attribution de la propriété, qui, ouvrant un ordre de choses tout nouveau, place les intéressés en demeure de s'inscrire ; d'où il suit que c'est aux soixante jours qui suivent la licitation qu'est limité le délai pour prendre une inscription susceptible de conserver le privilége, et non à ceux qui suivent la liquidation totale de l'hoirie. »

Les premiers juges avaient sans doute eu parfaitement raison de dire que les actes partiels au moyen desquels des héritiers font successivement cesser l'état d'indivision qui existait entre eux n'aboutissent à eux tous qu'à une seule opération, celle du partage définitif. Il peut également arriver, comme ils l'ont énoncé, que l'on soit obligé, lors des dernières liquidations, de revenir sur les premières et de reprendre à quelques-uns des héritiers une partie des biens qu'ils ont obtenus. Ce résultat possible prouve l'inconvénient qu'il y a de procéder d'une manière inverse de celle ordinaire, et de ne pas commencer par liquider le mobilier, les rapports, les prélèvements et les dettes, avant de partager les immeubles; mais il faut convenir que ce n'était pas là la question. En admettant que les héritiers eussent pu agir d'une manière plus régulière, il s'agissait de reconnaître les conséquences du mode qu'ils avaient adopté. Les héritiers réclamants prétendaient qu'ils n'avaient eu aucune inscription à prendre avant la liquidation mobilière, pour conserver sur le prix des immeubles partagés les soultes et retours auxquels ils avaient droit; leur privilége se serait donc conservé sans inscription, ce que l'article 2109 ne permet pas de supposer. Cet article veut qu'à cet effet une inscription soit prise dans les soixante jours de l'acte de partage ou de la licitation, et la Cour royale de Lyon a fait remarquer, avec une grande justesse, qu'une licitation peut précéder de beaucoup la liquidation mobilière des droits de tous les héritiers. Qu'il nous soit permis d'ajouter que, si des héritiers qui auraient procédé, comme dans l'espèce jugée, au partage des immeubles de la succession plusieurs années avant de faire liquider leurs soultes et retours pouvaient conserver, malgré les dispositions de l'article 2109, un privilége occulte sur les biens dont chacun d'eux jouirait à titre de propriétaire, le public y serait incessamment trompé, et que l'on éprouverait tous les résultats fâcheux qu'est destinée à prévenir la publicité qui forme une des bases de notre système hypothécaire; ce privilége, pour grever utilement les biens à l'égard des tiers, doit donc être inscrit; il doit l'être dans le délai de soixante jours, et ce délai doit nécessairement commencer à courir du jour de l'acte qui a fixé la propriété des immeubles sur la tête de chacun des héritiers.

Par suite des mêmes principes, si un des héritiers veut se pourvoir en rescision pour cause de lésion contre le partage qui n'a compris que les immeubles, il n'est pas douteux que ce ne doive être aussi dans les dix ans qui ont suivi cet acte, car ce délai court en général à compter des actes que l'on veut attaquer (article 1304). Si une lésion a été éprouvée par un des héritiers, on ne doit réformer que l'opération de laquelle elle est résultée. La rescision de cette portion du partage n'entraîne pas de droit celle des autres actes qui n'auraient porté que sur d'autres parties de la liquidation. Le partage relatif aux immeubles a eu une existence tout-à-fait séparée, et puisqu'il devrait être résolu seul, c'est à compter du jour où il a été consenti qu'a commencé le délai pendant lequel on a dû se pourvoir. La loi n'a pas voulu qu'après une jouissance qui se serait prolongée pendant un plus ou moins grand nombre d'années, les tiers pussent être frustrés des droits qu'ils auraient cru irrévocablement acquérir.

889. L'action n'est pas admise contre une vente de droit successif faite sans fraude à l'un des cohéritiers, à ses risques et périls, par ses autres cohéritiers ou par l'un d'eux.

1° La cession de droits successifs, faite à périls et risques et sans fraude, par un héritier à son cohéritier, ne peut être rescindée pour cause de lésion.

Quoique ce principe se trouve littéralement écrit dans la loi, il n'a pas laissé que d'être plusieurs fois contesté.

Un héritier avait cédé, et à périls et risques, à sa seule cohéritière, tous ses droits dans la succession qui leur était commune; celle-ci se prétendit lésée, et se pourvut en rescision. La Cour de Turin a rejeté sa prétention par arrêt du 4 août 1810 [1], dans lequel se trouvent les motifs suivants :

« Considérant que, d'après les termes de l'acte de cession, on ne peut douter que, quel que puisse être l'objet appartenant à cette succession, l'intimé s'en est formellement dessaisi au profit de l'appelante, de sorte qu'il ne pourrait jamais être en droit de demander un supplément de partage des effets qui peuvent appartenir à cette succession, sous prétexte qu'ils n'ont point été compris dans le partage; car la cession n'est point restreinte aux objets que les parties connaissaient alors appartenir à la succession, mais elle embrasse généralement tous les droits successifs de l'intimé, sans la moindre limitation aux objets héréditaires indiqués dans l'acte;

« Que, d'autre part, quelle que puisse être la dette ou la charge qui puisse peser sur cette succession, fût-elle inconnue aux parties lors de la stipulation de l'acte, nul doute que l'appelante s'est soumise à la supporter, même en garantie de l'intimé;

« Que de là il est évident que, comme l'acte dont il s'agit repousse tout supplément de partage, ainsi que la garantie de la part de l'intimé des troubles et des évictions que l'appelant peut essuyer pour des causes antérieures à la stipulation de cet acte, celui-ci ne renferme point un partage, mais bien un transport, une vente des droits successifs de l'intimé au profit de l'appelante, à ses risques et périls;

« Que si donc cet acte a été qualifié cession, convention, et non partage, c'est que la teneur dont il est conçu, les pactes et conditions qui y sont insérés, ne

(1) SIREY, 11. 2. 73. — DENEVERS, 9. 2. 117.

peuvent se concilier avec le partage dont les effets sont formellement écartés en vertu de la convention que les parties ont voulu stipuler ;

« Que les parties n'eussent point encore fait cesser l'indivision entre elles lorsqu'elles ont signé cette convention, n'importe ; car ce serait créer une nouvelle disposition dans le Code civil que de supposer que la vente des droits successifs dont il est parlé à l'art. 889, ne puisse avoir la solidité y sanctionnée si elle n'a pas été précédée par un acte de partage qui ait fait cesser préalablement l'indivision entre les cohéritiers. »

La Cour royale de Bordeaux a repoussé une demande semblable, par arrêt du 23 juin 1827 [1].

« Attendu que l'acte du 10 août 1824, qui constitue une vente de droits successifs faite aux périls et risques de l'acquéreur, est valable aux termes de l'art. 889 du Code civil, s'il a été fait sans fraude ;

« Attendu que la fraude peut s'établir par des présomptions graves, précises et concordantes ;

« Attendu que, dans l'espèce, la lésion éprouvée par la femme Laudat et l'ignorance où elle était des forces de la succession qu'elle aliénait sont les seuls indices de fraude qu'elle ait fait valoir ; qu'il est à remarquer qu'au moment de la vente elle était âgée de 38 ans, qu'elle habitait avec sa mère la maison de son père, qu'elle a pu et dû prendre connaissance des forces de l'hérédité de son père, mort depuis quelques années ; que la lésion dont elle offre la preuve serait, aux termes de ses conclusions, une lésion du tiers au quart ; que cette lésion, suffisante pour faire rescinder un acte de partage, ne peut être d'aucune considération quand il s'agit de la rescision d'un acte de vente de droits successifs. »

La Cour royale de Montpellier a rendu un arrêt conforme le 6 mai 1831 [2].

« Attendu, porte cet arrêt, que les actes de cession dont il s'agit ne sauraient être attaqués pour cause de lésion qu'en tant qu'ils pourraient être attaqués comme actes de partage ; que, si les premiers actes passés entre cohéritiers, qu'ils soient qualifiés vente de droits successifs ou transactions, sont, d'après les anciens principes comme d'après le droit actuel, susceptibles d'être rescindés pour cause de lésion, ce n'est que lorsqu'ils font cesser réellement l'indivision entre tous les cohéritiers et cachent ainsi un véritable partage ; mais que les actes de cession des 12 thermidor an VI et 12 pluviôse an IX n'ont pu produire cet effet, puisque, tous les héritiers de Pierre-Paul Cremazy n'y figurant pas, l'indivision des biens composant la succession de ce dernier a continué de subsister ;

« Attendu, d'ailleurs, que par les susdits actes, Baptiste Bergé n'a transmis à Agathe Monié que des droits sur la nue-propriété des immeubles, des charrettes et des chevaux ayant appartenu à Pierre-Paul Cremazy ; que la valeur des droits de cette nature, dépendant d'un événement incertain (l'époque du décès

(1) Sirey, 27. 2. 165. — Dalloz, 27. 2. 118. (2) Sirey, 31. 2. 278. — Dalloz, 31. 2. 214.

de l'usufruitier), n'est pas susceptible d'une appréciation exacte; qu'ainsi les cessions dont il s'agit ont un caractère essentiellement aléatoire, et que, sous ce second rapport encore, elles ne sont pas soumises à l'action en rescision pour cause de lésion; qu'il suit de là que l'action intentée par la dame Bergé est irrecevable. »

Le pourvoi exercé contre cet arrêt a été rejeté par la Cour de cassation le 15 décembre 1832 [1].

« Considérant, a dit la Cour, que l'arrêt attaqué déclare que les actes de cession dont il s'agit n'eurent point pour effet de faire cesser l'indivision, et que, d'ailleurs, ces actes avaient un caractère essentiellement aléatoire; qu'en se fondant ainsi sur des titres et sur des circonstances qu'elle avait le droit d'apprécier, la Cour de Montpellier n'a violé aucune loi. »

Il résulte de ces deux derniers arrêts que, pour qu'une cession de droits successifs puisse être rescindée pour cause de lésion de plus du quart, il faut qu'elle ait équivalu à partage, qu'elle se trouve dans un acte ayant fait cesser l'indivision entre tous les héritiers, et qu'elle n'ait point formé un contrat aléatoire. Si donc une pareille cession a eu lieu sans que le cessionnaire ait eu de risque à courir et par un acte qui a laissé subsister l'indivision entre les autres héritiers, ces arrêts ne la considèrent que comme une vente ordinaire, dont la rescision pour cause de lésion ne peut être demandée que par le vendeur, si elle n'a porté que sur des choses immobilières, et si la lésion a été de plus des sept douzièmes du prix (art. 1674).

La disposition de ces arrêts est, au reste, en rapport avec celles qui ont décidé qu'une cession de droits successifs qui n'a point fait cesser l'indivision entre les cohéritiers n'a point la nature d'un acte de partage, qu'elle a été attributive et non pas seulement déclarative de la propriété des droits cédés. (Voyez le n° 1er sur l'art. 883.) On ne peut dès lors lui appliquer l'art. 888 du Code.

Si, au contraire, la cession a été faite aux risques et périls du cessionnaire, ou si elle n'a porté que sur une nue-propriété, le contrat a été aléatoire, et, comme tel, hors d'état d'être rescindé pour cause de lésion. Les droits cédés ne pourraient, à raison de l'éventualité des chances qu'ils ont fait courir au cessionnaire, recevoir une appréciation certaine, et il serait ainsi impossible de s'assurer si la lésion a ou non existé.

La Cour royale de Toulouse a cependant rendu un arrêt contraire le 6 décembre 1831 [2], dans l'espèce d'une cession de droits successifs consentie par une héritière à un seul de ses cohéritiers. L'acte contenait la mention que cette cession était faite aux risques et périls du cessionnaire; mais on prouvait qu'il n'y en avait eu aucuns à courir. Le cessionnaire excipa en vain que, l'indivision ayant continué à subsister entre les autres héritiers et lui, l'acte ne pouvait être assimilé à un partage; la Cour a déclaré l'action en rescision recevable.

« Attendu que de la combinaison des art. 887, 888 et 889 du Code civil,

(1) SIREY, 33. 1. 595. — DALLOZ, 33. 1. 104. (2) SIREY, 33. 2. 283.

sainement entendus, l'indivision cesse lorsqu'un des héritiers acquiert et réunit sur sa tête les droits successifs de l'un ou de plusieurs de ses cohéritiers; que soutenir, en pareil cas, l'indivision, ou dire qu'elle ne prend fin que lorsque tous les cohéritiers traitent respectivement de leurs droits, c'est manifestement méconnaître les dispositions de la loi, qui voit ailleurs que dans un partage entre tous les cohéritiers des cas où l'indivision doit cesser; or, ces cas (abstraction faite de partage) ne sont et ne peuvent être, par la combinaison des articles précités, que ceux où, par des actes sous couleur de vente ou échange, l'un des cohéritiers, quel qu'en soit le nombre, cède à l'autre ses droits successifs; que, s'il en était autrement, l'art. 888 serait sans portée, et la sollicitude du législateur, qui a voulu mettre à couvert les intérêts des cohéritiers, resterait sans effets; qu'il importe d'ailleurs de remarquer que l'art. 888 ne dit pas que l'acte doit faire cesser l'indivision entre tous les cohéritiers, mais bien, *quod notandum*, entre les cohéritiers, par où le législateur a entendu signaler d'autres cas que ceux prévus par l'art. 887; que l'arrêt invoqué et rendu à l'occasion de la perception des droits du fisc, et sur lequel les mariés Bayonne appuient leur système, a moins trait à l'espèce qu'à l'application des dispositions particulières de la loi du 22 frimaire an VII;

« Qu'il est manifeste que l'acte du 18 mai 1830 a fait cesser l'indivision entre les époux Bayonne et les mariés Dufaut; ainsi, sous ce rapport, l'acte de cession a le caractère d'un partage; ainsi les mariés Dufaut ne sont pas irrecevables à proposer la demande en rescision pour lésion de plus du quart contre l'acte du 18 mai 1830. »

Les nombreux arrêts que la Cour de cassation a rendus sur la question ne l'ont pas été seulement par application de la loi fiscale que cite la Cour royale de Toulouse, mais d'après les dispositions du Code civil. Ce Code est, en effet, positif à cet égard : l'art. 887 ne permet de rescinder pour cause de lésion de plus du quart que les actes de partage; l'art. 888 n'attribue cette nature qu'à ceux *qui ont fait cesser l'indivision entre les héritiers*, et l'art. 889 ne veut pas que l'action soit admise contre les ventes de droits successifs faites sans fraude et à périls et risques à l'un des successibles. Si donc il y a eu des risques et périls à courir, qu'aucune fraude ne soit prouvée et que l'acte n'ait pas fait cesser l'indivision entre les héritiers, ce n'a pas été un acte de partage; dès lors, celui qui a été passé ne peut être soumis à la rescision particulière à ces sortes d'opérations; ce n'a été qu'une vente ordinaire, et c'est dans les règles relatives à ces sortes de contrats qu'il faut chercher l'action que le vendeur est autorisé à exercer.

2º La cession de droits successifs, quoique consentie par tous les héritiers à l'un d'eux, et ayant ainsi fait cesser l'indivision, peut être rescindée pour cause de lésion de plus du quart, malgré l'énonciation qu'elle a été faite aux risques et périls du cessionnaire, s'il résulte de l'acte même qu'il n'y en avait aucuns à courir.

La Cour royale de Lyon a admis, par arrêt du 2 avril 1820 [1], une demande en rescision formée dans de telles circonstances, en adoptant les motifs des premiers juges, qui étaient ainsi conçus :

« Considérant que le premier point à examiner est de savoir si l'action en rescision pour cause de lésion de plus du quart, dirigée contre l'acte du 3 décembre 1806, est admissible ; que, d'après l'art. 888 du Code civil, l'action en rescision est admise contre tout acte qui a pour objet de faire cesser l'indivision entre cohéritiers, de quelque manière qu'il soit qualifié, et qu'il n'a été fait exception à cette règle que par l'art. 889, pour la vente de droits successifs faite sans fraude et à périls et risques ; que, suivant l'art. 1156 du Code civil, on doit, dans les conventions, rechercher quelle a été la commune intention des parties contractantes, plutôt que de s'arrêter au sens littéral des termes ; qu'ainsi, pour que l'acte dont il s'agit dans la cause soit une vente faite à périls et risques, il ne suffit pas qu'il en contienne la stipulation, mais qu'il faut en outre qu'il y ait réellement, dans le fait, des périls et risques à courir par le cessionnaire ; que l'acte dont il s'agit contient bien la stipulation à périls et risques, mais qu'il énonce en même temps qu'il avait une parfaite connaissance des biens, des dettes et charges de la succession sur laquelle on traitait, et que cette énonciation éloigne toute idée de périls et risques à courir, et implique même contradiction avec cette dernière stipulation. »

La même Cour a rendu un arrêt semblable, le 29 janvier 1836 [2].

« Attendu que tout premier acte entre cohéritiers, qui fait cesser l'indivision, est passible de l'action en rescision pour lésion du tiers au quart, conformément à l'art. 888 du Code civil ;

« Que l'art. 889 du même Code n'excepte de cette disposition que la vente sans fraude et à périls et risques, et ne s'applique ainsi qu'aux cas de bonne foi et à périls et risques ;

« Que, dans l'espèce, la succession était ouverte depuis près de dix années, qu'il y avait eu inventaire, que l'usufruit de la mère pouvait être apprécié ; que Jean-Claude Mathevet connaissait les forces de l'hoirie et n'était ainsi soumis à aucune chance de périls et risques. »

L'acte de cession doit avoir été fait sans fraude et à de véritables périls et risques, pour qu'il ne puisse être rescindé. Si les magistrats reconnaissent que l'une ou l'autre de ces conditions a défailli, l'acte perd le caractère qu'on a voulu lui imprimer. Le contrat qui n'a point été aléatoire n'a équivalu qu'à un partage, et il est ainsi sujet à rescision.

3° La cession de droits successifs, lors même qu'elle a eu lieu moyennant un prix en apparence aléatoire, peut être annulée si ce prix est dans le cas d'être réputé n'avoir été que fictif.

(1) Sirey, 20. 2. 269. (2) Sirey, 36. 2. 238. — Dalloz, 37. 2. 65.

Une cession de droits successifs importants avait été faite par une héritière au mandataire qu'elle avait choisi pour exercer ses droits, moyennant une rente viagère inférieure aux intérêts des capitaux compris dans la cession. La Cour royale d'Orléans, après avoir constaté tous ces faits, a annulé la vente, par arrêt du 21 mai 1831 [1].

« Considérant, a-t-elle dit, que, si en thèse générale la vente des droits successifs indéterminés est un contrat aléatoire, on ne peut considérer comme telle celle dont il s'agit, parce qu'il est constant qu'en qualité de mandataires de la demoiselle Pellé, les sieur et dame Gamelin ont assisté à l'inventaire fait après le décès du sieur Pellé, qu'ils ont ainsi parfaitement connu les charges de la succession et ses forces; que ce n'est même qu'après avoir acquis la certitude qu'elle était très avantageuse, qu'ils ont traité avec la demoiselle Pellé;

« Considérant, en outre, que la stipulation de l'acte de cession portant que l'apparition d'un héritier du sieur Pellé dans la ligne maternelle réduirait la rente viagère, et les autres précautions prises dans le contrat, démontrent que les sieur et dame Gamelin ne voulaient courir aucune chance, de sorte qu'en recevant immédiatement et réellement des valeurs pour plus de 50,000 francs, et ne constituant à la demoiselle Pellé qu'une rente viagère de 2,000 francs, ils ne payaient pas même l'intérêt de la somme reçue; d'où il suit que la vente du 28 juillet est évidemment faite sans prix et par conséquent nulle. »

L'art. 888 du Code n'admet la rescision des actes de cession de droits successifs, que quand ils ont été passés entre cohéritiers. Son motif a été de maintenir entre ceux-ci l'égalité prescrite dans les partages; il ne peut donc s'appliquer aux ventes faites à un étranger; la cession, en ce dernier cas, n'a été qu'une vente ordinaire; on ne peut se prévaloir, pour la rescinder, des dispositions de l'art. 888.

La lésion des sept douzièmes ne saurait même être invoquée par le cédant contre un acquéreur étranger, que si la cession n'a porté que sur des droits immobiliers, la vente d'objets mobiliers n'étant pas susceptible de rescision pour ce motif. Il faudrait encore qu'une balance exacte pût être faite entre la valeur des droits cédés et le prix qu'ils ont obtenu; or, des droits successifs étant de leur nature incertains et éventuels, le cédant ne devant garantir que sa qualité d'héritier (art. 1696), si les charges dont ces droits sont grevés ont été mises indéfiniment aux risques du cessionnaire, on devra ordinairement manquer de base pour établir que la lésion a existé au jour du contrat.

Si cependant, à raison de circonstances particulières, on arrive à démontrer que l'acquéreur a parfaitement connu les droits qu'il se faisait céder et qu'il n'a eu aucuns risques à courir; si le prix a été tellement vil qu'il y ait eu absence en quelque sorte de prix, la vente n'est pas seulement rescindable, elle est nulle, faute d'existence d'une des conditions essentielles pour sa validité, et l'on peut même alors se passer d'invoquer la fraude qui suffirait aussi pour la faire annuler.

(1) SIREY, 31. 2. 200. — DALLOZ, 31. 2. 226.

4° Une cession de droits successifs faite par un héritier à un tiers peut-elle être rescindée pour cause de lésion lorsque le cédant s'est engagé à garantir le cessionnaire de toutes dettes, charges, hypothèques et éviction?

La Cour royale de Limoges s'est décidée pour l'affirmative, par arrêt du 19 novembre 1819 [1], dans une espèce où deux héritiers avaient cédé au troisième tous leurs droits successifs, et où, par le même contrat, celui-ci avait cédé lui-même tous ses droits et ceux qu'il venait d'acquérir à un tiers, qu'il avait garanti de toutes dettes, charges, hypothèques et évictions. La Cour a confirmé la décision des premiers juges, en adoptant leurs motifs, qui étaient ainsi conçus :

« Considérant que, s'il s'agissait de la cession et transport fait par Barthélemy et François Jammot aux époux Legrand, il ne pourrait y avoir lieu à l'action rescisoire, par la raison que cette cession a été faite aux risques et périls des cessionnaires, et à la charge par ces derniers de garantir les cédants de toutes les dettes et créances passives dont ceux-ci pouvaient être tenus à raison de la succession de Jacques Jammot leur père, et à cause de la grande incertitude qui empêchait qu'on pût en fixer le juste prix, et par conséquent établir qu'ils ont été vendus au-dessous de la moitié du juste prix ;

« Mais considérant qu'il s'agit d'une vente consentie par le même acte, du 4 octobre 1792, par Martin Legrand et Françoise Jammot sa femme à Blaise Lachaize, avec pleine et entière garantie de tous troubles, dettes, hypothèques, évictions et autres empêchements généralement quelconques, de tous les biens et droits acquis par Martin Legrand et sa femme desdits Jammot; que, la garantie énoncée dans la vente de ces biens, consentie à Blaise Lachaize, l'affranchissant de tous risques et périls, on doit regarder cette vente comme un acte de vente ordinaire et par conséquent sujette à l'action en rescision. »

Il semble que plusieurs fins de non-recevoir s'opposaient à ce que cette action fût admise. Les demandeurs reconnaissaient que le contrat ne pouvait recevoir l'application des dispositions de l'art. 888, qui ne sont relatives qu'aux cessions entre cohéritiers. Le Code n'autorise point, en effet, la rescision de pareils contrats pour cause de lésion, s'ils n'ont été passés qu'au profit d'étrangers; il en était de même sous l'ancien droit. « La raison est, dit Pothier [2], que la grande « incertitude des droits successifs empêche qu'on ne puisse fixer le juste prix, « et par conséquent qu'on puisse établir qu'ils ont été vendus au-dessous de la « moitié du juste prix. »

Il ne peut non plus y avoir lieu à rescision quant aux choses mobilières, à moins qu'elles ne soient que de simples accessoires des immeubles qui ont été vendus; mais tel n'était point le caractère des droits mobiliers que la cession avait compris, il aurait donc fallu laisser subsister la cession quant aux meubles, et alors comment aurait-on pu fixer le prix pour lequel les immeubles

(1) SIREY, 20. 2. 81. — DALLOZ, Rec. alph., 12. 924. (2) Contrat de vente, numéro 40.

étaient entrés dans la cession? Il l'aurait fallu cependant, car autrement la lésion ne pouvait être prouvée.

Le seul motif qui avait déterminé les premiers juges était que la cession n'avait pas été faite à périls et risques; mais elle l'avait été forcément, puisqu'elle n'avait porté que sur des droits successifs essentiellement éventuels. Ce ne sont que les cessions d'objets fixes et déterminés, ne devant faire courir aucune chance à l'acquéreur, qui peuvent former la matière d'un contrat ordinaire. Lorsque, au contraire, la cession n'a porté que sur les droits qui résultent de la qualité du cédant, il y a eu nécessairement incertitude sur la quotité de ceux qui, en définitive, pourront rester au cessionnaire. L'aléatoire du contrat est résulté de la propre nature de la stipulation.

Ce n'était donc que parce que les cédants avaient déclaré garantir le cessionnaire de toutes dettes, charges, hypothèques, etc., que les premiers juges avaient regardé le contrat comme n'ayant pas contenu un forfait. C'était une question d'interprétation, car on soutenait que la clause ne s'appliquait point aux chances qui seraient provenues du fait du défunt, mais uniquement à celles que l'acquéreur aurait éprouvées du chef des héritiers. Cette clause ne semblait pas, en effet, susceptible de recevoir une autre application. Le cessionnaire n'avait point acquis de biens certains dont les vendeurs lui eussent garanti la propriété, mais seulement les droits tels quels que les cédants étaient dans le cas d'obtenir en leur qualité d'héritiers; il ne devait donc rien revenir au cessionnaire qu'après l'acquittement de tous les engagements du défunt. L'espérance qu'il en resterait quelque chose lui avait seule été cédée, et le contrat, par cela seul, avait été aléatoire. Cependant, en acceptant la succession, les héritiers en avaient exposé les biens aux poursuites de leurs propres créanciers, et ils devaient, comme ils l'avaient promis, garantir le cessionnaire de toutes recherches à cet égard. En réduisant la stipulation à cette seule intention possible, le contrat n'avait pas moins contenu une cession à forfait des droits des cédants sur les biens du défunt, ce qui empêchait que le contrat pût être rescindé pour cause de lésion.

5° Y a-t-il lieu à rescision pour cause de lésion d'une cession de droits successifs entre cohéritiers, par cela seul que le contrat ne porte point que les cessionnaires ont acquis les droits cédés à leurs périls et risques?

La Cour royale de Toulouse a admis, dans un cas pareil, l'action en rescision, par un arrêt du 3 mars 1830 [1], qui est ainsi conçu:

« Attendu qu'il est de principe consacré par l'art. 888 du Code civil, que l'action en rescision est admise contre tout acte qui a pour objet de faire cesser l'indivision entre cohéritiers, encore qu'il soit qualifié de vente, d'échange, de

(1) Sirey, 30. 2. 513.

transaction ou de toute autre manière; qu'il n'y a à cette règle qu'une seule exception, déterminée par l'art. 889, même Code, d'après lequel l'action en rescision n'est pas admise contre une vente de droits successifs faite sans fraude à un des cohéritiers, à ses risques et périls, par ses autres cohéritiers ou par l'un d'eux;

« Attendu qu'il résulte de la concordance de ces deux articles de la loi que la vente n'est à l'abri de la rescision, pour cause de lésion, que dans le cas où l'acquéreur a expressément tout pris à ses risques et périls;

« Attendu que l'art. 1696 du même Code, d'après lequel celui qui vend une hérédité sans appréciation des objets qui la composent n'est tenu de garantir que sa qualité d'héritier, est inapplicable dans l'hypothèse présente, puisque cet article n'est relatif qu'à la vente d'une hérédité faite à un étranger, parce qu'alors il ne s'agit pas de faire cesser l'indivision entre cohéritiers, et que le décider autrement ce serait rendre inapplicable dans tous les cas l'art. 888, même Code;

« Attendu, en point de fait, qu'il n'existe dans l'acte de cession du 20 octobre 1816 aucune clause expresse ni équipollente, de laquelle il résulte que les frères Villa acceptèrent ladite cession à leurs risques et périls, ni de la renonciation expresse de leur part à toute espèce de garantie envers le cédant. »

On a peine à se rendre aux motifs de cet arrêt; il reconnaît que la cession faite à périls et risques n'est pas sujette à rescision, mais il ajoute que ce cas n'existe que si le contrat l'exprime d'une manière expresse. Cette mention ne serait cependant nécessaire que si elle ne résultait pas de la seule nature du contrat, et c'est ce qu'il faut examiner.

Qu'est-ce qu'une cession à périls et risques? c'est évidemment celle par laquelle le cessionnaire n'aura aucun recours à exercer contre son cédant de quelque événement qu'il soit atteint. Si donc il a acquis les droits de l'héritier, quels qu'ils soient, sans garantie autre que celle de sa qualité, si la diminution des droits cédés par la survenance d'autres successibles, si les dettes, les charges, tous les accidents doivent être supportés par lui seul, quels sont donc les risques dont il ne doit pas être tenu? Est-il besoin que la vente ait exprimé qu'ils pèseraient tous sur lui, quand il n'en est pas un seul qu'il ne soit obligé de supporter sans recours? Il est des clauses tellement inhérentes à la nature de certains contrats, que, loin qu'il soit nécessaire de les stipuler, il faut que les parties y aient dérogé d'une manière formelle pour que, par la force seule des choses, la convention ne les comporte pas; telle est la garantie en matière de ventes ordinaires (art. 1626), tel est le défaut absolu de garantie quant à la quotité des choses cédées dans les cessions de droits successifs (art. 1696); il suffit que le cédant n'en ait promis aucune pour que le cessionnaire ne puisse en réclamer dans quelque cas que ce soit. Ce ne seraient point autrement de simples droits éventuels qui auraient été cédés, mais des objets déterminés dont la valeur, en cas de perte, devrait être remboursée par le cédant, ce qui créerait un autre contrat. Puisque donc une cession de droits successifs est de plein droit faite à périls et risques, le mentionner ne serait qu'une superfétation. Il suffit que telle ait été la condition du cessionnaire pour que, aux termes de l'art. 889 du Code, la cession soit à l'abri de l'action en rescision.

L'arrêt ajoute que l'art. 1696 n'est relatif qu'à la vente d'une hérédité faite à un étranger. Les termes de cet article sont cependant sans restriction; ils portent que « celui qui vend une hérédité sans en spécifier en détail les objets n'est « tenu de garantir que sa qualité d'héritier. » Il ne distingue point le cas où la cession a été faite à un successible de celui où elle a eu lieu au profit d'un étranger; ce qui est vrai pour l'un l'est par les mêmes raisons pour l'autre, et ce serait empirer la condition que s'est faite le cédant que de l'astreindre, dans un de ces deux cas, à garantir autre chose que sa qualité d'héritier.

L'arrêt annonce aussi que ce serait rendre inapplicables les dispositions de l'art. 888. Elles porteront encore sur tous les actes ayant équivalu à partage, de quelque couleur qu'ils aient été revêtus, mais il y a exception formelle aux cas portés en l'art. 888 pour celui prévu en l'art. 889. Si donc la cession n'a compris que les droits indéterminés de l'héritier, et que, faite à forfait, elle ne puisse donner lieu à aucune garantie, ce serait effacer du Code l'art. 889, que de vouloir qu'une semblable cession pût être rescindée pour cause d'une lésion que l'éventualité des droits cédés et celle des charges qu'il faudrait ajouter au prix rendraient impossible à établir.

6° La cession faite à périls et risques, mais qui n'a compris qu'une portion des droits successifs du cédant, peut-elle être rescindée pour cause de lésion?

Un arrangement sur deux successions qui leur étaient communes avait eu lieu entre un frère et une sœur, seuls héritiers du défunt. La sœur s'était réservé certains immeubles qui lui avaient été constitués en dot; son frère lui en avait abandonné quelques autres; quant au surplus de ses droits, la sœur les avait, par le même acte, cédés à celui-ci moyennant un prix déterminé, mais à ses périls et risques, et en lui imposant l'obligation d'acquitter à sa décharge toutes les dettes de la succession, et à la garantir de toutes recherches à cet égard. Plus tard la sœur s'était pourvue en rescision du contrat pour cause de lésion.

La Cour royale de Dijon a admis cette action, par arrêt du 9 mars 1830 [1], en adoptant les motifs des premiers juges, qui étaient ainsi conçus:

« Considérant que, d'après l'art. 888 du Code civil, l'action en rescision est admise contre tout acte qui a pour objet de faire cesser l'indivision entre cohéritiers... que, dans le cas particulier, l'acte du 13 mai 1826 ne peut être considéré que comme un partage, puisque différents immeubles y ont été relâchés à

(1) Sirey, 31. 1. 327.

titre de partage à la dame Fabre pour la désintéresser d'une partie de ses droits; que le surplus de ces mêmes droits a été cédé, il est vrai, par le même acte, au sieur Sivignon, à ses risques et périls, moyennant une somme de 4,000 francs; mais que cette cession partielle ne peut changer la nature de l'acte de partage;

« Qu'à la vérité l'art. 889 du même Code décide que l'action n'est pas admise contre une vente de droits successifs faite sans fraude à l'un des cohéritiers, à ses risques et périls, par ses autres cohéritiers ou par l'un d'eux, mais que, suivant le texte de la loi, il faut qu'il y ait vente de droits successifs, ce qui ne se rencontre pas dans la cause; que, d'après l'opinion des auteurs qui ont traité de la matière, et notamment Pothier, Lebrun, Toullier et Chabot de l'Allier, il faut que la vente de droits successifs, dans le sens de l'art. 889, soit de la totalité et non d'une partie des droits; que, selon les deux derniers auteurs, lorsque le cohéritier ne cède qu'une partie de ses droits dans la succession, l'acte n'est autre chose qu'un partage sujet à rescision d'après l'art. 888; que, dans le cas particulier, la dame Fabre a reçu, par l'acte du 13 mai 1826, différents immeubles à titre de partage, et n'a cédé qu'une partie de ses droits; d'où il suit que l'action en rescision par elle formée est recevable. »

Le pourvoi contre cet arrêt a été rejeté par la Cour de cassation, le 22 août 1831, mais par le seul motif que « l'acte du 13 mai 1835 était un acte mixte, « participant du caractère propre au partage et de celui qui est propre à la « vente de droits successifs; qu'en pareille circonstance le Tribunal de Cha« rolles et la Cour de Dijon avaient dû apprécier quel était le caractère dominant « dans ledit acte, et que leur décision sur ce point ne pouvait être soumise à la « censure de la Cour de cassation. »

Ce n'est donc que de l'arrêt de la Cour royale de Dijon que nous avons à nous occuper. Cette Cour a déclaré que l'acte en question n'avait été qu'un partage; elle a posé en principe qu'une cession de droits successifs devait avoir porté sur la totalité des droits du cédant pour que, même faite à périls et risques, elle ne fût pas sujette à rescision; mais ce fait, dans l'espèce, et le principe, en thèse générale, étaient-ils donc certains?

Un partage devant conserver l'égalité entre les héritiers n'est de sa nature soumis à aucune chance aléatoire; les biens, les dettes, les charges du défunt ont dû être répartis entre les successibles, chacun selon ses droits. Si des dettes inconnues surviennent, elles doivent être supportées par tous les héritiers dans la proportion de leur émolument. Si l'un d'eux, par l'effet d'une hypothèque, a payé au-delà de sa part dans une dette commune, s'il éprouve une éviction procédant d'une cause antérieure au partage, il doit être garanti par ses cohéritiers; telle est la nature des partages, et elle leur est tellement propre que, si une de ces conditions a été modifiée par les copartageants, on peut être certain que l'acte a pris un autre caractère, et que ce n'est plus le cas de lui appliquer des principes qui n'ont pas été faits pour lui.

Dans le partage en question, la sœur avait obtenu sur sa part des immeubles provenant du défunt. L'acte ne contenait, sous ce rapport, qu'un commencement de partage, et il n'y aurait pas eu lieu de prétendre, quant à ces immeubles, qu'il y avait eu lésion, puisqu'ils n'avaient point formé tout ce que la demanderesse avait reçu pour ses droits. Il fallait, pour s'assurer si elle avait été lésée, y réunir tout ce que le même acte lui avait attribué à titre de complément de sa part. Une somme lui avait été payée comptant; le surplus se composait de la portion qu'elle aurait dû supporter dans les dettes que le cessionnaire s'était obligé d'acquitter pour elle, à quelque somme qu'elles pussent se monter. Le contrat, sous ce rapport, avait constitué un forfait, et comme la chance, non appréciable, qu'avait courue le cessionnaire, avait fait partie du prix de la cession, ce prix ne pouvait être déterminé. Il était dès lors impossible de s'assurer si la lésion avait véritablement eu lieu, ce qui seul aurait pu occasionner la rescision de l'acte.

Loin que la cession à périls et risques, quoique partielle, n'eût point changé, comme l'avaient dit les premiers juges, la nature de cet acte, elle y avait causé une altération si sensible qu'elle avait formé un autre contrat; elle l'avait fait dégénérer en un pacte aléatoire, ce qu'un simple partage ne comporte jamais. La convention qui avait été passée n'était cependant point divisible; elle ne pouvait être rescindée qu'en entier, et il suffisait qu'une partie n'en fût pas susceptible pour que le tout dût être maintenu.

Quant au second motif de l'arrêt, est-il donc vrai qu'il faille qu'une cession à périls et risques ait porté sur la totalité des droits successifs du cédant pour que le contrat ne puisse être rescindé pour cause de lésion? Ce principe ne se trouve pas dans la loi. L'art. 889, en ne permettant pas d'admettre l'action contre une vente de droits successifs faite à périls et risques à l'un des héritiers, ne dit pas qu'il faudra pour cela que cette vente ait compris l'universalité des droits de l'héritier; la cession, quoique partielle, n'en a pas moins été à périls et risques; on ne pourra toujours en déterminer le prix qui a dépendu d'une chance éventuelle, et ainsi prouver que la lésion a existé en effet.

Les premiers juges s'étaient appuyés sur l'avis des auteurs. Pothier ni Lebrun ne disent rien sur la question; ils ne parlent que de la vente des droits successifs en général. M. Toullier dit seulement que, si la cession n'a compris que la part du vendeur dans les immeubles à partager, elle sera soumise à l'action en rescision; mais ce ne serait pas là une vente de droits successifs; elle n'aurait porté que sur des objets certains et déterminés, et elle rentrerait dans la classe de ces premiers actes entre héritiers, qui, d'après l'art. 888, équivalent à un partage.

Aussi, devant la Cour de cassation, M. le conseiller rapporteur avait-il paru favorable au pourvoi, et M. l'avocat général avait conclu à ce qu'il fût admis; la Cour a pensé que l'arrêt, qui reposait sur une interprétation du contrat, échappait à sa censure. La jurisprudence ne peut donc être considérée comme fixée à cet égard.

7° La cession de droits successifs faite par un héritier à son cohéritier peut être résolue faute de paiement du prix.

« Attendu, a dit la Cour royale de Pau, par arrêt du 14 juin 1831[1], que la cession de droits successifs constitue une véritable vente; qu'ainsi elle est susceptible d'être résolue pour défaut de paiement d'un prix stipulé, aux termes de l'art. 1654 du Code civil, quoique, suivant l'art. 888, elle pût être envisagée comme acte de partage, et que, sous ce rapport, elle fût seulement susceptible d'être rescindée pour cause de lésion, quand même le cessionnaire aurait satisfait à toutes les obligations qu'elle lui imposait. »

Une cession de droits successifs forme un contrat synallagmatique que doit exécuter chacune des parties qui y ont concouru. Le cessionnaire qui ne paie point le prix de la cession ne peut forcer son cédant à l'exécution d'un contrat qu'il viole lui-même, et celui-ci est autorisé à faire résoudre l'abandon qu'il a fait de ses droits, faute d'accomplissement de la condition principale moyennant laquelle il a consenti à s'en dessaisir.

La Cour royale de Limoges a rendu un arrêt conforme, le 4 mars 1812[2], à raison du prix non payé d'une cession de droits successifs qui avait été faite par tous les cohéritiers à l'un d'entre eux.

« Attendu, porte l'arrêt, que, l'acte dont il s'agit étant une véritable vente, on ne peut pas lui assigner un autre caractère; que si, suivant l'art. 888, on considère le premier acte entre cohéritiers comme partage, c'est par pure fiction, et seulement pour introduire l'action en rescision pour cause de lésion de plus du quart, et empêcher les surprises entre cohéritiers; mais que, hors le cas où l'action en rescision est formée, l'acte de vente est toujours une vente, et qu'ainsi, appliquant les art. 1650 et 1654, l'acte est résoluble à défaut de paiement du prix;

« Que, voulût-on considérer le traité dont il s'agit comme une licitation, il y aurait lieu à résolution, à défaut de paiement du prix, parce que, suivant l'article 1184 du Code civil, la condition résolutoire est toujours sous-entendue dans les contrats synallagmatiques, pour le cas où l'une des parties ne satisfait point à son engagement;

« Que le colicitant, comme le vendeur ordinaire, a deux actions en cas de non-paiement du prix : l'une, afin de conserver son privilége par l'inscription, s'il y a revente ou distribution du prix; l'autre, de rentrer dans l'objet vendu ou licité, à défaut de paiement du prix; que, si le privilége accordé au copartageant par l'art. 2109 paraît moins étendu que celui accordé au vendeur ordinaire par l'art. 2108, en ce que le copartageant est tenu de prendre inscription dans les soixante jours de l'acte, tandis qu'il n'y a point de délai fixé pour le vendeur ordinaire, d'une autre part, le copartageant a cet avantage que tous les biens de chaque lot sont assujettis à son privilége, quoiqu'il n'y ait qu'un des lots qui soit débiteur envers lui, et que c'est évidemment pour que toute la masse ne soit pas trop longtemps grevée, qu'il a été fixé un délai de soixante jours pour l'inscription;

(1) Sirey, 32. 2. 185. — Dalloz, 32. 2. 120. (2) *Journal du Palais*, 13. 200.

« Qu'au surplus, il est bien évident que la résolution aurait lieu s'il était dit dans l'acte qu'elle pourrait être exercée à défaut de paiement du prix, mais que, si cette clause n'est pas écrite, elle est supposée de plein droit, d'après l'art. 1184 du Code civil. »

Cet arrêt est assurément conforme, quant à sa décision, à la véritable intention de la loi, mais les motifs qui y sont portés méritent quelques observations.

Une cession de droits successifs entre héritiers, si elle a équivalu à partage, n'est pas à proprement parler une vente, et tous les principes relatifs à ce dernier contrat ne sauraient lui être appliqués. Ce n'est pas seulement pour qu'une pareille cession pût être rescindée pour cause de lésion de plus du quart que la loi lui a donné la nature d'un partage, puisque, en général, ces sortes de cessions étant faites à périls et risques, et le cédant n'étant tenu de garantir que sa qualité d'héritier (art. 1696), elles ne sont susceptibles d'aucune rescision (art. 889). C'est pour qu'elles pussent n'être que purement déclaratives de la propriété, comme le sont les partages ou premiers actes entre cohéritiers (art. 883), afin de soustraire les cessionnaires aux poursuites hypothécaires des créanciers du cédant, et cela seul empêcherait qu'une pareille cession pût être réputée n'avoir formé qu'une vente ordinaire.

Il n'est pas moins certain que les cohéritiers ne peuvent demander la résolution, faute de paiement du prix, de la licitation au moyen de laquelle l'un d'eux est devenu propriétaire d'immeubles provenant du défunt. Nous avons rapporté, au numéro 3 sur l'art. 883, les différents arrêts qui consacrent ce principe; les autres héritiers, étant réputés n'avoir jamais été propriétaires des biens ainsi adjugés, ne peuvent demander à recouvrer une propriété qu'ils sont censés n'avoir jamais eue. Ils n'ont donc pas les deux actions dont parle l'arrêt de la Cour royale de Limoges; ne pouvant réclamer la résolution de l'adjudication, ils n'ont que le droit d'exercer le privilége que leur confère l'art. 2103, s'ils l'ont conservé, aux termes de l'art. 2109, sinon ils ne peuvent agir que comme simples créanciers de l'héritier adjudicataire, avec hypothèque, s'ils ont pris une inscription, quoique tardive (art. 2111), ou, à défaut, comme chirographaires. Les colicitants ne peuvent se plaindre de cette réduction de leurs droits primitifs: ayant méconnu les obligations que leur imposait la loi, ils ne peuvent s'en prendre qu'à eux-mêmes.

C'est, à la vérité, pour que la masse ne soit pas trop longtemps grevée, mais d'un privilége occulte, que la loi a voulu que les cohéritiers prissent inscription dans les soixante jours de l'acte de licitation sur celui d'entre eux qui s'est rendu adjudicataire, car si ce privilége a été rendu public par une inscription renouvelée à temps, il durera autant que la créance.

8° Le cessionnaire de droits successifs est saisi, même à l'égard des tiers, de la propriété des droits qui lui ont été cédés, quoiqu'il n'ait point fait signifier son titre aux cohéritiers du cédant.

C'est par suite de ce principe que la Cour royale d'Amiens a admis, par arrêt du 19 août 1825 [1], des cessionnaires de droits successifs à former tierce-opposition à un arrêt qu'un cohéritier avait obtenu contre leur cédant postérieurement à l'acte de cession, quoique cet acte n'eût point été signifié à ce cohéritier.

« Considérant, porte l'arrêt, que la jurisprudence a établi en principe qu'un vendeur ne représente pas son acquéreur, par le motif qu'il ne peut exercer des droits dont il est dessaisi, et que l'acquéreur est recevable à former tierce-opposition à l'arrêt rendu entre son vendeur et des tiers, encore qu'il n'ait pas fait signifier à ceux-ci la vente avant le jugement ou l'arrêt, et que ces tiers ne l'eussent pas connue autrement;

« Considérant que la cession du 12 mars 1822 est une vente de droits héréditaires faite à la dame Choqueuse et autres, tiers-opposants; qu'elle est antérieure à l'arrêt sus-daté; que ledit Torchon de Lihu n'a pas pu y représenter ses cessionnaires; qu'ainsi leur tierce-opposition audit arrêt, en leur qualité de cessionnaires, est recevable. »

Le pourvoi contre cet arrêt a été rejeté par la Cour de cassation, le 16 juin 1829.

Attendu que de Lihu père s'étant, par la cession du 12 mars 1822, dessaisi en faveur de ses enfants de tous ses droits mobiliers et immobiliers dans les communauté et succession litigieuses, l'arrêt rendu avec lui seul, le 21 janvier 1823, n'a pu préjudicier aux cessionnaires qu'il n'avait pas le droit de représenter; qu'en déclarant par suite ces derniers recevables dans la tierce-opposition par eux formée contre ledit arrêt, l'arrêt attaqué n'a point violé les articles ci-dessus cités du Code civil, et n'a fait qu'une juste application de l'art. 474 du Code de procédure civile. »

La Cour royale de Toulouse a plus particulièrement consacré le même principe, en décidant, par arrêt du 24 novembre 1832 [2], que celui qui, le premier, avait acquis les droits successifs d'un héritier, devait être préféré à un second acquéreur, lors même qu'il n'aurait pas fait signifier la cession aux cohéritiers de son cédant.

« Attendu, a dit la Cour, que, d'une part, le sieur Cros était saisi, indépendamment de toute notification de son titre aux cohéritiers de Rose Malaterre, des droits successifs de celle-ci, à lui vendus par acte du 9 avril 1826; que le premier acquéreur exclut le deuxième; qu'ainsi la cession de droits prétendue consentie, le 8 mai 1826, par Rose Malaterre au sieur Maffre ne saurait être opposée au sieur Cros, pas plus que l'acte contenant une prétendue expédition desdits droits, en date du 24 mai 1826; que l'art. 1690 du Code civil n'est pas applicable à une cession ou vente de droits héréditaires, et qu'ainsi, sans s'occuper des moyens de fraude et de dol articulés contre lesdits actes des 8 et 24 mai 1826, il n'y a pas lieu de s'y arrêter. »

(1) Sirey, 29. 1. 268. — Dalloz, 29. 1. 271. (2) Sirey, 33. 2. 316.

Les art. 1689 et 1690 du Code civil ne s'occupent en effet, parmi les droits incorporels, que des seules créances, et ce n'est qu'à l'égard de celles-ci que ces articles veulent que le cessionnaire ne soit saisi à l'égard des tiers que par la signification qu'il a fait faire du transport au débiteur. Cette condition n'a point été imposée aux ventes ou cessions des autres droits incorporels, notamment à celle des droits successifs, et on ne pourrait l'étendre aux actes de cette nature sans excéder les termes de la loi.

On opposait, lors de l'arrêt de la Cour de cassation que nous venons de rapporter, que le titre du chapitre du Code où se trouvent ces articles embrassait tous les droits incorporels, même la vente ou cession d'une hérédité; cela est vrai, mais ce chapitre ne soumet pas tous ces droits à une règle uniforme; il attribue à chacun d'eux celles qui lui sont propres et que l'on ne peut outrepasser.

On n'aurait pu appliquer aux cessionnaires de droits successifs l'obligation imposée aux cessionaires de créances de faire signifier leur titre au débiteur; de pareils droits ne sont dus par personne, ils ne s'exercent que sur la succession; si une action est à exercer contre les successibles, ce n'est pas qu'ils soient débiteurs, ce n'est que pour arriver au partage des biens qui sont communs.

La saisine du cessionnaire des droits successifs serait d'ailleurs rendue trop difficile. La cession d'une créance fait nécessairement connaître le nom du débiteur, mais celle de droits successifs laisse presque toujours ignorer ceux des autres héritiers, dont le nombre peut même augmenter par la suite.

On se prévalait de la bonne foi de ceux qui avaient ignoré, faute de signification, l'existence de la vente des droits successifs. Les tribunaux auront égard à cette circonstance; si le cessionnaire s'est rendu coupable de négligence, si, à plus forte raison, son silence est entaché de fraude, la saisine qu'il a de droit obtenue du jour du transport ne le garantira point des pertes qu'il aura mérité d'éprouver; dans tous les autres cas, cette saisine doit produire ses effets.

La Cour royale de Nîmes a rendu le 26 décembre 1806[1], sur une question analogue, un arrêt dont il importe d'examiner les dispositions.

Un héritier avait, avant partage, vendu à des tiers, non ses droits successifs, mais plusieurs des biens dépendant de la succession, et dont la valeur dépassait les droits de cet héritier. Un partage ayant été fait ensuite sans que les acquéreurs y fussent intervenus, quoiqu'ils eussent été sommés d'avoir à s'y présenter, quelques-uns des biens à eux vendus avaient été attribués à d'autres héritiers que leur vendeur; ces acquéreurs attaquèrent le partage et en demandèrent un nouveau, par le motif que celui auquel on avait procédé avait été fait d'une manière qui leur était préjudiciable; ils repoussaient l'application que l'on voulait leur faire des dispositions de l'art. 882 du Code, en soutenant que cet article ne s'appliquait qu'aux créanciers des héritiers, et non aux acquéreurs de tout ou partie des droits des successibles, et ils prétendaient qu'à rai-

(1) *Journal du Palais*, 7. 618. — Sirey, 7. 2 1056.

son de la transmission de propriété qui avait eu lieu à leur profit, ils étaient devenus parties nécessaires au partage.

La Cour a repoussé la demande de ces acquéreurs. « Vu l'art. 882 du Code civil;

« Considérant, en droit, qu'il résulte de l'article du Code sus-relaté que les créanciers ne peuvent attaquer un partage consommé, à moins toutefois qu'il n'y ait été procédé sans eux et au préjudice d'une opposition qu'ils auraient formée;

« Que cette disposition du Code, relative aux créanciers, s'applique également, dans l'espèce, aux tiers-acquéreurs à titre singulier dont les droits résultant d'actes différents n'ont pas des conséquences différentes à l'égard des cosuccesseurs;

« Considérant qu'on ne peut adopter dans l'hypothèse de la cause une distinction entre les droits des simples créanciers et ceux des tiers-acquéreurs;..... que François-Aubin Caumette ayant vendu au-delà de la moitié de cette succession, les acquéreurs étaient exposés par là à voir une partie de leur acquisition entrer dans le lot destiné à Labrousse père; l'intégrité de leur titre de propriété était ainsi ébréchée, puisqu'elle dépendait de combinaisons éventuelles; leurs droits pour surveiller les chances de ces combinaisons étaient donc égaux aux droits qu'ont de simples créanciers pour surveiller un partage d'hérédité où ils sont intéressés;

« Que, d'ailleurs, l'incertitude établie par l'arrêt du 13 ventôse sur le sort des titres de propriété dont le litige ne devait point être résolu pendant le partage a réduit les acquéreurs à la position de simples créanciers;

« Considérant que ces acquéreurs étaient légalement instruits de toutes les opérations qui avaient précédé le partage; qu'ils étaient instruits, par l'arrêt du 25 mars dernier, que ce partage allait être fait; que c'est leur faute de n'avoir point déclaré leur opposition à ce qu'il y fût procédé hors de leur présence; que, par conséquent, ils ont encouru la déchéance prononcée par l'art. 882 du Code civil, qui ne permet d'attaquer un partage consommé qu'aux deux conditions inséparables, l'une, qu'il y ait été procédé sans eux, l'autre, qu'on y ait procédé au préjudice d'une opposition. »

Ce n'a pu être que par analogie que la Cour royale de Nîmes a appliqué à ceux qui ont acquis à titre singulier d'un héritier des biens dépendant d'une succession indivise les dispositions de l'art. 882 du Code. Cet article n'est réellement fait que pour les créanciers des héritiers, et des acquéreurs ne sont pas de droit créanciers de leur vendeur; ils ont des droits, mais différents, ils ont acquis la propriété des biens à eux transmis; seulement, cette propriété a été conditionnelle; l'acquisition qu'ils en ont faite a été subordonnée au fait que ces biens arriveraient par l'événement du partage à l'héritier leur vendeur, et cette condition, que les acquéreurs n'ont pu ignorer, a été tellement inhérente à la nature de leur acquisition qu'elle n'a pas eu besoin d'être mentionnée.

Il en est résulté une autre conséquence; de pareils acquéreurs n'ont véritablement aucun droit sur la succession prise en masse, ni contre aucun des autres héritiers; à la différence des acquéreurs de droits successifs, ils ne représentent point leur vendeur qui est resté investi de sa qualité d'héritier et que ses co-successibles doivent seuls connaître; c'est donc avec cet héritier que le partage doit se faire; les autres héritiers, quoique connaissant les droits des acquéreurs éventuels, ne sont point obligés de les y appeler. L'opération se fait très valablement en l'absence de ceux-ci; ce n'est que dans le cas où ces acquéreurs concevraient des inquiétudes, qu'ils sont autorisés, non comme créanciers, mais à raison des biens qu'ils ont acquis, à intervenir au partage, pour veiller à ce que, dans l'attribution des biens à chacun des héritiers, il ne se fasse rien à leur préjudice; mais si ces acquéreurs n'ont point usé de cette faculté, le partage a été très régulièrement fait sans eux entre les héritiers, et à moins de fraude ils ne peuvent aucunement l'attaquer.»

890. Pour juger s'il y a eu lésion, on estime les objets suivant leur valeur, à l'époque du partage.

891. Le défendeur à la demande en rescision peut en arrêter le cours et empêcher un nouveau partage, en offrant et en fournissant au demandeur le supplément de sa portion héréditaire, soit en numéraire, soit en nature.

1° L'action en rescision pour cause de lésion d'un partage fait par un ascendant peut être arrêtée par l'offre d'un supplément, en nature ou en numéraire, de la portion héréditaire du réclamant.

« Attendu, a dit la Cour royale de Grenoble, par arrêt du 25 novembre 1824[1], que, le partage fait par l'ascendant pouvant être attaqué pour cause de lésion de plus du quart, de la même manière que le partage fait entre cohéritiers, et le même motif de décider existant dans l'un et l'autre cas, le défendeur en rescision contre le partage fait par sa mère peut, dans l'espèce, conformément à l'art. 891, arrêter le cours de la demande et empêcher un nouveau partage, en offrant et fournissant au demandeur le supplément de sa portion héréditaire, soit en nature, soit en numéraire. »

La Cour royale de Toulouse a, à la vérité, rendu un arrêt contraire le 21 août 1833[2].

« Attendu, avait-elle dit, que, dans l'espèce, il a été formé une demande en nullité du partage testamentaire du sieur Durrios père; que cette demande est fondée sur les dispositions de l'art. 1079 du Code civil; que, par suite, ce n'est

(1) SIREY, 25. 2. 171. (2) SIREY, 34. 2. 125. — DALLOZ, 34. 2. 47.

qu'en nature que les enfants peuvent être remplis des droits résultant pour eux des dispositions des art. 913 et 826 du même Code; qu'admettre le système contraire, ce serait prétendre que le père commun a le droit d'attribuer tous ses biens à l'un de ses enfants, à la charge par lui de payer le prix de la part héréditaire de chacun de ses cohéritiers, ce qui n'est ni dans l'esprit ni dans les termes de la loi;

« Attendu que l'art. 891 du Code civil s'applique au cas où il y a eu un acte quelconque résultant du fait des parties, et ayant pour objet de faire cesser entre elles l'indivision; qu'il s'agit dans ce cas de revenir contre une convention faite, ce qui est tout-à-fait étranger à l'espèce qui nous occupe. »

Mais la même Cour a depuis adopté la jurisprudence de la Cour de Grenoble, par arrêt du 11 juin 1836[1].

« Attendu, porte sa nouvelle décision, que la demande en rescision de partage serait fondée à cause de la lésion résultante de la fausse estimation donnée par le père aux biens qu'il a divisés entre ses enfants, mais que Ville aîné a pu en arrêter le cours et empêcher un nouveau partage, en offrant aux demandeurs le supplément de leur portion héréditaire, soit en numéraire, soit en nature; que ce moyen ouvert pour arrêter les actions en rescision pour cause de lésion est donné par l'art. 891 pour les partages ainsi attaqués; que cet article est applicable à la cause; qu'en vain on a prétendu que l'art. 1079 l'excluait; qu'il n'est pas vrai que le titre relatif aux partages faits par les ascendants ait posé tous les principes qui devaient les régler; qu'il faut reconnaître que ces partages sont soumis à toutes les règles des partages ordinaires, en tout ce qui n'est pas fixé par les art. 1075 et suivants; qu'aucun motif ne peut faire faire une distinction entre la faculté résultant de l'art. 891 et les autres dispositions du Code sur cette matière; que l'acte par lequel le père aurait violé l'obligation qui lui est imposée de mettre au lot de chacun de ses enfants des objets de la même nature serait annulé pour ce motif; que, dès lors, il n'y a nul inconvénient, quand il a respecté ce devoir, d'ouvrir à l'enfant préciputaire le moyen de faire cesser, par le paiement d'un supplément, une action en nullité qui n'a pour cause qu'une lésion qu'on ne saurait attribuer au dessein arrêté d'avantager outre mesure cet héritier. »

Il importe, en effet, de distinguer la demande en nullité du partage qui serait fondée sur ce que l'ascendant aurait attribué ses immeubles en totalité ou en trop grande partie à un de ses descendants, de celle en rescision pour cause de lésion. Au premier cas le partage est nul pour le tout et doit être refait, à moins que les immeubles soient hors d'état d'être partagés commodément; c'est ce qui a été jugé par plusieurs arrêts que nous rapporterons sur le chap. VII du titre *des Donations et Testaments*. Au second cas, le partage fait par l'ascendant ne peut être considéré autrement que celui auquel les héritiers auraient procédé eux-mêmes. L'art. 1079 ne dit pas autre chose sinon que ce partage pourra être

(1) Sirey, 36. 2. 556. — Dalloz, 37. 2. 30.

attaqué pour cause de lésion de plus du quart. Il ne détermine aucunement quelles devront être les suites de cette action, et il les laisse conséquemment soumises aux principes du droit commun, que fixent les dispositions de l'art. 891 du Code civil.

2° La femme mariée sous le régime dotal peut employer, sans être obligée de remplir aucune formalité judiciaire, les biens à elle échus par le partage à fournir à son cohéritier, demandeur en rescision de partage pour cause de lésion, le supplément de sa part héréditaire.

Une femme normande ayant partagé en l'an VIII avec l'État la plus grande partie d'une succession qui était indivise entre elle et un de ses frères émigré, avait consenti plus tard à abandonner à ce frère, réintégré dans ses droits, quelques-uns des immeubles qui lui avaient été attribués, afin de réparer la lésion que celui-ci prétendait avoir été éprouvée en son nom. La sœur attaqua cet abandonnement comme ayant été fait avec des biens dotaux qu'elle n'avait pu aliéner; mais sa réclamation a été repoussée par un arrêt de la Cour royale de Paris du 30 mars 1835[1], « par le motif que le partage fait avec la nation n'était que provisionnel, puisqu'il laissait indivis plusieurs immeubles, et que, d'ailleurs, il contenait une lésion avouée au préjudice de Clovis (le frère ancien émigré); que cette inégalité, ouvrant en faveur de ce dernier une action en rescision, la dame Girault avait pu valablement réparer, par un nouveau partage, l'injustice du premier, et se garantir ainsi des effets du recours que pouvait exercer Clovis. »

Le partage en question ne paraissait pas de nature à pouvoir être réputé n'avoir été que provisionnel, puisqu'il avait attribué d'une manière définitive à chacun des partageants, sa part dans les biens qui y avaient été compris; mais ce n'était pas la question principale du procès; aussi, sur le pourvoi, la Cour de cassation a-t-elle déclaré, par arrêt du 9 mai 1837, que la Cour royale de Paris « n'avait eu à prononcer que sur la validité d'une transaction ayant pour but d'éteindre l'action en lésion que se proposait de former le frère de la demanderesse et dont l'existence était reconnue par celle-ci. »

Au fonds, la Cour a rejeté le pourvoi.

« Attendu que le relâchement fait par la dame Girault, à son frère Louis-Alexandre-Clovis de Guenet, de certains immeubles de la succession paternelle, pour s'affranchir d'une action en lésion du partage fait entre elle, son frère aîné et l'État représentant Clovis Guenet, alors inscrit sur la liste des émigrés et rayé depuis, action ouverte et que celui-ci menaçait de former, et que reconnaissaient à la fois simultanément la demanderesse et son frère aîné, ne pouvait

(1) Dalloz, 37. 1. 315.

être considéré comme une aliénation des immeubles dotaux, prohibée par l'art. 127 des placités de la coutume de Normandie;

« Attendu que, par la transaction sur cette action en lésion reconnue par la demanderesse, elle n'a fait que ce que l'autorisait à faire l'art. 891 du Code civil, pour rendre complet le partage de l'an VIII et réparer la lésion qui le viciait, en remettant en nature à son frère une portion d'immeubles de la succession paternelle afférente précisément au tort que lui faisait supporter le partage originaire. »

La femme mariée sous le régime dotal ne peut aliéner sa dot, mais il ne lui appartient véritablement à titre de dot que la part qui devait lui revenir dans la succession qu'elle a eu à partager avec ses cosuccessibles. Si par une première opération elle a trop obtenu, et que, pour rétablir l'égalité, elle ne fasse qu'abandonner ce qu'elle ne devait pas avoir, elle n'aliène pas sa dot, puisque cet excédant est réputé n'en avoir jamais dû faire partie. Elle ne fait que compléter le partage pour lequel on a vu qu'elle peut procéder sans avoir à remplir aucune formalité judiciaire. (Voyez le numéro 14 sur l'art. 816.)

892. Le cohéritier qui a aliéné son lot en tout ou partie n'est plus recevable à intenter l'action en rescision pour dol ou violence, si l'aliénation qu'il a faite est postérieure à la découverte du dol, ou à la cessation de la violence.

1° L'aliénation faite par un héritier de tout ou partie des biens qui lui ont été attribués par le partage, ne le rend pas non-recevable à attaquer cet acte pour cause de lésion.

Ce principe a été grandement controversé. De nombreux arrêts existent pour et contre; leur rapprochement mettra à même de reconnaître ceux d'entre eux qui ont saisi le véritable sens de la loi.

Un premier arrêt de la Cour royale de Paris, du 6 avril 1807 [1], a admis une action en rescision pour cause de lésion d'un partage, nonobstant l'aliénation que le réclamant avait faite de plusieurs des immeubles que ce partage lui avait attribués.

« Attendu, a dit la Cour, que l'aliénation faite par l'un des copartageants de tout ou partie des objets renfermés dans son lot, et en général tous les actes d'administration ou de disposition qu'il fait pendant la durée du temps accordé

(1) Sirey, T. 2. 1011.

par la loi pour demander la rescision, ne sont point un obstacle à l'exercice de cette action, sauf le cas particulier indiqué par l'art. 892 du Code civil. »

La Cour royale de Bourges a rendu un arrêt semblable le 25 avril 1826[1].

« Attendu qu'à la vérité l'aliénation des biens partagés exclut l'action en rescision du partage pour cause de dol et de violence, si la vente en a été faite après la découverte du dol ou la cessation de la violence, mais qu'ici la rescision n'est pas demandée par ces motifs ; qu'elle l'est pour cause de lésion ; qu'aucune loi n'interdit cette poursuite après l'aliénation qu'un de ces cohéritiers a pu faire de sa part ; que la loi admet en termes généraux la demande en rescision contre les partages, et n'y a mis d'autres obstacles que dans un cas spécialement posé dans l'art. 892 du Code civil, et que cette défense ne peut s'étendre du cas qu'elle exprime à celui dont elle ne parle pas. »

La Cour royale de Bordeaux a également repoussé, par arrêt du 6 juillet 1826[2], la fin de non-recevoir que l'on voulait faire résulter, contre une action de cette nature, des dispositions de l'art. 892 du Code civil.

« Attendu que l'art. 892 du Code civil ne s'applique qu'au cohéritier qui, après avoir aliéné son lot en tout ou en partie, intente l'action en rescision pour dol ou violence, si l'aliénation qu'il a faite est postérieure à la découverte du dol ou à la cessation de la violence ; que les fins de non-recevoir ne doivent pas être étendues d'un cas à l'autre, et qu'en raisonnant par analogie on doit présumer que le cohéritier qui a vendu son lot en tout ou en partie l'a aliéné avant d'avoir découvert la lésion dont il se plaint. »

La Cour royale de Poitiers a rendu sur la question, le 3 juin 1832[3], un arrêt très remarquable :

« Attendu que la section V, liv. III, du Code civil, au titre *des Successions*, sous la rubrique *de la Rescision en matière de partage*, est le véritable siége de la question agitée devant la Cour ;

« Que ce n'est pas dans les opinions contraires d'auteurs fort recommandables sans doute, que les magistrats doivent chercher des règles de décision lorsque la loi est claire et précise, et que ces opinions elles-mêmes, moins destinées à offrir une juste interprétation de la loi, ne tendraient qu'à lui substituer une disposition qu'elle n'a pas voulu consacrer ;

« Attendu que l'article 887 ouvre deux voies de rescision en matière de partage, l'une par cause de violence ou de dol, et l'autre pour cause de lésion de plus du quart ;

« Que l'exercice et la durée de l'action rescisoire pour cause de lésion sont laissés par cette partie du Code dans les limites du droit commun, tandis que l'action rescisoire pour cause de dol ou de violence est l'objet d'une disposition exceptionnelle contenue dans l'art. 892 ;

« Que cet article porte en effet, que le cohéritier qui a aliéné son lot en tout ou en partie n'est plus recevable à intenter l'action en rescision pour dol et

(1) Sirey, 27. 2. 41. — Dalloz, 27. 2. 48. (2) Sirey, 27. 2. 9. (3) Sirey, 33. 1. 209.

violence si l'aliénation qu'il a faite est postérieure à la découverte du dol ou à la cessation de la violence;

« Qu'une grande différence sans doute, et qui a dû frapper le législateur, existe entre un contrat radicalement nul par le fait du dol ou de la violence, et un contrat régulier et valable qui, seulement par erreur ou autrement, blesse l'égalité voulue dans les partages;

« Que, dans le premier cas, il est rationnel de dire ou de statuer que le cohéritier qui vend tout ou partie du lot que paraissait lui attribuer un acte nul et repoussé par la loi, qui se déclare ainsi propriétaire d'un immeuble dont on ne pouvait pas le forcer de se contenter, efface lui-même et de sa propre volonté, en pleine connaissance de cause, le dol et la violence qui viciaient le contrat; d'où il suit qu'il ne reste plus alors de rescision contre ce contrat pour cause de dol et de violence, et que toute action pour la former doit être refusée;

« Attendu qu'il ne peut pas en être ainsi de l'action rescisoire pour cause de lésion de plus du quart, d'abord parce que la loi ne l'a pas dit, et que sa volonté seule, plus puissante que des analogies incertaines, doit être exécutée; ensuite parce que l'argument que l'on voudrait puiser dans le cas exceptionnel et limitatif de l'art. 892, pour fait de dol et de violence, est nécessairement exclusif de la lésion, et que, si le législateur l'eût autrement entendu, il n'eût pas manqué de proclamer la fin de non-recevoir contre l'action en rescision pour cause de lésion, lorsque le cohéritier a vendu tout ou partie de son lot, comme il l'a fait pour le cas de vente postérieure à la découverte du dol ou à la cessation de la violence;

« Attendu que la renonciation tacite ou implicite à l'action pour cause de lésion contre un partage ne peut s'induire de l'art. 1338 du Code civil, qui exige, pour l'efficacité de l'acte de confirmation ou de ratification d'une obligation contre laquelle la loi admet la rescision, non pas le silence de la partie, mais sa volonté exprimée sur le motif de l'action rescisoire et sur son intention de réparer le vice du contrat;

« Que l'exécution volontaire dont parle le § 3 de ce même article est soumise encore à des formes, et ne peut pas s'entendre d'un fait qui est la conséquence de l'acte susceptible de l'action rescisoire; que le cohéritier, en vendant une partie du lot que lui attribue un acte de partage dans lequel il a été lésé, ne couvre point le vice de lésion; que cette vente ne rétablit point l'égalité qui a été méconnue, et qui cependant est la base essentielle des partages, et que, pour y trouver une confirmation, une exécution nécessaire de l'acte devant produire une fin de non-recevoir contre l'action rescisoire, il faudrait que cette voie rigoureuse fût autorisée par la loi, dont le silence, au contraire, est un obstacle à ce qu'on lui prête une telle disposition qu'elle n'a consacrée nulle part;

« Attendu qu'encore bien que l'action rescisoire pour cause de lésion, semblable à la demande en restitution en entier, ait pour but de faire rétablir les choses dans l'état où elles étaient avant le partage, la vente faite par le cohéritier d'une partie de son lot ne forme point un obstacle à la nouvelle composition de la masse des biens, parce que ceux même qui ont été vendus y sont rapportés fictivement; qu'ils servent toujours, quel que soit le prix pour lequel ils ont été vendus, à établir la véritable valeur des biens sujets au partage, et que de cette vente faite par le cohéritier demandeur en lésion il ne peut résulter aucun préjudice contre les défendeurs à cette action;

« Que, si cette conséquence est vraie dans le cas même où le cohéritier a vendu la totalité ou une partie notable de son lot, elle le devient bien davantage lorsque, ainsi que cela se rencontre dans l'espèce, le cohéritier qui amendait pour un quart dans une masse d'immeubles évalués par le partage même à près de 120,000 fr. n'a aliéné qu'une pièce de terre de la valeur de 500 fr.;

« Qu'une vente si minime, comparativement à la masse des biens, et dont l'objet doit toujours y rentrer suivant sa valeur réelle, ne peut pas faire qu'un partage dont le seul objet est de déclarer ce qui déjà appartenait à chaque part prenant, puisse être maintenu nonobstant la lésion qu'il contient;

« Que la loi qui veut l'égalité dans les partages, la justice qui ordonne de rendre à chacun ce qui lui appartient, repoussent également une telle interprétation, d'où suit que la fin de non-recevoir proposée contre l'action rescisoire formée par la partie de M. Bigeu n'est pas admissible. »

Le pourvoi contre cette décision a été rejeté par un arrêt de la Cour de cassation, du 21 janvier 1833, qui consacre le principe dans les termes les plus formels.

« Attendu, y est-il dit, que l'art. 892 du Code civil n'est applicable qu'au cas où il s'agit d'une action en rescision pour dol ou violence et où l'aliénation a été faite postérieurement à la découverte du dol ou à la cessation de la violence,

« Qu'il s'agissait au procès d'une action en rescision pour cause de lésion;

« Qu'ainsi la disposition de l'art. 892 était inapplicable à la cause. »

La Cour royale de Toulouse a rendu un arrêt conforme le 24 novembre 1832[1].

Nous arrivons aux arrêts qui ont admis la doctrine contraire.

Le premier est émané de la Cour royale de Grenoble, le 3 juillet 1822[2].

« Considérant, a dit la Cour, que Henri Curtyl est non-recevable à intenter une action en rescision pour cause de lésion contre l'acte du 4 mars 1817, pour avoir aliéné, avec l'assistance de son conseil judiciaire, plusieurs années après cet acte, la maison qui lui avait été assignée dans son lot;

« Considérant que si, après la découverte du dol et la cessation de la violence, le cohéritier qui aliène son lot en totalité ou en partie est non-recevable, suivant les dispositions de l'art. 892 du Code civil, à intenter l'action en rescision, c'est parce qu'il est présumé avoir renoncé volontairement à cette action dans un temps où il en connaissait le vice ou qu'il était en pleine liberté d'agir;

(1) Sirey, 33. 2, 316. (2) Sirey, 25. 2, 405.

« Considérant que, quoique le législateur ne se soit occupé, dans l'art. 892, que des cas les plus graves, la même règle doit s'appliquer néanmoins au cas beaucoup moins favorable du cohéritier qui, sans avoir à se plaindre ni de dol ni de violence, aliène son lot en totalité ou en partie ; et comme il y a même raison de décider, il doit être pareillement déclaré non-recevable à intenter l'action en rescision pour cause de lésion, parce qu'en effet rien n'empêche au cohéritier de vérifier s'il a été lésé dans le partage avant de faire aucune aliénation ; et s'il a aliéné son lot en totalité ou en partie, il doit être présumé avoir reconnu que la lésion n'existait pas, ou avoir renoncé à cette action. »

La Cour royale d'Agen a aussi admis la même fin de non-recevoir par arrêt du 2 août 1827 [1], mais dans une espèce où les demanderesses s'étaient rendues bien défavorables.

« Attendu, a-t-elle dit, que Marie Lavau et ses sœurs, après avoir introduit leur action en 1806, sont restées près de vingt années sans y donner suite ; que pendant ce long intervalle elles ont, au mépris du contrat judiciaire qui les liait, vendu pour la plupart les immeubles qui leur ont été dévolus par le traité du 23 fructidor an V, si bien qu'elles se sont mises volontairement hors d'état de réaliser la restitution en entier qu'elles avaient manifesté l'intention de poursuivre en justice ; que ces divers actes doivent dès lors être considérés comme emportant confirmation et ratification complète des actes entrepris, et renonciation formelle à l'action qu'elles avaient formée pour en opérer le renversement ; d'où résulte une fin de non-recevoir qui a son fondement dans les art. 892 et 1338 du Code civil. »

Le pourvoi contre cet arrêt a été rejeté par la Cour de cassation le 16 février 1830 ; mais on remarquera que ce n'a été que parce que, dans de telles circonstances, *il n'y avait pas eu contravention expresse à la loi.*

« Attendu, a dit en effet la Cour de cassation, qu'il est reconnu en fait, par l'arrêt attaqué, que les sœurs Lavau ont, au mépris du contrat judiciaire qui les liait, vendu, pour la plupart, les immeubles qui leur ont été dévolus par le traité du 23 fructidor an V, si bien qu'elles se sont mises volontairement hors d'état de réaliser la restitution en entier qu'elles avaient manifesté l'intention de poursuivre en justice ; que, d'après ces circonstances, l'arrêt a pu, sans contrevenir expressément à aucune loi, juger en fait qu'elles ont formellement renoncé à l'action par elles intentée, et, par une suite, rejeter leur demande, ce qui justifie pleinement l'arrêt attaqué. »

La Cour royale de Grenoble a persisté dans sa jurisprudence suivant arrêt du 17 juin 1831 [2], par le motif « que vainement soutiendrait-on que l'art. 892 du Code civil n'est applicable qu'en cas de dol ou de violence, l'esprit de la loi, d'accord avec la saine raison, s'unissant pour repousser pareille argumentation ;

« Qu'en effet, si le législateur a voulu créer une fin de non-recevoir contre le cohéritier qui, ayant aliéné tout ou partie de son lot, voudrait intenter l'action

(1) SIREY, 30. 1. 88. — DALLOZ, 30. 1. 113. (2) SIREY, 32. 2. 147. — DALLOZ, 31. 2. 245.

en rescision pour cause de dol ou de violence, si l'aliénation qu'il a faite est postérieure à la découverte du dol ou à la cessation de la violence, combien, à plus forte raison, a-t-il dû le vouloir ainsi dans le simple cas de lésion, cas bien moins grave que l'autre ;

« L'esprit de la loi, que l'on ne saurait puiser que dans les auteurs qui ont concouru à la rédaction du Code, s'unit à la raison pour adopter cette interprétation ;

« Le motif de cet article, dit M. de Malleville, est que le cohéritier est censé avoir reconnu qu'il n'avait aucune bonne raison pour faire rescinder le partage, puisqu'il s'est mis dans l'impuissance de remettre les choses dans leur premier état ;

« M. Siméon, en présentant le titre *des Successions* au Corps législatif, s'exprimait ainsi : « Mais si le premier acte faisant partage, de quelque couleur « qu'on l'ait déguisé, est rescindable, il cesse de l'être lorsqu'un second acte l'a « consacré ou lorsqu'il a disposé de son lot ; il n'y a d'exception que dans le « cas du dol qu'on n'aurait découvert qu'après l'aliénation : si on le connaissait « auparavant, on a renoncé à s'en prévaloir, puisqu'on a vendu ; »

« Attendu que cette interprétation, donnée à l'art. 892, doit donc être que, toutes les fois que le cohéritier a vendu son lot, il est non-recevable à attaquer le partage et qu'il n'y a d'exception en sa faveur que dans le cas de dol ou de violence, si le dol n'a été découvert ou si la violence n'a cessé qu'après l'aliénation faite. »

Il semble que l'on pourrait répondre que, si l'héritier a aliéné les biens que lui a attribués le partage, quoiqu'il ait acquis connaissance du dol employé pour le lui faire souscrire ou que la violence exercée contre lui ait cessé, il a ratifié l'opération ; il l'a, au moins, exécutée volontairement quand il aurait pu se pourvoir, et il s'est rendu par là non-recevable à l'attaquer (art. 1338). MM. de Malleville et Siméon n'ont pas dit autre chose ; ils n'énoncent pas le cas de lésion dont ne s'occupe pas non plus l'art. 892 ; il n'y aurait pas eu même motif pour le comprendre dans l'exception portée en cet article ; l'héritier peut n'avoir découvert que longtemps après les aliénations qu'il a faites, le préjudice que le partage lui a fait éprouver. On ignorerait à quelle époque il a pu le connaître ; il est dans la position de ceux dont parle cet art. 892, qui n'ont pas connu le dol pratiqué à leur égard et que l'aliénation de leur lot ne rend pas non-recevables à se pourvoir ;

Aussi la Cour royale d'Agen a-t-elle rétracté solennellement l'opinion qu'elle paraissait avoir adoptée, et, par arrêt du 21 janvier 1836 [1], elle a donné les motifs pressants qui lui ont fait admettre cette action.

« Attendu, a-t-elle dit, que le premier juge a déclaré la demande non-recevable par le motif que les demandeurs avaient aliéné partie du lot qui leur avait été attribué dans l'acte de partage ; que cette fin de non-recevoir a été puisée dans l'art. 892 du Code civil ;

(1) Sirey, 36. 2. 206. — Dalloz, 36. 2. 121.

« Attendu que, d'après les dispositions de l'art. 887 du Code civil, la demande en rescision, en matière de partage, peut avoir pour objet le dol, ou la violence, ou la lésion de plus du quart; que, dans le premier cas, il n'y a ni volonté ni consentement; que, dans le second cas, au contraire, il y a seulement un préjudice que la loi autorise à réparer; que, le dol et la violence faisant exception à toutes les règles, le contrat qui en est le résultat est censé n'avoir jamais existé; que, quoique ce contrat soit nul dès son origine, il peut cependant être validé par une volonté libre du contractant, lorsqu'il a découvert le dol ou que la violence exercée contre lui a cessé, parce qu'alors c'est le second acte seulement qui donne la vie au premier; que ces principes se trouvent consacrés par l'art. 1115 du Code civil; que c'est dans le même esprit qu'a été rédigée la section 5 relative à la rescision en matière de partage; que l'art. 887 dispose en première ligne que les partages pourront être rescindés pour cause de violence ou de dol, et, en seconde ligne, qu'il peut y avoir aussi lieu à rescision pour lésion de plus du quart; que, ces principes ainsi posés, il est incontestable que l'action en rescision réside intégralement dans les mains de tout copartageant, soit qu'il s'agisse de dol ou de violence, soit qu'il s'agisse de simple lésion, dans les termes et dans les délais fixés par la loi, sauf les exceptions formellement exprimées; c'est ainsi que, par l'art. 1304, cette action a été limitée à dix années, et que, pour le cas de violence ou de dol, le temps ne court que du jour où la violence a cessé et où le dol a été découvert; c'est ainsi encore que, d'après l'art. 1115, le contrat ne peut plus être attaqué pour cause de violence si, depuis que la violence a cessé, ce contrat a été approuvé, soit expressément, soit tacitement; que, si le contrat a été approuvé expressément, il ne peut s'élever aucun doute sur l'abandon de l'action pour cause de dol et de violence; mais qu'il n'en peut être de même de l'approbation tacite, qui peut s'induire d'une foule de circonstances presque toujours soumises à l'appréciation et à la conscience du magistrat; que le législateur a pu et dû préciser quelqu'une de ces circonstances qui équivaudraient à une approbation expresse; que c'est ainsi que la loi a formellement disposé, par son art. 892, que l'action en rescision pour dol et violence ne serait plus recevable de la part du cohéritier qui aurait aliéné tout ou partie de son lot après la découverte du dol ou la cessation de la violence, parce qu'elle a reconnu, dans ce fait, une approbation expresse, quoique tacite, du contrat originairement rescindable pour cause de dol ou de violence; qu'il est évident, en effet, que celui qui n'a contracté que par suite du dol et de la violence exercés contre lui, lorsqu'il a découvert le dol ou qu'il a cessé d'être contraint par la violence, si, dans cette hypothèse, il aliène tout ou partie de son lot, reconnaît la validité et la liberté de son consentement, puisqu'il exécute volontairement et en parfaite connaissance de cause un contrat qui pouvait avoir été infecté de dol ou arraché par la violence. »

« Attendu, néanmoins, que l'art. 892 du Code civil n'a déclaré irrecevable que l'action en rescision pour cause de dol et de violence, lorsqu'il y a eu aliénation de tout ou partie du lot, de la part du cohéritier, après la découverte du dol ou la cessation de la violence; qu'il ne peut être permis d'étendre cette exception au cas du cohéritier dont l'action n'a pour objet que d'établir qu'il est intervenu lésion à son préjudice. Outre que les exceptions et fins de non-recevoir doivent toujours être rigoureusement renfermées dans les cas spéciaux pour lesquels elles ont été faites, il est évident qu'il n'a pu être dans l'intention du législateur d'étendre celle-ci à la simple action en lésion. C'est, en effet, dans le même art. 887 que la loi a posé le principe de la rescision, soit pour le cas de dol ou de violence, soit pour le cas de lésion; c'est dans la même section qu'il précise une fin de non-recevoir, et, dans cet article 892 qui la détermine, il a soin de ne désigner nominativement que l'action en rescision pour cause de dol ou de violence. Quels auraient été les motifs de garder un absolu silence sur l'irrecevabilité de l'action en lésion pour la même cause si telle eût été l'intention du législateur, lorsque surtout il avait posé les mêmes principes pour les deux actions dans l'art. 887? Qu'il est facile de voir, au contraire, par la différence qui existe entre les deux actions, la raison qui a dû déterminer l'exception seulement contre l'action pour cause de dol ou de violence. En effet, pour le demandeur en lésion, il existe un contrat valable, dans lequel est intervenu un libre consentement, qu'il doit et qu'il peut exécuter pendant dix ans, contre lequel la loi offre, il est vrai, un recours, non pour détruire et anéantir le contrat, mais pour rétablir l'égalité qui doit être la base des partages et l'intention présumée des contractants. Ce recours à des bornes dans sa durée, parce qu'il est important d'assurer la tranquillité des familles. Cette action a si peu pour objet l'anéantissement du contrat qu'il dépend du copartageant attaqué d'empêcher un nouveau partage, en fournissant le supplément, soit en nature, soit en numéraire (art. 891), faculté qui évidemment ne peut appartenir au défendeur en rescision pour cause de dol ou de violence. Cette dernière action, au contraire, a pour objet de prouver qu'il n'a jamais existé de contrat ni de consentement, conséquemment de demander la nullité et l'anéantissement de l'acte. Le demandeur n'a jamais pu ni dû l'exécuter; toute exécution de sa part, dès qu'il a reconnu le dol ou que la violence a cessé, est une renonciation à son action et un libre consentement donné à l'acte. Voilà incontestablement le motif qui a déterminé le législateur à préciser la fin de non-recevoir prise de l'aliénation des biens. En vain dirait-on que l'art. 1338 du Code renferme implicitement cette fin de non-recevoir contre le demandeur en lésion; il est évident qu'aux termes de cet article, pourrait bien s'appliquer l'action pour cause de dol ou de violence, puisqu'il suffit que l'obligation soit exécutée volontairement après l'époque à laquelle l'obligation pouvait être valablement confirmée ou ratifiée, c'est-à-dire après la découverte du dol ou la cessation de la violence; mais, quant à l'action en lésion, le contrat a pu et dû être exécuté pendant dix ans, comme le contrat de vente a pu être exécuté pendant deux ans, sans que l'action pour lésion de plus des sept douzièmes ait pu éprouver la moindre atteinte; d'où il suit que c'est contrairement aux dispositions de la loi que cette fin de non-recevoir a été admise par les premiers juges. »

Il serait impossible de rien ajouter d'utile à un tel développement de doctrine et cet arrêt, réuni aux premiers que nous avons cités, doit faire tenir pour certain le principe qui y est énoncé. Nous ne rapporterons donc pas l'arrêt rendu dans le sens opposé par la Cour royale de Poitiers, le 10 juin 1830 [1], d'autant mieux que cette Cour a embrassé l'opinion contraire par l'arrêt si fortement motivé qu'elle a rendu le 3 juin 1832, et que nous avons rapporté ci-dessus.

2° La donation faite par un héritier à son cohéritier, des biens qui lui sont advenus par l'effet du partage, ne le rend pas non-recevable à se pourvoir contre cet héritier à fin de rescision du partage pour cause de lésion.

« Considérant, a dit sur cette question la Cour royale de Bourges, par son arrêt du 25 avril 1826 [2] que nous avons cité au numéro précédent, que la donation faite, le 20 mars 1821, par l'appelante à l'intimé des biens qui lui sont échus par ce partage, en est, dit-on, la ratification; mais que cette donation n'est qu'un acte de bienfaisance et n'a aucun des caractères indiqués par la loi pour en induire une ratification;

« Qu'il en est de même de l'objection prise de son irrévocabilité;

« Que, dans le cas d'aliénation des biens avant la demande en rescision, ils ne se rapportent point en nature, mais seulement sont estimés et le prix rapporté à la masse; qu'ainsi le donataire ne sera pas dépouillé. »

Il n'y a de ratification valable, et l'on ne doit être réputé avoir exécuté volontairement l'acte que l'on avait le droit d'attaquer, que lorsqu'on a connu le vice dont cet acte était atteint. Le consentement donné n'a été, autrement, que le résultat de l'erreur, ce qui suffit pour qu'il soit sans efficacité (art. 1110); l'héritier, en faisant donation des biens à lui échus en partage à celui même qui avait profité de la lésion par lui subie, devait être considéré comme ayant ignoré le tort qu'il avait éprouvé; il ne pouvait au surplus être traité plus défavorablement que celui qui a vendu les biens à lui échus en partage, et l'on vient de voir que, dans ce cas, l'héritier lésé n'a point perdu son action.

(1) SIREY, 30. 2. 209. (2) SIREY, 27. 2. 41. — DALLOZ, 27. 2. 48.

FIN

NOTE

SUR

L'ARTICLE 19 DE L'ARTICLE 843 DU CODE CIVIL,

Page 424.

Depuis que ces réflexions ont été écrites, plusieurs arrêts en sens contraire sont encore intervenus, et d'abord celui que la Cour de cassation a rendu le 29 mai 1838 [1], et par lequel cette Cour a rejeté le pourvoi qui avait été exercé contre l'arrêt de la Cour royale de Toulouse, du 13 mai 1835, dont nous avons rapporté les termes.

« Attendu, a dit la Cour de cassation, que l'art. 1098 du Code civil se borne à fixer la quotité dont les époux peuvent disposer l'un au profit de l'autre;

« Que l'art. 1099 a pour objet de régler entre époux la valeur des donations indirectes et des donations déguisées ou faites à personnes interposées;

« Qu'il accorde effet aux premières jusqu'à concurrence de la quotité fixée par l'art. 1098, mais qu'il déclare nulles les secondes ;

« Attendu que, si la distinction établie par cet article ne se retrouve plus lorsqu'il s'agit de donations autres que celles que les époux se font l'un à l'autre, il en résulte seulement que, pour ce genre particulier de donations, la loi a cru devoir introduire une règle plus sévère, mais qu'il n'en résulte nullement que la disposition spéciale et formelle de la loi ne doive pas recevoir exécution ; d'où il suit qu'en déclarant dans l'espèce que la reconnaissance dotale dont il s'agissait constituait, jusqu'à concurrence de 59,000 fr., une donation déguisée, et, en annulant par suite ladite donation déguisée, l'arrêt attaqué n'a fait que se conformer à la loi.

Ainsi la Cour, tout en reconnaissant que l'art. 1099 règle le sort des donations indirectes aussi bien que celui des donations déguisées ou faites à personnes interposées, a établi entre ces dons une telle différence, que les premiers sont seulement réductibles, tandis que les seconds doivent être annulés pour le tout.

La Cour proclame que cettte distinction n'existe à l'égard d'aucunes autres donations que celles qui ont été faites entre époux, et, sans indiquer davantage quel aurait pu être à cet égard le motif du législateur, l'arrêt se borne à dire que la loi a cru devoir se montrer plus rigoureuse pour celles-ci et qu'elle doit être exécutée.

(1) Sirey, 1838. 1. 481.

L'habile organe du ministère public qui portait la parole dans cette affaire est entré dans de plus grands détails ; il a établi la différence qui existe de fait entre les avantages indirects à proprement parler et les donations déguisées. L'avantage indirect est celui qui résulte d'une convention réelle et licite, et qui a procuré à l'un des contractants un bénéfice appréciable dès l'époque même où le contrat a été passé (art. 853 du Code civil). La donation déguisée n'a eu, au contraire, que l'apparence d'un contrat onéreux, et elle n'a contenu en réalité qu'un avantage sans retour. Cela est incontestable; mais il est pourtant vrai de dire que, des deux manières, l'auteur de la disposition a voulu éluder la loi et outrepasser les bornes qu'elle avait mises à ses libéralités ; qu'il a disposé indûment de tout ou partie de la portion de son patrimoine que devaient avoir ses héritiers à réserve, et qu'il n'y est parvenu qu'en déguisant sa pensée sous une forme contraire à la vérité. Assurément ces deux manières de violer la loi ont une forme différente ; mais on a peine à se persuader que, l'intention du disposant ayant été la même dans toutes deux et le résultat que devait avoir chacun de ces modes ayant été destiné à être semblable, leur destinée puisse être si opposée lorsque le contrat a été réduit à sa juste valeur.

Cela serait d'autant plus étonnant que le ministère public a reconnu lui-même que toutes les donations déguisées sous la forme d'un contrat onéreux n'étaient pas nulles parmi nous, ce que la Cour de cassation a consacré dans son arrêt ; mais il ajoute que leur nullité doit toujours être prononcée entre époux, lorsque le déguisement du don a eu pour objet de commettre une fraude à la loi. Il en cite pour exemple la loi 38, ff. *de Contrah. empt.*, qui, après avoir maintenu en thèse générale les ventes à vil prix faites dans l'intention d'opérer un don, en excepte celles qui ont eu lieu entre époux en les déclarant nulles pour le tout. *Inter virum verò et uxorem donationis causâ venditio facta pretio viliore nullius momenti est.*

On reconnaît encore ici le danger d'appliquer à notre législation les dispositions du droit romain dans ce qu'elles paraissent même avoir de plus positif. Les époux ne pouvaient, sous l'empire des lois romaines, se faire pendant le mariage et dans les contrats qu'ils passaient entre eux aucune espèce d'avantages ; il fallait que leurs diverses conventions conservassent une égalité parfaite (Pothier, *Traité des donations entre mari et femme*, n. 78). Cependant il est vrai que les Romains faisaient une distinction entre les avantages indirects et les donations déguisées que s'étaient faites des époux. Les donations déguisées étaient nulles pour le tout; les avantages indirects étaient seulement susceptibles de réduction, mais la cause en est facile à reconnaître ; les donations déguisées n'étaient nulles pour le tout que parce que les époux ne pouvaient absolument rien se donner pendant leur mariage ; il n'y avait donc pas de réduction à faire de ces dispositions à une quotité disponible qui n'existait pas entre époux. Si, au contraire, les avantages indirects devaient seulement être réduits, ce n'était pas pour laisser à l'époux avantagé une partie du don que, dans aucun cas, il ne devait avoir ; on ne conservait de la convention que ce qui avait formé l'objet d'un contrat véritablement commutatif, et on annulait tout ce qui dans la convention avait excédé une juste réciprocité entre les deux époux; l'avantage indirect n'était donc pas réduit, il devait aussi, en tout ce qui avait formé une donation déguisée, être annulé pour le tout. Ainsi les Romains n'admettaient point la distinction que l'on suppose exister dans notre droit actuel entre le résultat de ces diverses sortes des dispositions entre époux.

C'est ce que prouve la loi 5, § 5. ff. *de donat. inter vir. et ux. Neratius dixit venditionem, donationis causâ, inter virum et uxorem factam, nullius esse momenti, si modo quum animum maritus vendendi non haberet, ideo venditionem commentus sit ut donaret; enim vero si, quum animum vendendi haberet, ex pretio ei remisit, venditionem quidem valere, remissionem autem hactenùs non valere, quatenùs facta est locupletior.* Ainsi la vente était maintenue si elle avait été sérieuse; la remise du prix était seule annulée comme ayant contenu un avantage indirect, et cette annulation était prononcée pour le tout, quoique l'époux ne dût compter du prix qu'il n'avait pas payé que jusqu'à concurrence de ce dont il s'en était enrichi, ce qui tenait à d'autres principes de la jurisprudence romaine.

Ainsi, chez les Romains, les avantages indirects aussi bien que les dons déguisés entre époux étaient absolument nuls, et il n'y avait pas plus de réduction à faire sur les uns que sur les autres : les époux ne pouvant aucunement s'avantager pendant leur union.

En France, et sans nous occuper de notre droit ancien, le Code en a décidé autrement. Les époux peuvent s'avantager pendant leur mariage jusqu'à concurrence d'une certaine quotité; ce qu'ils se sont donné au-delà doit seulement être retranché des dispositions qu'ils ont faites au profit l'un de l'autre. Convenons donc que, si on ne se contentait pas de réprimer parmi nous l'excès de la libéralité, mais que, dans un cas quelconque, on dût l'annuler par le tout, ce ne serait pas au moins du droit romain qui prohibait entre époux toute espèce d'avantages que l'on pourrait se prévaloir.

Mais pourquoi donc cette excessive rigueur? pourquoi ôter à l'époux ce que la loi a permis de lui donner parce qu'il a reçu davantage? C'est, annonce-t-on, parce que dans une donation déguisée il y a eu fraude à la loi. On a voulu frustrer les héritiers à réserve en simulant des faits, des paiements, en disposant sous de fausses apparences qui étendent sur la vérité un voile qu'il sera souvent difficile de lever. Si ce mode de disposition était aussi criminel, ce ne serait pas seulement lorsqu'il a eu lieu entre époux, ce serait à l'égard de toutes personnes; car les mêmes moyens sont employés dans toutes ces donations, et offrent les mêmes difficultés pour les réduire à leur juste valeur. Ce sont aussi des ventes qui n'ont aucune sincérité, des quittances de sommes qui n'ont pas été reçues, des renonciations à des successions plus ou moins opulentes; toutes les donations déguisées devraient donc être déclarées nulles; on ne saurait apercevoir le motif qui les rendrait moins condamnables les unes que les autres. Toutes celles excessives ont en effet tendu à priver les héritiers à réserve d'une partie des biens que la loi veut qu'ils aient, et les droits de ces héritiers ne sont pas moins sacrés, que la disposition indue ait été faite à un époux ou à un étranger. Cependant il est incontestable que les donations déguisées faites, au détriment des héritiers à réserve, à d'autres qu'à l'époux du disposant, ne sont pas nulles, mais seulement réductibles. Telle est la règle générale, et il nous est impossible de penser que l'art. 1099, pas plus que l'art. 911, puisse être entendu dans un autre sens, même à l'égard des époux.

C'est ce qu'a reconnu la Cour royale de Bourges, par arrêt du 9 mars 1836 [1], à raison d'une donation faite entre époux par l'interposition d'un enfant du premier lit du donataire.

« Considérant, porte cet arrêt, que l'interposition de personnes n'est une cause d'annulation des donations que lorsqu'elle a servi réellement à couvrir une infraction à la loi ; que, même dans ce cas, l'annulation ne pourrait frapper que sur la portion excédant la quotité disponible entre époux ; que c'est dans ce sens qu'a toujours été entendue la disposition du second alinéa de l'art. 1099, qui ne crée pas un droit nouveau et qui ne fait que rappeler les principes anciens sur la matière ; qu'ainsi ce second alinéa ne se réfère nullement à l'art. 1096, posant le principe de la révocabilité des donations entre époux ;

« Qu'en admettant que l'on dût appliquer les principes de la révocabilité des donations entre époux pendant le mariage aux donations faites par l'un des époux à une personne que la loi répute personne interposée, on ne pourrait considérer ce droit de révocation que comme un droit établi dans l'intérêt seulement de l'époux donateur, droit inhérent à sa personne et qui s'éteindrait avec elle. »

La faculté qui appartient à l'époux donateur de révoquer la donation qu'il a faite pendant le mariage à son époux par l'interposition d'enfants provenus d'un premier lit de celui-ci, est indubitable ; elle a été consacrée de nouveau par un arrêt de la Cour royale de Paris, rendu en audience solennelle, le 14 août 1835 [2], sur le renvoi qui avait été fait à cette Cour par l'arrêt que la Cour de cassation avait rendu, le 11 novembre 1834, sur le pourvoi formé contre l'arrêt de la Cour de Rouen, du 23 février 1831, dont nous avons parlé.

Enfin la Cour royale de Paris a reconnu, par arrêt du 21 juin 1837 [3], que les donations déguisées entre époux n'étaient point annulables en totalité, mais seulement réductibles à la quotité dont l'époux donataire avait pu être avantagé.

« Attendu, a dit la Cour en adoptant les motifs des premiers juges, qu'en principe général les donations indirectes, celles qui sont déguisées sous la forme de contrats à titre onéreux, et celles qui sont faites à personnes interposées, sont nulles si la personne ainsi gratifiée indirectement est incapable de recevoir, mais qu'elles sont valables si la personne gratifiée est capable de recevoir, et qu'elles sont seulement réductibles si les choses données excèdent, soit la quotité que la personne gratifiée peut recevoir, soit la quotité que le donateur peut donner ;

(1) Sirey, 36. 2. 344. (2) Sirey, 36. 2. 345. (3) Sirey, 37. 2. 345.

« Attendu qu'il n'est fait aucune exception à ce principe général pour le cas où la donation indirecte, par quelques voies que ce soit, est faite à une seconde femme par un mari ayant des enfants d'un premier lit;

« Que ledit principe est au contraire implicitement confirmé, pour le cas dont il s'agit, par les dispositions de l'art. 1099 du Code civil; qu'en effet cet article, en déclarant que les époux ne peuvent se donner *indirectement* au-delà de ce qui leur est permis par l'article précédent, leur permet de se donner la quotité disponible indirectement, c'est-à-dire par donation déguisée sous la forme d'un contrat à titre onéreux, ou par donation faite à personne interposée, deux seules manières dont une donation indirecte puisse avoir lieu; d'où il suit que, d'après cette disposition de l'art. 1099, la donation indirecte, dans l'une ou l'autre de ces deux manières, n'est pas nulle, et est seulement réductible si elle excède la quotité fixée par l'art. 1098; qu'à la vérité l'art. 1099 ajoute, dans sa seconde disposition, que toute donation, ou déguisée ou faite à personnes interposées, sera nulle; mais que de cette disposition, éclairée par la première, il résulte simplement que la donation indirecte, ou, ce qui est la même chose, la donation, soit déguisée, soit faite à personnes interposées, est nulle en tant qu'elle excéderait la quotité fixée par l'article précédent; ce qui signifie, en d'autres termes, qu'elle est seulement réductible à cette quotité si elle l'excède. »

La Cour a en conséquence ordonné que la donation faite par un époux ayant des enfants d'un premier lit à la fille de son conjoint serait exécutée, sauf réduction à la quotité fixée par l'art. 1098 du Code civil.

Quoique cet arrêt paraisse confondre peut-être un peu trop les avantages indirects avec les donations déguisées, il ne nous semble pas moins conforme au vœu de la loi lorsqu'il a soumis tous ces modes de disposer au principe général qui ne prescrit que la réduction de ceux que l'on pouvait faire, et dans lesquels on a seulement excédé ce que le législateur avait permis de donner.

NOTE DEUXIÈME.

Un avocat des plus distingués à la Cour royale de Paris, Me Gaudry, vient d'émettre sur cet ouvrage un avis dont l'auteur ne peut trop s'honorer [1]; Me Gaudry regarde nos travaux comme utiles; il nous engage à les continuer.

(1) Voyez la *Gazette des Tribunaux*.

L'encouragement donné par un tel jurisconsulte est sans doute un vif stimulant, cependant, tout en approuvant le plan, même l'exécution du travail que nous avons entrepris, Me Gaudry signale quelques-uns des principes qui y sont rapportés comme étant susceptibles d'une grave discussion, malgré les décisions judiciaires qui les ont consacrés. Cet avertissement nous a imposé l'obligation de revoir avec un nouveau soin les articles indiqués, et c'est le résultat de cet examen que nous allons faire connaître.

LE PREMIER DE CES PRINCIPES est celui rapporté à la page 148 de ce volume, que « les successibles qui sont poursuivis comme héritiers n'ont pas à établir qu'ils » ont renoncé à la succession, et que c'est au créancier à prouver qu'ils ont ac- » cepté expressément ou tacitement l'hoirie. »

Il nous a paru que devant la Cour de Liége le créancier avait prétendu, en se fondant sur l'art. 724 du Code civil, que les enfants de sa débitrice devaient être réputés héritiers purs et simples par cela seul qu'ils ne justifiaient pas avoir renoncé à la succession de celle-ci, tandis que les premiers juges s'étaient bornés à admettre le créancier à prouver que les enfants avaient accepté expressément ou tacitement l'hoirie. La Cour a confirmé ce jugement en se fondant sur ce que le créancier n'avait fait aucune preuve à cet égard, et que les enfants pouvaient invoquer la règle générale que nul n'est héritier qui ne veut.

Nous avons dit par suite que, n'y ayant point d'héritiers nécessaires parmi nous, ceux habiles à succéder, quoique saisis de plein droit par la mort du défunt, ne devenaient définitivement héritiers que lorsque leur intention s'était réunie à la disposition de la loi, et nous n'en avons pas tiré d'autre conséquence sinon que c'était à ceux qui excipaient des faits d'immixtion de ces héritiers à les établir.

Ce principe était admis dans notre ancien droit, au moins quant aux pays coutumiers, et il n'a point été changé par le Code; seulement nous aurions dû peut-être lui donner le développement qu'il pouvait comporter.

Chez les Romains il n'y avait d'héritiers absolument nécessaires que les esclaves institués par leurs maîtres, et qui ne pouvaient renoncer à la succession qui leur était transmise, afin de ne pas infliger à la mémoire du testateur l'espèce de déshonneur qu'elle encourait alors lorsque sa succession était abandonnée, et afin de procurer aux legs compris au testament l'exécution qu'ils étaient dans le cas d'obtenir. L'esclave institué pouvait seulement demander la séparation du patrimoine du défunt d'avec le sien, ce qui équivalait à un bénéfice d'inventaire.

Les enfants ou descendants du défunt, et qui à sa mort se trouvaient en sa puissance, formaient une seconde classe d'héritiers nécessaires. On les appelait aussi héritiers *siens*, à raison des nœuds étroits qui les avaient unis avec le défunt, et qui les faisaient regarder comme une continuation de sa personne; quoique héritiers nécessaires, et ainsi réputés tels de plein droit, le préteur leur donnait le droit de s'abstenir; mais il fallait alors que la renonciation de ces héritiers fût expresse, et c'était à eux à en justifier.

Nous n'avons jamais eu en France d'héritiers absolument nécessaires, l'abolition de l'esclavage ayant ôté les moyens d'en instituer de pareils; mais dans les provinces qui étaient soumises au droit écrit, les enfants et descendants restés soumis à la puissance paternelle étaient reconnus héritiers *siens*, et ainsi réputés avoir accepté la succession par cela seul qu'ils n'y avaient pas renoncé. On leur appliquait la règle: *filius, ergò hæres.* C'était donc à eux à établir qu'ils avaient renoncé, ou au moins qu'ils s'étaient abstenus de prendre part à l'hoirie, s'ils voulaient se garantir des poursuites des créanciers

En pays coutumiers, et sauf un petit nombre de coutumes singulières, quoique, d'après l'adage généralement admis, le mort saisit le vif, tous les héritiers, même ceux collatéraux, parussent héritiers siens, nul d'entre eux ne devait être réputé héritier que s'il le jugeait bon être, et il fallait qu'une manifestation de leur volonté concourût avec le fait pour qu'ils pussent être réputés tels. Une acceptation formelle ou tacite de leur part était donc nécessaire pour qu'ils pussent être obligés au paiement des dettes du défunt. « Il ne faut point d'acte de renonciation, disait « Lebrun, d'après Tiraqueau et même d'Argentrée, pour n'être point héritier; « mais il suffit de n'avoir pas accepté précisément et de n'avoir pas fait acte d'hé« ritier... Il faut avoir accepté ou s'être immiscé pour être déclaré héritier; au« trement le simple défaut d'une renonciation ne fait point un héritier, en quel« que ligne que ce soit. » Espiard de Saulx était du même avis et citait à l'appui Ferrière, Leprêtre, Boucheuil et plusieurs arrêts.

Le chancelier d'Aguesseau a même eu occasion de s'élever contre d'anciens usages d'après lesquels on réputait héritier le successible qui avait laissé passer le temps à lui accordé pour délibérer sans avoir répudié formellement l'hoirie. « La règle, en pareil cas, disait-il, est de fixer un dernier terme fatal à l'héritier, « pour déclarer précisément s'il accepte ou s'il renonce; faute de quoi, et après « ce temps passé, on peut permettre aux créanciers de saisir ses biens propres « pour le forcer à s'expliquer, la plus grande rigueur étant de le réputer héri« tier par provision après l'expiration de ce dernier terme. »

Aussi est-il dit, au Répertoire de Jurisprudence, v° *Succession*, sect. I, § 5, « qu'en pays coutumier la maxime que l'héritier présomptif n'est point censé « avoir accepté la succession par cela seul qu'il ne prouve pas y avoir renoncé, « était certainement une des plus constantes de toute la jurisprudence française. »

L'ordonnance de 1667, titre VII, accordait aux successibles, comme le fait aujourd'hui le Code civil, trois mois pour faire inventaire et quarante jours pour délibérer; elle voulait aussi, art. 4, qu'après l'expiration de ces délais, et à moins de circonstances extraordinaires, il n'en fût point accordé d'autres; les successibles qui n'avaient point profité de ces délais pour opter pouvaient donc être poursuivis comme héritiers. Cependant on voit que M. d'Aguesseau, bien postérieurement à cette ordonnance, posait pour règle qu'un délai fatal devait encore leur être accordé, et que, ce délai expiré, les juges ne pouvaient encore les ré-

(1) Lettre au Parlement de Besançon, du 27 mai 1736.

puter héritiers que par provision. C'est ce que confirme en grande partie l'art. 800 du Code, qui conserve à l'héritier, après l'expiration des délais légaux ou à lui accordés par le juge, le droit de renoncer ou de n'accepter que sous bénéfice d'inventaire, à moins qu'il n'ait fait acte d'héritier ou qu'il n'ait été condamné définitivement comme héritier pur et simple.

Il résulte de ces dispositions qu'après l'expiration de tous ces délais, un successible peut être poursuivi comme héritier sans que les créanciers aient aucune justification à faire, ce dont on n'a jamais douté, et nous n'avons certainement pas entendu dire le contraire en rapportant le principe consacré par la Cour de Liége; nous avons seulement soutenu que, lorsque l'on prétend que des successibles doivent être réputés ne pouvoir plus renoncer à la succession, ce n'est point à eux à établir qu'ils n'ont pas fait acte d'héritier, ce qui serait une preuve négative impossible par sa propre nature, mais que c'est à ceux qui veulent faire déclarer ces successibles héritiers purs et simples à justifier de leur immixtion, et ainsi de leur acceptation expresse ou tacite de l'hoirie; que la saisine légale des héritiers ni leur défaut de renonciation ne peuvent en dispenser les tiers, l'acceptation des héritiers ne pouvant résulter de leur silence, mais seulement des faits qui sont allégués contre eux, et nous pensons que ce principe ne peut être contesté non plus. Les adversaires des héritiers sont demandeurs; ils excipent, c'est à eux à prouver.

Le second principe mis en doute par l'honorable Me Gaudry est celui porté en la page 152 de ce volume, où il est dit que « des héritiers qui, avant la mort « du défunt, se sont emparés de ses biens et ont continué d'en jouir et d'en dis- « poser après son décès connu d'eux, ont fait acte d'héritiers purs et simples. »

Dans l'espèce jugée par la Cour de Riom, quelques-uns des enfants du défunt avaient été autorisés en justice à se mettre en possession des meubles de leur père encore vivant alors, ce qu'ils avaient effectué; mais, allant au-delà de l'autorisation qui leur avait été donnée, ils s'étaient aussi, sans droit, emparés des immeubles de leur auteur qui était mort sans se plaindre de cette voie de fait. Ces enfants, après avoir continué, postérieurement au décès, à jouir de ces immeubles, avaient renoncé à la succession, mais en conservant les biens que leur qualité d'héritiers avait pu seule leur attribuer. Un d'eux avait même vendu un des immeubles sur la poursuite d'un créancier hypothécaire du défunt; plus tard ces enfants avaient agi contre un tiers, comme créancier d'une somme que leur père avait reçue, et le tiers excipait de leur qualité d'héritiers pour les faire réputer garants de leur propre action; de là la question de savoir si ces enfants avaient fait acte d'héritiers.

Nous avons fait connaître les moyens à l'aide desquels les enfants Artaud cherchaient à repousser l'exception qui leur était opposée, et qui se réduisaient à dire qu'ayant commencé à jouir des biens dès avant le décès de leur père, ce n'avait point été ni pu être en qualité d'héritiers, mais de propriétaires, qualité qui depuis, au moyen de leur renonciation, n'avait pas dû changer.

Il est très vrai qu'un successeur ne peut par sa seule volonté changer la cause ou la nature de la possession qu'il a eue; *illud à veteribus præceptum est, neminem sibi ipsum causam possessionis mutare posse. Leg.* 3, § 19, *ff. de Acq. possess.* Le temps, quelle qu'ait été sa durée, ne peut davantage opérer ce changement. Ainsi celui qui n'a été que fermier, dépositaire, engagiste, ne peut, par son seul fait, quelle qu'ait été la longueur de sa jouissance, convertir la nature de sa possession et prétendre avoir joui comme propriétaire; un tel possesseur ne peut prescrire, car pour cela il faut avoir joui *animo domini;* mais si ce détenteur précaire devient maître de la chose par un des modes légaux de transfert de la propriété, la nature de sa possession change et prend celle que son titre nouveau lui a fait acquérir.

La jouissance qu'avaient eue les enfants des immeubles de leur père avait été complétement dépourvue de titres pendant toute la vie de leur auteur. Leur possession n'avait été que violente, et, sur la réclamation de leur père, elle aurait dû cesser aussitôt; mais au décès un changement total avait eu lieu dans la nature de cette jouissance; les enfants étant devenus héritiers de celui qui aurait eu le droit de les expulser, les deux qualités de détenteurs précaires et de propriétaires s'étaient trouvées réunies en leur personne, et celle définitive avait absorbé celle momentanée par la confusion qui s'était opérée entre elles. Les enfants Artaud ne pouvaient plus être réputés avoir joui comme usurpateurs de biens dont la propriété venait de leur être dévolue, leur qualité nouvelle avait éteint l'ancienne, avec laquelle elle était incompatible; les enfants n'auraient pu à eux seuls changer la nature de leur possession, mais la loi plus forte l'avait changée elle-même, en les investissant de la qualité d'héritiers du propriétaire qu'ils avaient dépouillé.

Les enfants Artaud, ayant été saisis dès le jour de la mort de leur père de la propriété des biens dont ils jouissaient, n'avaient donc pu les posséder ensuite que comme successeurs. A la vérité la loi leur donnait la faculté de renoncer à la succession, ce qui, par un effet rétroactif, les aurait fait réputer n'avoir jamais été héritiers; mais il aurait fallu pour cela qu'ils n'eussent pas agi comme tels avant l'abdication qu'ils avaient faite. Or l'arrêt constate que, dès avant leur renonciation, ces enfants avaient continué à jouir comme propriétaires des biens qui, quoique usurpés par eux, n'avaient pas moins fait partie de la succession de leur père; ils avaient donc fait acte d'héritiers, ce qui les mettait hors d'état d'en répudier plus tard le titre. Vainement auraient-ils voulu prétendre n'avoir continué à jouir que comme usurpateurs; ils avaient cessé d'être tels par l'effet de la loi qui les avait investis de la propriété des biens, et il ne leur avait pas été permis de l'ignorer. Les enfants Artaud devaient donc être réputés n'avoir joui postérieurement au décès de leur père que par suite d'une acceptation tacite de l'hoirie, ce qui les avait rendus héritiers à toujours.

L'acceptation d'une succession ne peut assurément résulter d'une surprise ou d'une erreur. Celui qui a pu croire avoir le droit de jouir à un autre titre que celui de successible ne doit point être réputé avoir consenti à prendre celui d'héritier. Ainsi un donataire appelé à succéder au donateur, et qui après le décès a continué de détenir les biens à lui donnés quoique son titre fût nul, ne peut être censé avoir accepté l'hoirie, comme l'ont jugé les arrêts rapportés page 153; le droit de ce donataire a duré jusqu'à la demande en annulation de son titre, et après la décision rendue il n'a été qu'un simple détenteur, tenu de restituer les biens; mais, dans l'espèce, la jouissance des enfants Artaud n'avait procédé en vertu d'aucun titre qui eût pu leur faire croire avoir droit sur les immeubles en question; ils ne les détenaient que précairement au moment du décès de leur père, et ils auraient dû les abandonner aussitôt s'ils avaient voulu conserver le droit de renoncer à l'hoirie; ayant au contraire continué d'en jouir comme propriétaires, il n'avait fallu aucune décision judiciaire pour que de simples détenteurs ils fussent devenus les maîtres de ces biens, et qu'ils eussent ainsi agi comme héritiers.

Tels sont les motifs qui nous ont fait penser que la Cour de Riom avait rendu bonne justice en décidant que des enfants qui, sans aucun titre, si ce n'est celui d'héritiers, avaient, avant leur renonciation, joui des biens dépendant de la succession de leur père et s'en étaient approprié les fruits, devaient être réputés avoir accepté l'hoirie et n'avaient pu ensuite y renoncer.

Le troisième principe que nous avons eu à examiner est celui énoncé en la page 154 de ce volume, où il est dit que « le légataire universel qui a transigé « avec des créanciers du défunt et s'est obligé à les désintéresser, peut être « déclaré déchu de son acceptation bénéficiaire et réputé héritier pur et simple. »

La première remarque à faire est que ce principe a été posé, non pas d'une manière absolue, mais conditionnelle; nous n'avons pas annoncé qu'un légataire universel ou un héritier bénéficiaire devait, en pareil cas, être toujours déclaré héritier pur et simple, mais seulement qu'il pouvait être réputé tel; cela dépend en effet des circonstances.

Un héritier bénéficiaire, quoiqu'il soit à l'égard des autres successibles à l'instar d'un héritier pur et simple, n'est, quant aux créanciers ou légataires du défunt, qu'un simple administrateur; il ne peut disposer des biens et droits de la succession qu'en accomplissant les conditions que la loi lui a imposées; il doit compte de sa gestion aux ayants droit lorsqu'ils se font connaître, mais il n'est tenu des dettes et charges que jusqu'à concurrence des biens qu'il a recueillis.

Tant que l'héritier bénéficiaire ne s'est point écarté des bornes de sa mission et qu'il n'a contracté d'autres engagements que ceux qui résultent de la qualité qu'il a prise, il n'a point nui à cette qualité et il en a conservé tous les avantages; mais s'il excède son mandat, s'il dispose arbitrairement des biens, s'il se soumet à des obligations personnelles qu'il ne devait point supporter, cet héritier a prouvé vouloir user du droit que la loi lui avait laissé, celui d'abandonner la qualité qu'il avait choisie pour accepter celle d'héritier pur et simple et il doit être déclaré tel.

Il ne s'agit donc, en pareil cas, que de savoir si l'héritier bénéficiaire est resté dans les bornes de ses attributions légales ou s'il en est sorti; la continuation de son ancienne qualité, ou son acceptation d'une qualité nouvelle, doit nécessairement en dépendre.

Or l'héritier bénéficiaire n'est point tenu des dettes du défunt. Ses biens sont affranchis de toute poursuite à cet égard; si, cependant, malgré cet affranchissement de toute obligation personnelle, cet héritier contracte volontairement l'engagement de payer sur ses biens une seule dette même du défunt, il n'a plus agi comme héritier bénéficiaire, puisqu'à ce titre il n'y était point obligé; il s'est déclaré lui-même héritier pur et simple, aucune autre cause n'ayant pu l'engager à contracter ainsi.

Cette manifestation de l'intention réelle ou présumée de l'héritier bénéficiaire peut résulter de tous les faits ayant cette portée. Ainsi, s'il vend les meubles ou les immeubles de la succession sans remplir les formalités requises, s'il transige ou compromet sur des choses excédant ses pouvoirs comme administrateur, s'il paie de ses deniers les dettes du défunt ou contracte personnellement l'obligation d'y satisfaire, s'il fait en un mot ce que, comme héritier bénéficiaire, il ne pouvait pas faire ou ce à quoi il n'était point obligé, il a consenti à se dépouiller de sa qualité de bénéficiaire pour prendre celle d'héritier pur et simple. La loi lui ayant laissé la faculté de renoncer à l'avantage dont elle lui avait permis de profiter, il n'a fait en cela qu'user d'un droit légal; vainement viendrait-il dire ensuite que, malgré l'acte auquel il s'est livré, il a entendu conserver sa qualité d'héritier sous bénéfice d'inventaire; il ne peut dépendre de lui de détruire les conséquences de la conduite qu'il a tenue, et il doit rester héritier, puisqu'il en a exercé les droits ou consenti à en remplir les devoirs.

Telle est la rigueur des principes, mais il faut pourtant prendre garde de ne pas l'excéder. L'héritier bénéficiaire doit, pour qu'il soit possible de les lui appliquer, avoir eu l'intention d'accepter purement et simplement l'hoirie ou s'être mis dans le cas de le faire présumer; s'il parvient à démontrer le contraire, s'il prouve que le fait articulé contre lui n'a été que le résultat d'une erreur ou d'une persuasion fausse à laquelle il s'est laissé entraîner, il ne devra point en souffrir. Par exemple, si, dans une espèce pareille à cela près à celle jugée par la Cour de Bordeaux, un héritier bénéficiaire démontrait qu'en s'obligeant à payer tels ou tels créanciers du défunt il n'a entendu les satisfaire, aux termes de l'art. 808 du Code, qu'avec les deniers de la succession encore entre ses mains, qu'il s'est seulement trompé sur l'importance des sommes qu'il avait à leur remettre, son erreur ne pourra équivaloir à une acceptation pure et simple. Ainsi un semblable héritier peut, comme nous l'avons dit, être en certains cas déchu de son acceptation bénéficiaire, mais il ne doit pas l'être toujours.

Il est une autre question sur laquelle notre si indulgent critique n'a pas relevé la solution que nous avons donnée, mais qui a mérité de notre part les plus graves réflexions; nous voulons parler de celle portée en la page 165 de ce volume, où il est dit que « la qualité de donataire, même contractuel, n'est pas « indélébile comme celle d'héritier; que le donataire, après avoir recueilli les « biens à lui donnés, peut les abandonner et reprendre l'exercice de ses droits « contre la succession du donateur. »

Cela ne peut assurément faire de doute quant au donataire entre-vifs de biens présents, même à titre universel; mais quant à ceux de biens à venir ou de tout ou partie des biens que le donateur laissera à son décès, nous avons été entraîné en posant cette règle par l'autorité si imposante pour nous d'un arrêt de la Cour royale de Paris, qui, sur le pourvoi exercé, a été maintenu par la Cour suprême. Nous n'avons pu cependant nous empêcher de faire remarquer qu'aux termes du droit actuel, les donataires contractuels et les légataires universels ou à titre universel ne pouvaient plus être considérés comme de simples détenteurs des biens délaissés par le défunt, puisque les articles 1009, 1012 et 1085 du Code les obligeaient personnellement aux dettes pour leur part et portion, les assimilant ainsi aux héritiers du sang; qu'il en résultait la conséquence que ces donataires ou légataires ne pouvaient se garantir, eux et leurs biens, de cette action personnelle, qu'en recourant au bénéfice d'inventaire; mais nous avons ajouté, par une application intempestive du droit ancien, que, n'étant point la continuation de la personne du défunt et leur détention des biens les obligeant seule au paiement des dettes, ces donataires ou légataires cessaient d'en être tenus en faisant l'abandon aux créanciers de tout ce qu'ils avaient obtenu par suite de la disposition. Cette concession nous a paru depuis établir une véritable contradiction avec ce que nous venions de dire, celui qui peut s'affranchir en abandonnant les biens qu'il a reçus, n'ayant pas eu besoin de recourir au bénéfice d'inventaire, et nous avons maintenant à faire connaître le résultat des recherches que nous avons faites à cet égard.

Pour être à même d'apprécier le droit actuel il faut remonter au droit ancien et même aux lois romaines, dont, par des motifs faciles à concevoir, nous nous sommes de plus en plus écartés.

Chez les Romains, qui si souvent ont fait entrer avec une certaine violence les règles qu'ils émettaient successivement dans le plan tracé par leur législation primitive, les seuls héritiers légitimes ou institués étaient réputés représenter le défunt et continuer sa personne; ce n'était que contre eux que les créanciers de la succession avaient une action personnelle; les donataires ou légataires, quels qu'ils fussent, même ceux universels des biens existants au décès, étaient considérés comme étrangers à l'hérédité et comme n'étant point tenus personnellement de ses dettes et charges. Ils ne l'étaient qu'à raison de leur possession des biens grevés par le défunt; faisant cesser cette détention au moyen d'un abandon de leurs droits, l'action des créanciers devait cesser contre eux comme à l'égard de tout autre détenteur.

Ce système avait cependant un inconvénient notable; l'héritier du sang ou celui institué devant seul rester en butte aux poursuites des créanciers, était autorisé à retenir, sur le montant des dons ou legs à titre universel qu'il avait à délivrer, les dettes qui devaient en amoindrir l'importance, car on ne s'écartait point en ce cas de la règle *bona non dicuntur, nisi deducto ære alieno;* mais souvent, à l'époque de la délivrance de ces dons, de ces legs, les dettes du défunt étant loin d'être suffisamment connues, il arrivait que l'héritier était resté dans l'appréciation qu'il en avait faite au-dessous de la réalité. On lui accordait alors un recours contre ces donataires ou légataires, en établissant ainsi un circuit d'actions dont l'héritier se trouvait victime si ces donataires ou légataires avaient dans l'intervalle disposé des biens par eux obtenus. L'abus était si évident qu'il avait forcé Ricard à avouer[1] « que ce qu'il trouvait à redire à la « rigueur et aux scrupules du droit romain était de voir qu'ils étaient tellement « attachés à cet enchaînement d'actions, qu'ils aimaient mieux souffrir des ab- « surdités apparentes plutôt que d'innover dans cet ordre par un juste change- « ment. »

Convaincue de la nécessité de ramener ces principes spéculatifs à une exécution équitable, notre ancienne jurisprudence avait cru y parvenir en donnant une action, sinon personnelle, du moins directe aux créanciers du défunt contre les donataires ou légataires universels ou à titre universel, afin de les forcer à acquitter la part pour laquelle ils devaient contribuer aux dettes et charges de la succession, et plusieurs arrêts fameux avaient consacré ce nouveau point de droit. Ce n'était pas que ces donataires ou légataires fussent tenus directement comme les héritiers, mais, disait Ricard[2], ils l'étaient par une distinction qui se faisait en la chose donnée, par suite de la charge qui avait affecté les biens par eux reçus aussi bien que le surplus des biens du disposant. Ce principe avait dicté l'art. 334 de la nouvelle coutume de Paris, qui déclarait les donataires ou légataires universels *tenus de contribuer au paiement des dettes chacun pour telle part ou portion qu'ils amendaient des biens.*

Ainsi les créanciers du défunt avaient action contre ces détenteurs, mais au surplus le droit romain avait conservé son empire; les donataires ou légataires, quels qu'ils fussent, n'étaient tenus qu'à raison de la chose étant en leur possession, et non par aucune action personnelle; ils pouvaient se soustraire à l'action des créanciers en renonçant au bénéfice de la disposition, quoiqu'ils l'eussent d'abord acceptée, et en abandonnant les biens qui leur en étaient provenus. Ils n'avaient donc besoin d'aucunes lettres de bénéfice d'inventaire, puisqu'ils se trouvaient naturellement placés dans la condition de ces sortes d'héritiers; aussi voit-on dans l'arrêt du parlement de Paris, cité par la Cour de cassation dans celui que nous avons rapporté[3], que les avocats avaient été avertis de ne plus donner avis aux légataires ou donataires d'obtenir de pareilles lettres. Dans tous les cas, ceux-ci ne pouvaient rien devoir au-delà de la valeur des biens par eux reçus. « La véritable obligation, dit encore Ricard[4], dont les légataires et les donataires universels sont tenus, ne résultant que de la chose, l'action personnelle que nous donnons aux créanciers contre eux n'étant qu'indirecte, *personalis in rem* ou plutôt *ob rem*, il s'ensuit qu'ils ne peuvent

(1) *Traité des Donations*, numéro 1516. (2) *Ibid.*, numéro 1510. (3) Page 166. (4) Même traité, numéro 1517.

être tenus des dettes que jusqu'à concurrence de ce qu'ils profitent des biens du défunt, et que, sitôt qu'ils en sont évincés ou qu'ils les ont abandonnés volontairement, l'action que les créanciers avaient contre eux cesse absolument : aussi cette doctrine ne reçoit-elle pas de doute dans notre usage. »

Tel était notre ancien droit, et il s'agit maintenant de savoir si le Code ne l'a pas en cela modifié, s'il a seulement conservé contre les donataires ou légataires universels ou à titre universel l'action indirecte qui seule, à leur égard, était admise avant lui, et s'il ne l'a pas remplacée par une action personnelle jusqu'alors déniée aux créanciers du défunt contre ces sortes de successeurs ; si, conséquemment, ceux-ci, étant obligés dans leurs personnes, ne sont pas aujourd'hui hors d'état de se garantir de cette action par un simple abandon des biens et une renonciation à leurs droits.

L'art. 1085 du Code civil porte que, si le donataire de biens présents et à venir ne peut, dans le cas qu'il exprime, s borner aux biens présents, et s'il accepte la succession pour le tout, il est soumis au paiement de toutes les dettes et charges de la succession ; il en est de même, par la même raison, du donataire des biens qui existeront au décès, et, par une conséquence naturelle, du donataire de ces biens à titre universel, pour la portion de dettes que la quotité de ses droits le met dans le cas de supporter.

Cet art. 1085 ne dit point, il est vrai, en termes explicites, que ces donataires sont tenus d'une manière personnelle, mais cette obligation résulte de celle qu'il leur impose, puisqu'il ne leur accorde aucunement le droit de s'en exempter en délaissant les biens ; cette faculté ne se trouve, en effet, nulle part quant à eux dans le Code ; ce ne sont plus les biens seulement qui sont tenus des dettes, comme sous l'ancien droit ; le Code a soin de l'exprimer quand il en doit être ainsi (*voyez* son art. 2167). Ce sont ces donataires eux-mêmes qui sont déclarés soumis au paiement des dettes, et ainsi leurs personnes ; s'il pouvait, au surplus, rester encore quelques doutes, les dispositions du Code relatives aux légataires universels ou à titre universel suffiraient pour les lever, puisque entre ces légataires et les donataires de biens à venir ou de ceux qui existeront au décès, on ne saurait établir aucune différence.

Or, l'art. 1009 du Code veut que le légataire universel qui sera en concours avec un héritier à réserve soit tenu des dettes et charges de la succession, *personnellement pour sa part et portion*, ce qui prouve qu'à défaut d'héritier à réserve, ce légataire est tenu personnellement pour le tout. L'art. 1012 contient la même disposition à l'égard du légataire à titre universel, qu'il soumet aussi au paiement de ces dettes et charges, toujours personnellement pour sa part et portion, et hypothécairement pour le tout.

Telle est l'innovation importante que le Code a faite à notre droit ancien ; il n'avait jamais existé jusqu'à lui d'action personnelle au profit des créanciers contre d'autres représentants du défunt que ses héritiers légitimes ou institués ; un attachement rigoureux à la définition que l'on faisait alors de la qualité d'héritier, avait toujours empêché qu'on ne voulût voir dans les donataires ou légataires universels ou à titre universel de véritables successeurs. On bravait les conséquences de la faculté qui leur était accordée d'abandonner les biens, lors même qu'ils n'avaient point fait faire d'inventaire ; on se soumettait au danger de forcer les créanciers à se livrer à des enquêtes incertaines pour constater la quotité des biens dont ils allaient être obligés de se contenter ; on exposait l'héritier, tenu du surplus de la dette, à supporter injustement la différence que le défaut de justification de la quotité des biens ou leur perte mettait ainsi à sa charge ; on multipliait les procès, plutôt que de reconnaître que celui qui dispose sans précaution et sans mesure des biens qu'il a reçus par portion aliquote dans une hérédité s'est obligé, par cela seul, à supporter personnellement une part correspondante des dettes. Le Code a opéré ce changement heureux que réclamait le besoin de faire cesser les inconvénients dont on avait à se plaindre ; il a donné contre tous les successeurs universels ou à titre universel du défunt une action personnelle, les assimilant sous ce rapport, et avec raison, à l'héritier dont ils venaient prendre la place. Tous les jurisconsultes qui ont écrit sur le Code l'ont reconnu et le proclament de la manière la plus formelle.

M. Merlin est un des premiers qui ait dit[1] « que, si le Code ne s'explique pas positivement sur le cas où, toute la succession étant disponible, le légataire universel l'absorbe tout entière, il est évidemment dans son esprit de faire, en ce cas, supporter toutes les dettes par le légataire universel, et de les lui faire supporter non-seulement *ratione emolumenti*, mais *personnellement*, c'est-à-dire soit que les biens y suffisent ou n'y suffisent pas ; » ce qui est bien dire que ce légataire ne peut se libérer de cette obligation en abandonnant les biens, car alors il ne serait point tenu des dettes s'il y avait insuffisance. Quant au légataire à titre universel, M. Merlin se contente de rappeler les dispositions de l'art. 1012 qui l'astreignent personnellement pour sa part et portion, et hypothécairement pour le tout, ce qui suffit en effet.

M. Grenier[2], sur la question de savoir si les légataires universels ou à titre universel sont tenus *ultrà vires* des dettes ou des legs qui sont à leur charge, soutient que l'affirmative ne peut faire de difficulté par deux raisons décisives : l'une, que ces légataires sont comme les héritiers de véritables successeurs à titre universel ; l'autre, que, par rapport à eux, il y aurait les mêmes inconvénients que relativement aux héritiers, s'ils pouvaient abdiquer leurs legs, en faisant arbitrairement raison aux créanciers des effets mobiliers qu'ils auraient retirés.

M. Toullier affirme aussi[3] que « ce n'est pas seulement contre les héritiers « légitimes ou héritiers du sang que les créanciers du défunt ont une action personnelle ; ils ont la même action, dit-il, contre les héritiers testamentaires ou légataires universels, et généralement contre tous ceux qui tiennent lieu d'héritiers ; » et au n° 520 il ajoute que « l'action personnelle que le Code donne aux

(1) *Répertoire de Jurisprudence*, v° *Légataire*, paragraphe 7, art. 2, numéro 17. (2) *Traité des Donations et Testaments*, numéro 313. (3) Tome IV, numéro 517.

« créanciers contre le légataire à titre universel n'est plus, comme elle l'était
« sous l'ancienne jurisprudence, une action personnelle *imparfaite*, en ce qu'elle
« ne l'obligeait aux dettes qu'au prorata et jusqu'à concurrence de son émolument ;
« que c'est une action personnelle parfaite, *de même nature que celle qui com-*
« *pète contre les héritiers*, et qui l'oblige de payer les dettes pour sa part virile ;
« c'est, finit par dire M. Toullier, ce qui nous paraît démontré. » Or, personne ne met en doute que l'héritier du sang qui a accepté la succession, ne peut se dispenser de supporter la portion à sa charge dans les dettes en abandonnant les biens, et que cette faculté n'appartient qu'à l'héritier bénéficiaire. M. Chabot de l'Allier adopte purement et simplement l'avis de M. Toullier, au n° 29 de son Commentaire sur l'art. 873 du Code civil.

Ne pouvons-nous pas tenir pour certain maintenant que les donataires de biens à venir, ainsi que les légataires universels ou à titre universel, sont soumis à une action personnelle que ne peut faire cesser le fait qu'ils ne détiendraient plus les biens à eux provenus du défunt ; que l'exception qui résulte de ce que l'on a cessé de posséder n'appartient qu'à ceux contre qui l'on n'a qu'une action réelle, qui suit la chose, mais reste étrangère à la personne ? Les principes émis par les deux arrêts que nous avons rapportés page 165 ont donc été abrogés par le Code ; il ne reste à ces sortes de successeurs qu'un moyen de se soustraire aux poursuites qu'ils sont dans le cas d'éprouver : c'est de n'accepter, à l'instar des héritiers, le don ou legs à eux fait que sous bénéfice d'inventaire, et de remplir les conditions imposées par la loi à ceux qui veulent user de cette faculté. Dès que ces donataires ou légataires sont dans le cas d'être tenus *ultrà vires*, ils doivent, en effet, avoir un moyen de se préserver de ce résultat fâcheux. Tous les motifs qui militent sur ce point à l'égard des héritiers se rencontrent en eux, et il n'y aurait eu aucune raison pour ne pas leur permettre de profiter aussi de la faculté accordée à ceux-ci.

Il a cependant été fait à cet égard une distinction que nous ne pouvons admettre, entre les légataires universels et ceux à titre universel ; mais pour être à même d'apprécier les raisons qui ont été données pour l'établir, il faut encore recourir au droit ancien.

Parmi les auteurs qui reconnaissaient que tous autres successeurs que les héritiers légitimes ne pouvaient être tenus *ultrà vires*, un assez grand nombre y apposaient la condition qu'ils eussent fait inventaire ; ce n'est pas qu'à défaut de cette formalité ils réputassent ces successeurs représentants du défunt, ce n'était que pour éviter les fraudes qui auraient pu être commises, et ne pas laisser aux créanciers la charge d'une preuve difficile. On punissait ces légataires de ce qu'ayant voulu conserver le droit d'abandonner les biens, ils ne s'étaient pas mis en mesure d'en constater la quotité et de fixer ainsi l'étendue de leur obligation.

Cette décision n'était cependant pas conforme à la rigueur des principes ; ces légataires, n'étant considérés à l'égard des créanciers du défunt que comme de simples détenteurs, ne pouvaient être passibles que des peines applicables à ceux-ci, et non aux successibles, dont la qualité n'était point reconnue en eux. Aussi Ricard [1], malgré son extrême envie de délivrer la jurisprudence française des subtilités dérivées des lois romaines, s'était-il élevé contre cette trop grande déviation; il repoussait tout exemple tiré de la condition des héritiers qui, tenus personnellement des dettes, perdaient le droit de s'en exempter en ne faisant point d'inventaire, puisque le privilége de cette immunité appartenait de plein droit à tous les autres successeurs. « La peine prononcée contre l'un, « disait-il, ne peut être étendue à l'autre; dans une pareille rencontre [2] l'action « des créanciers contre le donataire doit être poursuivie de la même façon que si « elle était intentée contre un possesseur particulier qui se serait emparé des « biens du débiteur sans compte ni mesure, que l'on ne condamnerait pas pour « cela indéfiniment et en son propre et privé nom, mais que l'on obligerait à « rapporter les effets qu'il serait convaincu d'avoir divertis, suivant l'estimation « des biens faite par la commune renommée, joint le serment *in litem*, chaque « action ayant ses principes séparés, sans qu'elles puissent être réglées les unes « par les autres; » et il faut convenir que, malgré les inconvénients de cette dispense d'inventaire, l'avis de Ricard était d'accord avec la nature de la seule action que l'on accordât alors contre les légataires même universels.

Depuis le Code, M. Merlin, posant en principe [3] que la maxime: *hi qui in universum jus defuncti succedunt hæredis loco habentur*, s'applique aujourd'hui dans toute son intensité au légataire universel ou à titre universel, puisqu'il n'est tenu personnellement aux dettes du défunt que parce qu'il succède *in universum jus defuncti*, et qu'il n'est plus, comme dans notre ancienne jurisprudence, un simple successeur aux biens, regarde ces légataires comme habiles à se prévaloir du bénéfice d'inventaire.

M. Toullier se borne à dire [4] que « l'héritier institué ou légataire universel, « et l'héritier institué par contrat de mariage, peuvent, comme l'héritier du « sang, accepter sous bénéfice d'inventaire. » M. Chabot, sur l'art. 774 du Code, entre dans de beaucoup plus grands détails.

Cet auteur établit une grande distinction entre les légataires universels et ceux à titre universel; de ce que les premiers, s'il y a des héritiers à réserve, et les seconds, dans tous les cas, sont tenus de demander aux héritiers la délivrance de leurs legs, il en tire la conséquence qu'ils ne sont, ni les uns ni les autres, de véritables héritiers; qu'ils ne représentent point le défunt; qu'ils ne succèdent pas à sa personne, mais seulement à ses biens, et que dès lors ils ne s'obligent pas indéfiniment, par le fait d'une acceptation pure et simple, au paiement des dettes de la succession, ce qui a rendu inutile de leur accorder la faculté de n'accepter que sous bénéfice d'inventaire. M. Chabot est donc d'avis, conformément à l'ancienne jurisprudence, qu'en se bornant, avant que de se mettre en possession des biens, à en faire constater la valeur par un inventaire

(1) Eod. *loc.*, numero 1518. (2) Numéro 1520. (3) *Eod. loc. quod suprà.* (4) Tom. IV, p. 506.

légal, ces légataires ne peuvent être tenus de contribuer aux dettes que *pro modo emolumenti et non ultrà vires.*

On ne peut s'empêcher de reconnaître qu'en se livrant à une pareille assertion l'auteur si estimé du Commentaire sur les successions s'est laissé entraîner par les idées longtemps mûries par lui qu'il s'était formées d'après les principes anciens, et qu'ainsi prévenu, il n'a pas attaché assez d'importance au principe nouveau consacré par le Code, et qui apporte un si grand changement à la condition des légataires universels ou à titre universel, qu'il y ait ou non des héritiers à réserve.

Pour s'en convaincre, il suffit d'examiner la nature de l'action qui existait autrefois et celle que le Code a accordée contre ces légataires; non-seulement ceux-ci ne représentaient point alors la personne du défunt, mais ils n'étaient considérés que comme de simples détenteurs; par suite, aucune action personnelle ne pouvait exister contre eux; leur obligation, ne procédant que de leur détention des biens, devait cesser avec elle. Ces légataires étaient placés sur la même ligne qu'un acquéreur à titre particulier, qui ne doit que parce qu'il possède, et qui, en abandonnant la chose, renvoie l'obligation à celui qui en prendra possession après lui. Un pareil détenteur n'a nul besoin pour garantir ses biens de faire un inventaire; les légataires même universels n'y étaient pas obligés davantage, au moins à la rigueur; si quelques auteurs étaient d'une opinion contraire, ce n'était pas que cette condition résultât de la nature des droits de ces légataires, mais afin de prévenir les abus qui pouvaient en résulter; le seul Ricard, sans se laisser ébranler, les rappelant aux principes de la matière, leur démontrait que des légataires, quels qu'ils fussent, ne pouvaient jamais, qu'ils eussent ou non fait inventaire, être tenus que comme détenteurs.

Si donc aujourd'hui il en était encore ainsi, si les légataires universels ou à titre universel n'étaient soumis qu'à une action réelle, on devrait ne leur appliquer encore que les principes relatifs aux simples possesseurs; mais ce qui n'existait pas alors, ce qui n'a été créé que par le Code, c'est que ces légataires sont maintenant sous le poids d'une action personnelle *parfaite, et de même nature que celle qui compète contre les héritiers* [1]; peu importe dès lors qu'ils soient obligés de demander délivrance de leurs legs aux héritiers du sang; cette nécessité, qui tient à d'autres principes, à ceux qui ont été portés pour assurer aux héritiers les moyens de conserver leur réserve légale et d'aviser au prélèvement des dettes, ne change en rien la nature de l'action personnelle accordée aux créanciers contre les légataires universels ou à titre universel, et aux conséquences qu'elle doit nécessairement avoir. Ainsi la personne et les biens de ces légataires sont affectés au paiement des dettes, s'ils ont accepté purement et simplement leur legs; cette affectation ne peut être détruite par aucun acte de leur volonté, qui ne peut prévaloir sur les dispositions légales qu'ils ont consenti à s'appliquer. Si ces légataires pouvaient, en abandonnant les biens,

(1) M. TOULLIER, *vide suprà.*

se soustraire à l'exercice des droits qui ont été acquis contre eux, la loi serait méconnue; elle serait comme si elle n'existait point.

Il faut donc que ces légataires, soumis aux mêmes obligations que les héritiers légitimes, remplissent la condition imposée à ceux-ci lorsqu'ils veulent y échapper : Il faut qu'ils recourent au bénéfice d'inventaire ; ils le doivent, et par les mêmes raisons. Un inventaire, sans acceptation bénéficiaire, ne suffit point à un héritier ; il ne peut suffire davantage à ces légataires, et d'ailleurs, ne faut-il pas que celui qui veut n'être qu'héritier bénéficiaire ne se soit considéré que comme n'étant qu'un simple administrateur, qu'il n'ait disposé de rien qu'en employant les formalités prescrites? Comment un légataire à titre universel qui aurait fait faire inventaire, mais qui aurait aliéné, compromis, dissipé les biens à lui remis, pourrait-il user du droit de l'héritier bénéficiaire lorsqu'il en aurait méconnu les devoirs? S'il a dû faire inventaire, et s'il n'a pu agir en maître, ce ne serait donc que de sa déclaration au greffe dont il aurait pu se passer! Mais puisque l'héritier est tenu de la faire, que la nécessité d'un pareil acte a été reconnue, qu'elle a des conséquences si graves sur la conduite à tenir par tous ceux intéressés à la conservation des biens, comment serait-il possible d'en affranchir les légataires à titre universel, lorsque les mêmes motifs se rencontrent en leurs personnes?

Revenons donc aux principes; les légataires universels ou à titre universel sont aujourd'hui personnellement tenus, comme les héritiers, de la part qu'ils doivent supporter dans les dettes du défunt. Nul ne peut se garantir des effets d'une action personnelle qu'en recourant aux moyens que lui a donnés la loi. Le Code, en pareil cas, n'en indique qu'un seul, celui d'une acceptation bénéficiaire ; ces légataires doivent donc l'employer, toute autre voie serait insuffisante, par cela seul qu'elle n'est pas reconnue par le législateur. Ces légataires ne se mettraient donc pas à l'abri en se bornant à un simple inventaire et à un abandon des biens.

Au reste, M. Chabot reconnait la nécessité d'une acceptation bénéficiaire quant aux légataires universels qui ne sont point en concours avec un héritier à réserve. Ce n'est pas, selon nous, parce qu'ils ont été saisis de plein droit des biens sans être tenus d'en demander délivrance, mais toujours parce que, mis à la place de l'héritier, ils sont tenus d'accomplir les conditions prescrites aux successibles qu'ils viennent remplacer. Il en est de même des donataires de biens à venir pour le tout ou pour partie, que M. Chabot lui-même déclare être aujourd'hui de véritables héritiers.

FIN DES NOTES.

TABLE DES MATIÈRES

CONTENUES

DANS CE VOLUME.

Article 723 du Code civil.

Art. 725.

Art. 726.

Art. 727.

Art. 733.

Art. 739.

Art. 762.

Art. 765.

Art. 766.

Art. 768.

Art. 774.

Art. 776.

Art. 777.

Art. 778.

Art. 803.

Art. 805.

Art. 806.

Art. 807.

Art. 809.

Art. 810.

Art. 811.

Pages.

Art. 819.

Art. 822.

Art. 824.

Art. 826.

Art. 827.

Art. 828.

Pages.

Art. 842.

Art. 843.

Pages.

Art. 879.

Art. 880.

Art. 882.

Pages.

Art. 891.

Art. 892.

FIN DE LA TABLE DES MATIÈRES.

IMPRIMERIE DE E. DUVERGER, RUE DE VERNEUIL, N° 4.

www.ingramcontent.com/pod-product-compliance
Ingram Content Group UK Ltd.
Pitfield, Milton Keynes, MK11 3LW, UK
UKHW021848190726
13855UKWH00001B/206

9 782013 550758